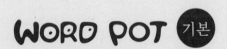

First edition : November 2010

TEL (02)2000-0515 | FAX (02)2271-0172 | www.ybmbooks.com | ISBN 978-89-17-19994-9

" **고교내신** 대비 필수어휘를
한 그릇에 가득 담았다 "

WORD
POT

" **고교 내신** 대비 필수어휘를 한 그릇에 가득 담았다 "

WORD POT 기본

01 | 좋은 점 훑어보기!!

고등 교과서 어휘 분석! 완벽한 내신 대비!

각 출판사의 고등 교과서를 철저하게 분석하여 내신을 대비하였고, 고1·2학년이 반드시 알고 있어야 할 고교 필수어휘를 꼼꼼하게 정리, 수록하였습니다. 내신 대비 단어장은 Word Pot 한 권이면 충분합니다.

수능 기출 어휘 분석! 철저한 수능 대비!

최근 10여 년간의 대학 수학능력평가 기출 문제를 철저히 분석하여 수차례 출제되었던 필수어휘를 모았습니다. 내신 대비만으로는 불안하다면 Word Pot 한 권으로 수능까지 대비하세요.

기억주기를 이용한 반복·평가 시스템!

학습 직후, 1일 후 그리고 일주일 후 학습 내용을 반복했을 때 가장 오랫동안 기억을 유지합니다. 학습 직후 Test, 1일 후 Review, 그리고 일주일 후 숙어 꿀꺽, 단어 꿀꺽을 통해 어휘를 반복학습하도록 구성하였습니다. 단어 꿀꺽은 5일 동안 학습한 내용 중 최고로 중요한 단어들을 갈무리해서 항상 갖고 다니며 외울 수 있는 페이지입니다.

02 | 구석구석 탐색하기!!

시작하기 전 반드시 알아야할 우리끼리의 암호

ⓝ 명사	ⓥ 동사	ⓐ 형용사	ⓐ⓭ 부사	ⓟ 전치사	ⓒ 접속사
= 동의어	↔ 반의어	ⓢ 숙어	cf 참고		

- 2개의 파트로 구분한 고교 내신/수능 맞춤 단어장
- 전날 학습을 Review하여 반복에 반복을 더한 기억 시스템

Wow!!

- 45일 일정에 따라 공부하세요.
- 단어의 중요도는 ★로 나타냈습니다.
- 표제어와 관련 어휘를 제시하여 확장학습을 할 수 있습니다.
- 다양한 파생어, 동의어, 반의어, 관련 숙어 등을 제시합니다.
- 암기한 단어를 yum! yum!에서 다시 한 번 체크할 수 있습니다.

- **Test** _ 철자 쓰고! 뜻 쓰고! 기본 어휘 체크에 수능 유형별 문제까지, 이보다 더 좋을 수 없다.
- **어휘 더하기** _ 표제어에서 못 다한 이야기를 주제별로 수록. 어원공식, 이어동사 등 단어 수준도 Upgrade!
- **숙어 꿀꺽** _ 단어뿐만 아니라 숙어표현으로도 복습! 단어도 알고, 숙어도 알고, 꿩 먹고 알 먹고!!
- **단어 꿀꺽** _ 5일 동안 외운 단어 중 최고로 중요한 100개만 쏙쏙 뽑아 휴대하면서 언제 어디서든 암기 OK!

Contents
in Word Pot

WORD POT

" 고교 내신 대비 필수어휘를
한 그릇에 가득 담았다 "

DAY 01

01	02	03	04	05	06	07	08	09	10
11	12	13	14	15	16	17	18	19	20
21	22	23	24	25	26	27	28	29	30
31	32	33	34	35	36	37	38	39	40
41	42	43	44	45					

어휘 더하기 : break를 이용한 이어동사

45일.. 1800개의 단어
완전정복 !!!

START!

백만스물하나.
백만스물둘. 셋..

WOW!!

☐ 0001 ★★★
complete
[kəmplíːt]

ⓥ 완성하다, 완수하다　ⓐ 완전한

It took about 15 years to **complete** the highway.
그 고속도로를 완성하는 데 약 15년이 걸렸다.

completion　n. 완성, 완수

☐ 0002 ★★★
regular
[régjulər]

ⓐ 규칙적인, 정기적인

Take **regular** exercise and have a healthy diet.
규칙적인 운동을 하고 건강한 식사를 하시오.

regularity　n. 규칙성

☐ 0003 ★★★
pleasant
[plézənt]

ⓐ 즐거운, 유쾌한

My first trip to Jindo was a really **pleasant** experience.
진도로의 나의 첫 여행은 정말 즐거운 경험이었다.

please　v. 즐겁게 해주다　**pleasure**　n. 즐거움, 유쾌함

☐ 0004 ★★★
remove
[rimúːv]

ⓥ 제거하다

An air cleaner is used to **remove** the dust from the air.
공기청정기는 공기에서 먼지를 제거하는 데 사용된다.

removal　n. 제거

☐ 0005 ★★
perfection
[pərfékʃən]

ⓝ 완벽(함)

My little brother's writing was very close to **perfection**.
내 남동생의 글은 정말 완벽에 가까웠다.

perfect　a. 완벽한　v. 완벽하게 하다

☐ 0006 ★★★
standard
[stǽndərd]

ⓝ 기준, 표준

It is said that Kim Yuna set a new **standard** for figure skating.
사람들은 김연아가 피겨 스케이팅의 새로운 기준을 세웠다고 말한다.

Yum!
Yum!

• 불필요한 부분을 remove하면 너의 글은 더 perfect해질 거야.
• pleasant한 여행은 마음이 맞는 동반자에 의해 complete되지.

□ 0007 ★★★
taste
[téist]

ⓝ 맛; 기호   ⓥ …의 맛이 나다, 맛보다
Coconut butter has a very pleasant sweet **taste**.
코코넛 버터는 매우 기분 좋은 달콤한 맛이 난다.

tasty a. 맛 좋은

 oom-in I **오감을 나타내는 동사**
look, sound, taste, smell, feel + 형용사 (like + 명사)

You **look** great today! 너 오늘 좋아 보여!
This **tastes** like an apple. 이것은 사과 같은 맛이 난다.

□ 0008 ★★
arrival
[əráivəl]

ⓝ 도착
We complained about the late **arrival** of the bus.
우리는 버스가 늦게 도착한 것에 대해 불평했다.

arrive v. 도착하다   ↔ **depart** v. 출발하다
↔ **departure** n. 출발

□ 0009 ★★★
complain
[kəmpléin]

ⓥ 불평하다
People **complain** that there is too much traffic everywhere these days.
사람들은 요즘 어디에서든 교통량이 너무 많다고 불평한다.

complaint n. 불평, 항의

□ 0010 ★★★
stare
[stɛər]

ⓥ 응시하다, 뚫어지게 보다
Suddenly the criminal **stared** at the cop with cold eyes.
갑자기 그 범죄자는 차가운 눈으로 경찰을 응시했다.

㈜ **stare at** …을 뚫어지게 바라보다

□ 0011 ★★★
environment
[inváiərənmənt]

ⓝ 환경
We should do our best to take care of our **environment**.
우리는 환경을 돌보는 데 최선을 다해야 한다.

environmental a. 환경의   cf. environmental movement 환경운동

 Yum!
Yum!

• 한 손님이 향긋한 커피의 **taste**를 즐기며 창밖을 **stare at**하고 있어.
• 주민들은 그 공장이 주변 **environment**를 해친다고 **complain**한다.

□ 0012 ★★★

flight
[fláit]

ⓝ 항공편, 비행

Due to a traffic jam, I failed to catch my flight today.
교통체증 때문에 나는 오늘 항공편을 타지 못했다.

fly v. 날다

□ 0013 ★★★

correct
[kərékt]

ⓥ 고치다, 정정하다 ⓐ 옳은, 정확한

For the result you want, you should correct some errors on the program.
원하는 결과를 위해서 너는 프로그램의 몇몇 에러를 고쳐야 한다.

correction n. 정정, 수정

□ 0014 ★★★

reduce
[ridʒúːs]

ⓥ 줄이다

Reduce your spending and begin saving money.
지출을 줄이고 저금하기 시작하라.

reduction n. 감소

□ 0015 ★★★

solution
[səlúːʃən]

ⓝ 해결책; 용액

I think we can find a better solution for the problem.
나는 우리가 그 문제에 대한 더 좋은 해결책을 찾을 수 있다고 생각한다.

solve v. (문제를) 풀다, 해결하다; 용해하다

□ 0016 ★★

protection
[prətékʃən]

ⓝ 보호

This vaccine is really essential for protection from the virus.
이 백신은 바이러스로부터의 보호에 정말 필수적이다.

protect v. 보호하다

□ 0017 ★★★

consumer
[kənsúːmər]

ⓝ 소비자

As consumers, we all love the word "free."
소비자로서 우리 모두는 '공짜' 라는 말을 좋아한다.

consume v. 소비하다   **consumption** n. 소비

Yum! Yum!

- consumer의 권리를 protection 하려고 애쓰는 단체들, 고맙습니다.
- 나쁜 버릇을 correct하는 것이 유일한 solution입니다.

☐ 0018 ★★
carbon
[kά:rbən]

ⓝ 탄소

This new metal has relatively high carbon content.
이 새로운 금속은 상대적으로 탄소 함유량이 높다.

 oom-in ǀ **기체의 종류**

carbon 탄소   oxygen 산소   hydrogen 수소   nitrogen 질소
carbon monoxide/dioxide 일산화/이산화탄소

☐ 0019 ★★★
rate
[réit]

ⓝ 비율; (시간 단위의) 가격   ⓥ 등급을 매기다

The Korean government is concerned about the nation's low birth rate.
한국 정부는 국가의 낮은 출생률을 걱정하고 있다.

rating n. 순위, 등급

☐ 0020 ★★★
support
[səpɔ́:rt]

ⓥ 부양하다, 뒷받침하다   ⓝ 지지, 후원

He had to work two jobs to support his large family.
그는 대가족을 부양하기 위해 두 가지 일을 해야만 했다.

supporter n. 지지자, 후원자

☐ 0021 ★★★
development
[divéləpmənt]

ⓝ 발전; 개발

Economic development should support a clean environment and not hurt it.
경제 발전은 깨끗한 환경을 뒷받침해야지 그것을 다치게 해서는 안 된다.

develop v. 발전시키다; 개발하다

☐ 0022 ★★★
structure
[strʌ́ktʃər]

ⓝ 구조(물), 구성

These photographs show the structure of the inner ear.
이 사진들은 내이(內耳)의 구조를 보여준다.

structural a. 구조적인, 구조상의

Yum!
Yum!

• 공기 중 carbon dioxide의 rate를 줄여야해!
• 경제 development는 취약계층에 대한 support로 이어져야해.

□ 0023 ★★
laughter
[lǽftər]

ⓝ 웃음

Laughter is the sun that drives winter from the human face. -Victor Hugo-
웃음은 인간의 얼굴에서 겨울(냉랭함)을 몰아내는 태양이다.

laugh v. 웃다　쵯 **laugh at** …을 비웃다

□ 0024 ★★★
matter
[mǽtər]

ⓥ 중요하다　ⓝ 물질

What **matters** to me is that you're in love with me.
내게 중요한 것은 당신이 나를 사랑한다는 것입니다.

□ 0025 ★★★
differ
[dífər]

ⓥ 다르다

Poisonous mushrooms **differ** greatly from edible ones.
독버섯은 식용 버섯과 크게 다르다.

different a. 서로 다른　**difference** n. 차이

□ 0026 ★★★
recommend
[rèkəménd]

ⓥ 추천하다; 권장하다

What would you **recommend** for lunch?
점심식사로 무엇을 추천하시겠습니까?

recommendation n. 추천; 권장

□ 0027 ★★
earthquake
[ə́:rθkwèik]

ⓝ 지진

A powerful **earthquake** struck Chile, causing a tsunami.
강력한 지진이 칠레를 강타하고 쓰나미를 일으켰다.

 oom-in | **자연재해(natural disaster)의 종류**
earthquake 지진　drought 가뭄　hurricane 허리케인　typhoon 태풍
flood 홍수　tsunami 쓰나미　avalanche 눈사태　volcanic eruption 화산 폭발

□ 0028 ★★★
previous
[prí:viəs]

ⓐ 이전의, 앞선

We learn some important lessons from **previous** experience.
우리는 이전의 경험으로부터 중요한 교훈을 배운다.

Yum!
Yum!

• 아무리 생활이 힘들어도 laughter를 잃지 않는 것이 matter해!
• 교수님의 recommendation을 받으려면 남들과 뭔가 differ해야지.

□ 0029 ★★★

refuse
[rifjúːz]

ⓥ 거부하다, 거절하다

Workers **refused** to work under the unsafe conditions.
근로자들은 안전하지 않은 상황에서 작업하기를 거부했다.

refusal n. 거부, 거절

□ 0030 ★★★

compete
[kəmpíːt]

ⓥ 경쟁하다, 경연하다

It is difficult for small farms to **compete** with cheaper foreign products.
영세농가가 더 값싼 외국 상품과 경쟁하는 것은 어렵다.

competition n. 경쟁

□ 0031 ★★★

opportunity
[ὰpərtjúːnəti]

ⓝ 기회

Have you ever had the **opportunity** to talk to her?
너는 그녀와 이야기할 기회가 있었니?

□ 0032 ★★★

participate
[pɑːrtísəpèit]

ⓥ 참가하다, 참여하다

I **participated** in a leadership training program in Atlanta.
나는 애틀랜타에서 지도자 훈련 프로그램에 참가했다.

participation n. 참가, 참여
⊛ **participate in** 참가하다(= take part in)

□ 0033 ★★★

accept
[æksépt]

ⓥ 받아들이다, 수락하다

She **accepted** his invitation to join him for lunch.
그녀는 점심을 함께 하자는 그의 초대를 받아들였다.

acceptance n. 받아들임, 수락   **acceptable** a. 수용할 수 있는

□ 0034 ★★

prediction
[pridíkʃən]

ⓝ 예측, 예언

Surprisingly, his **prediction** was absolutely correct.
놀랍게도 그의 예측은 절대적으로 정확했다.

predict v. 예측하다

Yum!
Yum!

• 이렇게 좋은 opportunity를 어떻게 refuse할 수 있겠니?
• 불필요한 competition은 accept하지 않을 거야.

☐ 0035 ★★
shortage
[ʃɔ́:rtidʒ]

ⓝ 부족, 결핍

Korea is no longer free from water shortage.
한국은 더 이상 물 부족으로부터 자유롭지 못하다.

☐ 0036 ★★★
reasonable
[ríːzənəbl]

ⓐ 타당한, 합리적인

Is there a reasonable explanation for being late?
지각한 데 대한 타당한 이유가 있니?

☐ 0037 ★★
elbow
[élbou]

ⓝ 팔꿈치

After the intense game, I felt a pain on the right elbow.
격렬한 경기 이후 나는 오른쪽 팔꿈치에 통증을 느꼈다.

 oom-in | 신체 부위

shoulder 어깨	elbow 팔꿈치	wrist 손목	palm 손바닥
thigh 허벅지	knee 무릎	ankle 발목	

☐ 0038 ★★★
absurd
[əbsə́:rd]

ⓐ 어리석은

His idea was so absurd that I laughed out loud.
그의 생각이 너무 어리석어서 나는 박장대소했다.

absurdity n. 어리석음, 어리석은 짓   = stupid, silly a. 어리석은

☐ 0039 ★★★
phrase
[fréiz]

ⓝ 어구, 문구; 〈문법〉 구(句)

To write a unique essay, avoid using conventional phrases.
독특한 글을 쓰기 위해서는 상투적인 어구의 사용을 피해라.

phrasal a. 구(句)로 된, 구의

☐ 0040 ★★★
compare
[kəmpɛ́ər]

ⓥ 비교하다

Parents should not compare their child with others.
부모들은 자기 아이를 다른 아이들과 비교해서는 안 된다.

comparison n. 비교   ㉲ compare A with〔to〕 B A와 B를 비교하다

 Yum! Yum!

• 누가 더 reasonable한 판단을 했는지 compare해 보자.
• absurd한 지출은 자금 shortage를 초래한다.

TEST

A 빈칸에 해당하는 영어 단어 또는 우리말을 쓰시오.

1. 제거하다 _____
2. 중요하다; 물질 _____
3. 항공편, 비행 _____
4. 소비자 _____
5. 고치다; 옳은 _____
6. 받아들이다, 수락하다 _____
7. 비교하다 _____
8. 부양하다; 지지, 후원 _____
9. 즐거운, 유쾌한 _____
10. 규칙적인, 정기적인 _____

11. refuse _____
12. reduce _____
13. complain _____
14. shortage _____
15. stare _____
16. carbon _____
17. recommend _____
18. earthquake _____
19. laughter _____
20. participate _____

B 빈칸에 알맞은 단어를 〈보기〉에서 골라 쓰시오.

arrival	compete	complete	opportunity
pleasant	previous	reasonable	structure

1. It took about 15 years to _____ the highway.
2. We complained about the late _____ of the bus.
3. It is difficult for small farms to _____ with cheaper foreign products.
4. These photographs show the _____ of the inner ear.
5. Is there a _____ explanation for being late?
6. We learn some important lessons from _____ experience.
7. My first trip to Jindo was a really _____ experience.
8. Have you ever had the _____ to talk to her?

Answer Keys

A 1. remove 2. matter 3. flight 4. consumer 5. correct 6. accept 7. compare 8. support 9. pleasant 10. regular 11. 거부하다, 거절하다 12. 줄이다 13. 불평하다 14. 부족 15. 응시하다, 뚫어지게 보다 16. 탄소 17. 추천하다; 권장하다 18. 지진 19. 웃음 20. 참가하다, 참여하다 **B** 1. complete 2. arrival 3. compete 4. structure 5. reasonable 6. previous 7. pleasant 8. opportunity

break

break(부수다) **+ down**
(아래로) → 고장나다

break down 1. 고장 나다 2. 분해하다

1. My car **broke down** and I need to fix it.
   내 차가 고장 나서 수리해야 한다.
2. Bacteria **break down** dead plants and animals.
   박테리아는 죽은 식물과 동물을 분해한다.

break out 발생하다, 발발하다

A fire **broke out** on Tuesday in the Southside Mall.
화요일에 Southside Mall에서 화재가 발생했다.

break(부수다) **+ in/into**
(안으로) → 들어오다

break in / into 1. 들어오다 2. 침입하다

1. Bright sunlight **broke in** through the curtains.
   밝은 햇살이 커튼 사이로 들어왔다.
2. Hackers last week **broke into** a Virginia State website.
   해커들이 지난주에 버지니아 주 정부의 한 웹사이트에 침입했다.

break up 1. 나누다, 쪼개다 2. 헤어지다

1. First, **break up** the meat into some smaller chunks.
   우선 고기를 더 작은 덩어리로 나누시오.
2. When parents **break up**, it is the children who suffer.
   부모가 헤어질 때 고통 받는 것은 바로 아이들이다.

break(부수다) **+ through**
(통과하여) → 통과하다

break through 통과하다, 돌파하다

At 8,500 feet, the plane **broke through** the clouds.
고도 8,500피트에서 비행기가 구름층을 통과했다.

DAY 02

어휘 더하기 : bring / call을 이용한 이어동사

01	02	03	04	05	06	07	08	09	10
●	●								

11	12	13	14	15	16	17	18	19	20

21	22	23	24	25	26	27	28	29	30

31	32	33	34	35	36	37	38	39	40

41	42	43	44	45

Day 01 | Review

앞에서 학습한 단어를 얼마나 기억하는지 체크해 보세요.
기억이 나지 않는 단어는 다시 한 번 학습하세요.

- □ complete
- □ pleasant
- □ remove
- □ standard
- □ perfection
- □ complain
- □ taste
- □ rate
- □ environment
- □ stare
- □ reduce
- □ consumer
- □ carbon
- □ correct
- □ differ

- □ laughter
- □ matter
- □ development
- □ recommend
- □ opportunity
- □ refuse
- □ compete
- □ previous
- □ participate
- □ accept
- □ compare
- □ shortage
- □ reasonable
- □ absurd
- □ prediction

Wow!!

□ 0041 ★ ★ ★
contain
[kəntéin]

ⓥ 함유하다, 담다
Most food **contains** some natural bacteria.
대부분의 식품은 천연 박테리아를 함유하고 있다.

container n. 용기

□ 0042 ★ ★ ★
attention
[əténʃən]

ⓝ 관심; 주의
Children enjoy their parents' **attention** while studying.
아이들은 공부를 할 때 부모가 관심을 가져주는 것을 좋아한다.

attentive a. 주의를 기울이는   **attend** v. 주의를 기울이다; 참석하다
ⓤ **pay attention to** …에 주의를 기울이다

□ 0043 ★ ★ ★
affect
[əfékt]

ⓥ 영향을 미치다
What you eat **affects** your body functions more than anything else.
당신이 먹는 것이 그 어떤 것보다도 더 당신의 신체 기능에 영향을 미친다.

□ 0044 ★ ★ ★
improve
[imprúːv]

ⓥ 향상시키다, 개선하다
The main goal of the organization is to **improve** women's right.
그 단체의 주요 목표는 여성들의 권리를 향상시키는 것이다.

improvement n. 향상, 개선

□ 0045 ★ ★ ★
continue
[kəntínjuː]

ⓥ 계속하다; 계속되다
They **continued** going up despite of snowy conditions.
그들은 눈이 오는 상태에도 불구하고 계속 등반했다.

continuous a. 연속적인

□ 0046 ★ ★ ★
negative
[négətiv]

ⓐ 부정적인; 〈의학〉 음성의
Modern technology has some **negative** effects on human life.
현대 기술은 인간의 삶에 몇몇 부정적인 영향을 미친다.

↔ **positive** a. 긍정적인; 양성의

Yum!
Yum!

• 작문할 때 **negative**한 내용은 되도록 **contain**하지 말거라.
• 자, **attention**해 주세요. 수업이 **continue**됩니다.

□ 0047 ★★★
supply
[səplái]

ⓥ 공급하다, 보급하다　ⓝ 공급; 용품

Nuclear power stations supply energy for our town.
핵발전소는 우리 도시에 에너지를 공급한다.

□ 0048 ★★★
provide
[prəváid]

ⓥ 제공하다, 공급하다

The newspaper provides advertising for local business.
그 신문은 지역 사업체를 위한 광고를 제공한다.

 oom-in ❙ **supply와 provide의 활용**

supply/provide A with B = supply/provide B for A　A에게 B를 공급/제공하다

ex) supply/provide children with food
　 = supply/provide food for children　아이들에게 음식을 공급/제공하다

□ 0049 ★★★
treasure
[tréʒər]

ⓝ 보물　ⓥ 소중히 하다

Ali Baba hid the treasure he stole from the forty thieves
in 13 houses.
알리바바는 40인의 도적으로부터 훔친 보물을 13곳의 집에 숨겼다.

□ 0050 ★★★
positive
[pázətiv]

ⓐ 긍정적인; 〈의학〉 양성의

The power of positive thinking can change and improve
your life.
긍정적 사고의 힘은 당신의 삶을 변화시키고 향상시킬 수 있다.

↔ **negative**　a. 부정적인

□ 0051 ★★
function
[fʌ́ŋkʃən]

ⓝ 기능　ⓥ 기능하다

The kidney's main function is removing waste products
from the blood.
신장의 주요 기능은 혈액에서 노폐물을 제거하는 것이다.

functional　a. 기능의, 기능적인

 Yum!
Yum!

• 매사에 positive한 태도, 네가 가진 treasure 중 최고!
• 깨끗한 혈액을 온몸에 supply하는 것이 심장의 중요한 function이에요.

□ 0052 ★★★

government
[gʌ́vər(n)mənt]

ⓝ 정부; 통치

The **government** is planning to build a new airport.
정부는 새로운 공항을 건설할 것을 계획하고 있다.

governmental a. 정부의

□ 0053 ★★★

local
[lóukəl]

ⓐ 지방의, 지역의   ⓝ 지역 주민

Every **local** government tries to create a good living environment.
모든 지방 정부는 좋은 생활환경을 만들려고 노력한다.

□ 0054 ★★

anniversary
[æ̀nəvə́:rsəri]

ⓝ 기념일

August 16th marked the third **anniversary** of our alumni association.
8월 16일은 우리 동창회의 3주기 기념일이었다.

cf. **wedding anniversary** 결혼 기념일

□ 0055 ★★

abstract
[æbstrǽkt]

ⓐ 추상적인

It is very difficult to explain **abstract** words using pictures.
그림을 이용하여 추상적인 단어를 설명하기란 매우 힘들다.

↔ **concrete** a. 구체적인

□ 0056 ★★★

usually
[júːʒuəli]

ⓐⓓ 보통

Dolphins **usually** live in warm waters.
돌고래들은 보통 따뜻한 바다에서 산다.

usual a. 보통의, 통상의

□ 0057 ★★

achieve
[ətʃíːv]

ⓥ 이루다, 성취하다

People who believe they are going to fail will never **achieve** their goal.
실패할 것이라고 믿는 사람들은 결코 목표를 이룰 수 없다.

achievement n. 성취, 달성

Yum! Yum!

• 그저 abstract한 생각만으로 어떻게 너의 목표를 achieve할 수 있겠니?
• 우리 부모님은 매년 wedding anniversary에 usually 여행을 가셔.

□ 0058 ★★
psychology
[saikáləd3i]

ⓝ 심리; 심리학

Advertisers use **psychology** to get deep into their customer's minds.
광고주들은 소비자들의 마음에 깊이 파고들기 위해 심리(학)를 이용한다.

psychological a. 심리학의   **psychologist** n. 심리학자

 oom-in | 사회과학의 명칭

anthropology 인류학   archaeology 고고학   politics 정치학
economics 경제학   sociology 사회학   geography 지리학

□ 0059 ★★★
volunteer
[váləntíər]

ⓥ 자원하다   ⓝ 자원봉사자

Five members **volunteered** to help plan and design the poster.
5명의 회원이 포스터를 계획하고 디자인하는 것을 돕겠다고 자원했다.

voluntary   a. 자원의, 자발적인

□ 0060 ★★★
notice
[nóutis]

ⓥ 알아채다, 인지하다   ⓝ 주목, 주의; 통지, 통고

I **noticed** that she was staring at me all the time.
나는 그녀가 내내 나를 바라보고 있다는 것을 알아챘다.

□ 0061 ★★
nervous
[nə́:rvəs]

ⓐ 신경이 날카로운, 불안한, 긴장한

I was pretty **nervous** and couldn't fall asleep that night.
나는 꽤 신경이 날카로워져서 그날 밤 잠을 이룰 수 없었다.

nervousness   n. 신경과민

□ 0062 ★★★
wonder
[wʌ́ndər]

ⓥ 궁금하게 여기다, 의아해하다   ⓝ 경이, 놀람

I **wonder** if you could help me with some career advice.
진로에 대한 조언으로 저를 도와주실 수 있는지 궁금합니다.

wonderful   a. 멋진, 놀랄만한

Yum!
Yum!

• **psychology** 교수님이 도우미를 찾으셔서 내가 **volunteer**했어.
• 무슨 일이야? 네 표정을 보니까 **nervous**한 것을 금방 **notice**하겠어.

□ 0063 ★ ★ ★

quit
[kwit]

ⓥ 끊다, 그만두다

Light exercise like walking can help you quit smoking.
걷기와 같은 가벼운 운동은 담배를 끊는 데 도움이 될 수 있다.

□ 0064 ★ ★

communication
[kəmjùːnəkéiʃən]

ⓝ 통신, 의사소통

The Russian army was an early user of radio communication.
러시아 군대는 무선 통신의 초기 사용자였다.

communicate v. 통신하다, 의사소통하다

□ 0065 ★ ★

regretful
[rigrétfəl]

ⓐ 후회스러운, 유감스러운

He is regretful of his stupid actions now.
그는 지금 자신의 어리석은 행동을 후회하고 있다.

regret v. 후회하다, 유감스러워하다 n. 후회, 유감

□ 0066 ★ ★

celebrate
[séləbrèit]

ⓥ 축하하다, 기념하다

We are celebrating my parents' 20th wedding anniversary.
우리는 부모님의 20주년 결혼 기념일을 축하하고 있다.

celebration n. 축하, 기념

□ 0067 ★ ★ ★

obtain
[əbtéin]

ⓥ 얻다, 획득하다

The band obtained a very good response from the crowds.
그 밴드는 관객들로부터 매우 좋은 반응을 얻었다.

□ 0068 ★ ★ ★

permanent
[pə́ːrmənənt]

ⓐ 영구적인

Such big noises can cause permanent damage to the ear.
그런 커다란 소음은 귀에 영구적인 손상을 입힐 수 있다.

↔ **temporary** a. 일시적인, 임시의

Yum!
Yum!

• 학업을 중도에 quit하면 평생 regretful한 생각이 떠나지 않는다는 사실!
• 그 황제는 permanent한 젊음을 obtain하기를 갈망했다.

☐ 0069 ★ ★ ★
necessity
[nəsésəti]

ⓝ 필요성; 필수품

We discussed the necessity of getting a new copy machine.

우리는 새 복사기를 갖출 필요성에 대해 의논했다.

necessary a. 필요한

☐ 0070 ★ ★ ★
threaten
[θrétn]

ⓥ 위협하다, 협박하다

Earthquakes threaten every nation around the Pacific Ocean.

지진은 태평양 연안의 모든 국가를 위협한다.

threat n. 위협

☐ 0071 ★ ★
career
[kəríər]

ⓝ 경력; 직업

Some people make big career changes later in life.

어떤 사람들은 인생의 후반에 커다란 경력의 변화를 갖는다.

☐ 0072 ★ ★ ★
bottom
[bátəm]

ⓝ 밑바닥

Flatfish live on the bottom of the sea.

넙치류 물고기는 바다 밑바닥에 산다.

↔ **top** n. 꼭대기   ㊀ **bottom up**   거꾸로

☐ 0073 ★ ★ ★
security
[sikjúərəti]

ⓝ 보안, 안보; 안전

Spyware can be a threat to a users' personal security.

스파이웨어는 사용자 개인 보안에 위협이 될 수 있다.

☐ 0074 ★ ★ ★
response
[rispáns]

ⓝ 답변, 반응

We haven't received a response from you yet.

우리는 아직 귀하로부터 답변을 듣지 못했습니다.

respond v. 답변하다, 반응하다

Yum!
Yum!

• bottom부터 career를 쌓아 성공한 사람들이 많아.

• security를 위협받으면 사람들은 necessities를 사들이곤 해.

□ 0075 ★★
chew
[tʃúː]

ⓥ 씹다

Chewing your food well actually does a lot for your health.
음식을 잘 씹는 것은 실제로 당신의 건강에 많은 도움이 된다.

□ 0076 ★★★
addition
[ədíʃən]

ⓝ 추가, 첨가; 덧셈

The **addition** of sugar can reduce bitter taste.
설탕을 추가하여 쓴 맛을 줄일 수 있다.

add v. 추가하다, 덧붙이다　　**additive** n. 첨가제
㉰ **in addition to** …에 더하여, …이외에도

□ 0077 ★★★
recover
[rikʌ́vər]

ⓥ 회복하다

The patient **recovered** from the illness two months later.
그 환자는 두 달 후에 질병에서 회복했다.

recovery n. 회복

□ 0078 ★★★
volcano
[vɔlkéinou]

ⓝ 화산

There are over 200 **volcanoes** in Japan.
일본에는 200개가 넘는 화산이 있다.

volcanic a. 화산의　　**cf. volcanic ash** 화산재

□ 0079 ★★
surgery
[sə́ːrdʒəri]

ⓝ 수술; 외과 (의술)

My dog broke his leg and had to have a **surgery**.
나의 개는 다리가 부러져 수술을 받아야만 했다.

surgeon n. 외과의사　　**surgical** a. 외과의
cf. physician n. 내과의사

□ 0080 ★★★
agreement
[əgríːmənt]

ⓝ 합의, 협약

At last, the two sides have reached an **agreement**.
마침내 양측은 합의에 도달하였다.

agree v. 동의하다, 합의하다　　↔ **disagreement** n. 의견 충돌, 불일치

Yum! Yum!
• 이 조항만 add하면 모든 사람의 agreement를 얻을 거예요.
• surgery를 받은 후 recover하는 데 한 달 정도 걸립니다.

TEST

A 빈칸에 해당하는 영어 단어 또는 우리말을 쓰시오.

1. 신경이 날카로운, 불안한 _____
2. 끊다, 그만두다 _____
3. 경력; 직업 _____
4. 후회스러운, 유감스러운 _____
5. 기능; 기능하다 _____
6. 부정적인; 〈의학〉 음성의 _____
7. 위협하다, 협박하다 _____
8. 밑바닥 _____
9. 추가, 첨가; 덧셈 _____
10. 얻다, 획득하다 _____

11. agreement _____
12. response _____
13. government _____
14. recover _____
15. volunteer _____
16. treasure _____
17. local _____
18. celebrate _____
19. improve _____
20. psychology _____

B 빈칸에 알맞은 단어를 〈보기〉에서 골라 쓰시오.

abstract	anniversary	attention	communication
necessity	permanent	positive	security

1. The Russian army was an early user of radio _____.
2. Children enjoy their parents' _____ while studying.
3. We discussed the _____ of getting a new copy machine.
4. Such big noises can cause _____ damage to the ear.
5. The power of _____ thinking can change and improve your life.
6. It is very difficult to explain _____ words using pictures.
7. August 16th marked the third _____ of our alumni association.
8. Spyware can be a threat to the users' personal _____.

Answer Keys _____

A 1. nervous 2. quit 3. career 4. regretful 5. function 6. negative 7. threaten 8. bottom 9. addition 10. obtain 11. 합의, 협약 12. 답변, 반응 13. 정부; 통치 14. 회복하다 15. 자원하다; 자원봉사자 16. 보물; 소중히 하다 17. 지방의; 지역 주민 18. 축하하다, 기념하다 19. 향상시키다, 개선하다 20. 심리; 심리학 **B** 1. communication 2. attention 3. necessity 4. permanent 5. positive 6. abstract 7. anniversary 8. security

어휘 + 더하기

bring / call을 이용한 이어동사

bring

bring about   가져오다, 초래하다

He insisted that we **bring about** a change in the health care system.
그는 우리가 의료 서비스 체계에 변화를 가져와야 한다고 주장했다.

bring(데려오다) **+ up**(위로)
→ 기르다

bring up   1. 기르다 2. 제기하다

1. She gave up her job to **bring up** her baby.
   그녀는 아기를 기르기 위해 일을 포기했다.

2. The film **brings up** the issue of forgiving one's enemy.
   그 영화는 적에 대한 용서라는 주제를 제기한다.

call

call off   취소하다

We **called off** the baseball game because of the rain.
우리는 우천으로 인해 야구경기를 취소했다.

call(부르다) **+ on**(…에)
→ 방문하다

call on   1. 방문하다 2. 요구하다

1. You can **call on** me any time you want.
   당신은 원하는 언제나 나를 방문할 수 있다.

2. Campaigners **called on** the government to take action.
   운동가들은 정부가 조치를 취할 것을 요구했다.

call for   필요로 하다, 요청하다

The Haiti earthquake **calls for** global response.
아이티의 지진은 세계적인 대응을 필요로 한다.

DAY 03

어휘 더하기 : come을 이용한 이어동사

01	02	03	04	05	06	07	08	09	10

11	12	13	14	15	16	17	18	19	20

21	22	23	24	25	26	27	28	29	30

31	32	33	34	35	36	37	38	39	40

41	42	43	44	45

Day 02 | Review

앞에서 학습한 단어를 얼마나 기억하는지 체크해 보세요.
기억이 나지 않는 단어는 다시 한 번 학습하세요.

- ☐ contain
- ☐ government
- ☐ affect
- ☐ improve
- ☐ negative
- ☐ attention
- ☐ local
- ☐ positive
- ☐ function
- ☐ supply
- ☐ provide
- ☐ anniversary
- ☐ communication
- ☐ abstract
- ☐ achieve

- ☐ necessity
- ☐ notice
- ☐ nervous
- ☐ wonder
- ☐ volunteer
- ☐ celebrate
- ☐ obtain
- ☐ permanent
- ☐ regretful
- ☐ threaten
- ☐ agreement
- ☐ recover
- ☐ volcano
- ☐ surgery
- ☐ response

Wow!!

□ 0081 ★★★

require
[rikwáiər]

ⓥ 필요로 하다

The operation requires skillful surgeons.
그 수술은 숙련된 외과의사를 필요로 한다.

requirement n. 요구, 필요

□ 0082 ★★★

presence
[prézns]

ⓝ 존재, 참석

How can a human being exist without the presence of oxygen?
사람이 산소의 존재 없이 어떻게 생존할 수 있을까?

present a. 참석한

□ 0083 ★★★

recently
[rí:sntli]

ⓐⓓ 최근에

I visited the Denver Aquarium recently on my trip to Colorado.
나는 최근 콜로라도 여행에서 Denver 수족관을 방문했다.

recent a. 최근의

□ 0084 ★★★

package
[pǽkidʒ]

ⓝ 꾸러미; 소포

Good news comes in a small packages.
좋은 소식은 작은 꾸러미에 담겨 온다.

□ 0085 ★

adulthood
[ədʌ́lthud]

ⓝ 성인기

For humans, adulthood begins in their late teens.
인간에게 있어서 성인기는 십대 말에 시작된다.

adult n. 성인　**cf. childhood** n. 유년기

□ 0086 ★★

abroad
[əbrɔ́:d]

ⓐⓓ 외국에, 외국으로

I'm going abroad to study in Oxford next year.
나는 내년에 옥스퍼드에서 공부하기 위해 외국에 나갈 거야.

ⓢ **go abroad** 외국에 가다

Yum!
Yum!

• 내 삶이 require하는 유일한 것은 바로 당신의 presence!
• 나는 recently 그가 go abroad했다는 소식을 들었다.

□ 0087 ★★★
admire
[ædmáiər]

ⓥ 감탄하다, 찬탄하다

We **admired** the beautiful sunset as we drove back home.
우리는 차를 몰고 집으로 돌아오면서 아름다운 석양에 감탄했다.

admiration n. 감탄, 존경

□ 0088 ★★
rarely
[rɛ́ərli]

ⓐⓓ 좀처럼 …하지 않는

We **rarely** succeed unless we have a lot of fun in what we are doing.
우리가 하는 일에서 많은 즐거움을 얻지 못하면 좀처럼 성공하지 못한다.

rare a. 희귀한   **rarity** n. 희귀성

□ 0089 ★★★
persuade
[pərswéid]

ⓥ 설득하다

I succeeded in **persuading** my dad to give up smoking.
나는 아버지가 금연하도록 설득하는 데 성공했다.

persuasion n. 설득   **persuasive** a. 설득력 있는

□ 0090 ★★★
intend
[inténd]

ⓥ 의도하다

It's an hour later than we **intended** to leave.
우리가 떠나려고 의도했던 것보다 한 시간 늦었다.

intention n. 의도   **intentional** a. 의도적인

□ 0091 ★★
creative
[kriéitiv]

ⓐ 창의적인

Creative thinking leads to the birth of new ideas.
창의적인 사고는 새로운 아이디어의 탄생으로 이어진다.

creativity n. 창의력   **creation** n. 창조; 창작품

□ 0092 ★★★
encourage
[inkə́:ridʒ]

ⓥ 격려하다; 장려하다

The teacher **encouraged** him to participate in a speech contest.
선생님은 말하기 대회에 참가하도록 그를 격려했다.

encouragement n. 격려; 장려

Yum!
Yum!

• creative한 발상을 encourage하는 분위기, 발전의 기본입니다.
• 그는 intend한 것과 다르게 반대편 사람들을 persuade할 수 없었어요.

□ 0093 ★★★

justice
[dʒʌ́stis]

ⓝ 정의, 공정성; 사법

Truth and **justice** always win.
진리와 정의는 항상 승리한다.

just a. 정의로운, 공정한 ad. 단지

□ 0094 ★★★

produce
[prədjúːs]

ⓥ 생산하다

This farm **produces** corn, soybeans, potatoes, and onions.
이 농장은 옥수수, 콩, 감자, 양파를 생산한다.

production n. 생산   **product** n. 생산물
productive a. 생산적인

□ 0095 ★★

dependent
[dipéndənt]

ⓐ 의존하는; 의존적인

Infants are totally **dependent** on their moms.
유아들은 그들의 어머니에게 전적으로 의존한다.

depend v. 의존하다   **dependence** n. 의존
↔ **independent** a. 독립적인

□ 0096 ★★★

invest
[invést]

ⓥ 투자하다

You should be very careful about where you **invest** your money.
당신은 돈을 어디에 투자할지에 대하여 매우 신중해야 한다.

investment n. 투자   **investor** n. 투자가

□ 0097 ★★★

community
[kəmjúːnəti]

ⓝ 지역사회, 공동체 사회

He serves his local **community** as a volunteer firefighter.
그는 자원봉사 소방대원으로서 고장의 지역사회에 봉사한다.

□ 0098 ★

researcher
[risə́ːrtʃər]

ⓝ 연구원

Researchers are trying to develop new sources of energy.
연구원들은 새로운 에너지원을 개발하려고 노력하고 있다.

research n. 연구 v. 연구하다

Yum!
Yum!

• 외국인들이 invest하게 유치하는 것도 좋지만 너무 dependent해선 안 돼.
• 나의 아버지는 community 발전을 위해 노력하는 researcher이셔.

□ 0099 ★★★
appeal
[əpíːl]

ⓥ 호소하다   ⓝ 호소, 탄원; 매력

The police **appeal**ed to the public for information about the crime.
경찰은 시민들에게 그 범죄에 대한 정보를 호소했다.

appealing a. 호소하는; 매력적인

□ 0100 ★★★
dramatic
[drəmǽtik]

ⓐ 극적인

There were a few **dramatic** events in the country last year.
지난해에 이 나라에는 몇몇 극적인 사건들이 있었다.

drama n. 연극, 드라마

□ 0101 ★★★
quality
[kwáləti]

ⓝ 질, 품질; 특성

The **quality** of products depends on the skill of the worker.
물건의 질은 일하는 사람의 솜씨에 달려 있다.

□ 0102 ★★★
element
[éləmənt]

ⓝ 요소; 〈화학〉 원소

I think money is necessary **element** for a happy life.
나는 돈이 행복한 삶을 위해 필요한 요소라고 생각한다.

elementary a. 기초의, 기본의; 초등교육의

□ 0103 ★★★
quantity
[kwántəti]

ⓝ 양, 분량

LED bulbs will be produced in large **quantities** at a low cost within a few years.
LED 전구는 몇 년 안에 낮은 가격으로 대량생산될 것이다.

□ 0104 ★★★
knowledge
[nάlidʒ]

ⓝ 지식

Knowledge is power, and investment in knowledge is an investment in the future.
지식은 힘이요, 지식에 대한 투자는 미래에 대한 투자이다.

knowledgeable a. 식견이 있는, 총명한

Yum!
Yum!

• 요즘 같은 정보화시대, **knowledge**가 경쟁력의 첫 번째 **element**.

• 돼지의 좌우명: "음식의 **quality**보다 **quantity**가 훨씬 더 중요하다."

□ 0105 ★★★

weight
[wéit]

ⓝ 무게, 체중

Losing or gaining **weight** fast is not good for health.
체중이 급속히 빠지거나 느는 것은 건강에 좋지 않다.

weigh v. 무게를 달다; 무게가 …에 이르다

Ⓩoom-in | 물리량을 나타내는 명사

| weight 무게 | height 높이 | width 너비 | depth 깊이 |
| length 길이 | volume 부피 | density 밀도 | |

□ 0106 ★★★

appearance
[əpíərəns]

ⓝ 외모, 용모; 출현

Fashion is the science of **appearance**.
패션은 외모의 과학이다.

appear v. 나타나다; …처럼 보이다   = **look** n. 외관, 용모

□ 0107 ★★★

amount
[əmáunt]

ⓝ 양, 분량; 총액, 총계

Even a small **amount** of alcohol can affect your driving.
소량의 술조차도 당신의 운전에 영향을 미칠 수 있다.

□ 0108 ★★★

include
[inklú:d]

ⓥ 포함하다

I wonder if this exhibition **includes** your work.
이번 전시회에 네 작품도 포함되는지 궁금하다.

inclusive a. 포함된   **inclusion** n. 포함
↔ **exclude** v. 제외하다, 배제시키다

□ 0109 ★★

universal
[jùːnəvə́ːrsəl]

ⓐ 인류 보편적인; 우주의

As we know, English is considered a **universal** language.
우리가 알고 있듯이 영어는 인류 보편적인 언어로 여겨진다.

universality n. 보편성   = **general** a. 일반적인

Yum!
Yum!

• 각 봉투들은 구두와 옷, 그리고 똑같은 **amount**의 쌀을 **include**하고 있었다.
• 전 세계 10대들의 **universal**한 관심사, 바로 자신의 **appearance**죠.

□ 0110 ★★★
equal
[í:kwəl]

ⓐ 평등한, 동등한

Every human is **equal** but different.
모든 인간은 평등하며 단지 다를 뿐이다.

equality n. 평등, 동등 ↔ **unequal** a. 동등하지 않은

□ 0111 ★★★
attend
[əténd]

ⓥ 참석하다

68 experts from seven countries **attended** the meeting.
7개국에서 온 68명의 전문가들이 그 회의에 참석했다.

attendance n. 출석

□ 0112 ★★★
ordinary
[ɔ́:rdənèri]

ⓐ 보통의, 평범한

Who says **ordinary** people can't change the world?
누가 보통 사람들은 세상을 바꿀 수 없다고 말하는가?

↔ **extraordinary** a. 비범한

□ 0113 ★★
conference
[kánfərəns]

ⓝ 회의, 회담

Many environmental issues were discussed at
the international **conference**.
국제 회의에서 많은 환경 문제들이 논의되었다.

□ 0114 ★★
detail
[dí:teil]

ⓝ 세부사항

He explained everything in **detail** step by step.
그는 모든 것을 상세하게 차근차근 설명했다.

㉑ **in detail** 상세하게

□ 0115 ★★★
satisfy
[sǽtisfài]

ⓥ 만족시키다

After agreeing on a price, everyone was **satisfied**.
가격에 합의한 후에 모든 사람들이 만족하였다.

satisfaction n. 만족 **satisfactory** a. 만족스러운
㉑ **be satisfied with** …에 만족하다

Yum!
Yum!

• 지난 conference에서 detail들을 논의했어.
• 의외로 ordinary한 것들이 우리를 satisfy할 때가 많아.

□ 0116 ★★

adjective
[ǽdʒiktiv]

ⓝ 〈문법〉 형용사

"Short," "exciting," "pink," and "dirty" are all **adjectives**.
'짧은,' '신나는,' '분홍의,' 그리고 '더러운'은 모두 형용사들이다.

Zoom-in | **영어의 8품사**

noun 명사   pronoun 대명사   verb 동사   adjective 형용사   adverb 부사
conjunction 접속사   preposition 전치사   interjection 감탄사

□ 0117 ★★★

huge
[hjú:dʒ]

ⓐ 거대한

Huge waves were tossing the ship up and down.
거대한 파도가 그 배를 위아래로 흔들어대고 있었다.

= **giant** a. 거대한   ↔ **tiny** a. 작은

□ 0118 ★★★

confidence
[kánfədəns]

ⓝ 자신감; 확신

The gap between success and failure is **confidence**.
성공과 실패의 차이는 자신감이다.

confident a. 자신하는; 확신하는
confide v. 신용하다; (신뢰하여 비밀을) 털어놓다

□ 0119 ★★★

maintain
[meintéin]

ⓥ 유지하다

We know it is important for people of all ages to **maintain** a healthy weight.
우리는 모든 연령의 사람들에게 있어 정상 체중을 유지하는 것이 중요하다는 것을 안다.

maintenance n. 유지; 보수

□ 0120 ★★★

remote
[rimóut]

ⓐ 외진, 멀리 떨어진

He was born in a **remote** area in the northern Himalayan region in 1981.
그는 1981년에 북부 히말라야의 한 외진 지역에서 태어났다.

cf. remote control 원격조정; 리모콘

Yum! Yum!
• 매사에 성공하려면 confidence를 끝까지 maintain해야죠.
• huge한 태풍으로 remote한 마을의 주민들이 큰 피해를 입었다.

TEST

A 빈칸에 해당하는 영어 단어 또는 우리말을 쓰시오.

1. 거대한 _____
2. 존재, 참석 _____
3. 정의; 사법 _____
4. 외국에, 외국으로 _____
5. 무게, 체중 _____
6. 극적인 _____
7. 설득하다 _____
8. 질, 품질; 특성 _____
9. 투자하다 _____
10. 보통의, 평범한 _____

11. attend _____
12. equal _____
13. encourage _____
14. researcher _____
15. intend _____
16. admire _____
17. require _____
18. recently _____
19. satisfy _____
20. appearance _____

B 빈칸에 알맞은 단어를 〈보기〉에서 골라 쓰시오.

| conference | confidence | community | dependent |
| element | maintain | remote | universal |

1. He serves his local _____ as a volunteer firefighter.
2. Many issues were discussed at the international _____.
3. He was born in a _____ area in the northern Himalayan region.
4. The gap between success and failure is _____.
5. As we know, English is considered a _____ language.
6. We know it is important for people of all ages to _____ a healthy weight.
7. Infants are totally _____ on their moms.
8. I think money is necessary _____ for a happy life.

come

come(오다) **+ down**
(아래로) **+ with**(…함께)
→ 질병에 걸리다

come down with (질병에) 걸리다

I **came down with** a cold right before my performance.
나는 공연 직전에 감기에 걸리고 말았다.

come over 1. 방문하다 2. (…에게) 감정이 일다

1. **Come over** to my place when you're free.
   한가할 때 우리집을 한 번 찾아 주세요.

2. A wave of anger **came over** her.
   그녀에게 분노의 감정이 일기 시작했다.

come(오다) **+ up**(위로)
+ with(…함께)
→ 생각을 떠올리다

come up with (생각을) 떠올리다

If you can't **come up with** a better idea, do as I said.
더 좋은 아이디어를 떠올릴 수 없으면 내가 말한 대로 하라.

come across (우연히) 보다, 마주치다

I **came across** a phrase I've never seen before.
나는 전에 한 번도 본 적이 없는 어구를 보게 되었다.

come(오다) **+ by**(…의 곁에)
→ 얻다, 입수하다

come by 1. 얻다, 입수하다 2. 들르다

1. She **comes by** all the ideas from her experience.
   그녀는 모든 아이디어를 경험에서 얻는다.

2. Why don't you **come by** soon?
   조만간 들르지 그래?

DAY
04

어휘 더하기 : get을 이용한 이어동사

01	02	03	04	05	06	07	08	09	10
●	●	●	●						

11	12	13	14	15	16	17	18	19	20

21	22	23	24	25	26	27	28	29	30

31	32	33	34	35	36	37	38	39	40

41	42	43	44	45

Day 03 | Review

앞에서 학습한 단어를 얼마나 기억하는지 체크해 보세요.
기억이 나지 않는 단어는 다시 한 번 학습하세요.

□ require   □ weight

□ presence   □ quality

□ admire   □ quantity

□ package   □ include

□ abroad   □ conference

□ rarely   □ equal

□ justice   □ appearance

□ intend   □ universal

□ creative   □ detail

□ encourage   □ adjective

□ persuade   □ satisfy

□ produce   □ huge

□ dependent   □ confidence

□ attend   □ maintain

□ element   □ remote

Wow!!

□ 0121 ★★★
native
[néitiv]

ⓐ 토박이의, 원산지의   ⓝ 토착민, 원주민

Kangaroos are **native** animals of Australia.
캥거루는 호주의 토박이 동물이다.

□ 0122 ★★
vehicle
[víːikl]

ⓝ 차량, 탈것, 이동 수단

All **vehicles** should stop at a red traffic light.
모든 차량은 빨간 신호등에서 정지해야 한다.

□ 0123 ★★★
unique
[juː(:)níːk]

ⓐ 고유한, 독특한

Each of us has different and **unique** values.
우리는 각각 서로 다른 고유한 가치를 지닌다.

□ 0124 ★★★
royal
[rɔ́iəl]

ⓐ 왕실의

The king, queen, and other members of the **royal** family attended the wedding.
왕, 여왕, 그리고 다른 왕실의 일원들이 그 결혼식에 참석했다.

royalty n. 왕권, 왕족; 인세

□ 0125 ★★★
strength
[stréŋkθ]

ⓝ 힘, 세기

You can increase your muscle **strength** by using weights.
당신은 역기를 이용해서 근육의 힘을 증가시킬 수 있다.

strong a. 강한   **strengthen** v. 강화하다

□ 0126 ★★
fantastic
[fæntǽstik]

ⓐ 환상적인, 멋진

We enjoyed the **fantastic** view from our hotel room.
우리는 호텔 객실에서 보이는 환상적인 경관을 즐겼다.

fantasy n. 환상

□ 0127 ★★★
palace
[pǽlis]

ⓝ 왕궁, 궁전

One of five old **palaces** in Seoul, Gyeongbokgung has beautiful scenery.
서울에 있는 5대 고궁 중 하나인 경복궁은 아름다운 경관을 가지고 있다.

Yum!
Yum!

• 요즘 unique한 스타일의 vehicle이 눈에 많이 띕니다.
• native 선생님 발음이 fantastic! 여러분도 연습하면 가능해요.

□ 0128 ★★★
destroy
[distrɔ́i]

ⓥ 파괴하다

The earthquake **destroyed** most of the highways.
지진은 대부분의 고속도로를 파괴했다.

destructive a. 파괴적인   **destruction** n. 파괴

□ 0129 ★★★
effective
[iféktiv]

ⓐ 효과적인

Yoga is an **effective** way to maintain a healthy body.
요가는 건강한 신체를 유지하는 효과적인 방법이다.

effect n. 효과, 결과; 영향

□ 0130 ★★★
opposite
[ápəzit]

ⓐ 반대편의, 반대의   ⓝ 정반대

The house is on the **opposite** side of the street.
그 집은 거리 반대편에 있다.

□ 0131 ★★
rural
[rúərəl]

ⓐ 시골의, 전원의

What if all **rural** people went to cities to look for work?
모든 시골 사람들이 일을 찾아 도시로 간다면 어떻게 되겠는가?

↔ **urban** a. 도시의, 도회지의

□ 0132 ★★★
seldom
[séldəm]

ⓐⓓ 좀처럼 …하지 않는

The truth is always in front us, but we **seldom** see it.
진실은 항상 우리 앞에 있지만 우리는 좀처럼 그것을 보지 못한다.

 oom-in | **부정적 의미를 나타내는 부사**

seldom, rarely 좀처럼 …하지 않는
hardly, scarcely, barely 거의 …않다 (아니다, 없다)

□ 0133 ★★★
purpose
[pə́:rpəs]

ⓝ 목적, 의도

I think the **purpose** of our lives is to be happy.
나는 우리 삶의 목적이 행복해지는 것이라고 생각한다.

purposely ad. 고의로, 일부러   ⓢ **on purpose** 일부러

Yum!
Yum!

• 삶의 purpose를 이루기 위한 가장 **effective**한 방법은?
• 그 rural 마을을 가려면 우리집과 **opposite**한 방향으로 가야 해요.

□ 0134 ★★★
theory
[θíəri]

ⓝ 이론, 학설
There are many **theories** about why the dinosaurs died out.
공룡이 왜 멸종했는지에 대한 이론들이 많다.

theoretical a. 이론적인

□ 0135 ★★★
realize
[rí:əlàiz]

ⓥ 깨닫다; 실현시키다
I **realized** that I was wrong and they were right.
나는 내가 틀렸고 그들이 옳았다는 것을 깨달았다.

realization n. 깨달음; 실현

□ 0136 ★★
heritage
[héritidʒ]

ⓝ 유산
Koreans are proud of their long history, culture and **heritage**.
한국인들은 그들의 오랜 역사와 문화, 그리고 유산을 자랑스러워한다.

□ 0137 ★★
urban
[ɔ́:rbən]

ⓐ 도시의, 도회지의
About 85 percent of Koreans currently live in **urban** areas.
현재 한국인의 약 85퍼센트가 도시 지역에 살고 있다.

urbanize v. 도시화하다   **urbanization** n. 도시화
↔ **rural** a. 시골의, 전원의

□ 0138 ★★★
surface
[sɔ́:rfis]

ⓝ 표면, 수면 ⓥ 표면〔수면〕으로 나오다
A lot of colorful geese are swimming on the **surface** of the lake.
형형색색의 많은 거위들이 호수 수면에서 헤엄치고 있다.

□ 0139 ★★★
grocery
[gróusəri]

ⓝ 식료품점; (-ies) 식료품
Healthy cooking starts with choosing the right foods at the **grocery**.
건강에 좋은 요리는 식료품점에서 올바른 식품을 고르는 것부터 시작한다.

grocer n. 식료품점 주인

Yum! Yum!
• 조상이 물려주신 문화 heritage, 그 소중함을 realize해야죠.
• urban 사람들이 식품을 사는 곳은 grocery입니다.

□ 0140 ★★★
exclude
[iksklú:d]

ⓥ 제외하다, 배제시키다
We can't **exclude** Bob if we are to invite Paul.
우리가 Paul을 초대하려 한다면 Bob을 제외할 수는 없다.

exclusive a. 배타적인; 독점적인　　**exclusion** n. 제외, 배제
↔ **include** v. 포함하다

□ 0141 ★★
billion
[bíljən]

ⓝ 10억
Rocks on the surface of the Moon are between 3 and 4.6 **billion** years old.
달 표면의 암석들은 30억에서 46억 년이 된 것들이다.

Ⓩoom-in Ⅰ **수의 단위**

thousand 1천	ten thousand 1만	one hundred thousand 10만
million 1백만	ten million 1천만	one hundred million 1억
billion 10억	trillion 1조	

□ 0142 ★★★
lower
[lóuər]

ⓥ 낮추다, 내리다
If the company is to survive, it has to **lower** its prices.
그 기업이 생존하고자 한다면 (상품의) 가격을 낮추어야만 한다.

low a. 낮은　　↔ **raise** v. 올리다

□ 0143 ★★★
resource
[rí:sɔːrs]

ⓝ 자원, 원천
In the Information Age, human **resources** are the most important **resource** of all.
정보화 시대에 인적 자원은 모든 자원 중에서 가장 중요한 자원이다.

□ 0144 ★★★
delicious
[dilíʃəs]

ⓐ 맛있는
The food was **delicious**, and the service was even better.
음식은 맛있었고 서비스는 더욱 더 훌륭했다.

Yum!
Yum!

• 세계 인구가 *billion* 가까이 된다는데, 천연 *resources*는 얼마나 남았을까?
• 이 케이크 정말 *delicious*해! 가격만 조금 *lower*하면 정말 잘 팔릴 텐데.

□ 0145 ★★★
overcome
[òuvərkʌ́m]

ⓥ 극복하다; 이기다

Overcome fear of failure and try to push yourself.
실패의 두려움을 극복하고 스스로를 담금질하도록 노력하라.

= **get over** 극복하다

□ 0146 ★★★
basis
[béisis]

ⓝ 근거, 기초, 토대

I think there isn't any scientific **basis** for your new theory.
나는 너의 새로운 이론에 대해 과학적 근거가 전혀 없다고 생각한다.

basic a. 기초적인, 근본적인
base n. 토대, 기반 v. …의 기초를 형성하다
㉧ **on the basis of** …을 기반으로

□ 0147 ★★★
entrance
[éntrəns]

ⓝ 입구; 입장

A car came right up to the **entrance** of the building.
한 대의 자동차가 바로 그 건물의 입구까지 들어왔다.

enter v. 들어가다   **entry** n. 참가, 출전
cf. no entrance 입장금지   **entrance exam** 입학 시험

□ 0148 ★★★
imitate
[ímitèit]

ⓥ 모방하다, 흉내 내다

Don't **imitate**, rather create your own style.
모방하지 말고, 차라리 너 자신의 스타일을 창조하라.

imitation n. 모방, 흉내

□ 0149 ★★★
available
[əvéiləbl]

ⓐ 이용 가능한

Due to continuous drought, not enough drinking water was **available**.
계속되는 가뭄으로 인해 충분한 식수를 이용할 수 없었다.

↔ **unavailable** a. 이용할 수 없는

Yum!
Yum!

• 건물 **entrance**에 사람들이 많아요. **available**한 다른 출구는 없나요?
• 누가 그러는데 **imitation**은 창조의 **basis**래요.

☐ 0150 ★★★
stuff
[stʌ́f]

ⓝ 소지품, 물건; 원료, 재료　ⓥ 채우다

I need a place where I can keep my personal **stuff** safe.
나는 내 개인 소지품을 안전하게 보관할 수 있는 장소가 필요하다.

stuffy a. 꽉 채워진; 코가 막힌

☐ 0151 ★★★
suppose
[səpóuz]

ⓥ 가정하다, 추측하다

We **suppose** that little or no rain falls in the area.
우리는 그 지역에는 거의 혹은 전혀 비가 오지 않을 것이라고 가정한다.

☐ 0152 ★★
neighborhood
[néibərhùd]

ⓝ 인근, 이웃

There has been no crime in this **neighborhood** for years.
수년간 이 인근에는 범죄가 없었다.

neighbor n. 이웃

☐ 0153 ★★★
cattle
[kǽtl]

ⓝ 소떼

A very large farm on which **cattle** are kept is called a ranch.
소떼를 기르는 매우 커다란 농장은 목장이라 불린다.

Ⓩoom-in ┃ **소와 관련된 표현**

cow 암소　bull 황소(= ox)　calf 송아지　beef 쇠고기　buffalo 들소

☐ 0154 ★★★
commit
[kəmít]

ⓥ 저지르다; 전념하다; 약속하다

People who **commit** serious crimes are sent to prison.
심각한 범죄를 저지른 사람들은 감옥에 보내진다.

commitment n. 전념; 약속

☐ 0155 ★★
delicate
[délikət]

ⓐ 연약한; 섬세한

This cream helps protect your baby's **delicate** skin.
이 크림은 아기의 연약한 피부를 보호하는 데 도움이 된다.

delicacy n. 연약함; 섬세함

Yum!
Yum!

• 그 지갑은 delicate한 재질이라 동전을 많이 stuff하면 안 돼.
• 우리 neighborhood의 목장으로 cattle 보러 가자.

□ 0156 ★★★

temple
[témpl]

ⓝ 사원, 신전

Taj Mahal is a world famous Hindu **temple**.
타지마할은 세계적으로 유명한 힌두교 사원이다.

□ 0157 ★★★

extreme
[ikstríːm]

ⓐ 극단적인, 극도의

Extreme weather conditions are increasing worldwide.
극단적인 기상 상태가 전 세계적으로 증가하고 있다.

extremity n. 극단, 극한

□ 0158 ★★★

regard
[rigáːrd]

ⓥ 여기다, 간주하다   ⓝ 주목, 주의

My teacher **regarded** me as the smartest of his students.
선생님은 나를 학생들 중 가장 영리하다고 여기셨다.

㊗ **regard A as B**   A를 B로 여기다

Ⓩoom-in | 전치사처럼 쓰이는 현재분사

regarding …와 관련하여	concerning …에 관하여	including …을 포함하여
excluding …을 제외하고	depending on …에 따라	following …후에

□ 0159 ★★

exhibition
[èksəbíʃən]

ⓝ 전시(회)

This year the annual **exhibition** will be held in April.
올해에는 연례 전시회가 4월에 개최될 것이다.

exhibit v. 전시하다; 드러내다

□ 0160 ★★

venture
[véntʃər]

ⓥ 모험하다   ⓝ 모험; 모험적 사업

Nothing **ventured**, nothing gained. -proverb-
모험하지 않으면 얻는 것도 없다.

Yum! Yum!

• venture를 좋아하는 사람들은 대부분 extreme 스포츠를 즐기더라.
• 고대 temple에서 출토한 유물들을 전시하는 exhibition이 열릴 거야.

TEST

A 빈칸에 해당하는 영어 단어 또는 우리말을 쓰시오.

1. 제외하다, 배제시키다 _____
2. 반대편의; 정반대 _____
3. 극단적인, 극도의 _____
4. 시골의, 전원의 _____
5. 모방하다, 흉내 내다 _____
6. 토박이의; 토착민 _____
7. 깨닫다; 실현시키다 _____
8. 근거, 기초 _____
9. 이론, 학설 _____
10. 모험하다; 모험 _____

11. grocery _____
12. destroy _____
13. cattle _____
14. strength _____
15. exhibition _____
16. vehicle _____
17. effective _____
18. fantastic _____
19. urban _____
20. billion _____

B 빈칸에 알맞은 단어를 〈보기〉에서 골라 쓰시오.

available	delicate	delicious	entrance
heritage	overcome	purpose	resource

1. I think the _____ of our lives is to be happy.
2. This cream helps protect your baby's _____ skin.
3. Koreans are proud of their long history, culture and _____.
4. The food was _____, and the service was even better.
5. Due to continuous drought, not enough drinking water was _____.
6. _____ fear of failure and try to push yourself.
7. A car came right up to the _____ of the building.
8. In the Information Age, human _____ s are the most important.

Answer Keys

A 1. exclude 2. opposite 3. extreme 4. rural 5. imitate 6. native 7. realize 8. basis 9. theory
10. venture 11. 식료품점 12. 파괴하다 13. 소떼 14. 힘, 세기 15. 전시(회) 16. 차량, 탈것 17. 효과적인 18. 환상적인,
멋진 19. 도시의, 도회지의 20. 10억   B 1. purpose 2. delicate 3. heritage 4. delicious 5. available
6. Overcome 7. entrance 8. resource

get

get(얻다) +
along(…을 따라)
→ …와 사이좋게 지내다

get along   …와 사이 좋게 지내다

Mike and Steve are twins, but they don't **get along**.
Mike와 Steve는 쌍둥이지만 사이가 좋지 않다.

get around   1. 돌아다니다   2. 법망을 피하다

1. At the age of 91, my grandma **gets around** quite well.
   91세의 연세에도 나의 할머니는 아주 잘 다니신다.

2. Remember there's no way to **get around** our rules.
   우리의 규칙을 피해갈 방법은 없다는 것을 명심해라.

get(얻다) + over(넘어서)
→ 극복하다

get over   극복하다

There are many obstacles still to **get over**.
아직도 극복해야 할 장애물이 많다.

get off   1. 휴가를 내다   2. 퇴근하다

1. I'm not sure I will be able to **get** two weeks **off**.
   내가 2주일간의 휴가를 낼 수 있을지 모르겠다.

2. What time do you usually **get off** work?
   보통 몇 시에 퇴근하시나요?

get(얻다) + through
(통과하여) → 겪어내다

get through   겪어내다, 무사히 보내다

Anyone can't **get through** the tragedy without help.
누구도 그런 비극을 도움 없이 겪어낼 수 없다.

DAY 05

어휘 더하기 : go / hang을 이용한 이어동사

01	02	03	04	05	06	07	08	09	10
●	●	●	●	●					

11	12	13	14	15	16	17	18	19	20

21	22	23	24	25	26	27	28	29	30

31	32	33	34	35	36	37	38	39	40

41	42	43	44	45

Day 04 | Review

앞에서 학습한 단어를 얼마나 기억하는지 체크해 보세요.
기억이 나지 않는 단어는 다시 한 번 학습하세요.

- ☐ fantastic
- ☐ palace
- ☐ destroy
- ☐ effective
- ☐ opposite
- ☐ rural
- ☐ seldom
- ☐ purpose
- ☐ theory
- ☐ realize
- ☐ exclude
- ☐ urban
- ☐ surface
- ☐ grocery
- ☐ heritage

- ☐ delicious
- ☐ lower
- ☐ overcome
- ☐ billion
- ☐ resource
- ☐ suppose
- ☐ entrance
- ☐ imitate
- ☐ neighborhood
- ☐ available
- ☐ stuff
- ☐ basis
- ☐ cattle
- ☐ commit
- ☐ delicate

☐ 0161 ★★★

avoid
[əvɔ́id]

ⓥ 피하다, 회피하다

You should **avoid** walking the streets alone after dark.
당신은 어두워진 후에 혼자 길거리를 걷는 것을 피해야 한다.

avoidance n. 회피, 도피

☐ 0162 ★★

proverb
[právə:rb]

ⓝ 속담, 격언

Many English **proverbs** are similar to Korean **proverbs**.
많은 영어 속담들이 한국 속담들과 유사하다.

☐ 0163 ★★★

proper
[prápər]

ⓐ 적절한, 알맞은

We need **proper** discussion on what the problem is.
우리는 문제가 무엇인지에 관한 적절한 논의가 필요하다.

propriety n. 적절성   ↔ **improper** a. 부적절한

☐ 0164 ★★

sticky
[stíki]

ⓐ 점착성의, 끈적끈적한

Honey is **sticky** by nature.
꿀은 본래 점착성이 있다.

stick v. 달라붙다; 고수하다 n. 막대기

☐ 0165 ★★★

religious
[rilídʒəs]

ⓐ 종교적인

The first Americans were those who left England to seek **religious** freedom.
최초의 미국인들은 종교적 자유를 찾아 영국을 떠난 사람들이었다.

religion n. 종교

☐ 0166 ★★★

gravity
[ɡrǽvəti]

ⓝ 중력

The **gravity** on the surface of the Moon is one-sixth of the Earth's.
달 표면의 중력은 지구 중력의 6분의 1이다.

= **gravitation** n. 중력, 만유인력

Yum! Yum!

• 여름에는 온몸에 sticky한 땀이 흐르니 proper한 수분 섭취가 필요해요.
• 이 세상에서 gravity를 avoid할 수 있는 물질은 없습니다.

□0167 ★★
librarian
[laibrέəriən]

ⓝ 도서관 사서

This site provides online resources for school **librarians**.
이 사이트는 학교 도서관 사서들을 위한 온라인 자료를 제공한다.

library n. 도서관

□0168 ★★★
nuclear
[njú:kliər]

ⓐ 원자력의; 핵(무기)의

Korea has four **nuclear** power plants.
한국은 4개의 원자력 발전소를 보유하고 있다.

nucleus n. 핵

□0169 ★
toxic
[táksik]

ⓐ 유독한, 독성의

The smoke from burning plastic is very **toxic**.
불타는 플라스틱으로부터 나오는 연기는 매우 유독하다.

toxicity n. 유독성, 독성   = **poisonous** a. 독성이 있는

□0170 ★★★
strict
[stríkt]

ⓐ 엄격한

I don't think that children would learn better from **strict** teachers.
나는 아이들이 엄격한 선생님에게 더 잘 배울 것이라고 생각하지 않는다.

□0171 ★★★
urge
[ə́:rdʒ]

ⓥ 촉구하다   ⓝ 충동

Local people **urged** the government to build more parks.
지역민들은 정부에게 더 많은 공원을 건설하도록 촉구했다.

□0172 ★★
lecture
[léktʃər]

ⓝ 강의   ⓥ 강의하다; 잔소리하다

The famous poet gave **lectures** at several universities.
그 유명한 시인은 여러 대학교에서 강의하였다.

□0173 ★★★
valuable
[væljuəbl]

ⓐ 귀중한, 가치 있는

I learned a **valuable** lesson that I should always try to be better.
나는 더 나아지기 위해 항상 노력해야 한다는 귀중한 교훈을 배웠다.

Yum!
Yum!

• 어떠한 나라도 nuclear 무기는 사용하지 말 것을 강력히 urge합니다.
• toxic한 물질 취급 허가는 strict한 심사 후에 결정해야 해요.

□ 0174 ★★★

reward
[riwɔ́:rd]

ⓝ 보상, 보답　ⓥ 보상하다

He received a **reward** of one million dollars for finding the bag.
그는 그 가방을 찾은 대가로 백만 달러의 보상을 받았다.

rewarding a. 보답이 있는; 보람된

□ 0175 ★★★

sacred
[séikrid]

ⓐ 신성한

Monkeys are considered **sacred** by Hindus.
원숭이는 힌두교도들에게 신성한 것으로 여겨진다.

= holy a. 신성한, 성스러운

□ 0176 ★★★

assume
[əsú:m]

ⓥ 추측하다, 가정하다

I **assume** that he will help me again.
나는 그가 나를 다시 도울 것이라고 추측한다.

assumption n. 추측, 가정

 oom-in ┃ 명사형을 만들 때 -tion 앞에 p가 첨가되는 어휘
assume (추측하다) → assumption　　presume (가정하다) → presumption
consume (소비하다) → consumption　　cf. absorb (흡수하다) → absorption

□ 0177 ★★

earnest
[ɔ́:rnist]

ⓐ 성실한, 착실한　ⓝ 성실, 진지

Earnest men are not afraid of results.　-Marcus Garvey-
성실한 사람은 결과를 두려워하지 않는다.

□ 0178 ★★★

democracy
[dimάkrəsi]

ⓝ 민주주의

I believe that **democracy** and human rights are universal values.
나는 민주주의와 인권은 보편적 가치라고 믿는다.

democratic a. 민주주의의
Democrat n. (미국) 민주당원 (↔ **Republican** n. 공화당원)

 Yum! Yum!

- **earnest**한 노력, 언젠가는 반드시 **reward**를 받습니다.
- **democracy**하에서는 모든 사람들의 **sacred**한 권리가 보장됩니다.

□ 0179 ★★★
active
[ǽktiv]

ⓐ 활동적인

There are more than 500 **active** volcanoes around the world.
전 세계적으로 500개가 넘는 활화산이 있다.

act v. 활동하다　**action** n. 행동, 행위　**activity** n. 활동

□ 0180 ★★
decade
[dékeid]

ⓝ 10년

For **decades**, we have thrown toxic waste into the ocean.
수십 년 동안 우리는 유독성 폐기물을 해양에 버려 왔다.

□ 0181 ★★★
sweep
[swíːp]

ⓥ 휩쓸다; 쓸다

In 1918, the bird flu **swept** the whole world, killing 50 million.
1918년에 조류독감이 전 세계를 휩쓸어 5천만 명의 목숨을 앗아갔다.

sweeper n. 청소부

□ 0182 ★★★
pursue
[pərsúː]

ⓥ 추구하다; 추격하다

We humans always **pursue** something new.
우리 인간은 항상 무엇인가 새로운 것을 추구한다.

pursuit n. 추구; 추격

□ 0183 ★★★
pressure
[préʃər]

ⓝ 압력, 누르기

Massage is to apply **pressure** to the body's muscles.
마사지는 신체의 근육에 압력을 가하는 것이다.

press v. 누르다 n. 언론

□ 0184 ★
interact
[ìntərǽkt]

ⓥ 상호작용〔교류〕하다

Children need to **interact** with other children.
아이들은 다른 아이들과 상호작용할 필요가 있다.

interaction n. 상호작용

Yum!
Yum!

• 같은 목표를 pursue하는 사람들끼리 잘 interact해 봐요.
• active한 사람은 심리적 pressure를 잘 극복하죠.

□ 0185 ★★★

breathe
[bríːð]

ⓥ 호흡하다

Please breathe deeply then hold your breath.
심호흡을 하고 숨을 참으세요.

cf. **inhale** v. (숨을) 들이쉬다   **exhale** v. (숨을) 내쉬다

---

 oom-in | 혼동하기 쉬운 명사 – 동사
breath[bréθ] 호흡 – breathe[bríːð] 호흡하다
bath[bǽθ] 목욕 – bathe[béið] 목욕하다
cloth[klɔ́ːθ] 천 – clothe[klóuð] 옷을 입히다

□ 0186 ★★★

welfare
[wélfɛ̀ər]

ⓝ 복지, 후생

All parents try hard for their children's welfare.
모든 부모들은 아이들의 복지를 위해 열심히 노력한다.

□ 0187 ★★★

population
[pὰpjuléiʃən]

ⓝ 인구

The world population reached 6 billion in 1999.
세계 인구는 1999년에 60억에 도달하였다.

populate v. (사람이) 거주하다

□ 0188 ★★★

bitter
[bítər]

ⓐ 맛이 쓴; 모진, 가혹한

The tea tastes bitter at first, but is sweet soon after.
그 차는 처음에는 쓴맛이 나지만, 잠시 후에는 단맛이 난다.

↔ **sweet** a. 달콤한

□ 0189 ★★

terrific
[tərífik]

ⓐ 아주 좋은, 멋진

The food was terrific, and the waitress was very kind.
음식은 아주 훌륭했고, 웨이트리스는 매우 친절했다.

= **fabulous** a. 멋진   **awesome** a. 기막히게 좋은

Yum!
Yum!

• population 노령화에 따른 사회 welfare 정책 변화는 필수입니다.
• 정말 terrific한 경치, breathe할 수 없을 정도예요.

☐ 0190 ★★
refund
[ríːfʌnd] ⓝ
[rifʌ́nd] ⓥ

ⓝ 환불 ⓥ 환불하다

I asked for a refund, but the seller never gave me on.
나는 환불을 요청했지만 판매자는 결코 내게 환불해 주지 않았다.

☐ 0191 ★★★
repetition
[rèpətíʃən]

ⓝ 반복, 되풀이

Only through repetition can a player develop and improve his skills.
오직 반복을 통해서만 선수는 그의 기량을 발전시키고 향상시킬 수 있다.

repeat v. 반복하다 **repetitive** a. 반복적인

☐ 0192 ★★★
aware
[əwɛ́ər]

ⓐ 알고 있는, 인식하고 있는

During most dreams, sleepers are not aware that they are dreaming.
꿈꾸는 대부분의 시간 동안, 잠자는 사람은 꿈꾸고 있음을 알지 못한다.

awareness n. 알고 있음, 인식 ㉮ **be aware of** …을 알고 있다

☐ 0193 ★★★
cure
[kjúər]

ⓥ 치료하다 ⓝ 치료제 [법]

From ancient times, humans have used herbs to cure diseases.
고대부터 인간은 질병을 치료하기 위해 약초를 사용해 왔다.

curable a. 치료할 수 있는 (↔ **incurable** a. 불치의)

☐ 0194 ★★★
discovery
[diskʌ́vəri]

ⓝ 발견

He who never made a mistake never made a discovery.
전혀 실수하지 않은 사람이 발견을 이룬 법이 없다.

discover v. 발견하다

☐ 0195 ★★★
sweat
[swét]

ⓝ 땀 ⓥ 땀을 흘리다

Wipe your sweat with this towel.
이 수건으로 땀을 닦아라.

sweaty a. 땀에 젖은

Yum!
Yum!

• Oops! 똑같은 실수의 repetition! 정말 cure할 수가 없네.
• 그 점원은 refund해 달라는 나의 요구에 sweat를 뻘뻘 흘렸다.

□0196 ★★★

discourage
[diskə́:ridʒ]

ⓥ 못하게 말리다, 낙담시키다

Do not **discourage** children from setting higher goals.
아이들이 보다 높은 목표를 세우는 것을 말리지 마시오.

discouragement n. 낙담, 실망   ↔ **encourage** v. 격려하다

 oom-in I 금지, 방해, 저지의 동사 + from -ing
[discourage / keep / deter / hinder / prohibit / inhibit]+목적어+from -ing:
목적어가 …하는 것을 말리다 / 가로막다 / 단념시키다 / 방해하다 / 금지하다 / 금하다

□0197 ★★

courageous
[kəréidʒəs]

ⓐ 용기 있는, 용감한

You never be **courageous** without knowing the true meaning of courage.
용기의 진정한 의미를 모르고서는 결코 용감할 수 없다.

courage n. 용기   = **brave** a. 용감한

□0198 ★★

scared
[skɛərd]

ⓐ 겁먹은, 무서워하는

When the little boy saw a snake, he was **scared**.
남자아이는 뱀을 보자 겁을 먹었다.

scare v. 겁먹게 하다 (= **terrify** v. 무섭게 하다)

□0199 ★★★

practical
[prǽktikəl]

ⓐ 실용적인; 실생활의

They made clothes for **practical** use.
그들은 실용적인 용도로 옷을 만들었다.

practice n. 연습; 실행, 실습 v. 연습하다; 실천하다

□0200 ★★★

acquire
[əkwáiər]

ⓥ 습득하다, 획득하다

You can **acquire** a new language only by using it.
당신은 새로운 언어를 사용함으로써만 그것을 습득할 수 있다.

acquisition n. 습득, 취득

Yum!
Yum!

• 어두워지자 그 친구 courageous하기는 커녕 잔뜩 scared해서 막 울더라.
• 자격증 acquire하는 거 쉽지 않지만 discouragement는 절대 금지!

TEST

A 빈칸에 해당하는 영어 단어 또는 우리말을 쓰시오.

1. 적절한, 알맞은 _____
2. 겁먹은 _____
3. 신성한 _____
4. 촉구하다; 충동 _____
5. 엄격한 _____
6. 알고 있는, 인식하고 있는 _____
7. 환불; 환불하다 _____
8. 보상, 보답; 보상하다 _____
9. 점착성의, 끈적끈적한 _____
10. 땀; 땀을 흘리다 _____

11. pursue _____
12. welfare _____
13. toxic _____
14. religious _____
15. lecture _____
16. discourage _____
17. proverb _____
18. gravity _____
19. decade _____
20. courageous _____

B 빈칸에 알맞은 단어를 〈보기〉에서 골라 쓰시오.

breathe	democracy	earnest	interact
population	pressure	practical	repetition

1. Massage is to apply _____ to the body's muscles.
2. _____ men are not afraid of results.
3. Please _____ deeply then hold your breath.
4. They made clothes for _____ use.
5. The world _____ reached 6 billion in 1999.
6. Only through _____ can a player develop and improve his skills.
7. Children need to _____ with other children.
8. I believe _____ and human rights are universal values.

go

go(가다) **+ off**(멀리)
→ 꺼지다

go off   꺼지다

The electricity **went off** about 4 hours ago and came back on.
전기가 약 4시간 전에 꺼졌다가 들어왔다.

go through   1. 샅샅이 조사하다   2. 겪다

1. The police **went through** my personal belongings.
   경찰은 내 개인 소지품을 샅샅이 조사했다.
2. He **went through** lots of competitions.
   그는 많은 경쟁을 겪었다.

hang

hang(걸다) **+ up**(위로)
→ 전화를 끊다

hang up   전화를 끊다

She **hung up** when she heard my voice.
그녀는 내 목소리를 듣자 전화를 끊어버렸다.

hang out   시간을 보내다

I loved to **hang out** with my friends in this cafe.
나는 이 카페에서 친구들과 함께 시간을 보내는 것을 좋아했다.

hang around   어슬렁거리다, 배회하다

I used to **hang around** this park during my school days.
나는 학창시절에 이 공원을 어슬렁거리곤 했다.

☐ **have a taste for** …을 좋아하다, …에 취미가 있다 → 0007

She **has a taste for** poetry and ballad.
그녀는 시와 민요를 좋아한다(시와 민요에 취미가 있다).

☐ **in comparison** 비교해 보건대 → 0040

Ghana is a little richer **in comparison** with its African neighbors.
가나는 이웃한 아프리카 국가들과 비교해서 조금 더 부유하다.

☐ **pay attention to** 관심을 기울이다 → 0042

Sometimes we should **pay attention to** others' opinions.
때로는 다른 사람들의 의견에 관심을 가져야 한다.

☐ **take notice** 주목하다, 관심을 갖다 → 0060

When they achieved success, the world **took notice**.
그들이 성공을 거두자 전 세계가 주목하였다.

☐ **in addition to** …이외에도 → 0076

In addition to singing, she is interested in writing.
노래하는 것 이외에도, 그녀는 글짓기에도 관심이 있다.

☐ **in the presence of** …가 참관한 가운데, …의 면전에서 → 0082

His will was signed **in the presence of** his lawyer.
그의 유서는 그의 변호사가 참관한 가운데 서명되었다.

☐ **at full strength** 총력을 기울여 → 0125

All games start with both teams **at full strength**.
모든 경기는 양팀이 총력을 기울이는 것으로 시작된다.

□ **in effect** 사실상 → 0129

In effect, the best way to help him is make him help himself.
사실상, 그를 돕는 최선의 길을 그가 스스로를 돕도록 만드는 것이다.

□ **on purpose** 고의적으로, 일부러 → 0133

I don't think you would hurt anyone **on purpose.**
나는 네가 고의적으로 남을 다치게 할 것이라고 생각하지 않는다.

□ **scratch the surface** 수박 겉핥기 식으로 보다 → 0138

Scratching the surface doesn't help at all.
수박 겉핥기 식으로 보는 것은 전혀 도움이 되지 않는다.

□ **on the basis of** …을 근거로, 기반으로 → 0146

Companies should compete with each other **on the basis of**
their products' quality.
기업들은 자사 제품의 품질을 근거로 하여 서로 경쟁해야 한다.

□ **regardless of** …와 관계없이 → 0158

I will remain positive **regardless of** the situation.
나는 상황과 관계없이 긍정적인 자세를 견지할 것이다.

□ **be aware of** …을 알고 [의식하고] 있다 → 0192

Are you **aware of** your bad habits?
너는 너의 나쁜 버릇들을 알고 있니?

□ **put into practice** 실행에 옮기다 → 0199

It is easy to get a good idea, but not easy to **put** it **into practice.**
좋은 아이디어를 얻는 것은 쉽지만, 그것을 실행에 옮기는 것은 쉽지 않다.

※ 절취선을 따라 자른 후 휴대하면서 꼭꼭 외우세요.

1. recommend	추천하다, 권장하다	26. abroad	외국에
2. flight	항공편, 비행	27. rarely	좀처럼 …하지 않는
3. rate	비율	28. intend	…을 의도하다
4. pleasure	즐거움, 유쾌함	29. persuade	설득하다
5. earthquake	지진	30. dependent	의존적인
6. correct	고치다, 정정하다	31. invest	투자하다
7. consume	소비하다	32. community	지역사회, 공동체사회
8. reduction	감소	33. research	연구, 연구하다
9. complete	완성하다, 완전한	34. attend	참석하다
10. structure	구조(물), 구성	35. element	요소
11. acquire	습득하다, 획득하다	36. quality	질, 성질
12. competition	경쟁	37. quantity	양, 분량
13. practical	실용적인, 실생활의	38. knowledge	지식
14. removal	제거	39. conference	회의, 회담
15. refusal	거부, 거절	40. appearance	외모, 용모
16. reasonable	타당한, 합리적인	41. universal	인류 보편적인, 우주의
17. comparison	비교	42. satisfaction	만족
18. previous	이전의, 앞선	43. confidence	자신감, 확신
19. shortage	부족, 결핍	44. remote	멀리 떨어진, 외진
20. accept	받아들이다	45. vehicle	차량, 탈것
21. contain	함유하다	46. unique	고유한, 독특한
22. affect	영향을 미치다	47. aware	알고 있는, 인식하고 있는
23. attention	관심, 주의	48. effective	효과적인
24. negative	부정적인	49. opposite	반대편의, 정반대
25. improve	향상시키다	50. rural	시골의, 전원의

51. local	지방의, 지역의	76. purpose	목적, 의도
52. positive	긍정적인	77. exclude	제외하다, 배제시키다
53. career	경력, 직업	78. urban	도시의, 도회지의
54. anniversary	기념일	79. heritage	유산
55. treasure	보물, 소중히 하다	80. refund	환불, 환불하다
56. scare	겁먹게 하다	81. lower	낮추다, 내리다
57. provide	제공하다, 공급하다	82. overcome	극복하다
58. function	기능, 기능하다	83. resource	자원, 원천
59. abstract	추상적인	84. imitate	모방하다
60. achieve	이루다, 성취하다	85. neighborhood	인근, 이웃
61. necessity	필요성, 필수품	86. extreme	극단적인, 극도의
62. psychology	심리, 심리학	87. available	이용 가능한
63. response	답변, 반응	88. regard	여기다, 간주하다
64. volunteer	자원하다	89. exhibition	전시
65. permanent	영구적인	90. delicate	연약한, 섬세한
66. regretful	후회스러운	91. sticky	점착성의, 끈적끈적한
67. threaten	위협하다, 협박하다	92. lecture	강의, 강의하다
68. quit	끊다, 그만두다	93. gravity	중력
69. security	안전, 보안	94. toxic	유독한, 독성의
70. addition	추가, 첨가	95. strict	엄격한
71. recovery	회복	96. urge	촉구하다, 충동
72. surgery	(외과) 수술	97. sacred	신성한
73. obtain	얻다, 획득하다	98. democracy	민주주의
74. require	필요로 하다	99. reward	보상, 보답
75. presence	존재, 참석	100. welfare	복지, 후생

DAY 06

어휘 더하기 : make / pass를 이용한 이어동사

01	02	03	04	05	06	07	08	09	10
•	•	•	•	•	•	•			

11	12	13	14	15	16	17	18	19	20

21	22	23	24	25	26	27	28	29	30

31	32	33	34	35	36	37	38	39	40

41	42	43	44	45

Day 05 | Review

앞에서 학습한 단어를 얼마나 기억하는지 체크해 보세요.
기억이 나지 않는 단어는 다시 한 번 학습하세요.

- ☐ avoid
- ☐ proverb
- ☐ proper
- ☐ sticky
- ☐ religious
- ☐ librarian
- ☐ toxic
- ☐ strict
- ☐ urge
- ☐ valuable
- ☐ sacred
- ☐ democracy
- ☐ earnest
- ☐ assume
- ☐ reward

- ☐ sweep
- ☐ interact
- ☐ welfare
- ☐ refund
- ☐ bitter
- ☐ sweat
- ☐ pursue
- ☐ repetition
- ☐ aware
- ☐ discovery
- ☐ pressure
- ☐ courageous
- ☐ scared
- ☐ practical
- ☐ acquire

wow!!

☐ 0201 ★★★
attract
[ətrǽkt]

ⓥ 유인하다, 끌어당기다

Bright lights **attract** moths and other insects at night.
밝은 불빛은 밤에 나방이나 다른 곤충들을 유인한다.

attractive a. 매력적인, 주의를 끄는   **attraction** n. 매력, 유인

☐ 0202 ★★★
election
[ilékʃən]

ⓝ 선거, 선출

It was the first democratic **election** in our country.
그것은 우리나라 최초의 민주 선거였다.

elect v. 선거하다, 선출하다

☐ 0203 ★★★
noble
[nóubl]

ⓐ 고귀한, 귀족의   ⓝ 귀족

Once a **noble** family lived in this castle.
한때 귀족 가문이 이 성에 살았다.

nobility n. 고귀함; (집합적) 귀족   **nobleness** n. 고상함

☐ 0204 ★★★
fortunate
[fɔ́ːrtʃənət]

ⓐ 다행스러운, 행운의

It's **fortunate** that he wasn't badly hurt in the accident.
그가 그 사고에서 심하게 다치지 않은 것은 다행스러운 일이다.

fortune n. 행운, 운; 막대한 돈, 재산   **fortunately** ad. 다행스럽게도
↔ **unfortunate** a. 운이 없는

☐ 0205 ★★★
popularity
[pὰpjulǽrəti]

ⓝ 인기, 대중성

The **popularity** of girls' and boys' names has changed over time.
여자아이와 남자아이 이름의 인기는 세월이 흐르면서 변화하였다.

popular a. 인기 있는, 대중적인

☐ 0206 ★★
scratch
[skrǽtʃ]

ⓥ 긁다, 할퀴다

I found someone heavily **scratched** my car doors.
나는 누군가가 내 차 문을 심하게 긁어 놓은 것을 발견하였다.

Yum!
Yum!

• 어딘가 **noble**해 보이는 내 친구는 많은 사람들을 **attract**한다.
• **popularity** 높은 정치인은 **election**에서 백전백승.

□ 0207 ★★★
temperature
[témpərətʃər]

ⓝ 온도, 기온

The **temperature** on Monday went up to 38.6 degrees Celsius.
월요일에 기온이 섭씨 38.6도까지 올라갔다.

□ 0208 ★★★
own
[óun]

ⓥ 소유하다　ⓐ 자기 소유의, 자기 자신의

The millionaire **owns** 7 factories and 50 stores.
그 백만장자는 공장 7개와 상점 50개를 소유하고 있다.

owner n. 소유자　　**ownership** n. 소유권

□ 0209 ★★★
shield
[ʃiːld]

ⓝ 보호물, 방패　ⓥ 보호하다, 방패로 막다

This plastic **shield** protects the buttons on the phone from dust.
이 플라스틱 보호막은 전화기의 버튼을 먼지로부터 보호한다.

□ 0210 ★★
chemical
[kémikəl]

ⓐ 화학의, 화학적인　ⓝ 화학약품, 화학제품

Chemical waste from factories polluted the rivers and killed the fish.
공장에서 나오는 화학폐기물이 강을 오염시키고 물고기들을 죽였다.

chemistry n. 화학　　**chemist** n. 화학자

 oom-in ⎮ 과학 분야의 학문명

chemistry 화학　physics 물리학　biology 생물학(botany 식물학, zoology 동물학)
geology 지질학　astronomy 천문학　ecology 생태학　physiology 생리학

□ 0211 ★★★
humble
[hʌmbl]

ⓐ 보잘것없는, 초라한; 겸손한

A **humble** beginning turned into a huge successful movement.
보잘것없는 시작이 엄청나고 성공적인 운동으로 변화하였다.

Yum!
Yum!

• 온실은 유리 **shield**를 이용하여 내부의 **temperature**를 일정하게 유지한다.
• W. Carver는 **humble**한 땅콩을 산업용 원료로 변신시킨 **chemist**이다.

□ 0212 ★★★
belong
[bilɔ́(:)ŋ]

ⓥ …에 속하다, …의 소유이다

A freelance writer does not **belong** to any company.
자유 기고가는 어떤 회사에도 소속되지 않는다.

belonging n. 소유물, 소지품　㊂ **belong to** …에 속하다

□ 0213 ★★★
instance
[ínstəns]

ⓝ 경우; 예, 실례

There have been several **instances** of wrong deliveries.
배송이 잘못된 몇몇 경우가 있었다.

㊂ **for instance** 예를 들면

□ 0214 ★★★
relate
[riléit]

ⓥ 관련짓다, 결부시키다; 이야기하다

In every culture, folk games and play are closely **related** to work.
모든 문화에서 민속 경기와 놀이는 노동과 밀접하게 관련되어 있다.

relation n. 관계　　**relationship** n. 유대관계
㊂ **be related to** …와 관련되다

□ 0215 ★
healing
[híːliŋ]

ⓐ 치료의, 치유의　ⓝ 치료

Music has a **healing** power, so does laughter.
음악은 치유력이 있는데, 웃음 또한 그렇다.

heal v. 치료하다, 치유하다

□ 0216 ★★★
argue
[áːrgjuː]

ⓥ 주장하다, 논쟁하다

The company **argued** that it never broke the law.
그 회사는 결코 법을 어긴 적이 없다고 주장했다.

argument n. 주장, 논쟁

□ 0217 ★★★
female
[fíːmeil]

ⓐ 여성의　ⓝ 여성

He was criticized for looking down on a **female** athlete.
그는 한 여성 운동선수를 깔보았다는 이유로 비난 받았다.

↔ **male** a. 남성의　n. 남성

Yum! Yum!
- 의사들은 환자의 의지가 증세 호전에 **relate**되어 있다고 **argue**한다.
- 이 약초가 두통을 **heal**하는 효과를 보인 여러 **instance**가 있어.

□ 0218 ★★★

appointment
[əpɔ́intmənt]

ⓝ 약속, 예약; 임명

I totally forgot the appointment with my lawyer tonight.
나는 오늘밤 내 변호사와의 약속을 완전히 잊어버렸다.

appoint v. 약속을 정하다; 임명하다

□ 0219 ★★★

enlarge
[inláːrdʒ]

ⓥ 증대시키다; 확대하다

We read books to enlarge our knowledge.
우리는 지식을 증대시키기 위해 책을 읽는다.

enlargement n. 확대, 증대

□ 0220 ★★★

enrich
[enrítʃ]

ⓥ 풍요롭게 하다, 부유하게 하다

Your donation will enrich the lives of many children in Africa.
당신의 기부는 많은 아프리카 어린이들의 삶을 풍요롭게 해줄 것이다.

enrichment n. 풍부하게 함; 농축

 oom-in | 동사형 접두사 en: en + 형용사 = 동사

en + rich(부유한) → enrich(부유하게 하다)   en + large(큰) → enlarge(확대하다)
en + able(가능한) → enable(가능하게 하다)   en + sure(확실한) → ensure(보장하다)

□ 0221 ★★

bleed
[blíːd]

ⓥ 피를 흘리다, 피가 나다

The soldier kept walking on the field, bleeding from his left arm.
그 군인은 왼팔에 피를 흘리며 들판을 계속 걸어갔다.

blood n. 피, 혈액   ㉆ bleed to death 출혈이 심해 죽다

□ 0222 ★★★

ashamed
[əʃéimd]

ⓐ 부끄럽게 여기는

I was ashamed of my lack of knowledge.
나는 지식이 부족함을 부끄럽게 여겼다.

shame n. 수치, 창피   shameful a. 수치스런, 창피한
㉆ be ashamed of …을 부끄러워하다

Yum! Yum!

• 잇몸에서 bleed해서 치과에 진료 appointment를 잡았어.
• 나의 무지함이 ashamed해서 지식을 enlarge하기로 결심했어.

☐ 0223 ★★★
ruin
[rúːin]

ⓥ 파괴하다, 파멸시키다   ⓝ 파멸

As the war ruined the economy, unemployment soared.
전쟁이 경제를 파괴함에 따라 실업이 폭등하였다.

ruins n. 폐허, 유적

☐ 0224 ★★★
fulfill
[fulfíl]

ⓥ 이행하다, 완수하다

Again, he failed to fulfill his own promises.
또다시 그는 자신의 약속을 이행하지 못했다.

fulfillment n. 이행, 완수

☐ 0225 ★★★
attitude
[ǽtitjùːd]

ⓝ 태도, 자세

A positive attitude is the happiest way to live your life.
긍정적인 태도는 삶을 영위하는 가장 행복한 방법이다.

☐ 0226 ★★★
connect
[kənékt]

ⓥ 접속시키다, 연결시키다

This cable is used to connect your monitor to the PC.
이 선은 모니터를 PC에 접속시키는 데 사용된다.

connection n. 접속, 연결

☐ 0227 ★★
layer
[léiər]

ⓝ 층, 겹

The ozone layer forms a thin shield high up in the sky.
오존층은 하늘 높은 곳에 얇은 보호막을 형성한다.

☐ 0228 ★★★
excuse
[ikskjúːz]

ⓝ 변명, 핑계   ⓥ 변명하다; 용서해주다

There is no excuse for ill treatment of animals.
동물 학대에는 어떠한 변명도 있을 수 없다.

☐ 0229 ★★★
bury
[béri]

ⓥ 묻다, 매장하다

She asked her son to bury her in the church she attended.
그녀는 그녀의 아들에게 자신을 그녀가 다녔던 교회에 묻어달라고 부탁했다.

burial n. 매장, 매립

Yum! Yum!

• 폼베이는 베수비어스 화산 폭발로 ruin되어 화산재 속에 bury되었다.
• 그는 매번 excuse를 대며 회의에 불참하는 불성실한 attitude를 보였다.

☐ 0230 ★★★

adapt
[ədǽpt]

ⓥ 적응하다, 적용시키다

Some people **adapt** well to a new environment, but other people fail.
어떤 사람들은 새로운 환경에 잘 적응하지만, 다른 사람들은 실패한다.

adaptation n. 적응, 적용

☐ 0231 ★★★

friendly
[fréndli]

ⓐ 다정한

Mom was **friendly** with the new neighbors, and they appreciated it.
어머니는 새로운 이웃들에게 다정하셨고, 그들은 그것을 고마워했다.

 oom-in | -ly가 붙는 형용사

friendly 다정한	costly 값비싼	deadly 치명적인	lively 활발한
leisurely 여유로운	lonely 외로운		

☐ 0232 ★★★

attempt
[ətémpt]

ⓥ 시도하다 ⓝ 시도

We **attempted** to meet your needs, but we were not successful.
우리는 당신의 요구에 부응하려고 시도했지만, 성공하지 못했다.

☐ 0233 ★★★

collect
[kəlékt]

ⓥ 수집하다; 징수하다

Some people **collect** hourglasses as a hobby.
어떤 이들은 취미로 모래시계를 수집한다.

collection n. 수집, 징수   **collective** a. 모인, 축적된

☐ 0234 ★★★

ignore
[ignɔ́ːr]

ⓥ 무시하다, 묵살하다

If you **ignore** small problems, it will soon be an expensive affair.
작은 문제를 무시하면, 그것은 곧 비용이 많이 드는 일이 될 것이다.

ignorant a. 무지한, 무식한   **ignorance** n. 무지

Yum!
Yum!

• 골동품을 collect하려고 attempt하는 사람들은 고물상을 자주 찾아.
• 다른 사람의 말을 ignore하면 friendly하다는 말을 들을 수 없어.

□ 0235 ★★
sponsor
[spánsər]

ⓥ 후원하다, 보증하다   ⓝ 후원자, 보증인
Mostly large companies **sponsor** a strong football club.
일반적으로 대기업은 성적이 좋은 축구 클럽을 후원한다.

sponsorship n. 후원, 보증

□ 0236 ★★★
compound
[kámpaund]

ⓝ 혼합물, 합성물; 복합어   ⓐ 혼합의
Calcium is found in many chemical **compounds**.
칼슘은 많은 화학 혼합물에서 발견된다.

□ 0237 ★★
gender
[dʒéndər]

ⓝ 성(性), 성별
My writing deals with the issues of race and **gender**.
나의 글은 인종과 성의 문제들을 다루고 있다.

□ 0238 ★★★
honesty
[ánisti]

ⓝ 정직, 성실
Honesty is the first chapter in the book of wisdom.
-Thomas Jefferson-
정직은 지혜라는 책의 첫 번째 장이다.

honest a. 정직한

□ 0239 ★★★
familiar
[fəmíljər]

ⓐ 익숙한, 친숙한
As a native "Atlantan," she is fully **familiar** with the city.
애틀랜타 토박이로서 그녀는 그 도시에 매우 익숙하다.

familiarity n. 익숙함, 친근함   ㉿ **be familiar with** …에 익숙하다

□ 0240 ★★★
access
[ǽkses]

ⓝ 접근(성), 이용 가능성
Now **access** to the Internet is as important as **access** to good books.
이제 인터넷으로의 접근성이 양서로의 접근성만큼 중요하다.

accessible a. 접근 가능한, 이용 가능한   **accessibility** n. 접근성

Yum! Yum!
• 그를 sponsor하기로 결심한 이유는 그의 honesty 때문이다.
• 새 운영 시스템은 familiar한 인터페이스로 되어 있어 access가 용이하다.

TEST

A 빈칸에 해당하는 영어 단어 또는 우리말을 쓰시오.

1. 선거, 선출 _____
2. 소유하다 _____
3. 보호물; 보호하다 _____
4. 풍요롭게 하다 _____
5. 화학의; 화학약품 _____
6. 성(性), 성별 _____
7. 적응하다, 적용시키다 _____
8. 묻다, 매장하다 _____
9. 피를 흘리다 _____
10. 수집하다; 징수하다 _____

11. attract _____
12. belong _____
13. humble _____
14. fulfill _____
15. compound _____
16. honesty _____
17. enlarge _____
18. argue _____
19. access _____
20. ignore _____

B 빈칸에 알맞은 단어를 〈보기〉에서 골라 쓰시오.

| appointment | attitude | connect | excuse |
| instance | layer | popularity | temperature |

1. The ozone _____ forms a thin shield high up in the sky.

2. The _____ of girls' and boys' names has changed over time.

3. The _____ on Monday went up to 38.6 degrees Celsius.

4. This cable is used to _____ your monitor to the PC.

5. There have been several _____s of wrong deliveries.

6. There is no _____ for ill treatment of animals.

7. A positive _____ is the happiest way to live your life.

8. I totally forgot the _____ with my lawyer tonight.

Answer Keys

A 1. election 2. own 3. shield 4. enrich 5. chemical 6. gender 7. adapt 8. bury 9. bleed 10. collect
11. 유인하다, 끌어당기다 12. …에 속하다 13. 보잘것없는; 겸손한 14. 이행하다, 완수하다 15. 혼합물; 혼합의 16. 정직, 성실 17. 증대시키다; 확대하다 18. 주장하다, 논쟁하다 19. 접근(성), 이용 가능성 20. 무시하다, 묵살하다　B 1. layer
2. popularity 3. temperature 4. connect 5. instance 6. excuse 7. attitude 8. appointment

make / pass를 이용한 이어동사

make

make(만들다) + up(위로)
→ 창작하다, 만들다

make up 창작하다, 만들다

My sister **made up** a poem about a snowman.
나의 언니가 눈사람에 대한 시를 지었다.

make up for 보충하다, 보상하다

You should **make up for** missed practice the next week.
너는 빠진 연습시간을 다음 주에 보충해야 한다.

make up with 화해하다

I don't know what to say to **make up with** my girlfriend.
나는 여자친구와 화해하기 위해 무슨 말을 해야 할지 모르겠다.

make out 1. 작성하다 2. 이해하다

1. You'd better **make out** a check list.
   너는 점검목록을 작성하는 것이 좋겠다.
2. I can hardly **make out** the lyrics.
   나는 그 가사를 거의 이해할 수 없다.

pass

pass(주다) + down(아래로)
→ 물려주다

pass down 물려주다, 전수하다

We **pass down** genes to our children.
우리는 유전자를 자녀들에게 물려준다.

pass away 죽다, 돌아가시다

My father **passed away** very quietly in my arms.
나의 아버지는 내 팔에 안기어 매우 조용히 돌아가셨다.

DAY 07

어휘 더하기 : pull / run / pick을 이용한 이어동사

01	02	03	04	05	06	07	08	09	10
11	12	13	14	15	16	17	18	19	20
21	22	23	24	25	26	27	28	29	30
31	32	33	34	35	36	37	38	39	40
41	42	43	44	45					

Day 06 | Review

앞에서 학습한 단어를 얼마나 기억하는지 체크해 보세요.
기억이 나지 않는 단어는 다시 한 번 학습하세요.

□ attract   □ bury

□ noble   □ ruin

□ fortunate   □ fulfill

□ scratch   □ attitude

□ temperature   □ connect

□ own   □ layer

□ chemical   □ excuse

□ humble   □ adapt

□ belong   □ ignore

□ instance   □ attempt

□ relate   □ compound

□ argue   □ gender

□ ashamed   □ honesty

□ appointment   □ familiar

□ enlarge   □ access

☐ 0241 ★★★
amaze
[əméiz]

ⓥ 놀라게 하다

Daisy always **amazed** her parents with her brilliant ideas.
Daisy는 멋진 생각으로 언제나 부모님을 놀라게 했다.

amazement n. 놀람

☐ 0242 ★★★
generally
[dʒénərəli]

ⓐ 일반적으로

Children **generally** express more positive opinions than adults.
아이들은 일반적으로 어른들보다 더 긍정적인 의견을 표현한다.

general a. 일반적인　☻ **in general** 일반적으로

☐ 0243 ★★★
curiosity
[kjùəriásəti]

ⓝ 호기심

Curiosity keeps leading us down new paths.
호기심은 우리를 계속 새로운 길로 인도한다.

curious a. 궁금해 하는, 호기심 많은

☐ 0244 ★★★
personality
[pə̀ːrsənǽləti]

ⓝ 성격, 개성

Some people believe that blood types are related to **personality**.
어떤 이들은 혈액형이 성격과 관련이 있다고 믿는다.

personal a. 개인의

☐ 0245 ★★
exploration
[èkspləréiʃən]

ⓝ 탐사, 탐험

NASA has led U.S. efforts for space **exploration** ever since.
NASA는 현재까지 미국의 우주 탐사 노력을 이끌어 왔다.

explore v. 탐사하다, 탐험하다　**explorer** n. 탐험가

☐ 0246 ★★★
introduce
[ìntrədjúːs]

ⓥ 소개하다; 도입하다

She **introduced** her boyfriend to her parent.
그녀는 남자친구를 부모님께 소개했다.

introduction n. 도입, 소개　**introductory** a. 도입의, 입문의

Yum! Yum!
• 자신을 introduce할 때는 특징적인 personality가 잘 드러나게 해야해.
• 그의 끊임없는 curiosity는 오직 exploration으로 이어졌다.

□ 0247 ★★★
sight
[sáit]

ⓝ 보기; 시야; 시력

At first **sight**, he fell in love with her.
첫 눈에 그는 그녀를 사랑하게 되었다.

□ 0248 ★★★
parade
[pəréid]

ⓥ 행진하다   ⓝ 퍼레이드, 행진

Over 12,000 dancers and drummers **parade** through the streets.
1만 2천 명이 넘는 무용수와 고수들이 거리를 따라 행진한다.

□ 0249 ★★★
rumor
[rú:mər]

ⓝ 뜬소문, 풍문

Rumors get bigger and bigger.
뜬소문은 점점 더 부풀려진다.

□ 0250 ★★★
hatred
[héitrid]

ⓝ 증오, 미움

The prisoner stared at me with **hatred** in his eyes.
그 죄수는 증오의 눈으로 나를 바라봤다.

hate v. 싫어하다, 증오하다

□ 0251 ★★
festive
[féstiv]

ⓐ 축제 분위기의, 즐거운

The dancing in the parade made the street **festive**.
퍼레이드에서의 춤이 그 거리를 축제 분위기로 만들었다.

festival n. 축제

Ⓩoom-in ┃ 행사와 관련된 어휘

festival 축제   gala 경축 행사   carnival 사육제, 카니발
feast 제례, 연회   fair 박람회, 전람회

□ 0252 ★★★
ancestor
[ǽnsestər]

ⓝ 조상, 선조

The first human **ancestors** appeared 4 million years ago.
인류 최초의 조상은 4백만 년 전에 등장했다.

↔ **descendant** n. 자손, 후손

Yum! Yum!

• 나는 그 악성 rumor를 퍼뜨린 사람들에게 hatred를 갖지 않을 수 없다.
• 그 festival에서 빼놓을 수 없는 진풍경은 거리 parade야.

□ 0253 ★★★
conclude
[kənklúːd]

ⓥ 결론을 내리다

The doctor **concluded** that she was suffering from a rare disease.

의사는 그녀가 희귀병을 앓고 있다는 결론을 내렸다.

conclusion n. 결론, 결말

□ 0254 ★★★
generous
[dʒénərəs]

ⓐ 관대한, 너그러운

She was a **generous** woman who shared her wealth with all of us.

그녀는 자신의 부를 우리 모두와 나누는 관대한 여성이었다.

generosity n. 관대, 아량

□ 0255 ★★
reaction
[riǽkʃən]

ⓝ 반응, 반작용

I fell in silence again and waited for her **reaction**.

나는 다시 침묵에 잠겨 그녀의 반응을 기다렸다.

react v. 반응하다

□ 0256 ★★★
candidate
[kǽndidèit]

ⓝ 후보자; 지원자

Five **candidates** have decided to run for this election.

5명의 후보자가 이번 선거에 출마하기로 결정했다.

□ 0257 ★★★
ambitious
[æmbíʃəs]

ⓐ 야심 있는, 대망에 찬

Boys, be **ambitious**. -Winston Churchill-

소년이여, 야망을 가져라.

ambition n. 야망, 대망

□ 0258 ★★★
professor
[prəfésər]

ⓝ 교수

My father is a university **professor** teaching biochemistry.

나의 아버지는 생화학을 가르치는 대학 교수이다.

Yum!
Yum!

• 이번 선거에 **ambitious**한 젊은 **candidate**들이 많이 나왔다.
• 점수에 짠 **professor**는 "Oh, No!" 점수에 **generous**한 분은 "Oh, yeah!"

□ 0259 ★★
certainty
[sə́:rtnti]

ⓝ 확실함, 확실성

To believe with certainty we must begin with doubting.
확실하게 믿기 위해서 우리는 의심하는 것으로 시작해야만 한다.

certain a. 확실한   certainly ad. 틀림없이

 oom-in l   한정 / 서술 용법의 뜻이 다른 형용사

certain + 명사: 특정한 …   be certain: 확실하다
present + 명사: 현재의 …   be present: 참석하다
late + 명사(사람): 작고한 …   be late: 늦다, 지각하다

□ 0260 ★★★
temptation
[temptéiʃən]

ⓝ 유혹

He overcame all temptations with his strong will.
그는 그의 강한 의지로 모든 유혹을 이겨냈다.

tempt v. 유혹하다, 마음을 끌다

□ 0261 ★
endangered
[indéindʒərd]

ⓐ 멸종 위기에 처한

Giant pandas are an endangered species.
자이언트 판다는 멸종 위기 종이다.

endanger v. 위험에 빠뜨리다

□ 0262 ★★★
frighten
[fráitn]

ⓥ 두려워하게 하다, 놀라게 하다

Real life horror frightens us more than any movie monster.
실생활의 공포가 어떤 영화의 괴물보다 우리를 더 두려움에 떨게 한다.

fright n. 공포   = terrify v. 무섭게 하다

□ 0263 ★★★
resist
[rizíst]

ⓥ 버티다, 저항하다

Patients can resist diseases better when they're in good spirits.
환자들은 기분이 좋을 때 질병에 더 잘 버틸 수 있다.

resistant a. 버티는, 저항하는 n. 저항자   resistance n. 저항, 항거

Yum!
Yum!

• endangered한 동물들이 fright 속에 떨고 있어요.
• 금연하려면 temptation에 resist할 수 있는 의지가 필요해요.

□ 0264 ★★★
replace
[ripléis]

ⓥ 교체하다, 대체하다
We should **replace** the lighting with a brighter one.
우리는 조명을 더 밝은 것으로 교체해야 한다.

□ 0265 ★★★
spin
[spín]

ⓥ 회전하다 ⓝ 회전
I pressed the power button and the fans began to **spin**.
나는 전원 버튼을 눌렀고 날개들이 회전하기 시작했다.

□ 0266 ★★★
admission
[ædmíʃən]

ⓝ (허가 받은) 입장, 입학
Admission to the park is not allowed after 9 p.m.
오후 9시 이후에는 그 공원에 입장이 허용되지 않는다.

admit v. 허가하다, 인정하다

□ 0267 ★★
determined
[ditə́:rmind]

ⓐ 결연한, 단호한
Thanks to his **determined** efforts, he overcame the disease.
그의 결연한 노력 덕분에 그는 질병을 극복했다.

determine v. 결정하다, 판단하다 **determination** n. 결의, 단호한 의지

□ 0268 ★★★
long
[lɔ́:ŋ]

ⓥ 간절히 바라다, 열망하다
My sister is **longing** to have a red bicycle for Christmas.
나의 여동생은 크리스마스에 빨간 자전거를 받기를 간절히 바라고 있다.

longing n. 동경, 열망 ㉦ **long for** …을 열망하다

□ 0269 ★
challenging
[tʃǽlindʒiŋ]

ⓐ 투지를 일으키는, 해볼 만한
A workout should be **challenging**, but not too difficult.
운동은 투지를 불러 일으켜야 하지만, 너무 어려워서는 안 된다.

challenge v. 도전하다 n. 도전

Yum!
Yum!

• 그토록 long for하던 대학교에서 드디어 admission을 받았어요!
• determination만 있으면 아무리 challenging한 일도 거뜬히 할 수 있지.

□ 0270 ★★★
aid
[éid]

ⓝ 원조, 도움   ⓥ 원조하다, 돕다

Some African countries need foreign **aids** to save children.
아프리카의 몇몇 나라는 어린이들을 구하기 위해 외국의 원조가 필요하다.

□ 0271 ★★
pottery
[pátəri]

ⓝ (집합적) 도자기류

The museum houses ancient **pottery** and jewels of
the Pharaohs.
그 박물관은 고대 도자기류와 파라오의 보석들을 소장하고 있다.

pot n. 항아리, 그릇   **potter** n. 도공

Ⓩoom-in | 개체 vs. 집합적 개념
   pot 단지, 항아리 – pottery 도자기류   poet 한 편의 시 – poetry 시, 시집
   jewel 보석 한 점 – jewelry 보석류   juror 배심원 – jury 배심원단

□ 0272 ★★★
intimate
[íntəmət]

ⓐ 친밀한, 절친한

Having **intimate** friends would be a great help in your life.
절친한 친구들이 있다는 것은 네 인생에 큰 도움이 될 것이다.

intimacy n. 친밀함, 절친함

□ 0273 ★★
trivial
[tríviəl]

ⓐ 사소한, 하찮은

Even a **trivial** problem can sometimes become quite
serious.
사소한 문제조차도 때때로 매우 심각해질 수 있다.

□ 0274 ★★
antique
[æntíːk]

ⓐ 골동품의   ⓝ 골동품

They have a piece of **antique** furniture which is over 150
years old.
그들은 150년이 넘은 골동품 가구를 한 점 가지고 있다.

Yum!
Yum!

• intimate한 친구라면 어려울 때 서로 aid를 줘야죠.
• 이 pot이 trivial해 보여도 실은 백 년 된 antique라고요.

□ 0275 ★★
alarming
[əlá:rmiŋ]

ⓐ 놀라운

Computer viruses have spread at an **alarming** speed.
컴퓨터 바이러스가 놀라운 속도로 퍼졌다.

alarm v. 깜짝 놀라게 하다 n. 경보, 놀람　= **amazing** a. 놀라운

□ 0276 ★★
electronic
[ilèktránik]

ⓐ 전자의, 전산의

Electronic dictionaries offer many advantages over bound dictionaries.
전자 사전은 제본 사전에 비해 많은 이점들을 제공한다.

electron n. 전자　　**electronics** n. 전자공학
electricity n. 전기

□ 0277 ★★★
beneath
[biní:θ]

ⓟ …의 아래에

As the *Titanic* disappeared **beneath** the ocean, over 1,500 people died.
Titanic호가 바다 아래로 사라지면서 1,500명 이상이 목숨을 잃었다.

□ 0278 ★★
dump
[dʌmp]

ⓥ 버리다

We have no place to **dump** trash.
우리는 더 이상 쓰레기를 버릴 곳이 없다.

□ 0279 ★★★
outstanding
[àutstǽndiŋ]

ⓐ 돋보이는, 뛰어난

It was an **outstanding** success in every way.
그것은 모든 면에서 돋보이는 성공이었다.

□ 0280 ★
upgrade
[ʌ́pgrèid]

ⓥ 업그레이드하다, 질을 높이다　ⓝ 품질 향상

You should **upgrade** all the files to the new version.
당신은 모든 파일들을 새로운 버전으로 업그레이드해야 한다.

 Yum! Yum!

- 누가 우리 베란다 beneath에 쓰레기를 dump하고 갔어!
- 새 전자사전은 예전 것보다 upgrade되어서 outstanding한 기능이 많다.

TEST

A 빈칸에 해당하는 영어 단어 또는 우리말을 쓰시오.

1. 확실함, 확실성 _____
2. 일반적으로 _____
3. 교체하다, 대체하다 _____
4. 결론을 내리다 _____
5. 골동품의; 골동품 _____
6. 증오, 미움 _____
7. 뜬소문, 풍문 _____
8. 버리다 _____
9. 버티다, 저항하다 _____
10. 원조; 원조하다, 돕다 _____

11. curiosity _____
12. endangered _____
13. professor _____
14. ancestor _____
15. temptation _____
16. introduce _____
17. frighten _____
18. festive _____
19. ambitious _____
20. candidate _____

B 빈칸에 알맞은 단어를 〈보기〉에서 골라 쓰시오.

| admission | electronic | exploration | generous |
| intimate | outstanding | personality | trivial |

1. _____ dictionaries offer many advantages over bound dictionaries.
2. Some people believe that blood types are related to _____.
3. NASA has led U.S. efforts for space _____ ever since.
4. Even a _____ problem can sometimes become quite serious.
5. It was an _____ success in every way.
6. _____ to the park is not allowed after 9 p.m.
7. Having _____ friends would be a great help in your life.
8. She was a _____ woman who shared her wealth with all of us.

pull / run / pick을 이용한 이어동사

pull

pull(당기다) **+ over**
(…너머) → 차를 …에 세우다

pull over 차를 …에 세우다

He **pulled over** to the bank and got out of the car.
그는 은행에 차를 세우고 차 밖으로 나왔다.

pull up 차가 멈추다

A taxi **pulled up** just as I came out of the airport.
내가 막 공항을 나오는데 택시 한 대가 멈추어 섰다.

run

run(달리다) **+ out**(밖으로)
→ 다 써버리다

run out 다 써버리다

My cellphone **ran out** of battery power.
내 휴대전화는 배터리가 다 닳았다.

run into 우연히 만나다

On my way home, I **ran into** a coworker.
집에 오다가 나는 우연히 직장동료를 만났다.

run over (차로) 치다

He was **run over** by a car crossing the road.
그는 길을 건너다가 차에 치였다.

pick

pick up 1. 태우다 2. (속도를) 올리다

1. I have to **pick up** Joe at the airport.
   나는 공항에서 Joe를 태워야 한다.

2. The car **picked up** speed as we moved into the left lane.
   우리가 왼쪽 차선으로 옮기자 그 차는 속도를 올렸다.

DAY 08

어휘 더하기 : put을 이용한 이어동사

01	02	03	04	05	06	07	08	09	10
11	12	13	14	15	16	17	18	19	20
21	22	23	24	25	26	27	28	29	30
31	32	33	34	35	36	37	38	39	40
41	42	43	44	45					

Day 07 | Review

앞에서 학습한 단어를 얼마나 기억하는지 체크해 보세요.
기억이 나지 않는 단어는 다시 한 번 학습하세요.

- ☐ amaze
- ☐ generally
- ☐ curiosity
- ☐ personality
- ☐ sight
- ☐ parade
- ☐ conclude
- ☐ festive
- ☐ ancestor
- ☐ hatred
- ☐ generous
- ☐ candidate
- ☐ ambitious
- ☐ replace
- ☐ endangered

- ☐ frighten
- ☐ certainty
- ☐ temptation
- ☐ admission
- ☐ determined
- ☐ challenging
- ☐ aid
- ☐ pottery
- ☐ intimate
- ☐ trivial
- ☐ resist
- ☐ electronic
- ☐ beneath
- ☐ outstanding
- ☐ long

Wow!!

□ 0281 ★★★
division
[divíʒən]

ⓝ 분할, 분배; 나눗셈

Korea is a democratic society, which has **division** of powers.
한국은 민주주의 사회로, 권력의 분할이 이루어진다.

divide v. 나누다, 분할하다

□ 0282 ★★
immune
[imjú:n]

ⓐ 면역의

The remote island was not **immune** to many diseases like small pox.
그 외딴 섬은 천연두 같은 여러 질병에 면역되어 있지 않았다.

immunity n. 면역성   **immune system** n. 면역체계

□ 0283 ★★★
invade
[invéid]

ⓥ 침략하다, 침입하다

Germany **invaded** Poland in 1939, which led to World War II.
1939년에 독일은 폴란드를 침략했고, 그것은 2차 세계대전으로 이어졌다.

invasion n. 침입, 침략

□ 0284 ★★★
grand
[grænd]

ⓐ 웅장한, 장대한, 멋진

As we reached the top, we had a **grand** view of the famous canyon.
우리가 정상에 다다르자 그 유명한 협곡의 웅장한 경관을 보게 되었다.

□ 0285 ★★★
flee
[fli:]

ⓥ 달아나다, 도망치다

The mouse **fled** toward the other corner of the room.
쥐는 방의 다른 구석 쪽으로 달아났다.

□ 0286 ★★★
excel
[iksél]

ⓥ 뛰어나다, 탁월하다

This company **excels** in making mountain outerwear.
이 기업은 등산용 겉옷을 제조하는 데 뛰어나다.

excellence n. 뛰어남   **excellent** a. 훌륭한, 탁월한

Yum! Yum!

- 병균이 우리 몸을 invade하면 몸의 immune system이 그것과 싸운다.
- 해킹에 excel한 그 스파이는 전산망을 망가뜨리고 flee했다.

□ 0287 ★★
dynasty
[dáinəsti]

ⓝ 왕조

The Joseon **Dynasty** was renamed "the Korean Empire" in 1897.

조선왕조는 1897년에 '대한제국'으로 국호가 바뀌었다.

□ 0288 ★★
astronaut
[ǽstrənɔ̀ːt]

ⓝ 우주비행사

Korea had its first **astronaut** in space in early 2008.

한국은 2008년 초에 최초의 우주비행사를 우주에 보냈다.

□ 0289 ★★★
atmosphere
[ǽtməsfiər]

ⓝ 대기; 분위기

The **atmosphere** protects life on Earth from harmful sun rays.

대기는 해로운 태양 광선으로부터 지구상의 생명체를 보호한다.

□ 0290 ★★★
contribute
[kəntríbjut]

ⓥ 공헌하다, 기여하다

We admire him as he has **contributed** to world peace.

세계 평화에 공헌해 왔기 때문에 우리는 그를 칭송한다.

contribution n. 공헌, 이바지

□ 0291 ★★★
feather
[féðər]

ⓝ (새의) 깃털

Long ago, bird **feathers** were used as pens called "quills."

오래 전에 새의 깃털은 '깃촉'이라 불린 필기구로 사용되었다.

□ 0292 ★★★
flock
[flɑk]

ⓝ 떼, 무리   ⓥ 떼를 짓다

I saw a **flock** of pigeons flying over Lake Winnebago.

나는 한 떼의 비둘기들이 Winnebago 호수 위로 날아가는 것을 보았다.

 oom-in | **동물 무리를 나타내는 말**

flock 새·염소 따위의 무리	ex) a flock of crows 까마귀 떼
pack 사냥개·늑대 따위의 무리	ex) a pack of wolves 늑대 떼
herd 소·말·양 따위의 무리	ex) a herd of horses 말 떼
school 물고기·고래 따위의 무리	ex) a school of herrings 청어 떼

Yum!
Yum!

• 나는 atmosphere 밖에서 지구를 볼 수 있는 astronaut이 되고 싶어.
• feather가 마구 날리는 이 해변은 갈매기 flock에게 완전히 점령당했어.

□ 0293 ★★★
physics
[fíziks]

ⓝ 물리학

If you want to major in **physics**, you should also study mathematics.
네가 물리학을 전공하고 싶다면 수학도 공부해야 한다.

physicist n. 물리학자   **physical** a. 물리적인; 신체의
cf. physician n. 내과의사

□ 0294 ★★★
instrument
[ínstrəmənt]

ⓝ 도구; 악기

The knife was the only surgical **instrument** I could use.
칼이 내가 사용할 수 있는 유일한 수술 도구였다.

□ 0295 ★★★
behave
[bihéiv]

ⓥ 행동하다, 처신하다

He always **behaves** well and listens to the teacher.
그는 항상 바르게 행동하고 선생님 말씀을 잘 듣는다.

behavior n. 행동   **behavioral** a. 행동의

□ 0296 ★★★
author
[ɔ́ːθər]

ⓝ 작가, 저자

After reading *the Harry Potter* series, I felt that the **author** is a genius.
〈해리포터〉 시리즈를 읽은 후 나는 그 작가가 천재라고 생각했다.

□ 0297 ★★★
rescue
[réskjuː]

ⓥ 구조하다 ⓝ 구조

The U.S. Navy once used pigeons to **rescue** people at sea.
미국 해군은 한때 바다에서 사람들을 구조하기 위해 비둘기를 사용했다.

□ 0298 ★★
selection
[silékʃən]

ⓝ 선발, 선택, 정선(물)

He complained of the random **selection** of workers.
그는 근로자의 무작위 선발에 대해 불평했다.

select v. 선택하다

 Yum! Yum!

• physicist인 스티븐 호킹 박사는 『시간의 역사』라는 책의 author이기도 하다.
• 해난 rescue 시 가장 많이 사용되는 instrument는 구명조끼라고 해요.

□ 0299 ★★★
audience
[ɔ́ːdiəns]

ⓝ 청중, 관객

Speakers should give the audience the opportunity to ask questions.
강연자는 청중에게 질문할 기회를 주어야 한다.

□ 0300 ★★★
vital
[váitl]

ⓐ 지극히 중요한; 활기 있는; 생명에 필수적인

For economic growth, it is vital that we protect our key industries.
경제 발전을 위해 우리가 주요 산업들을 보호하는 것은 지극히 중요하다.

vitality n. 생명력, 활력

□ 0301 ★
biological
[bàiəládʒikəl]

ⓐ 생물학적인

Eating and sleeping are biological necessities.
식사와 수면은 생물학적 필수사항들이다.

biology n. 생물학　　**biologist** n. 생물학자

Ｚoom-in I 생물학(biology)의 두 갈래
botany 식물학 – botanical 식물학의 – botanist 식물학자
zoology 동물학 – zoological 동물학의 – zoologist 동물학자

□ 0302 ★★★
leisure
[líːʒər]

ⓝ 여가, 레저

My teacher was so busy that she had no time for leisure.
선생님은 너무 바빠서 여가가 없었다.

leisurely a. 느긋한, 여유 있는
㊞ **at one's leisure** 시간이 날 때, 한가할 때

□ 0303 ★★★
amuse
[əmjúːz]

ⓥ 즐겁게 해주다

I want to learn some magic tricks to amuse my friends.
나는 친구들을 즐겁게 해주기 위해 마술을 좀 배우고 싶다.

amusement n. 즐거움; 놀이, 오락　　cf. **amusement park** n. 놀이공원

Yum!
Yum!

• 그 박사의 biology 강연을 들은 모든 audience가 기립박수를 보냈다.
• 충분한 leisure 활동을 통해 자기 자신을 amuse하는 것이 건강에 좋아요.

□ 0304 ★★★
confuse
[kənfjúːz]

ⓥ 혼동하다; 혼란시키다

Take great care to avoid confusing the two types of designs.
두 유형의 디자인을 혼동하지 않도록 깊은 주의를 기울여라.

confusion n. 혼동, 혼란

□ 0305 ★★★
transportation
[trænspərtéiʃən]

ⓝ 수송, 운송; 교통

The point of mass transportation is that it costs cheap.
대량 수송의 중요한 점은 비용이 저렴하다는 것이다.

transport v. 운송하다, 수송하다

□ 0306 ★★★
feature
[fíːtʃər]

ⓝ 특징 ⓥ 특징으로 하다

What are the main features of this new car model?
이 새로운 자동차 모델의 주요한 특징들은 무엇인가?

□ 0307 ★★★
concrete
[kánkriːt]

ⓐ 구체적인

The jury required concrete evidence on who committed the crime.
배심원들은 누가 범죄를 저질렀는지에 대한 구체적인 증거를 요구했다.

↔ **abstract** a. 추상적인

□ 0308 ★★
miserable
[mízərəbl]

ⓐ 비참한, 불행한

She couldn't forget the miserable scene from the movie.
그녀는 그 영화의 비참한 장면을 잊을 수 없었다.

misery n. 비참함

□ 0309 ★★
lament
[ləmént]

ⓥ 슬퍼하다, 애도하다 ⓝ 비탄, 애도

Today I lament for the death of my best friend.
오늘 나는 가장 친한 벗의 죽음을 슬퍼합니다.

Yum! Yum!
• 테러로 목숨을 잃는 miserable한 일을 겪는 이들을 lament합니다.
• 이 제품의 주요 feature에 대해 concrete한 설명 부탁해요.

□ 0310 ★ ★ ★

afford
[əfɔ́ːrd]

ⓥ …할 여유〔능력〕가 있다

The designer's clothing is so expensive that my friend and I can't afford it.

그 디자이너의 의상은 너무 비싸서 내 친구와 나는 그것을 살 여유가 없다.

affordable a. 감당할 수 있는; (가격이) 적정한

□ 0311 ★ ★ ★

finance
[fáinæns]

ⓝ 금융, 재정   ⓥ …에 자금을 대다

Wall Street is the center of the world's finance.

월가는 세계 금융의 중심이다.

financial a. 재정의, 금융의   **cf. financial crisis** 재정 위기

□ 0312 ★ ★ ★

affair
[əfɛ́ər]

ⓝ 용무, 업무, 일

My wife handles our financial affairs.

아내가 우리의 재정적인 용무를 처리한다.

□ 0313 ★ ★ ★

congress
[káŋgris]

ⓝ 의회

The U.S. Congress passed the new health care reform bill.

미국 의회는 새로운 의료보험 개혁 법안을 통과시켰다.

congressman n. 의회 의원   **cf. parliament** n. (영국) 의회

Ⓩoom-in **미국 양원 체제의 의회(Congress)**
the Senate 상원 – Senator 상원의원
the House of Representatives 하원 – Representative 하원의원

□ 0314 ★ ★ ★

reform
[rifɔ́ːrm]

ⓝ 개혁, 혁신   ⓥ 개혁하다, 혁신하다

A reform is necessary to meet the new needs of customers.

고객의 새로운 요구를 충족시키기 위해 개혁이 필요하다.

Yum!
Yum!

• 그는 financial 곤란을 겪고 있어서 차를 afford할 수 없다.
• congress는 법률 reform을 수행할 수 있는 법적 기관입니다.

□ 0315 ★★★
cheat
[tʃiːt]

ⓥ 부정행위를 하다, 속이다

I was disappointed that many students **cheated** during the exams.
나는 시험기간 동안 많은 학생들이 부정행위를 하여 실망스러웠다.

□ 0316 ★★★
borrow
[bárou]

ⓥ 빌리다, 대여하다

Students can **borrow** books from the school library.
학생들은 학교 도서관에서 책을 빌릴 수 있다.

↔ **lend** v. 빌려주다

□ 0317 ★★★
measure
[méʒər]

ⓥ 측정하다   ⓝ 측량; 치수, 크기

This technique can be used to **measure** the depth of a well.
이 기술은 우물의 깊이를 측정하는 데 사용될 수 있다.

measurement n. 측량, 측정   **cf. measures** n. 조치

□ 0318 ★★★
entertain
[èntərtéin]

ⓥ 즐겁게 하다, 접대하다

The singer **entertained** every guest in the room.
그 가수는 방안의 모든 손님들을 즐겁게 했다.

entertainment n. 오락, 연예

□ 0319 ★★★
legal
[líːgəl]

ⓐ 법적인, 합법적인

When you start a business, you may need **legal** advice.
당신은 사업을 시작할 때 법적인 자문을 필요로 할 것이다.

↔ **illegal** a. 불법의, 비합법적인

□ 0320 ★★★
last
[læst]

ⓥ 지속되다   ⓐ 마지막의

If the pain **lasts** for more than two days, you should talk to your doctor.
통증이 이틀 이상 지속되면 의사에게 말해야 한다.

Yum! Yum!

• 건물의 높이와 크기는 legal한 measure를 넘어서면 안 됩니다.
• 그 친구는 내 책을 borrow해서 공부한다더니 시험 중에 cheat했지 뭐야.

TEST

A 빈칸에 해당하는 영어 단어 또는 우리말을 쓰시오.

1. 침략하다, 침입하다 _____
2. 금융; …에 자금을 대다 _____
3. 개혁; 개혁하다 _____
4. 측정하다; 측량; 치수 _____
5. 구조하다; 구조 _____
6. 법적인, 합법적인 _____
7. 여가, 레저 _____
8. 작가, 저자 _____
9. 생물학적인 _____
10. 빌리다, 대여하다 _____

11. lament _____
12. astronaut _____
13. congress _____
14. contribute _____
15. vital _____
16. amuse _____
17. physics _____
18. immune _____
19. behave _____
20. confuse _____

B 빈칸에 알맞은 단어를 〈보기〉에서 골라 쓰시오.

| afford | atmosphere | audience | concrete |
| entertain | feature | instrument | transportation |

1. Speakers should give the _____ the opportunity to ask questions.
2. The singer _____ed every guest in the room.
3. The _____ protects life on Earth from harmful sun rays.
4. What are the main _____s of this new car model?
5. The jury required _____ evidence on who committed the crime.
6. The knife was the only surgical _____ I could use.
7. The designer's clothing is so expensive that I can't _____ it.
8. The point of mass _____ is that it costs cheap.

Answer Keys

A 1. invade 2. finance 3. reform 4. measure 5. rescue 6. legal 7. leisure 8. author 9. biological
10. borrow 11. 슬퍼하다; 비탄, 애도 12. 우주비행사 13. 의회 14. 공헌하다, 기여하다 15. 지극히 중요한; 생명에
필수적인 16. 즐겁게 해주다 17. 물리학 18. 면역의 19. 행동하다, 처신하다 20. 혼동하다; 혼란시키다 **B** 1. audience
2. entertain 3. atmosphere 4. feature 5. concrete 6. instrument 7. afford 8. transportation

put

put off   연기하다

The conference has been **put off** till April.
그 회의는 4월까지 연기되었다.

put on   1. (옷 따위를) 입다   2. (체중이) 늘다

1. We're going outside, so **put on** your coat.
   우리는 외출할 것이니 코트를 입거라.
2. I've **put on** six pounds in the last two months.
   나는 지난 두 달 동안 체중이 6파운드 늘었다.

put(두다) **+ on**(…에)
→ 입다, 늘다

put out   불을 끄다

Firefighters **put out** the fire within 10 minutes.
소방관들이 10분도 안 되어 그 화재를 진압하였다.

put aside   저축하다

Steve **puts aside** two hundred dollars a month to buy a new car.
Steve는 새 차를 사기 위해 한 달에 200달러씩 저축한다.

put(두다) **+ aside**
(한쪽으로) → 저축하다

put up with   참다, 견디다

I won't **put up with** her bad behavior any longer.
나는 그녀의 못된 행동을 더 이상 참지 않을 것이다.

DAY 09

어휘 더하기 : set / take를 이용한 이어동사

01	02	03	04	05	06	07	08	09	10

11	12	13	14	15	16	17	18	19	20

21	22	23	24	25	26	27	28	29	30

31	32	33	34	35	36	37	38	39	40

41	42	43	44	45

Day 08 | Review

앞에서 학습한 단어를 얼마나 기억하는지 체크해 보세요.
기억이 나지 않는 단어는 다시 한 번 학습하세요.

☐ division   ☐ leisure

☐ immune   ☐ amuse

☐ invade   ☐ confuse

☐ flee   ☐ transportation

☐ excel   ☐ concrete

☐ astronaut   ☐ miserable

☐ atmosphere   ☐ lament

☐ contribute   ☐ afford

☐ feather   ☐ affair

☐ flock   ☐ finance

☐ vital   ☐ congress

☐ behave   ☐ reform

☐ author   ☐ measure

☐ physics   ☐ entertain

☐ biological   ☐ legal

Wow!!

☐ 0321 ★★★
conquer
[kάŋkər]

ⓥ 정복하다, 정벌하다

King William and his Normans **conquered** England in 1066.
William 대제와 그의 노르만 군대는 1066년에 잉글랜드를 정복했다.

conquest n. 정복, 정벌   **conqueror** n. 정복자

☐ 0322 ★★★
funeral
[fjú:nərəl]

ⓝ 장례식

Michael Jackson's **funeral** was the biggest in entertainment history.
Michael Jackson의 장례식은 연예계 역사상 가장 성대했다.

☐ 0323 ★★★
distance
[dístəns]

ⓝ 거리

The average speed is the **distance** traveled divided by time.
평균속도는 이동한 거리를 시간으로 나눈 것이다.

distant a. 먼, 떨어져 있는

☐ 0324 ★★★
affection
[əfékʃən]

ⓝ 애정

Teachers develop deep **affection** and love for their students like parents.
선생님들은 부모처럼 학생들에 대한 깊은 애정과 사랑을 키워간다.

affectionate a. 애정 어린

☐ 0325 ★★
semester
[siméstər]

ⓝ 학기

Many universities offer an optional short summer **semester**.
많은 대학교들이 선택적 단기 여름 학기를 제공한다.

☐ 0326 ★★★
demand
[dimǽnd]

ⓥ 요구하다   ⓝ 요구; 수요

The workers **demanded** a raise of $50 per month.
근로자들은 한 달에 50달러의 급여 인상을 요구했다.

Yum!
Yum!

• 이번 semester의 공부 목표로 영단어 1,800개 conquest!
• 부모님은 당신에게 affection을 베풀지만 아무것도 demand하지 않는다.

□ 0327 ★★★
precious
[préʃəs]

ⓐ 소중한, 값비싼
Do not waste your precious youth playing.
너의 소중한 젊음을 놀면서 허비하지 마라.

= **valuable** a. 소중한, 귀중한

□ 0328 ★★
endure
[indʒúər]

ⓥ 견디다, 버티다, 참다
Silicons can endure extreme temperature, from −55℃ to 200℃.
실리콘은 섭씨 영하 55도부터 영상 200도까지 극한의 온도를 견딜 수 있다.

endurance n. 인내, 내구력   = **bear** v. 참다, 견디다

□ 0329 ★★★
accomplish
[əkámpliʃ]

ⓥ 성취하다, 이루다
You need a detailed plan to accomplish your goals.
당신은 목표를 성취하기 위해 면밀한 계획이 필요하다.

accomplishment n. 업적, 성취   = **achieve** v. 달성하다, 성취하다

□ 0330 ★★★
employee
[emplɔ́iiː]

ⓝ 직원, 고용인
Employees want a work environment that fits their needs.
직원들은 그들의 필요에 맞는 근로 환경을 원한다.

employ v. 고용하다   **employment** n. 고용
employer n. 사주, 고용주

---

oom-in ǀ 사람을 표현하는 -er과 -ee
employer 고용주 – employee 고용인   trainer 교관 – trainee 훈련생
interviewer 면접관 – interviewee 면접생
appointer 임명자 – appointee 피임명자

□ 0331 ★★★
statue
[stǽtʃuː]

ⓝ 조각상, 동상
Many ancient statues were made as images of gods.
많은 고대 조각상들이 신의 형상으로 만들어졌다.

Yum!
Yum!

• 뉴욕의 Statue of Liberty는 지진에도 endure하도록 내진 설계되었다.
• employee의 복지가 보장되는 회사는 목표를 더 훌륭하게 accomplish해요.

□ 0332 ★★★
disaster
[dizǽstər]

ⓝ 재해, 재난

Caribbean countries suffer natural **disasters** such as hurricanes.
카리브 해 연안 국가들은 허리케인과 같은 자연 재해로 고통받는다.

□ 0333 ★★
disorder
[disɔ́ːrdər]

ⓝ 무질서, 어질러짐; 장애

The African country was in political **disorder** due to war.
그 아프리카 국가는 전쟁으로 인해 정치적 무질서에 있었다.

↔ **order** n. 질서

□ 0334 ★★★
remarkable
[rimáːrkəbl]

ⓐ 뛰어난, 주목할 만한

Her career was **remarkable** enough to draw the attention of the media.
그녀의 경력은 매체의 관심을 끌 만큼 충분히 뛰어났다.

□ 0335 ★★★
manage
[mǽnidʒ]

ⓥ 용케도 …하다; 관리하다

The boys **managed** to survive on the island for two years.
그 아이들은 용케도 그 섬에서 2년 동안 생존하였다.

management n. 관리, 경영

□ 0336 ★★★
beg
[beg]

ⓥ 애원하다, 구걸하다

She **begged** the police officer to return her bag.
그녀는 경관에게 자신의 가방을 돌려달라고 애원했다.

beggar n. 거지

□ 0337 ★★★
inspire
[inspáiər]

ⓥ 격려하다; 영감을 주다; 고취시키다

The manager **inspired** his players with his leadership and enthusiasm.
감독은 그의 지도력과 열정으로 선수들을 격려했다.

inspiration n. 영감, 감화   **inspiring** a. 격려하는, 고무하는

Yum!
Yum!

• 그 예술가의 **remarkable**한 작품은 고대 조각에서 **inspiration**을 얻었다.
• **management**가 부실하면 머지않아 **disorder** 상태가됩니다.

□ 0338 ★★
prescription
[priskrípʃən]

ⓝ 처방전

Can I get my prescription filled here?
이 처방전을 조제해 주시겠어요?

prescribe v. 처방하다

□ 0339 ★★★
compact
[kəmpǽkt]

ⓐ 소형의; 빽빽하게 찬

My father is looking for a compact camera online at the lowest price.
아버지는 가장 싼 가격의 소형 카메라를 온라인상에서 찾고 있다.

□ 0340 ★★★
inform
[infɔ́ːrm]

ⓥ 알리다, 정보를 주다

I regret to inform you of my decision in leaving this company.
귀하에게 이 회사를 떠나기로 한 저의 결정을 알리게 되어 유감입니다.

information n. 정보

oom-in ┃ **통보의 of를 쓰는 동사**

inform A of B A에게 B를 알려주다

remind A of B A에게 B를 상기시키다

warn A of B A에게 B를 경고하다

notify A of B A에게 B를 통지하다

□ 0341 ★★★
whisper
[hwíspər]

ⓥ 속삭이다, 귓속말하다   ⓝ 속삭임

I walked up to my friend and whispered into his right ear.
나는 친구에게 걸어가서 그의 오른쪽 귀에 대고 속삭였다.

□ 0342 ★★★
liquid
[líkwid]

ⓝ 액체   ⓐ 액체의

A straw is used to draw liquid into the user's mouth.
빨대는 액체를 사용자의 입으로 끌어올리는 데 사용된다.

cf. solid n. 고체 a. 고체의

□ 0343 ★★★
substance
[sʌ́bstəns]

ⓝ 물질

Wood smoke contains harmful chemical substances.
장작의 연기는 해로운 화학 물질들을 함유하고 있다.

 Yum!
Yum!

• 내 짝이 나에게 whisper하면서 힌트를 살짝 inform해 주더라고.

• Q: 금속인데 liquid한 상태인 substance는? A: 수은(mercury).

□ 0344 ★★★
committee
[kəmíti]

ⓝ 위원회

There are over thirty **committees** in Congress.
의회에는 30개가 넘는 위원회가 있다.

□ 0345 ★★★
delight
[diláit]

ⓝ 기쁨, 즐거움   ⓥ 즐겁게 하다

It's a **delight** to trust somebody so completely.
누군가를 그토록 완전히 신뢰할 수 있는 것은 기쁨이다.

delightful a. 기쁜, 즐거운   = **pleasure** n. 기쁨

□ 0346 ★★
injure
[índʒər]

ⓥ 다치게 하다

Five firefighters were **injured** in a fire yesterday.
5명의 소방관들이 어제 화재에서 다쳤다.

injury n. 부상

□ 0347 ★★★
horizontal
[hɔ̀ːrəzántl]

ⓐ 수평의, 가로의

What causes the faint **horizontal** lines on my monitor?
무엇 때문에 모니터에 희미한 수평선들이 생기는 것이지?

horizon n. 수평선, 지평선   ↔ **vertical** a. 수직의

□ 0348 ★★★
farewell
[fɛ̀ərwél]

ⓝ 작별 (인사), 환송

We said our **farewells** to the teacher who was leaving the school.
우리는 학교를 그만두시는 선생님께 작별인사를 드렸다.

□ 0349 ★★
impair
[impɛ́ər]

ⓥ 손상시키다

Too much sugar will **impair** your immune system.
너무 많은 당분은 당신의 면역체계를 손상시킬 것이다.

impairment n. 손상, 장애

Yum!
Yum!

• 그 선수는 큰 **injury**를 입었는데, 특히 다리 근육의 **impairment**가 심하다.
• **horizon** 너머로 해가 지면 우리는 서로 **farewell**을 고해야 한다.

□ 0350 ★★★
observe
[əbzə́:rv]

ⓥ 보다, 관찰하다; 준수하다
He **observed** his dog following her very closely.
그는 그의 개가 그녀를 매우 가까이 따라가는 것을 보았다.

observation n. 관찰   **observance** n. 준수

□ 0351 ★★★
arm
[ɑ:rm]

ⓥ 무장시키다   ⓝ (-s) 무기; 팔
The warriors were **armed** with shields and spears.
그 전사들은 방패와 창으로 무장하였다.

 oom-in ┃ **단수형과 복수형의 뜻이 다른 명사**

arm 팔 – arms 무기   manner 방식 – manners 예의범절
custom 관습 – customs 관세   measure 기준, 양 – measures 조치
ruin 붕괴, 파멸 – ruins 폐허, 유적   odd 나머지 – odds 확률, 승산

□ 0352 ★★
status
[stéitəs]

ⓝ 지위, 신분
Do you think our car is a symbol of our social **status**?
당신은 자동차가 사회적 지위의 상징이라고 생각하는가?

□ 0353 ★★★
surround
[səráund]

ⓥ 둘러싸다, 에워싸다
A wall twelve feet high **surrounds** the mansion from north
to west.
12피트 높이의 담장이 북에서 서로 그 저택을 둘러싸고 있다.

□ 0354 ★★
athlete
[ǽθli:t]

ⓝ 운동선수
11,028 **athletes** from 204 countries participated in
the Olympic Games.
204개국에서 온 11,028명의 운동선수들이 올림픽 경기에 참가하였다.

athletic a. 운동의

Yum!
Yum!

• 적들은 성벽으로 **surround**된 요새에 강력한 **arms**를 보유하고 있다.
• 요즘 세계적인 **athlete**들은 사회적 **status**가 매우 높습니다.

□ 0355 ★★
feminine
[fémənin]

ⓐ 여성의, 여성스러운

This dress is beautiful and very feminine.
이 드레스는 아름답고 매우 여성스럽다.

feminism n. 여권주의   feminist n. 여권신장 운동가
↔ masculine a. 남성의, 남성다운

□ 0356 ★★★
advance
[ədvǽns]

ⓝ 진보, 전진   ⓥ 진보하다, 전진하다

Advance in technology has been the driving force behind what Korea is today.
기술적 진보는 오늘날 한국의 이면에 있는 추진력이었다.

㉿ in advance 미리, 사전에

□ 0357 ★★★
debate
[dibéit]

ⓝ 논쟁, 격론   ⓥ 논쟁하다

We reached a better decision as a result of a hot debate.
우리는 열띤 논쟁의 결과로 좀더 나은 결론에 도달하였다.

= argument n. 논쟁

□ 0358 ★★★
combine
[kəmbáin]

ⓥ 결합하다, 겸비하다

Many crucial factors combined to complete our biggest mission.
많은 중대한 요인이 결합하여 우리의 가장 큰 임무를 완수시켰다.

combination n. 결합, 조합

□ 0359 ★★★
literal
[lítərəl]

ⓐ 글자의

The literal meaning of "Israel" is "seeing God."
'이스라엘'이란 글자의 뜻은 '신을 봄'이다.

literally a. 글자 그대로

□ 0360 ★★★
pretend
[priténd]

ⓥ …하는 체하다, 가장하다

Don't pretend not to care if you do care.
관심이 있으면서 없는 체하지 마라.

pretense n. 구실, 핑계

Yum!
Yum!

• 그녀는 feminine한 듯 pretend하지만 실제 성격은 매우 호탕하다.
• 철저한 검토, 열띤 debate 등이 combine되어 우리의 성공을 일궈냈다.

TEST

A 빈칸에 해당하는 영어 단어 또는 우리말을 쓰시오.

1. 애원하다, 구걸하다 _____
2. 운동선수 _____
3. 지위, 신분 _____
4. …하는 체하다, 가장하다 _____
5. 무장시키다; (-s) 무기 _____
6. 거리 _____
7. 액체; 액체의 _____
8. 재해, 재난 _____
9. 소중한, 값비싼 _____
10. 다치게 하다 _____

11. horizontal _____
12. disorder _____
13. manage _____
14. funeral _____
15. statue _____
16. endure _____
17. delight _____
18. employee _____
19. inform _____
20. affection _____

B 빈칸에 알맞은 단어를 〈보기〉에서 골라 쓰시오.

| accomplish | combine | farewell | feminine |
| impair | literal | prescription | substance |

1. Too much sugar will _____ your immune system.
2. Many crucial factors _____d to complete our biggest mission.
3. The _____ meaning of "Israel" is "seeing God."
4. Can I get my _____ filled here?
5. You need a detailed plan to _____ your goals.
6. This dress is beautiful and very _____.
7. We said our _____s to the teacher who was leaving the school.
8. Wood smoke contains harmful chemical _____s.

Answer Keys

A 1. beg 2. athlete 3. status 4. pretend 5. arm 6. distance 7. liquid 8. disaster 9. precious 10. injure
11. 수평의, 가로의 12. 무질서, 어질러짐; 장애 13. 용케도 …하다; 관리하다 14. 장례식 15. 조각상, 동상 16. 견디다,
버티다 17. 기쁨, 즐거움; 즐겁게 하다 18. 직원, 고용인 19. 알리다, 정보를 주다 20. 애정 B 1. impair 2. combine
3. literal 4. prescription 5. accomplish 6. feminine 7. farewell 8. substance

set

set(놓다) + **up**(위로)
→ 구축하다, 설치하다

set up　구축하다, 설치하다

The company has **set up** a strong sales network throughout China.
그 회사는 중국 전역에 강력한 판매망을 구축했다.

set off　1. 작동하게 하다　2. 시작하다, 출발하다(= set out)

1. I opened the door, which **set off** the alarm.
   내가 문을 열었는데, 그것이 경보기를 작동하게 했다.

2. The rescue team **set off** early on Monday morning.
   구조팀은 월요일 아침 일찍 출발했다.

take

take(가지고 가다) + **off**
(멀리) → 벗다

take off　1. (옷을) 벗다　2. 이륙하다

1. Please **take off** your shoes before you enter.
   들어가기 전에 신발을 벗어주시기 바랍니다.

2. When the plane **takes off**, you must have your seatbelt on.
   비행기가 이륙할 때 반드시 좌석벨트를 착용해야 합니다.

take over　양도받다, 인수하다

The U.S. **took over** the New Mexico territories from Mexico in 1848.
미국은 1848년에 멕시코로부터 뉴멕시코 지역을 양도받았다.

take on　1. 책임을 맡다　2. (색깔 등을) 띠다

1. He should not **take on** jobs with too much responsibility.
   그는 너무 많은 책임이 걸린 일들을 맡지 말아야 한다.

2. Toward evening, the plants **take on** quite a different look.
   저녁이 되면서 그 식물들은 사뭇 다른 형태를 띤다.

DAY 10

어휘 더하기 : turn을 이용한 이어동사

01	02	03	04	05	06	07	08	09	10
●	●	●	●	●	●	●	●	●	●

11	12	13	14	15	16	17	18	19	20

21	22	23	24	25	26	27	28	29	30

31	32	33	34	35	36	37	38	39	40

41	42	43	44	45

Day 09 | Review

앞에서 학습한 단어를 얼마나 기억하는지 체크해 보세요.
기억이 나지 않는 단어는 다시 한 번 학습하세요.

☐ conquer ☐ committee
☐ affection ☐ delight
☐ semester ☐ injure
☐ precious ☐ horizontal
☐ endure ☐ farewell
☐ accomplish ☐ impair
☐ disaster ☐ observe
☐ disorder ☐ arm
☐ remarkable ☐ status
☐ prescription ☐ surround
☐ beg ☐ advance
☐ inspire ☐ debate
☐ manage ☐ combine
☐ substance ☐ literal
☐ whisper ☐ pretend

Wow!!

□ 0361 ★★★
poverty
[pávərti]

ⓝ 가난, 빈곤

People in a state of **poverty** need support to raise their children healthy.

가난한 상태의 사람들은 그들의 아이들을 건강하게 기르기 위해 후원이 필요하다.

□ 0362 ★★
broaden
[brɔ́:dn]

ⓥ 넓히다, 확장하다

Books **broaden** your mind as nothing else can.

책은 다른 그 어떤 것도 할 수 없을 정도로 당신의 사고를 넓혀 준다.

□ 0363 ★★★
grant
[grænt]

ⓥ 수여하다, 주다; 허락하다

They **grant** the best newcomer prize to a promising artist.

그들은 장래가 촉망되는 예술가에게 최우수 신인상을 수여한다.

□ 0364 ★★
souvenir
[sù:vəníər]

ⓝ 기념품

I bought some key chains as **souvenirs** from Paris.

나는 파리에서 기념품으로 열쇠고리를 몇 개 샀다.

□ 0365 ★★★
meditation
[mèdətéiʃən]

ⓝ 명상

Meditation can increase blood flow in the brain and improve memory.

명상은 뇌 안의 혈액의 흐름을 증가시키고 기억력을 향상시킬 수 있다.

meditate v. 명상하다

□ 0366 ★★★
obvious
[ábviəs]

ⓐ 분명한, 명백한

It was **obvious** that the goals could not be reached.

목표를 달성할 수 없다는 것이 분명했다.

= clear a. 분명한

□ 0367 ★★★
assure
[əʃúər]

ⓥ 확신시키다; 보증하다

Bradley **assured** Paul that he would win the final match.

Bradley는 Paul에게 그가 결승에서 승리할 것임을 확신시켰다.

assurance n. 확신; 보증

Yum!
Yum!

• 외국여행에서 안목을 broaden하고 souvenir도 많이 샀어요.
• 학교는 poverty로 인해 어려움을 겪는 학생들에게 장학금을 grant했다.

☐ 0368 ★★★
deprive
[dipráiv]

ⓥ 빼앗다, 박탈하다

This bad cold **deprived** me of my sense of taste.
이 지독한 감기가 나에게서 미각을 빼앗았다.

deprived a. 가난한, 불우한

 oom-in | 박탈, 제거의 of를 쓰는 동사

deprive A of B A에게서 B를 박탈하다   rid A of B A에게서 B를 제거하다
rob A of B A에게서 B를 강탈하다

☐ 0369 ★★★
caution
[kɔ́:ʃən]

ⓝ 조심, 주의

This glass container should be handled with great **caution**.
이 유리 그릇은 매우 조심해서 다루어야 한다.

cautious a. 조심하는, 주의하는

☐ 0370 ★★
reassure
[rìːəʃúər]

ⓥ 안심시키다

My doctor **reassured** me that I was very healthy.
의사는 내가 매우 건강하다고 나를 안심시켰다.

reassurance n. 안심, 안도

☐ 0371 ★★★
award
[əwɔ́:rd]

ⓝ 상 ⓥ (상을) 수여하다

Spielberg won the Academy **Award** for Best Director for
E.T. in 1982.
Spielberg는 1982년에 〈E.T.〉로 아카데미 최우수 감독상을 받았다.

☐ 0372 ★★★
shallow
[ʃǽlou]

ⓐ 얕은; 천박한

Small children are playing in **shallow** water.
꼬마들이 얕은 물에서 놀고 있다.

↔ **deep** a. 깊은

 Yum!
Yum!

• 약물 복용 판정으로 그 선수는 award를 deprive당했습니다.
• 물놀이할 때는 깊이가 아무리 shallow하더라도 caution, 또 caution!

□ 0373 ★★★
flame
[fleim]

ⓝ 화염, 불꽃   ⓥ 타오르다

A woman was trapped inside, and flames were spreading quickly.
한 여성이 안에 갇혀 있었고, 화염이 빠르게 번지고 있었다.

flammable a. 가연성의

□ 0374 ★★★
material
[mətíəriəl]

ⓝ 재료, 구성 물질   ⓐ 물질적인

This wood is the main material used to make the shelf.
이 나무가 선반을 만드는 데 사용된 주재료이다.

□ 0375 ★★★
adjust
[ədʒʌ́st]

ⓥ 조절하다; 적응하다

You need to adjust the microscope to get the best and clearest image.
가장 우수하고 선명한 이미지를 얻기 위해 현미경을 조절할 필요가 있다.

adjustment n. 조절; 적응

□ 0376 ★★★
collapse
[kəlǽps]

ⓥ 붕괴되다, 쓰러지다

When the earthquake occurred, many tall buildings collapsed all together.
지진이 발생했을 때, 많은 고층 건물들이 한꺼번에 붕괴되었다.

□ 0377 ★★★
enormous
[inɔ́ːrməs]

ⓐ 거대한, 엄청난

There was an enormous mass of rock in front of the cave.
동굴 앞에 거대한 바위덩어리가 있었다.

= huge a. 거대한

□ 0378 ★★★
primary
[práimeri]

ⓐ 주요한, 주된

The UN's primary goal is to maintain international peace.
유엔의 주요 목표는 국제 평화를 유지하는 것이다.

= main a. 주된

Yum! Yum!

• flame에 휩싸인 그 건물은 얼마 못 버티고 collapse하고 말았다.
• 옛날에는 나무가 primary한 건축 material이었다.

□ 0379 ★★
ascertain
[æ̀sərtéin]

ⓥ 확인하다

For some cases, it's very difficult to **ascertain** whether laws were broken.
어떤 경우에는 법을 어겼는지 여부를 확인하기가 매우 어렵다.

ascertainment n. 확인

□ 0380 ★★★
mobile
[móubəl]

ⓐ 이동의, 유동의

Many countries now have more **mobile** phones than landlines.
많은 국가들은 이제 일반 전화보다 더 많은 이동 전화를 보유하고 있다.

mobility n. 이동성

□ 0381 ★★★
obstacle
[ábstəkl]

ⓝ 장애(물)

Nothing is an **obstacle** unless you say it is.
당신이 그렇다고 말하지 않으면 그 어떤 것도 장애가 아니다.

□ 0382 ★★★
eager
[íːgər]

ⓐ 열망하는, 간절히 바라는

A neighbor boy was so **eager** to show off his new toy.
이웃집 아이는 그의 새 장난감을 자랑하기를 몹시 열망했다.

eagerness n. 열심, 열망

 oom-in ǀ **be + 형용사 + to부정사**

be eager to do …하기를 간절히 바라다   be anxious to do …하기를 열망하다

be likely to do …할 가능성이 높다   be apt to do …하기 쉽다

be willing to do 기꺼이 …하려 하다   be about to do 막 …하려 하다

□ 0383 ★★★
declare
[diklέər]

ⓥ 선언하다; (세관에) 신고하다

My dad **declared** that he would quit smoking today.
나의 아버지는 오늘부로 금연하시겠다고 선언했다.

 Yum!
Yum!

• obstacle이 너무 많아서 mobile 통신이 용이하지 않아요.

• 1919년 3월 1일, 우리나라 사람들은 그토록 eager하는 독립을 declare했다.

☐ 0384 ★★★
event
[ivént]

ⓝ 사건; 행사

There are various points of view on the historic event.
그 역사적 사건에 대해서는 여러 가지 관점이 있다.

eventful a. 파란만장한, 다사다난한

☐ 0385 ★★★
majority
[mədʒɔ́:rəti]

ⓝ 다수

The majority of the employees in the firm hold a doctor's degree.
회사의 직원들 다수가 박사학위를 갖고 있다.

major a. 주요한　↔ **minority** n. 소수

☐ 0386 ★★
posture
[pástʃər]

ⓝ 자세

A good standing posture helps you to speak more clearly.
올바르게 선 자세는 당신이 좀더 명확하게 말하는 데 도움이 된다.

pose v. 자세를 취하다

☐ 0387 ★★★
pity
[píti]

ⓝ 동정; 유감

He took pity on me and asked if there's something he could do to help.
그는 나에게 동정을 느꼈고 그가 도울 수 있는 것이 있는지 물었다.

pitiful a. 가엾은, 불쌍한　= **sympathy** n. 동정, 연민

☐ 0388 ★★★
defensive
[difénsiv]

ⓐ 방어의

The Great Wall is a defensive system of ancient China.
만리장성은 고대 중국의 방어체계이다.

defend v. 방어하다, 수비하다　**defense** n. 방어, 수비
↔ **offensive** a. 공격적인; 불쾌한

☐ 0389 ★★★
charming
[tʃá:rmiŋ]

ⓐ 매력적인, 호감이 가는

There are many charming villages to visit in this region.
이 지역에는 방문해 볼 만한 매력적인 마을들이 많다.

charm n. 매력

Yum!
Yum!

• 저 선수, 저렇게 엉성한 posture로 서 있으면 defend하기 어려워요.
• Paul의 소식을 듣고 교실의 학생 majority가 그에게 pity를 느꼈다.

□ 0390 ★★★
obey
[oubéi]

ⓥ 순종하다, 따르다

Humans should **obey** the rules of nature.
인간은 자연의 법칙에 순종해야 한다.

obedient a. 순종적인　　**obedience** n. 순종, 복종

□ 0391 ★★★
mineral
[mínərəl]

ⓐ 광물의; 무기질의　　ⓝ 광물; 무기질

Mineral resources are the basis of modern industrial society.
광물자원은 현대 산업사회의 근간이다.

□ 0392 ★★★
especially
[ispéʃəli]

ⓐⓓ 특히

Carbon monoxide poisoning is very harmful, **especially** to little children.
일산화탄소 중독은 매우 해로운데, 특히 어린 아이들에게 그렇다.

□ 0393 ★★
kidney
[kídni]

ⓝ 신장, 콩팥

Kidneys play a major role in maintaining and regulating blood pressure.
신장은 혈압을 유지하고 조절하는 데 중요한 역할을 한다.

 oom-in ǀ 신체 장기 이름

lung 허파	heart 심장	liver 간	stomach 위
kidney 신장	intestine 장(창자)	colon 결장(結腸)	

□ 0394 ★★★
prayer
[prɛ́ər]

ⓝ 기도; 기도문

God listened to their **prayers** and tons of rain came down from the heavens.
신이 그들의 기도를 들었고 억수 같은 비가 하늘에서 쏟아져 내렸다.

pray v. 기도하다

 Yum! Yum!

• 제철업에서는 모든 **mineral** 자원 중 철광석의 수급이 **especially** 중요하다.
• **kidney** 이식 수술 전 나는 간절한 **prayer**를 올렸다.

□ 0395 ★★★

particle
[páːrtikl]

ⓝ 입자, 조각; 미립자

Dust particles from China have been found floating in the air.
중국에서 날아온 먼지 입자들이 공기 중에 떠 있는 것이 발견되었다.

□ 0396 ★★★

conduct
[kəndʌ́kt] ⓥ
[kándʌkt] ⓝ

ⓥ 수행하다; 인도하다   ⓝ 행동, 행위

Last week, researchers conducted a study on consumer behavior in America.
지난주 연구원들은 미국의 소비자 행동에 관한 연구를 수행하였다.

□ 0397 ★★★

subtle
[sʌ́tl]

ⓐ 미묘한; 엷은

There's a subtle difference between the two terms.
두 용어 사이에는 미묘한 차이가 있다.

□ 0398 ★★

drown
[draun]

ⓥ 익사하다; 익사시키다

A drowning man will catch at straws. -proverb-
물에 빠진 사람은 지푸라기라도 잡는다.

□ 0399 ★★★

wage
[weidʒ]

ⓝ 임금

The wage gap between men and women has decreased over the years.
남녀 간의 임금 차이가 여러 해에 걸쳐 줄어들었다.

□ 0400 ★★★

command
[kəmǽnd]

ⓥ 명령하다   ⓝ 명령

The officer commanded his men to fire upon the enemy.
장교는 적에게 발포할 것을 그의 부하들에게 명령했다.

Yum! Yum!
- 그 사장은 직원들의 wage를 삭감할 것을 command했다.
- 그는 소비자들의 subtle한 심리 변화 분석을 위해 이 연구를 conduct했다.

A 빈칸에 해당하는 영어 단어 또는 우리말을 쓰시오.

1. 선언하다 _____
2. 장애(물) _____
3. 상; (상을) 수여하다 _____
4. 기도; 기도문 _____
5. 동정; 유감 _____
6. 이동의, 유동의 _____
7. 임금 _____
8. 익사하다; 익사시키다 _____
9. 순종하다, 따르다 _____
10. 주요한, 주된 _____

11. eager _____
12. event _____
13. broaden _____
14. souvenir _____
15. posture _____
16. subtle _____
17. meditation _____
18. obvious _____
19. collapse _____
20. deprive _____

B 빈칸에 알맞은 단어를 〈보기〉에서 골라 쓰시오.

| adjust | ascertain | caution | defensive |
| enormous | material | particle | shallow |

1. The Great Wall is a _____ system of ancient China.

2. Dust _____s from China have been found floating in the air.

3. Small children are playing in _____ water.

4. For some cases, it's very difficult to _____ whether laws were broken.

5. There was an _____ mass of rock in front of the cave.

6. This wood is the main _____ used to make the shelf.

7. This glass container should be handled with great _____.

8. You need to _____ the microscope to get the best and clearest image.

Answer Keys

A 1. declare 2. obstacle 3. award 4. prayer 5. pity 6. mobile 7. wage 8. drown 9. obey 10. primary
11. 열망하는, 간절히 바라는 12. 사건; 행사 13. 넓히다, 확장하다 14. 기념품 15. 자세 16. 미묘한; 엷은 17. 명상
18. 분명한, 명백한 19. 붕괴되다, 쓰러지다 20. 빼앗다, 박탈하다 **B** 1. defensive 2. particle 3. shallow
4. ascertain 5. enormous 6. material 7. caution 8. adjust

turn을 이용한 이어동사

turn

turn(돌리다) + **down**(아래로)
→ 거절하다, 음량을 내리다

turn down 1. 거절하다 2. 음량을 내리다

1. Tony has decided to **turn down** his invitation.
   Tony와 Meg는 그의 초대를 거절하기로 결정했다.

2. Push 〔+ −〕 button to turn up or **turn down** the volume.
   음량을 높이거나 내리려면 〔+ −〕 단추를 누르시오.

turn out 1. …로 드러나다 2. 생산하다

1. On close examination, the painting **turned out** to be a fake.
   세밀한 검사 결과 그 그림은 모조품으로 드러났다.

2. The factory **turns out** 1,200 pairs of shoes per day.
   그 공장은 하루에 1,200켤레의 신발을 생산한다.

turn over 넘겨주다

Russia **turned** possession of Alaska **over** to the U.S.
러시아는 알래스카의 소유권을 미국에 넘겨주었다.

turn to 1. …로 바뀌다(= turn into) 2. 의지하다

turn(돌리다) + **to**(…로)
→ …로 바뀌다

1. Her dream vacation **turned (in)to** a nightmare.
   그녀가 그토록 소망하던 휴가는 악몽으로 바뀌었다.

2. She **turned to** charity after his husband was killed.
   그녀는 남편이 살해당한 후 자선단체에 의지했다.

turn up 1. 나타나다 2. 음량을 높이다

1. Two candidates failed to **turn up** for the interview.
   두 명의 지원자는 면접에 나타나지 않았다.

2. The radio was **turned up** loud.
   라디오 음량이 크게 높아졌다.

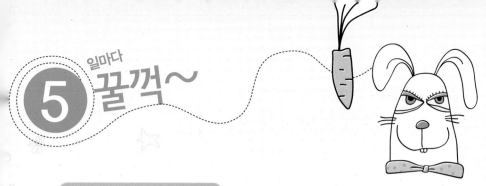

숙어 꿀꺽 | Day 06 - Day 10

☐ **be ashamed of** …을 창피스럽게 여기다 → 0222

The player **was ashamed of** his stupid mistake.
그 선수는 자신의 바보 같은 실수가 창피스러웠다.

☐ **adapt oneself to** …에 적응하다 → 0230

Companies should **adapt themselves to** the new situation.
기업들은 그 새로운 상황에 적응해야 한다.

☐ **be ignorant of** …을 모르고 있다 → 0234

I **was** totally **ignorant of** what had happened.
나는 어떤 일이 있었는지 전혀 모르고 있었다.

☐ **be familiar with** …을 잘 알다, …에 익숙하다 → 0239

Are you **familiar with** this software program?
너는 이 소프트웨어 프로그램을 잘 아니?

☐ **out of curiosity** 호기심에서 → 0243

Out of curiosity, Pandora opened the box.
호기심에서 판도라는 그 상자를 열었다.

☐ **in conclusion** 결론적으로 → 0253

In conclusion, you should not be eating too much junk food.
결론적으로, 당신은 너무 많은 정크 푸드를 먹어서는 안 된다.

□ be determined to do ···하기로 굳게 결심하다 → 0267

My sister **is determined to lose** those extra pounds and inches.
나의 여동생은 그 과다한 체중과 허리둘레를 줄이겠다고 굳게 결심했다.

□ be immune to ···에 면역이 되어 있다 → 0282

Humans **are** never **immune to** common colds.
인간은 절대 보통 감기에 면역이 될 수 없다.

□ behave badly〔well〕 버릇없이〔예의바르게〕 행동하다 → 0295

If children **behave badly,** who is to blame?
아이들이 버릇없이 행동할 때 누가 비난을 받아야 하는가?

□ come to rescue 구조하다 → 0297

The *Carpathia* **came to rescue** the *Titanic* shipwreck.
Carpathia 호가 Titanic 호의 조난을 구조하러 왔다.

□ take measures 조치를 취하다 → 0317

Schools must **take measures** to discourage smoking among students.
학교는 학생들 사이의 흡연을 억제하기 위한 조치를 취해야 한다.

□ manage to do 용케도 ···하다, 그럭저럭 하다 → 0335

The small boat **managed to survive** the storm.
그 작은 보트는 용케도 그 폭풍우 속에서도 무사했다.

□ in advance 미리; 사전에 → 0356

If I cancel after I pay **in advance,** do I receive a refund?
미리 지불한 후에 취소하는 경우 환불을 받나요?

1. attract	유인하다	26. astronaut	우주비행사
2. noble	고귀한; 귀족	27. atmosphere	대기; 분위기
3. layer	층, 겹	28. contribute	공헌하다
4. souvenir	기념품	29. vital	지극히 중요한
5. humble	보잘것없는	30. instrument	도구; 악기
6. chemical	화학의	31. behave	행동하다
7. sponsor	후원하다	32. author	작가, 저자
8. meditation	명상	33. selection	선발, 선택
9. fulfill	이행하다	34. rescue	구조하다; 구조
10. deprive	박탈하다	35. physics	물리학
11. appointment	약속, 예약	36. confuse	혼동하다
12. compound	혼합물; 혼합의	37. leisure	여가, 레저
13. shallow	얕은; 천박한	38. amuse	즐겁게 해주다
14. collapse	붕괴되다	39. borrow	빌리다
15. adjust	조절하다	40. feature	특징(으로 하다)
16. gender	성, 성별	41. concrete	구체적인
17. introduce	소개하다	42. affair	용무, 일
18. collect	수집하다	43. lament	슬퍼하다; 비탄
19. curiosity	호기심	44. afford	…할 여유가 있다
20. explore	탐사하다	45. entertain	즐겁게 하다
21. personality	성격, 개성	46. finance	금융, 재정
22. conclude	결론을 내리다	47. congress	의회
23. festive	축제 분위기의	48. legal	법적인
24. hatred	증오, 미움	49. funeral	장례식
25. ignore	무시하다	50. conquer	정복하다

51. generous	관대한	76. affection	애정
52. candidate	후보자; 지원자	77. semester	학기
53. professor	교수	78. precious	소중한, 값비싼
54. replace	교체하다	79. endure	견디다, 버티다
55. resist	버티다	80. accomplish	성취하다
56. declare	선언하다	81. employee	직원, 고용인
57. subtle	미묘한; 엷은	82. committee	위원회
58. frighten	두려워하게 하다	83. statue	조각상, 동상
59. particle	입자, 조각	84. disorder	무질서; 장애
60. temptation	유혹	85. remarkable	뛰어난
61. long	간절히 바라다	86. prescription	처방전
62. electronic	전자의, 전산의	87. compact	소형의
63. determined	결연한, 단호한	88. delight	기쁨, 즐거움
64. flame	화염, 타오르다	89. substance	물질
65. beneath	…의 아래에	90. inform	알리다
66. intimate	친밀한, 절친한	91. feminine	여성의
67. outstanding	돋보이는	92. injure	다치게 하다
68. admission	입장, 입학	93. command	명령(하다)
69. trivial	사소한, 하찮은	94. farewell	작별 (인사)
70. antique	골동품(의)	95. horizontal	수평의, 가로의
71. pottery	도자기류	96. combine	결합하다
72. division	분할; 나눗셈	97. pretend	…하는 체하다
73. dynasty	왕조	98. status	지위, 신분
74. immune	면역의	99. athlete	운동선수
75. invade	침략하다	100. poverty	가난, 빈곤

DAY 11

어휘 더하기 : 다의어 **1**

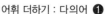

01	02	03	04	05	06	07	08	09	10
●	●	●	●	●	●	●	●	●	●

11	12	13	14	15	16	17	18	19	20
●									

21	22	23	24	25	26	27	28	29	30

31	32	33	34	35	36	37	38	39	40

41	42	43	44	45

Day 10 | Review

앞에서 학습한 단어를 얼마나 기억하는지 체크해 보세요.
기억이 나지 않는 단어는 다시 한 번 학습하세요.

- ☐ grant
- ☐ souvenir
- ☐ meditation
- ☐ obvious
- ☐ assure
- ☐ deprive
- ☐ caution
- ☐ reassure
- ☐ shallow
- ☐ adjust
- ☐ collapse
- ☐ enormous
- ☐ primary
- ☐ ascertain
- ☐ mobile

- ☐ obstacle
- ☐ eager
- ☐ declare
- ☐ majority
- ☐ posture
- ☐ defensive
- ☐ charming
- ☐ obey
- ☐ mineral
- ☐ kidney
- ☐ particle
- ☐ conduct
- ☐ subtle
- ☐ wage
- ☐ command

□ 0401 ★★★
debt
[det]

ⓝ 빚, 부채; 신세, 은혜
Buying with your credit card means getting into **debt**.
신용카드로 구매하는 것은 빚을 진다는 것을 의미한다.

□ 0402 ★★
copyright
[kápiràit]

ⓝ 저작권
The new bill aims to protect **copyrights** on software.
그 새로운 법률안은 소프트웨어에 대한 저작권을 보호하는 것을 목표로 한다.

□ 0403 ★★★
mention
[ménʃən]

ⓥ 언급하다   ⓝ 언급
I tried the exact steps as you **mentioned**, but it didn't
work at all.
나는 당신이 언급한 대로 정확한 조치를 시도했지만, 전혀 효과가 없었다.

□ 0404 ★★★
defeat
[difíːt]

ⓥ 패배시키다   ⓝ 패배
The Boston Red Sox **defeated** the New York Yankees 3-2
yesterday.
어제 보스턴 레드 삭스는 뉴욕 양키스를 3대 2로 패배시켰다.

□ 0405 ★★★
retain
[ritéin]

ⓥ 보유하다, 간직하다
The author **retains** all rights to this material.
저자가 이 자료의 모든 권리를 보유한다.

= reserve v. 보유하다

□ 0406 ★★★
moisture
[mɔ́istʃər]

ⓝ 수분, 물기
Dry skin looks lifeless due to lack of **moisture**.
건조한 피부는 수분 부족으로 인해 생기가 없어 보인다.

moist a. 습기 있는, 축축한

Yum!
Yum!

• 비에 젖은 풀잎이 moisture를 잔뜩 retain하고 있다.
• 나는 경기에서 그를 defeat했고 그는 아무런 mention도 하지 않았다.

□ 0407 ★★★
contact
[kántækt]

ⓝ 접촉, 연락   ⓥ 접촉하다, 연락하다
Koreans tend to avoid physical **contact** while talking with others.
한국인들은 다른 사람들과 대화 중에 신체적 접촉을 피하는 경향이 있다.

□ 0408 ★★★
insist
[insíst]

ⓥ 고집하다, 우기다
My brother **insisted** on wearing his favorite purple shirt.
내 동생은 그가 제일 좋아하는 자주색 셔츠를 입겠다고 고집했다.

insistent   a. 고집하는, 주장하는

□ 0409 ★★
erase
[iréis]

ⓥ 지우다, 삭제하다
Erase the wrong answer and write the correct one.
오답을 지우고 정답을 써 넣으시오.

eraser   n. 지우개   **erasure**   n. 삭제, 말소

Ｚoom-in ┃ 학용품(school supplies)

| eraser 지우개 | ruler 자 | scissors 가위 |
| glue 풀 | stapler 스테이플러 | compass 컴퍼스 |

□ 0410 ★★★
lively
[láivli]

ⓐ 활기찬, 생기 넘치는
Teachers must try to create a **lively** atmosphere in the classroom.
교사들은 교실에서 활기찬 분위기를 조성하기 위해 노력해야 한다.

□ 0411 ★★★
plain
[plein]

ⓐ 명백한; 평범한; 무늬가 없는   ⓝ 평원, 평지
It's a **plain** fact that she is against the law in this case.
이 경우 그녀가 법을 어긴 것은 명백한 사실이다.

□ 0412 ★★★
accustomed
[əkʌ́stəmd]

ⓐ 익숙한
When young, I was **accustomed** to running barefoot.
어렸을 적에 나는 맨발로 뛰어다니는 것에 익숙했다.

accustom   v. 익숙하게 하다   ㉓ **be accustomed to**   …에 익숙하다

Yum!
Yum!

• 아무리 친한 친구라도 자주 contact하지 않으면 마음에서 erase됩니다.
• 그는 돌아가더라도 accustomed한 길로 가야 한다고 insist했다.

☐ 0413 ★★★
harsh
[hɑːrʃ]

ⓐ 혹독한, 가혹한

The airline company experienced harsh times because of debts.

그 항공사는 부채 때문에 혹독한 시간을 겪었다.

☐ 0414 ★★★
normal
[nɔ́ːrməl]

ⓐ 정상적인

The patient's blood pressure regained its normal level.

그 환자의 혈압은 정상적인 수준을 회복했다.

normality n. 정상 상태　↔ **abnormal** a. 비정상적인

☐ 0415 ★★★
mystery
[místəri]

ⓝ 불가사의, 신비

Angkor Wat, a historic site in Cambodia, is one of the world's seven mysteries.

앙코르와트는 캄보디아의 유적지로 세계 7대 불가사의 중 하나이다.

mysterious a. 불가사의한, 신비로운

☐ 0416 ★★★
polite
[pəláit]

ⓐ 예의 바른, 정중한

It is not polite to talk with your mouth full.

입안이 가득 찬 채로 말하는 것은 예의 바르지 못하다.

politeness n. 정중함, 예의 바름　↔ **impolite** a. 무례한

☐ 0417 ★★
interior
[intíəriər]

ⓐ 실내의, 내부의　ⓝ 내부

Lighting and accessories are very important in interior design.

조명과 장식물은 실내 디자인에서 매우 중요하다.

↔ **exterior** a. 외부의, 외장의　n. 외부

☐ 0418 ★★
transparent
[trænspéərənt]

ⓐ 투명한

Glass bottles are transparent if color is not added to them.

유리병은 색깔이 더해지지 않으면 투명하다.

transparency n. 투명도

Yum! Yum!

- 그 가게는 정면이 transparent한 유리로 되어 있어서 interior가 잘 보여.
- 오만한 사람이 하루아침에 polite해지다니 정말 mysterious하네요.

□ 0419 ★★★
reject
[ridʒékt]

ⓥ 거부하다, 거절하다

She didn't give up when many clothing companies
rejected her designs.
그녀는 많은 의류회사가 그녀의 디자인을 거부했을 때에도 포기하지 않았다.

rejection n. 거절

□ 0420 ★★★
accompany
[əkʌ́mpəni]

ⓥ 동반하다

Children 11 and under should be accompanied by an adult.
11세 이하의 어린이들은 성인과 동반되어야 한다.

□ 0421 ★★
waterproof
[wɔ́ːtərprùːf]

ⓐ 방수의

Fishermen need waterproof clothing to protect them from
sea water.
어부들은 바닷물로부터 그들을 보호해 주는 방수복이 필요하다.

 oom-in ┃ **-proof를 수반한 형용사**

water**proof** 방수의	fire**proof** 방화의
bullet**proof** 방탄의	weather**proof** 비바람에 잘 견디는, 전천후의
earthquake-**proof** 내진의	child**proof** 아이들이 열 수 없게 만든

□ 0422 ★★★
resemble
[rizémbl]

ⓥ 닮다

Mom always says I resemble my
grandmother so much.
어머니는 항상 내가 할머니를 무척 많이 닮았다고
말씀하신다.

resemblance n. 닮음, 유사

□ 0423 ★★★
individual
[ìndəvídʒuəl]

ⓝ 개인   ⓐ 개인의, 개체의

You can participate as an individual or a group.
당신은 개인 또는 단체로 참가할 수 있다.

 Yum!
Yum!

• 일란성 쌍둥이는 각각의 individual이 서로 정말 resemble해요.
• 보호자가 accompany하지 않으면 초등학생의 입장은 reject됩니다.

□ 0424 ★★★

faithful
[féiθfəl]

ⓐ 충직한, 믿음직한

Robinson Crusoe's man, Friday, was a **faithful** servant.
로빈슨 크루소의 부하 Friday는 충직한 하인이었다.

faith n. 믿음, 신념

□ 0425 ★★★

cope
[koup]

ⓥ 대처하다

The best way to **cope** with stress is to accept things as they are.
스트레스에 대처하는 최고의 방법은 매사를 있는 그대로 받아들이는 것이다.

ⓢ **cope with** …에 대처하다, …을 처리하다

□ 0426 ★★★

grief
[griːf]

ⓝ 큰 슬픔, 비탄

She spent months experiencing **grief** over the loss of her dog.
그녀는 자신의 개를 잃은 슬픔을 겪으며 몇 달을 보냈다.

grieve v. 슬프게 하다; 슬퍼하다

□ 0427 ★★★

sacrifice
[sǽkrəfàis]

ⓥ 희생하다   ⓝ 희생

Parents **sacrifice** many things for the future of their children.
부모들은 자녀들의 미래를 위해 많은 것을 희생한다.

□ 0428 ★★★

consult
[kənsʌ́lt]

ⓥ 조언을 구하다, 상담을 받다

It is wise to **consult** legal experts before filing a court case.
법정 소송을 제기하기 전에 법률 전문가의 조언을 구하는 것이 현명하다.

consultation n. 상담   **consultant** n. 상담가, 자문 위원

□ 0429 ★★★

decorate
[dékərèit]

ⓥ 장식하다

Shops are **decorated** beautifully with Christmas decorations.
가게들이 크리스마스 장식물로 아름답게 장식되어 있다.

decoration n. 장식   **decorative** a. 장식적인

Yum! Yum!

• 환경미화를 위해 교실을 decorate하려고 담임 선생님과 consult했어.
• 자신을 sacrifice하여 다른 이들을 도운 그 수녀가 죽자 모두 grief에 빠겼다.

□0430 ★★★
appetite
[ǽpətàit]

ⓝ 식욕

Many people want to reduce their **appetite** to lose weight.
많은 사람들이 체중 감량을 위해 식욕을 줄이고 싶어한다.

cf. appetizer n. 식욕을 돋우기 위한 것, 전채

□0431 ★★★
found
[faund]

ⓥ 세우다, 창립하다

The UN was **founded** in 1945 to replace the League of Nations.
유엔은 국가 연합을 대신하기 위해 1945년에 세워졌다.

Zoom-in ㅣ 다른 동사의 과거분사이면서 그 자신이 원형이기도 한 동사

find-found-found 발견하다 — found-founded-founded 창립하다
wind-wound-wound 감다 — wound-wounded-wounded 상처〔부상〕를 입히다
grind-ground-ground 갈다 — ground-grounded-grounded 근거를 두다

□0432 ★★
chaos
[kéiɑs]

ⓝ 대혼란, 혼돈

An unexpected snow storm caused **chaos** on the roads.
예기치 못한 눈보라가 도로에서 대혼란을 일으켰다.

chaotic a. 혼돈 상태인   = **disorder** n. 무질서, 어수선함

□0433 ★★
disrupt
[disrʌ́pt]

ⓥ 혼란에 빠뜨리다, 방해하다

The revolution **disrupted** the Cuban economy between 1868 and 1878.
그 혁명은 1868년에서 1878년 사이에 쿠바 경제를 혼란에 빠뜨렸다.

disruptive a. 파괴적인, 파멸의   **disruption** n. 파멸, 붕괴

□0434 ★★★
prohibit
[prouhíbit]

ⓥ 금지하다

Bringing a camera to this concert is strictly **prohibited**.
이 공연에 카메라를 가져오는 것은 엄격히 금지된다.

prohibition n. 금지   = **prevent** v. 금지하다

Yum!
Yum!

• appetite가 정말 왕성하시네요! 하지만 과식은 절대 prohibition!
• 내란으로 그 나라는 chaos에 빠졌고 이내 disruption의 길을 걸었다.

□ 0435 ★★★
furious
[fjúəriəs]

ⓐ 격분한, 맹렬한

He was so furious about how those people treated him.
그는 그 사람들이 그를 대한 방식에 대해 몹시도 격분하였다.

fury n. 격분, 격노   = **angry** a. 화난

□ 0436 ★★
applicant
[ǽplikənt]

ⓝ 지원자

Fifty eight applicants have applied for the police officer position.
58명의 지원자가 경찰관 직에 지원했다.

application n. 지원   **apply** v. 지원하다

□ 0437 ★★
loyalty
[lɔ́iəlti]

ⓝ 충성, 충실

For Koreans, it is important to show loyalty to their nation.
한국인들에게는 국가에 대한 충성을 보이는 것이 중요하다.

□ 0438 ★★
fragile
[frǽdʒəl]

ⓐ 연약한, 깨지기 쉬운

This plant is so fragile that its leaves will fall off at the slightest touch.
이 식물은 너무 연약하여 아주 살짝 건드려도 잎들이 떨어져 나갈 것이다.

= **weak** a. 약한

□ 0439 ★★
mechanical
[məkǽnikəl]

ⓐ 기계적인

The crane collapsed due to mechanical failure.
그 기중기는 기계적인 결함으로 인해 무너졌다.

mechanism n. 기계 장치; 구조   **mechanic** n. 정비공

□ 0440 ★★
embrace
[imbréis]

ⓥ 껴안다, 포옹하다

They embraced each other and said good-bye.
그들은 서로를 껴안고 작별을 고했다.

= **hug** v. 껴안다

- 그 applicant는 자신이 선택되지 않았다는 사실에 매우 furious했다.
- 이 mechanical 장치는 매우 fragile하므로 조심스럽게 다뤄야해.

TEST

A 빈칸에 해당하는 영어 단어 또는 우리말을 쓰시오.

1. 언급하다; 언급 _____
2. 보유하다, 간직하다 _____
3. 예의 바른, 정중한 _____
4. 정상적인 _____
5. 패배시키다; 패배 _____
6. 지우다, 삭제하다 _____
7. 빚, 부채; 신세, 은혜 _____
8. 고집하다, 우기다 _____
9. 세우다, 창립하다 _____
10. 충성, 충실 _____

11. disrupt _____
12. accompany _____
13. embrace _____
14. individual _____
15. prohibit _____
16. accustomed _____
17. resemble _____
18. waterproof _____
19. grief _____
20. decorate _____

B 빈칸에 알맞은 단어를 〈보기〉에서 골라 쓰시오.

appetite	applicant	faithful	fragile
furious	moisture	sacrifice	transparent

1. Dry skin looks lifeless due to lack of _____.
2. Glass bottles are _____ if color is not added to them.
3. He was so _____ about how those people treated him.
4. Many people want to reduce their _____ to lose weight.
5. Parents _____ many things for the future of their children.
6. Robinson Crusoe's man, Friday, was a _____ servant.
7. This plant is so _____ that its leaves will fall off at the slightest touch.
8. Fifty eight _____s have applied for the police officer position.

Answer Keys

A 1. mention 2. retain 3. polite 4. normal 5. defeat 6. erase 7. debt 8. insist 9. found 10. loyalty
11. 혼란에 빠뜨리다, 방해하다 12. 동반하다 13. 껴안다, 포옹하다 14. 개인; 개인의, 개체의 15. 금지하다 16. 익숙한
17. 닮다 18. 방수의 19. 큰 슬픔, 비탄 20. 장식하다 B 1. moisture 2. transparent 3. furious 4. appetite
5. sacrifice 6. faithful 7. fragile 8. applicant

current

1. 형 현재의 2. 명 흐름(물살, 기류, 전류)

1. The word "thy"(= your) is no longer in **current** use.
   'thy(너의)' 라는 어휘는 현재는 더 이상 쓰이지 않는다.

2. A fan is a device that creates an air **current**.
   선풍기는 기류를 일으키는 장치이다.

interest

명 1. 관심 2. 이익; 권익 3. 이자

1. My sister has **interest** in graphic-designing.
   내 누이는 그래픽 디자인에 관심을 가지고 있다.

2. They work for the **interests** of poor people.
   그들은 가난한 사람들의 권익을 위해 일한다.

3. How much **interest** does your bank charge?
   당신의 은행은 얼마만큼의 이자를 부과하나요?

treat

동 1. 대우하다 2. 치료하다 3. 처리하다

1. My old friend **treated** me like her sister.
   나의 오랜 친구는 나를 그녀의 자매처럼 대우했다.

2. Most medicine cannot **treat** common colds easily.
   대부분의 약은 일반 감기를 쉽게 치료하지 못한다.

3. There should be a safer way to **treat** nuclear waste.
   핵폐기물을 처리하는 좀 더 안전한 방법이 있어야 한다.

character

명 1. 성격, 특징 2. 등장인물 3. 문자

1. His considerate **charater** hasn't changed at all.
   그의 사려 깊은 성격은 전혀 바뀌지 않았다.

2. Peter Parker is the main **character** in the movie *Spiderman*.
   피터 파커는 영화 〈스파이더맨〉의 주요 등장인물이다.

3. His tattoos are written in Chinese **characters**.
   그의 문신은 한자로 쓰여 있다.

DAY 12

어휘 더하기 : 다의어 ❷

01	02	03	04	05	06	07	08	09	10
●	●	●	●	●	●	●	●	●	●

11	12	13	14	15	16	17	18	19	20
●	●								

21	22	23	24	25	26	27	28	29	30

31	32	33	34	35	36	37	38	39	40

41	42	43	44	45

Day 11 | Review

앞에서 학습한 단어를 얼마나 기억하는지 체크해 보세요.
기억이 나지 않는 단어는 다시 한 번 학습하세요.

□ mention   □ resemble

□ defeat   □ individual

□ retain   □ faithful

□ moisture   □ cope

□ harsh   □ grief

□ insist   □ sacrifice

□ contact   □ consult

□ normal   □ decorate

□ mystery   □ appetite

□ polite   □ disrupt

□ interior   □ prohibit

□ transparent   □ furious

□ reject   □ applicant

□ accompany   □ fragile

□ waterproof   □ embrace

Wow!!

☐0441 ★★★
aspect
[æspekt]

ⓝ 측면, 양상

Technology affects every aspect of our lives.
기술은 우리 삶의 모든 측면에 영향을 미친다.

☐0442 ★★★
disgust
[disgʌst]

ⓝ 혐오감, 메스꺼움   ⓥ 혐오감을 유발하다

She turned her back on the dictator in disgust.
그녀는 혐오감을 느끼며 그 독재자에게 등을 돌렸다.

disgustful a. 혐오스러운, 역겨운

☐0443 ★★
delete
[dilíːt]

ⓥ 삭제하다, 지우다

If you want to, you can delete junk e-mail all at one time.
당신이 원한다면 모든 정크 메일을 한꺼번에 삭제할 수 있다.

deletion n. 삭제   = erase v. 지우다

☐0444 ★★★
fluent
[flúːənt]

ⓐ 유창한, 능통한

She is fluent in seven languages.
그녀는 7개 국어를 유창하게 한다.

fluency n. 유창성

☐0445 ★★★
superior
[səpíəriər]

ⓐ 월등한, 우월한

We make superior quality products at low prices.
우리는 저렴한 가격으로 월등한 품질의 상품을 만든다.

superiority n. 월등, 우월   ↔ **inferior** a. 열등한

☐0446 ★★★
punishment
[pʌ́niʃmənt]

ⓝ 처벌, 형벌

Correcting bad habits cannot be done by punishment.
나쁜 습관을 바로 잡는 것은 처벌로는 이루어질 수 없다.

punish v. 벌주다, 처벌하다

Yum!
Yum!

- disgust를 불러일으키는 악성 댓글은 당장 delete하세요.
- punishment보다는 칭찬이 더 superior한 효과를 보입니다.

□ 0447 ★★★
rough
[rʌf]

ⓐ 고르지 않은, 거친; 대강의

The road is very rough, so we must drive carefully.
길이 매우 고르지 않아서 조심히 운전해야 한다.

□ 0448 ★★★
aboard
[əbɔ́:rd]

ⓐⓓ (배·비행기 등에) 탑승하여

Welcome aboard. This is your captain speaking.
탑승을 환영합니다. 기장이 말씀드립니다.

□ 0449 ★★★
executive
[igzékjutiv]

ⓝ 경영 간부, 중역 ⓐ 행정의; 실무의

The executives decided to close the factory in China.
경영 간부들은 중국에 있는 공장을 닫기로 결정했다.

□ 0450 ★★
solar
[sóulər]

ⓐ 태양의, 태양에 의해 생기는

Solar energy is one of the most cost-effective sources of energy on earth.
태양 에너지는 지구상에서 비용 효율이 가장 높은 에너지원 중 하나이다.

cf. lunar a. 달의

Ⓩoom-in ┃ 태양계(the Solar System)의 행성 이름

Mercury 수성	Venus 금성	Earth 지구	Mars 화성
Jupiter 목성	Saturn 토성	Uranus 천왕성	Neptune 해왕성

□ 0451 ★★★
prospect
[práspekt]

ⓝ 전망, 예상

There isn't much prospect of gaining support from them.
그들로부터 후원을 받을 전망은 별로 없다.

prospective a. 가망이 있는, 장래의

□ 0452 ★★★
refer
[rifə́:r]

ⓥ 참조하다; 언급하다

When I find a new word, I refer to the dictionary.
나는 새로운 단어를 발견하면 사전을 참조한다.

reference n. 참조; 언급

Yum!
Yum!

• 과학 잡지들을 refer해서 solar energy에 대한 발표 준비를 마쳤어요.
• 기업의 executive라면 앞으로의 경제 prospect는 훤히 내다봐야지.

□ 0453 ★ ★ ★
conventional ⓐ 전통적인; 관습적인; 상투적인
[kənvénʃənl]
A **conventional** theory cannot explain this new data.
전통적인 이론은 이 새로운 자료를 설명하지 못한다.

□ 0454 ★ ★
lunar ⓐ 달의, 음력의
[lú:nər]
He likes to go to the observatory and observe the **lunar** landscape.
그는 천문대에 가서 달 풍경을 보는 것을 좋아한다.

cf. solar a. 태양의

□ 0455 ★ ★ ★
severe ⓐ 극심한, 엄한
[səvíər]
The athlete received a **severe** injury in his right leg.
그 운동선수는 오른쪽 다리에 극심한 부상을 당했다.

severely ad. 심하게 **= serious** a. 극심한, 심각한

□ 0456 ★ ★ ★
agriculture ⓝ 농업, 농경
[ǽgrikʌltʃər]
Agriculture has played a major role in human history.
농업은 인류 역사에서 주요한 역할을 해왔다.

agricultural a. 농업의, 농경의

□ 0457 ★ ★
talkative ⓐ 말하기를 좋아하는, 수다스러운
[tɔ́:kətiv]
Though I'm not **talkative**, I like listening to others when they talk.
나는 말하는 것을 좋아하지 않지만, 다른 사람이 말할 때 듣는 것은 좋아한다.

⟷ **reserved** a. 과묵한

□ 0458 ★ ★ ★
wander ⓥ 떠돌다, 방랑하다 ⓝ 유랑, 방랑
[wándər]
A lion was **wandering** through the jungle looking for its dinner.
사자 한 마리가 저녁거리를 찾아 밀림을 떠돌아다니고 있었다.

wanderer n. 떠돌이, 방랑자

Yum! Yum!
• 여자아이가더 talkative하다는 conventional한 생각에 동의하니?
• agriculture 덕분에 사람들은 wander하지 않고 정착하게 되었지.

☐0459 ★★★

troop
[tru:p]

ⓝ 군대, 병력

After the sea battle, Napoleon led his **troops** on land toward Europe.
그 해전 후에 나폴레옹은 그의 군대를 유럽을 향해 상륙시켰다.

☐0460 ★★★

deaf
[def]

ⓐ 귀가 먹은, 청각장애의

Speaking is possible but difficult for the **deaf**.
귀가 안 들리는 사람들은 말을 할 수는 있지만 하기가 어렵다.

deafness n. 귀가 먹음, 난청　　**cf. blind** a. 눈이 먼, 시각장애의

☐0461 ★★★

comet
[kámit]

ⓝ 혜성

Halley found a **comet** and it was named Halley's **Comet**.
Halley가 혜성을 하나 발견했고, 그것은 핼리 혜성이라 명명되었다.

Ⓩoom-in | 천체

galaxy 은하계　　star 항성　　planet 행성　　asteroid 소행성
comet 혜성　　meteorite 운석　　satellite 위성

☐0462 ★★

collide
[kəláid]

ⓥ 충돌하다

About 65 million years ago a meteorite **collided** with the Earth.
약 6천 5백만 년 전에 운석이 지구와 충돌했다.

collision n. 충돌

☐0463 ★★

virtually
[vɔ́:rtʃuəli]

ⓐⓓ 사실상

Tuberculosis was **virtually** conquered in the 1970s.
결핵은 사실상 1970년대에 정복되었다.

virtual a. 사실상의; 가상의　　**cf. virtual reality** 가상현실

**Yum!
Yum!**

・**virtually**, 우리 할아버지는 보청기가 없으면 **deaf**한 분입니다.
・영화 〈아마겟돈〉은 영웅들이 **comet**과 지구의 **collision**을 막는 내용이다.

☐0464 ★★★
slope
[sloup]

ⓝ 경사면, 비탈

The roof **slope** helps snow slide down in winter.
지붕의 경사면은 겨울에 눈이 미끄러져 내리도록 돕는다.

☐0465 ★★★
seize
[siːz]

ⓥ 붙잡다, 쥐다

He **seized** his sword, and fought against the soldiers bravely.
그는 검을 움켜잡고 군인들에 대항하여 용감하게 싸웠다.

= **grab** v. 붙잡다

☐0466 ★★★
raw
[rɔː]

ⓐ 날 것의; 가공하지 않은

Eating **raw** meat can make you very ill.
날고기를 먹는 것은 당신을 매우 아프게 할 수 있다.

☐0467 ★
hazardous
[hǽzərdəs]

ⓐ 위험한, 모험적인

We never use **hazardous** substances in our products.
우리는 제품에 위험한 물질을 절대 사용하지 않습니다.

hazard n. 위험, 위험 요소   = **dangerous** a. 위험한

☐0468 ★★★
preference
[préfərəns]

ⓝ 선호

Nowadays, Koreans seem to have no **preference** for boys any longer.
요즘 한국 사람들은 더 이상 남아를 선호하지 않는 것 같다.

prefer v. 선호하다

☐0469 ★★
greed
[griːd]

ⓝ 탐욕

Greed is a bottomless pit which consumes people.
탐욕은 사람을 갉아 먹는 바닥이 없는 구덩이다.

greedy a. 탐욕스런

Yum!
Yum!

• 어떤 사람들은 스테이크를 raw로 먹는 것을 prefer한다.
• greed는 죄를 낳는 hazardous한 요소이다.

□ 0470 ★★
slim
[slim]

ⓐ 날씬한, 호리호리한

Many people are doing all they can to maintain a **slim** body.
많은 사람들이 날씬한 몸매를 유지하기 위해 할 수 있는 모든 것을 한다.

= **slender** a. 날씬한

□ 0471 ★★★
porch
[pɔːrtʃ]

ⓝ 현관

She was standing on her front **porch** just a minute ago.
그녀는 방금 전 그녀의 정문 현관에 서 있었다.

Zoom-in ㅣ 가옥의 구조

porch 현관   study 서재   veranda 베란다   closet 벽장   attic 다락
basement 지하실   cellar 지하 저장고   barn 창고   garage 차고

□ 0472 ★★★
equator
[ikwéitər]

ⓝ 적도

The average temperature near the **equator** changes very little year round.
적도 부근의 평균 기온은 연중 거의 변화가 없다.

equatorial a. 적도의

□ 0473 ★★★
wallet
[wálit]

ⓝ (접는) 지갑

I reached for the **wallet** in my bag, but it was gone!
나는 지갑을 꺼내려고 가방 안에 손을 넣었는데, 지갑이 사라지고 없는 거야!

cf. purse n. (손에 드는) 긴 지갑

□ 0474 ★★★
artificial
[àːrtəfíʃəl]

ⓝ 인공적인

Some **artificial** flowers look so real that I can't tell them from the real ones.
어떤 인공적인 꽃(= 조화)들은 너무 진짜 같아서 생화와 구별하기 힘들다.

Yum! Yum!

• 어제 노느라고 용돈을 다 썼더니 **wallet**이 아주 **slim**해요.
• **artificial** 위성이 **equator** 부근에서 태풍 활동을 감지했어요.

□ 0475 ★★★
twist
[twist]

ⓥ 비틀다, 뒤틀다　ⓝ 비틀기, 꼬기

After the officer caught the thief, he **twisted** his arm behind his back.

경관이 그 도둑을 잡은 뒤, 그의 팔을 등 뒤로 비틀었다.

□ 0476 ★★★
settle
[sétl]

ⓥ 정착하다; 해결하다

Humans **settled** in England 700,000 years ago.

인간은 잉글랜드에 70만 년 전에 정착하였다.

□ 0477 ★★★
vague
[veig]

ⓐ 명확하지 않은, 막연한; 흐릿한

Your writing is **vague** and lacks structure.

너의 글은 명확하지 않고 체계가 부족하다.

vagueness n. 막연함, 애매　↔ **clear** a. 분명한

□ 0478 ★★★
empty
[émpti]

ⓐ 빈, 결여된　ⓥ 비우다

Shortly after lunch, my **empty** stomach began to complain again.

점심을 먹은 후 얼마 안 되어 나의 빈 뱃속은 다시 투덜거리기 시작했다.

↔ **full** a. 가득 찬

□ 0479 ★★★
crash
[kræʃ]

ⓥ 충돌하다; 부수다　ⓝ 충돌; 굉음

What would happen if an asteroid **crashed** into the Earth or simply passed very close?

만일 소행성이 지구에 충돌하거나 단지 매우 근접하여 지나간다면 어떻게 될까?

□ 0480 ★★
majesty
[mǽdʒəsti]

ⓝ 장엄함, 위엄

The tourists experienced the **majesty** of the sun rising over the horizon.

관광객들은 수평선 위로 떠오르는 태양의 장엄함을 경험했다.

majestic a. 장엄한, 위엄 있는

Yum! Yum!
• 그녀는 **empty**한 교실에 홀로 앉아 **vague**한 생각들을 종이에 적어 내려갔다.
• 1994년에 한 혜성과 목성이 **crash**하여 우주의 **majesty**가 관측되었다.

TEST

A 빈칸에 해당하는 영어 단어 또는 우리말을 쓰시오.

1. 날 것의 _____

2. 날씬한, 호리호리한 _____

3. 탑승하여 _____

4. 극심한, 엄한 _____

5. 측면, 양상 _____

6. 태양의 _____

7. 탐욕 _____

8. 정착하다; 해결하다 _____

9. 비틀다; 비틀기 _____

10. 귀가 먹은, 청각장애의 _____

11. majesty _____

12. equator _____

13. vague _____

14. refer _____

15. prospect _____

16. fluent _____

17. delete _____

18. collide _____

19. wander _____

20. slope _____

B 빈칸에 알맞은 단어를 〈보기〉에서 골라 쓰시오.

| agriculture | artificial | conventional | disgust |
| executive | hazardous | preference | superior |

1. A _____ theory cannot explain this new data.

2. _____ has played a major role in human history.

3. The _____s decided to close the factory in China.

4. She turned her back on the dictator in _____.

5. We make _____ quality products at low prices.

6. We never use _____ substances in our products.

7. Some _____ flowers look so real that I can't tell them from the real ones.

8. Nowadays, Koreans seem to have no _____ for boys any longer.

어휘 + 더하기 다의어 ②

scale

(명) 1. 규모   2. 저울   3. 등급

1. The environmental campaign has been started on a large **scale**.
   그 환경 캠페인은 대규모로 시작되었다.

2. At his heaviest weight, the **scale** pointed to 120 kilograms.
   그의 몸무게가 가장 많이 나갔을 때 저울이 120킬로그램을 가리켰다.

3. Please rate our service on a **scale** of 1 to 5.
   우리의 서비스를 1에서 5까지의 등급으로 평가해 주십시오.

reflect

(동) 1. 반사하다   2. 반영하다   3. 심사숙고하다(on)

1. A mirror **reflects** the light that falls on it.
   거울은 그것에 닿는 빛을 반사시킨다.

2. Popular culture **reflects** social changes.
   대중문화는 사회 변화를 반영한다.

3. I need time to **reflect** on what to do.
   나는 어떻게 해야 할지 심사숙고할 시간이 필요하다.

rear

1. (동) 양육하다, 사육하다   2. (명) 후방, 뒤 (형) 후방의

1. Every mother **rears** her young with care and love.
   모든 어머니는 자식을 배려와 사랑으로 양육한다.

2. The parking space is in the **rear** of the building.
   주차 공간은 건물 뒤쪽에 있다.

yield

(동) 1. 산출하다, (수확을) 내다   2. 굴복하다   3. 양보하다

1. Good weather **yields** a good harvest.
   좋은 날씨는 훌륭한 수확을 낸다.

2. They never **yielded** to the threats from the Nazis.
   그들은 결코 나치들의 위협에 굴복하지 않았다.

3. Please **yield** your seat to elderly passengers.
   당신의 좌석을 나이가 많은 승객들에게 양보해 주시기 바랍니다.

DAY 13

어휘 더하기 : 다의어 ❸

01	02	03	04	05	06	07	08	09	10
●	●	●	●	●	●	●	●	●	●

11	12	13	14	15	16	17	18	19	20
●	●	●							

21	22	23	24	25	26	27	28	29	30

31	32	33	34	35	36	37	38	39	40

41	42	43	44	45

Day 12 | Review

앞에서 학습한 단어를 얼마나 기억하는지 체크해 보세요.
기억이 나지 않는 단어는 다시 한 번 학습하세요.

□ disgust   □ virtually
□ fluent   □ slope
□ superior   □ seize
□ rough   □ raw
□ executive   □ hazardous
□ solar   □ preference
□ prospect   □ greed
□ refer   □ porch
□ conventional   □ equator
□ lunar   □ wallet
□ severe   □ artificial
□ agriculture   □ settle
□ talkative   □ vague
□ wander   □ empty
□ collide   □ majesty

wow!!

□ 0481 ★★★
prevention
[privénʃən]

ⓝ 예방, 방지

An ounce of **prevention** is better than a pound of cure.
-proverb-
예방이 치료보다 더 낫다.

prevent v. 예방하다, 방지하다   **preventive** a. 예방의, 방지의

□ 0482 ★★★
shift
[ʃift]

ⓥ 옮기다, 바꾸다   ⓝ 변경, 이동

I wonder if you could help me **shift** this sofa now.
내가 지금 이 소파 옮기는 것을 도와줄 수 있는지 궁금해요.

□ 0483 ★★★
angle
[ǽŋgl]

ⓝ 각도

The three **angles** in the triangle add up to 180 degrees.
삼각형 안의 세 각은 모두 합하여 180도가 된다.

□ 0484 ★★★
logical
[ládʒikəl]

ⓐ 논리적인, 사리에 맞는

Logical thinking is the best route to many solutions.
논리적 사고는 많은 해결책으로 이르는 최선의 경로이다.

logic n. 논리, 논리학

□ 0485 ★★★
approach
[əpróutʃ]

ⓝ 접근, 접근법   ⓥ 접근하다, 다가가다

We need a new **approach** to the nation's water
management.
우리는 국가의 수자원 관리에 대해 새로운 접근이 필요하다.

□ 0486 ★★
controversy
[kántrəvə̀ːrsi]

ⓝ 논쟁, 논란

There has been a lot of **controversy** over the GM(genetically
modified) food.
유전자 조작 식품에 대해 많은 논쟁이 있어 왔다.

controversial a. 논쟁의 여지가 많은

Yum!
Yum!

- controversy에서 살아남으려면 logical한 주장이 필요해요.
- 환경오염을 prevent하기 위해 에너지원을 비화석 에너지로 shift해야한다.

□ 0487 ★★★
chat
[tʃæt]

ⓥ 한가롭게 이야기하다, 잡담하다
Tom stopped by to **chat** about his new girl friend.
Tom이 자신의 새 여자친구에 대해 이야기하기 위해 들렀다.

□ 0488 ★★★
awaken
[əwéikən]

ⓥ 깨우다
A loud thud **awakened** her in the middle of the night.
한밤중에 쿵 하는 큰 소리가 그녀를 깨웠다.

awakening n. 자각, 일깨움

Ⓩoom-in ┃ 유사한 동사의 다른 용법
wake someone **up** = **awake** someone ⋯을 깨우다
wait for someone = **await** someone ⋯을 기다리다

□ 0489 ★★★
interrupt
[ìntərʌ́pt]

ⓥ 방해하다, 중단시키다
Don't **interrupt** me when I'm on the telephone.
내가 통화 중일 때는 방해하지 마라.

interruption n. 방해, 가로막음

□ 0490 ★★★
former
[fɔ́ːrmər]

ⓐ 이전의, 전직의; (둘 중) 전자의
The **former** president was hospitalized because of a heart problem.
전직 대통령은 심장 문제로 병원에 입원하였다.

= **previous** a. 이전의   ↔ **latter** a. (둘 중) 후자의

□ 0491 ★★
flaw
[flɔː]

ⓝ 결점, 결함
I can't find any **flaws** with your logic, so I have to agree with you.
나는 너의 논리에서 어떤 결점도 발견할 수 없으니 네게 동의해야겠다.

flawless a. 무결점의

Yum!
Yum!

• 뒤에 있는 친구들이 계속 chat하며 나를 interrupt했다.
• 우리의 former 담임 선생님은 정말 flaw가 하나도 없는 분이었다.

□ 0492 ★★★

frank
[fræŋk]

ⓐ 솔직한

To be **frank** with you, I never thought that he was an honest guy.
네게 솔직히 말하면 나는 결코 그가 정직한 친구라고 생각하지 않았다.

= candid a. 솔직한

□ 0493 ★★★

harvest
[háːrvist]

ⓝ 수확, 추수

Their grape **harvest** this year will be even worse than feared.
올해 그들의 포도 수확은 우려했던 것보다 훨씬 더 좋지 않을 것이다.

□ 0494 ★★★

swear
[swɛər]

ⓥ 맹세하다; 욕하다

I didn't steal anything, I **swear**.
맹세하건대, 저는 아무 것도 훔치지 않았습니다.

□ 0495 ★★★

involve
[inválv]

ⓥ 관련시키다; 수반하다

Don't **involve** me in your family affairs.
너의 집안 일에 나를 관련시키지 마.

□ 0496 ★★★

assert
[əsə́ːrt]

ⓥ 단언하다, 주장하다

I **assert** that anything is possible if you believe it is.
나는 당신이 그렇다고 믿으면 어떤 일도 가능하다는 것을 단언한다.

□ 0497 ★★★

consent
[kənsént]

ⓝ 동의, 찬성   ⓥ 동의하다, 찬성하다

Teenagers need to obtain parents' **consent** before applying for membership.
십대들은 회원 자격을 신청하기 전에 부모의 동의를 얻어야 한다.

□ 0498 ★★

despise
[dispáiz]

ⓥ 경멸하다

The two political parties **despised** each other.
두 정당은 서로를 경멸했다.

= loathe v. 몹시 싫어하다

Yum! Yum!

• 그는 나를 despise하지만 내 생각에는 consent한다.
• 나는 이 사건에 그녀를 involve하지 않았다고 swear합니다.

☐ 0499 ★★★
inferior
[infíəriər]

ⓐ 열등한; 낮은, 하급의

This product is cheap, but of inferior quality.
이 상품은 저렴하지만 품질은 열등하다.

inferiority n. 열등(감) ↔ superior a. 우월한

☐ 0500 ★★
easygoing
[íːzigóuiŋ]

ⓐ 태평한, 느긋한

Sarah is easygoing and gets along well with almost everyone.
Sarah는 성격이 태평하고 거의 모두와 잘 어울린다.

☐ 0501 ★★
outgoing
[áutgòuiŋ]

ⓐ 외향적인, 사교적인

Salespeople need to be outgoing and confident.
판매원들은 외향적이며 자신감이 있어야 한다.

= sociable a. 사교적인

Ⓩoom-in | **-going, -coming이 붙는 형용사**

outgoing 외향적인   easygoing 태평한   ongoing 진행하는
upcoming 다가오는   incoming 들어오는   oncoming 새로 등장하는

☐ 0502 ★★★
tidy
[táidi]

ⓐ 단정한, 깔끔한

My roommate is very tidy and sometimes cleans up after me.
내 룸메이트는 매우 단정하고 종종 내 뒤를 따르며 청소한다.

tidiness n. 단정함, 깔끔함

☐ 0503 ★★★
favor
[féivər]

ⓝ 호의, 친절 ⓥ 호의를 보이다, 찬성하다; 편들다

Thank you for treating me with favor.
저를 호의적으로 대해 주셔서 감사합니다.

favorite a. 제일 좋아하는   ㉑ ask a favor of ⋯에게 부탁을 하다

---

yum!
yum!

• tidy한 용모는 상대방에게 favor를 갖게 해요.
• 보통 easygoing하고 outgoing한 성격의 사람들이 장수한다.

□ 0504 ★★
originate
[ərídʒənèit]

ⓥ 기원하다, 비롯되다

Chess **originated** from the Indian game *chaturanga* about 1,400 years ago.
체스는 약 1,400년 전 인도의 게임인 차투랑가에서 기원하였다.

origin n. 기원, 유래　　**origination** n. 시작함, 비롯됨
original a. 원조의, 본래의

□ 0505 ★★★
empire
[émpaiər]

ⓝ 제국

The Roman **Empire** ruled over 100 million people for centuries.
로마제국은 수세기 동안 1억 명 이상의 사람들을 통치했다.

emperor n. 황제　　**imperial** a. 제국의

□ 0506 ★★★
crack
[kræk]

ⓝ 금, 균열　ⓥ 금이 가다

Small **cracks** began to appear on the wall surface.
작은 균열들이 벽 표면에 나타나기 시작했다.

□ 0507 ★★★
inherit
[inhérit]

ⓝ 상속하다, 물려받다

We **inherit** many traits through DNA from our parents.
우리는 부모로부터 DNA를 통해 많은 특성을 물려받는다.

inheritance n. 상속

□ 0508 ★★
asset
[æset]

ⓝ 자산, 재산

All of us know that our health is our most precious **asset**.
우리 모두는 건강이 가장 소중한 자산이라는 것을 알고 있다.

□ 0509 ★★★
tense
[tens]

ⓐ 긴장한; 팽팽한

I was very **tense** as I waited for the English interview.
나는 영어 면접을 대기하면서 매우 긴장하였다.

tension n. 긴장; 〈물리〉 장력　= **nervous** a. 초조해 하는

Yum! Yum!
• 배의 바닥에 crack이 생겼고 우리 모두는 tense하게 되었다.
• 정직은 부모가 자식에게 inherit할 수 있는 최고의 asset입니다.

☐ 0510 ★★
liberate
[líbərèit]

ⓥ 해방시키다, 자유롭게 해주다

He **liberated** the people from the cruel king.
그가 잔인한 왕으로부터 백성들을 해방시켰다.

liberation n. 해방, 석방

☐ 0511 ★★★
rob
[rɑb]

ⓥ 빼앗다; 훔치다

They **robbed** the villagers of all the food they could find.
그들은 마을 사람들로부터 그들이 발견할 수 있었던 모든 음식을 빼앗았다.

robbery n. 강도 사건   **robber** n. 강도
⊛ **rob A of B** A에게서 B를 빼앗다

☐ 0512 ★★★
puzzle
[pʌ́zl]

ⓥ 당혹하게 하다   ⓝ 수수께끼

Her thoughtless behavior **puzzled** everyone in the room.
그녀의 무심한 행동은 방 안의 모두를 당혹하게 했다.

= **perplex** v. 당혹하게 하다

☐ 0513 ★★
phenomenon
[finámənàn]

ⓝ 현상; 비범한 사람

Many UFO's have been concluded as natural **phenomena**.
많은 UFO가 자연 발생적인 현상으로 결론지어져 왔다.

phenomenal a. 현상의

 oom-in | 복수형이 특이한 명사

phenomenon – phenomena 현상	crisis – crises 위기
datum – data 자료	fungus – fungi 균류
antenna – antennae 곤충의 더듬이	nucleus – nuclei 핵

☐ 0514 ★★
fusion
[fjú:ʒən]

ⓝ 결합, 융합

The performance showed a great **fusion** of dance and music.
그 공연은 춤과 음악의 훌륭한 결합을 보여주었다.

Yum!
Yum!

• 그 도둑은 모든 가방을 rob하고 달아나 우리 모두를 puzzle하게 했다.
• nuclear fusion(핵융합)은 핵분열과 정반대되는 물리 phenomenon이다.

□ 0515 ★★

audible
[ɔ́:dəbl]

ⓐ 들리는, 들을 수 있는

Ultrasound is not **audible** to human ears, but can be heard by insects.
초음파는 인간의 귀에는 들리지 않지만, 곤충에게는 들릴 수 있다.

audio n. 음성, 음향기기

□ 0516 ★★★

string
[striŋ]

ⓝ 끈, 줄   ⓥ 끈으로 묶다, 매달다

My gift box was wrapped with colored paper and tied with a red **string**.
나의 선물 상자는 색종이로 싸여 있었고, 빨간 끈으로 묶여 있었다.

□ 0517 ★★

trigger
[trígər]

ⓥ 촉발시키다; 발사하다   ⓝ 방아쇠; 계기, 동기

An earthquake taking place under the ocean may **trigger** a tsunami.
해양 아래에서 발생하는 지진은 쓰나미를 촉발시킬 수 있다.

□ 0518 ★★★

peculiar
[pikjú:ljər]

ⓐ 기이한, 특이한

It's **peculiar** that we haven't realized this problem before.
우리가 이 문제를 이전에는 인식하지 못하고 있었다는 것이 기이하다.

□ 0519 ★★★

timely
[táimli]

ⓐ 시기적절한, 때맞춘

Without your **timely** warning, we would have been in great danger.
너의 시기적절한 경고가 아니었으면 우리는 큰 위험에 빠졌을 것이다.

↔ **untimely** a. 때가 아닌, 불시의

□ 0520 ★★★

currency
[kə́:rənsi]

ⓝ 통화, 화폐

The U.S. dollar is generally used as a world **currency**.
미국의 달러화는 일반적으로 국제 통화로 사용된다.

Yum! Yum!
• 내 동생은 여러 가지 **string**을 수집하는 **peculiar**한 취미가 있다.
• 그는 **timely**한 결단을 내려 **currency** 개혁에 성공하였다.

A 빈칸에 해당하는 영어 단어 또는 우리말을 쓰시오.

1. 긴장한; 팽팽한 _____
2. 시기적절한, 때맞춘 _____
3. 솔직한 _____
4. 제국 _____
5. 호의(를 보이다) _____
6. 수확, 추수 _____
7. 결점, 결함 _____
8. 단정한, 깔끔한 _____
9. 맹세하다 _____
10. 이전의, 전직의 _____

11. shift _____
12. angle _____
13. rob _____
14. originate _____
15. trigger _____
16. liberate _____
17. logical _____
18. phenomenon _____
19. inferior _____
20. fusion _____

B 빈칸에 알맞은 단어를 〈보기〉에서 골라 쓰시오.

audible	approach	asset	controversy
consent	inherit	interrupt	peculiar

1. Teens need to obtain parent's _____ before applying for membership.

2. There has been a lot of _____ over the GM food.

3. Don't _____ me when I'm on the telephone.

4. We need a new _____ to the nation's water management.

5. Ultrasound is not _____ to human ear, but can be heard by insects.

6. It's _____ that we haven't realized this problem before.

7. All of us know that our health is our most precious _____.

8. We _____ many traits through DNA from our parents.

Answer Keys

A 1. tense 2. timely 3. frank 4. empire 5. favor 6. harvest 7. flaw 8. tidy 9. swear 10. former
11. 옮기다; 변경, 이동 12. 각도 13. 빼앗다; 훔치다 14. 기원하다, 비롯되다 15. 촉발시키다; 방아쇠 16. 해방시키다
17. 논리적인, 사리에 맞는 18. 현상 19. 열등한 20. 결합, 융합　**B** 1. consent 2. controversy 3. interrupt
4. approach 5. audible 6. peculiar 7. asset 8. inherit

어휘+ 더하기 다의어 ③

appreciate

> 동 1. 진가를 알다   2. 인식하다, 이해하다   3. 감사하다

1. Her boss didn't **appreciate** her.
   그녀의 상사는 그녀의 진가를 알지 못했다.

2. They didn't **appreciate** the need for immediate action.
   그들은 즉각적인 조치의 필요성을 인식하지 못했다.

3. I **appreciate** your understanding and help very much.
   나는 당신의 이해와 도움에 대단히 감사하고 있다.

charge

> 1. 동 요금을 부과하다   2. 명 책임 동 책임을 지우다
> 3. 동 고소하다

1. How much do you **charge** for a week?
   일주일에 요금을 얼마나 받나요?

2. Who's in **charge** here? 여기 책임자가 누구입니까?

3. She was **charged** with stealing a purse.
   그녀는 지갑을 훔친 것으로 고소되었다.

relative

> 1. 형 상대적인   2. 형 관련이 있는   3. 명 친척

1. What are the **relative** values of the two theories?
   그 두 이론의 상대적인 가치는 무엇입니까?

2. A car's use of fuel is **relative** to its speed.
   자동차의 연료 사용은 속도와 관련이 있다.

3. Some of her **relatives** didn't attend her wedding.
   그녀의 친척 중 일부는 그녀의 결혼식에 참석하지 않았다.

adopt

> 동 1. 채택하다   2. 입양하다

1. Many companies **adopted** this system in the 1990s.
   많은 기업들이 이 시스템을 1990년대에 채택했다.

2. The couple hopes to **adopt** one or two children.
   그 부부는 한두 명의 아이를 입양하고 싶어한다.

DAY 14

어휘 더하기 : 다의어 ❹

01	02	03	04	05	06	07	08	09	10

11	12	13	14	15	16	17	18	19	20

21	22	23	24	25	26	27	28	29	30

31	32	33	34	35	36	37	38	39	40

41	42	43	44	45

Day 13 | Review

앞에서 학습한 단어를 얼마나 기억하는지 체크해 보세요.
기억이 나지 않는 단어는 다시 한 번 학습하세요.

- □ prevention
- □ logical
- □ approach
- □ controversy
- □ flaw
- □ interrupt
- □ former
- □ frank
- □ swear
- □ involve
- □ assert
- □ consent
- □ despise
- □ inferior
- □ tidy

- □ outgoing
- □ originate
- □ empire
- □ crack
- □ inherit
- □ asset
- □ tense
- □ liberate
- □ phenomenon
- □ fusion
- □ audible
- □ string
- □ peculiar
- □ timely
- □ currency

wow!!

□ 0521 ★★★
allow
[əláu]

ⓥ 허락하다

Don't allow small children to handle fireworks.
어린 아이들이 폭죽 다루는 것을 허락하지 마시오.

allowance n. 수당; 용돈

□ 0522 ★★
refugee
[rèfjudʒíː]

ⓝ 난민, 망명자

The refugees are longing for a normal life.
그 난민들은 정상적인 생활을 갈망하고 있다.

refuge n. 피난, 피난처

□ 0523 ★★★
victim
[víktim]

ⓝ 희생자, 피해자

Ordinary people are the greatest victims of war as they suffer for years.
보통 사람들은 수 년 동안 고통을 겪기 때문에 전쟁의 가장 큰 희생자이다.

victimize v. 희생시키다

□ 0524 ★★★
mammal
[mǽməl]

ⓝ 포유동물

Mammals have been around for 225 million years.
포유류는 2억2천5백만 년 동안 존재해 왔다.

□ 0525 ★★★
forgive
[fərgív]

ⓥ 용서하다

It is often easier to forgive than to be forgiven.
흔히 용서받는 것보다 용서하는 것이 더 쉽다.

forgiveness n. 용서

I forgive you.

□ 0526 ★★
habitat
[hǽbitæ̀t]

ⓝ 서식지, 주거지

All over the world, natural habitats are being destroyed quite fast.
전 세계적으로 자연 서식지들이 꽤 빠르게 파괴되고 있다.

Yum!
Yum!

- 전쟁 때문에 생겨난 victim들이 refugee가 되어 타국을 떠돌고 있습니다.
- 쥐는 세계 모든 곳에 habitat를 마련한 mammal이에요.

□ 0527 ★★★

electricity
[ilektrísəti]

ⓝ 전기, 전력

Without electricity, most of the important inventions in the world would not work.
전기가 없으면, 세상의 중요한 발명품 대부분이 작동하지 않을 것이다.

electric(al) a. 전기의

□ 0528 ★★

reptile
[réptil]

ⓝ 파충류

Turtles are unique among reptiles because of their shells.
거북이는 등딱지가 있어 파충류 사이에서도 독특하다.

reptilian a. 파충류의

□ 0529 ★★

commodity
[kəmɑ́dəti]

ⓝ 상품; 생활 필수품

They say coffee is the most valuable commodity after oil.
그들은 커피가 석유 다음으로 가장 가치가 큰 상품이라고 말한다.

 oom-in l **상품을 의미하는 어휘들**

merchandise (집합적) 상품, 제품   commodity 상품; 일용품

goods 재화, 상품   product (판매를 위한) 생산품, 제품

□ 0530 ★★★

factor
[fǽktər]

ⓝ 요인, 요소

Human error is always the main factor in a system failure.
인간의 과오가 항상 시스템 고장의 주요인이다.

□ 0531 ★★★

usually
[júːʒuəli]

ⓐ 보통, 일반적으로

To avoid lions and leopards, cheetahs usually hunt in the middle of the day.
사자와 표범을 피하기 위해 치타는 보통 한낮에 사냥을 한다.

usual a. 보통의, 일반적인   = **generally** ad. 일반적으로

 Yum! Yum!

• electricity는 산업 발전에 없어서는 안 될 필수적인 factor이다.
• 지상에 사는 reptile들은 usually 곤충과 작은 포유류를 먹는다.

□ 0532 ★★★
pale
[peil]

ⓝ 창백한, 핏기 없는

I worried about you because you were **pale** as a ghost.
나는 네 얼굴이 귀신처럼 창백해서 걱정했었다.

□ 0533 ★★
rudeness
[rúːdnis]

ⓝ 무례함

Though she is polite, she won't be able to stand his **rudeness**.
그녀가 예의 바를지라도 그의 무례함을 참을 수 없을 것이다.

rude a. 무례한   ↔ **politeness** n. 공손함

□ 0534 ★★★
moral
[mɔ́ːrəl]

ⓐ 도덕적인; 도덕(상)의

Children learn **moral** values by watching and listening to their parents.
아이들은 부모를 보고 들으면서 도덕적 가치들을 배운다.

morality n. 도덕성   ↔ **immoral** a. 부도덕한

□ 0535 ★★★
confront
[kənfrʌ́nt]

ⓥ 직면하다, 만나다

He **confronted** a serious crisis and lost all of his money.
그는 심각한 위기에 직면했고 전 재산을 잃었다.

confrontation n. 직면

□ 0536 ★★★
approve
[əprúːv]

ⓥ 찬성하다; 승인하다

My mother doesn't **approve** of me getting another dog.
엄마는 내가 강아지를 한 마리 더 키우는 것을 찬성하지 않는다.

approval n. 찬성; 승인

□ 0537 ★★★
possibility
[pàsəbíləti]

ⓝ 가능성

Is there any **possibility** of life on Mars?
화성에 생명체가 있을 가능성이 있을까?

possible a. 가능한   ↔ **impossibility** n. 불가능(성)

Yum!
Yum!

• 그 목격자는 pale한 얼굴로 범인과 confront한 상황에 대해 진술했다.
• 그 법률안이 approve될 possibility가 높아 보인다.

□ 0538 ★★★
hire
[haiər]

ⓥ 고용하다

Our counseling center is planning to **hire** 20 new employees this year.
우리 상담소는 올해 20명의 새로운 직원을 고용하려고 계획하고 있다.

= **employ** v. 고용하다

□ 0539 ★★★
ban
[bæn]

ⓥ 금지하다　ⓝ 금지(령)

Using a cellphone while driving should be totally **banned**.
운전하는 중에 휴대전화를 사용하는 것은 전적으로 금지되어야 한다.

= **prohibit** v. 금지하다　↔ **permit** v. 허락하다

Ⓩoom-in │ '금지하다'의 의미를 나타내는 어휘
　　ban (사회적으로) 금지하다　　prohibit (법으로) 금하다　　forbid (개인적으로) 금하다
　　bar 막다, 방해하다　　　　　outlaw 불법화하다, 금하다

□ 0540 ★★★
gather
[gǽðər]

ⓥ 모으다, 모이다

The hunters set their tents up and **gathered** wood to make a fire.
사냥꾼들은 텐트를 세우고 불을 지피기 위해 땔감을 모았다.

= **collect** v. 모으다

□ 0541 ★★
nearby
[nìərbái]

ⓐ 가까운, 인근의　ⓐⓓ 인근에

The injured were taken to a **nearby** hospital for treatment.
다친 사람들은 치료를 위해 가까운 병원으로 이송되었다.

□ 0542 ★★★
colleague
[káliːg]

ⓝ (직장) 동료

She had a discussion with her **colleagues** after the meeting.
그녀는 회의 후에 그녀의 동료들과 토론을 했다.

= **coworker** n. 동료

Yum!
Yum!

• 그 친구는 이번에 나와 함께 hire된 같은 부서 colleague야.
• 거긴 너무 머니까 nearby한 카페에서 gather하자.

□ 0543 ★★★
absolute
[ǽbsəlùːt]

ⓐ 절대적인

There is certainly no absolute standard of beauty.
확실히 아름다움에는 절대적인 기준이 없다.

absolutely ad. 전적으로　　↔ **relative** a. 상대적인

□ 0544 ★★★
witness
[wítnis]

ⓝ 목격자　ⓥ 목격하다, 증언하다

The police are looking for witnesses to the incident.
경찰은 그 사건의 목격자를 찾고 있다.

□ 0545 ★★★
tight
[tait]

ⓐ 꽉 끼는, 팽팽한

These pants are too tight. I'll have to lose some weight!
이 바지가 너무 꽉 끼네. 체중을 좀 줄여야겠어!

tighten v. 팽팽하게 하다　　↔ **loose** a. 느슨한

□ 0546 ★★
dental
[déntl]

ⓐ 치아의, 치과의학의

Through proper dental care, you can keep bacteria under control.
적절한 치아 관리를 통해 세균을 다스릴 수 있다.

dentist n. 치과의사　　**dentistry** n. 치과의학

□ 0547 ★★★
fasten
[fǽsn]

ⓥ 매다, 묶다

Fasten your seat belts. I hope it will be a fun ride!
좌석벨트를 착용해 주십시오. 즐거운 탑승이 되시길 바랍니다.

□ 0548 ★★★
substitute
[sʌ́bstətjùːt]

ⓝ 대용물, 대체물; 후보 선수　ⓥ 대신하다, 바꾸다

Soybean makes a good substitute for rice and meat.
콩은 쌀과 고기의 훌륭한 대용물이 된다.

substitution n. 대용, 대리

- tight한 것이 불편하지만 안전벨트는 꼭 fasten해야 합니다.
- dental 치료를 제때 하지 않으면 나중에 틀니 같은 substitute를 써야 해요.

□ 0549 ★★★
tear
[tɛər] ⓥ
[tiər] ⓝ

ⓥ 찢다   ⓝ 눈물

As soon as she received his letter, she tried to tear it up.
그녀는 그의 편지를 받자마자 그것을 찢어버리려고 했다.

□ 0550 ★★★
quarrel
[kwɔ́:rəl]

ⓝ 다툼, 말싸움   ⓥ 다투다, 언쟁하다

Even the best loving couple makes a quarrel from time to time.
최고로 사랑하는 커플일지라도 가끔씩은 다툰다.

= **argument** n. 언쟁

□ 0551 ★★★
cease
[si:s]

ⓥ 중단하다, 멈추다

Please cease firing and lay down your weapons.
총격을 중단하고 무기를 내려놓으세요.

= **stop** v. 멈추다

□ 0552 ★★★
safety
[séifti]

ⓝ 안전

Step back behind the yellow line for your safety.
안전을 위해 노란선 뒤로 물러서 주십시오.

safe a. 안전한

□ 0553 ★★★
negotiate
[nigóuʃièit]

ⓥ 협상하다, 교섭하다

The government will not negotiate with the terrorist group.
정부는 그 테러 단체와 협상하지 않을 것이다.

negotiation n. 협상, 교섭   **negotiator** n. 교섭가

□ 0554 ★★★
exchange
[ikstʃéindʒ]

ⓥ 교환하다   ⓝ 교환

Nowadays we can exchange information quickly through the Internet.
오늘날 우리는 인터넷을 이용해 정보를 신속하게 교환할 수 있다.

exchangeable a. 교환 가능한

Yum!
Yum!

• safety 사고의 우려가 있으니 당장 공사를 cease하시오.
• 양국은 negotiation을 통해 포로들을 exchange하기로 합의했다.

□ 0555 ★★★
chop
[tʃɑp]

ⓥ 자르다, 썰다

He has **chopped** enough wood to keep us warm through the winter.
그는 겨울 내내 우리를 따뜻하게 해줄 만큼 충분한 장작을 패 놓았다.

□ 0556 ★
automated
[ɔ́:təmèitid]

ⓐ 자동화된

Our factory has a fully **automated** packaging system.
우리 공장은 완전히 자동화된 포장 시스템을 갖추고 있다.

automate v. 자동화하다　**automation** n. 자동화
cf. **automatic** a. 자동의

□ 0557 ★★★
mental
[méntl]

ⓐ 정신적인, 마음의

Running has many social, physical and **mental** benefits.
달리기는 많은 사회적, 신체적, 정신적 이로움을 가지고 있다.

mentality n. 정신, 지력　↔ **physical** a. 신체의

□ 0558 ★★★
spice
[spais]

ⓝ 양념, 조미료　ⓥ 양념하다, 조미하다

Hot **spices** are often used in hot climate countries.
매운 양념들은 흔히 더운 기후의 나라들에서 사용된다.

---

oom-in ㅣ **양념의 종류**

pepper 후추　　　chili 고춧가루(= red pepper)　　garlic 마늘
ginger 생강　　　mustard 겨자　　　　　　　　onion 양파

□ 0559 ★★★
peel
[pi:l]

ⓥ (껍질을) 벗기다　ⓝ 껍질

Peel and chop the onions and put them into the pan.
양파의 껍질을 벗겨내고 썰어서 팬에 넣으시오.

□ 0560 ★
lawsuit
[lɔ́:sù:t]

ⓝ 소송, 고소

Danny filed a **lawsuit** against the photographer over invasion of privacy.
Danny는 사생활 침해로 그 사진기자를 상대로 소송을 제기했다.

= **suit** n. 소송

 Yum!
Yum!

• 나는 감자껍질을 peel하고 잘게 chop하여 볶았다.
• 그녀는 그 기사 때문에 mental 상처를 받았다며 lawsuit을 걸었다.

TEST

A 빈칸에 해당하는 영어 단어 또는 우리말을 쓰시오.

1. 희생자, 피해자 _____
2. 치아의, 치과의학의 _____
3. 금지하다; 금지(령) _____
4. 용서하다 _____
5. 꽉 끼는, 팽팽한 _____
6. 정신적인, 마음의 _____
7. 도덕적인 _____
8. 목격자; 목격하다 _____
9. 안전 _____
10. 창백한, 핏기 없는 _____

11. exchange _____
12. refugee _____
13. mammal _____
14. quarrel _____
15. colleague _____
16. fasten _____
17. electricity _____
18. chop _____
19. cease _____
20. approve _____

B 빈칸에 알맞은 단어를 〈보기〉에서 골라 쓰시오.

absolute	confront	commodity	habitat
possibility	reptile	rudeness	substitute

1. Though she is polite, she won't be able to stand his _____.
2. Is there any _____ of life on Mars?
3. Turtles are unique among _____s because of their shells.
4. There is certainly no _____ standard of beauty.
5. All over the world, natural _____s are being destroyed quite fast.
6. He _____ed a serious crisis and lost all of his money.
7. Soybean makes a good _____ for rice and meat.
8. They say coffee is the most valuable _____ after oil.

Answer Keys

A 1. victim 2. dental 3. ban 4. forgive 5. tight 6. mental 7. moral 8. witness 9. safety 10. pale
11. 교환하다; 교환 12. 난민, 망명자 13. 포유동물 14. 다툼, 말싸움; 언쟁하다 15. (직장) 동료 16. 매다, 묶다 17. 전기
18. 자르다, 썰다 19. 중단하다, 멈추다 20. 찬성하다; 승인하다   B 1. rudeness 2. possibility 3. reptile
4. absolute 5. habitat 6. confront 7. substitute 8. commodity

release

1. 동 석방하다 명 석방   2. 동 놓다   3. 동 발표하다 명 발표

1. He stole a car again right after he was **released** from prison. 그는 감옥에서 석방된 직후 다시 자동차를 훔쳤다.

2. He grabbed my hand and wouldn't **release** it.
   그는 내 손을 잡고 놓으려 하지 않았다.

3. The singer plans to **release** a new album soon.
   그 가수는 곧 새로운 앨범을 발표할 계획이다.

subject

1. 명 주제   2. 명 피실험자   3. 형 …될 수 있는

1. The **subject** for discussion is illegal immigration.
   토론의 주제는 '불법 이민'이다.

2. The **subjects** were asked to select a favorite color.
   피실험자들은 제일 좋아하는 색깔을 하나 고르도록 요청 받았다.

3. The train is **subject** to delay due to an accident.
   그 열차는 사고로 인해 연착될 수밖에 없다.

relieve

동 1. 완화시키다   2. 안심시키다   3. 구원하다

1. She was given a pill to **relieve** the pain.
   그녀는 통증을 완화시키는 알약을 받았다.

2. I was **relieved** to see them arrive safely.
   나는 그들이 안전하게 도착하는 것을 보고 안심하였다.

3. We raise funds to **relieve** starving children.
   우리는 굶주리는 아이들을 구원하기 위해 기금을 모은다.

engage

동 1. 참여하다, 관여하다   2. 고용하다   3. 약혼시키다

1. Today many students **engage** in volunteer work.
   오늘날 많은 학생들이 자원봉사 활동에 참여한다.

2. He **engaged** a lawyer to look after his properties.
   그는 그의 재산을 관리하도록 변호사를 고용했다.

3. Elizabeth is **engaged** to some rich guy.
   Elizabeth는 어떤 부유한 남자와 약혼했다.

DAY 15

어휘 더하기 : 다의어 ⑤

01	02	03	04	05	06	07	08	09	10
11	12	13	14	15	16	17	18	19	20
21	22	23	24	25	26	27	28	29	30
31	32	33	34	35	36	37	38	39	40
41	42	43	44	45

Day 14 | Review

앞에서 학습한 단어를 얼마나 기억하는지 체크해 보세요.
기억이 나지 않는 단어는 다시 한 번 학습하세요.

☐ refugee   ☐ nearby

☐ mammal   ☐ colleague

☐ habitat   ☐ absolute

☐ reptile   ☐ witness

☐ commodity   ☐ dental

☐ factor   ☐ fasten

☐ pale   ☐ substitute

☐ rudeness   ☐ cease

☐ moral   ☐ negotiate

☐ confront   ☐ exchange

☐ approve   ☐ chop

☐ possibility   ☐ mental

☐ hire   ☐ lawsuit

☐ ban   ☐ peel

☐ gather   ☐ spice

□0561 ★★★
imagination
[imædʒənéiʃən]

ⓝ 상상(력)

Fairy tales develop children's **imagination**.
동화는 아이들의 상상력을 발전시킨다.

imagine v. 상상하다　　**imaginary** a. 상상의, 가공의
imaginative a. 상상력이 풍부한　　**imaginable** a. 상상 가능한

□0562 ★★★
variety
[vəráiəti]

ⓝ 다양성, 여러 가지

Nothing is pleasant that is not spiced with **variety**.
-Francis Bacon-
다양성이 가미되지 않는다면 어떤 것도 즐겁지 않다. (다양해야 재미가 있다.)

vary v. (크기·모양 등이) 서로 다르다　　**various** a. 다양한

□0563 ★★★
relax
[riláeks]

ⓥ 휴식을 취하다, 긴장을 풀다

He **relaxes** by listening to his favorite music at the end of the day.
하루가 끝날 무렵, 그는 그가 가장 좋아하는 음악을 들으면서 휴식을 취한다.

relaxing a. 느긋한, 긴장을 해소하는　　**relaxation** n. 휴식; 완화

□0564 ★★★
glide
[glaid]

ⓥ 활공하다, 활주하다　　ⓝ 활공, 활주

Have you ever watched birds **gliding** along on wind currents?
새들이 기류를 타고 활공하는 것을 본 적이 있습니까?

□0565 ★★★
facility
[fəsíləti]

ⓝ (-ties) 시설; 솜씨, 재능

The hotel is building new **facilities** such as a swimming pool and a gym.
그 호텔은 수영장과 체육관 같은 새로운 시설을 짓고 있다.

□0566 ★★★
tender
[téndər]

ⓐ 부드러운; (고기가) 연한; 연약한

Mom was always waiting for me with her **tender** smile.
어머니는 항상 부드러운 미소로 나를 기다리고 있었다.

tenderness n. 부드러움

Yum!
Yum!

• 나는 스트레스가 쌓이면 사우나의 여러 *facilities*를 이용하며 *relax*한다.

• 마음이 답답할 때는 새가 되어 창공을 *glide*하는 *imagination*을 해보세요.

□ 0567 ★★
pirate
[páiərət]

ⓝ 해적; 저작권 침해자   ⓥ 저작권을 침해하다

Long ago, **pirates** would hide their treasure on these islands.

오래 전, 해적은 여기 섬들에 그들의 보물을 숨기곤 했다.

piracy n. 해적 행위; 저작권 침해

□ 0568 ★★
client
[kláiənt]

ⓝ 고객, 의뢰인

A lawyer always tries to get the outcome that his **client** wants.

변호사는 언제나 자신의 고객이 원하는 결과를 얻기 위해 노력한다.

oom-in ┃ 고객 · 손님을 이르는 어휘

buyer 사는 사람, 구매자   consumer 소비자   customer 고객

shopper 상점의 손님   diner 식당의 손님   patron 단골손님

client (전문직 종사자의) 고객   guest 숙박시설의 투숙객, 파티의 손님

□ 0569 ★★★
actually
[ǽktʃuəli]

ⓐⓓ 실제로, 사실상

Dieting was really tough, but I **actually** didn't lose much weight.

식이요법은 정말 힘들었지만, 나는 실제로 체중이 별로 줄지 않았다.

actual a. 실질적인, 사실상의

□ 0570 ★★
stack
[stæk]

ⓥ 쌓아 올리다   ⓝ 더미, 뭉치

The villagers began **stacking** sandbags as the river rose.

마을 사람들은 강물이 불어나자 모래주머니를 쌓기 시작했다.

□ 0571 ★★★
survival
[sərváivəl]

ⓝ 생존

The **survival** of species depends on how well they adapt to the environment.

종의 생존은 그들이 환경에 얼마나 잘 적응하느냐에 달려 있다.

survive v. 생존하다

Yum!
Yum!

• 불법 복제를 하면 **actually** 당신은 **pirate**와 똑같아지는 거예요.

• 다람쥐는 겨울에 **survival**을 위해 도토리를 차곡차곡 **stack**해 놓습니다.

□ 0572 ★★★

probably
[prábəbli]

ⓐⓓ 아마도

He was probably the greatest influence in my life.
그는 아마도 내 인생에 가장 큰 영향을 준 사람이었을 것이다.

probable a. 있음직한   **probability** n. 가능성, 개연성

□ 0573 ★★★

odd
[ɑd]

ⓐ 이상한, 묘한; 홀수의; 짝이 안 맞는

It's very odd that the mother didn't call the police about her missing son.
그 엄마가 실종된 아들에 대해 경찰에 전화하지 않은 것은 정말 이상하다.

cf. odds n. 승산, 확률

□ 0574 ★★★

tragedy
[trǽdʒədi]

ⓝ 비극

It's a tragedy that her career ended so soon.
그녀의 직장생활이 그렇게 빨리 끝난 것은 비극이다.

tragic a. 비극의

□ 0575 ★★★

paradise
[pǽrədàis]

ⓝ 낙원, 천국

The lake is a bird's paradise like the flamingoes.
그 호수는 홍학과 같은 새들의 낙원이다.

□ 0576 ★★★

boil
[bɔil]

ⓥ 끓다, 삶다

Water boils faster when the pressure increases.
압력이 증가하면 물은 더 빨리 끓는다.

□ 0577 ★★★

broke
[brouk]

ⓐ 무일푼의, 파산한

I'm totally broke and have no money to pay for my bills.
나는 완전히 무일푼이어서 청구서를 지불할 돈이 없다.

□ 0578 ★★★

landscape
[lǽndskèip]

ⓝ 풍경, 경치

We enjoyed the beautiful landscape in the autumn sun.
우리는 가을 햇살 아래서 아름다운 풍경을 즐겼다.

Yum!
Yum!

• 흥청망청 쓰다가는 곧 broke하는 tragedy를 겪게 됩니다.
• 이곳의 landscape가 너무 뛰어나서 마치 paradise에 온 듯합니다.

□ 0579 ★★★
mine
[main]

ⓝ 광산   ⓥ 캐다, 채광하다

When a gold mine was found, people gathered to strike it rich.
금광이 발견되자 사람들이 일확천금을 노리고 모여들었다.

miner n. 광부

□ 0580 ★★★
cruel
[krúːəl]

ⓐ 잔인한, 극악한

I think it's cruel to keep wild animals in cages.
나는 야생동물을 우리에 가두는 것이 잔인하다고 생각한다.

cruelty n. 잔인함

□ 0581 ★★
atomic
[ətámik]

ⓐ 원자의

Two Japanese cities were destroyed by the first atomic bombs in 1945.
1945년에 일본의 두 도시가 최초의 원자폭탄에 의해 파괴되었다.

atom n. 원자

 oom-in | **물질의 구조**

| element 원소 | atom 원자 | molecule 분자 | nucleus 핵 |
| electron 전자 | neutron 중성자 | proton 양성자 | |

□ 0582 ★★★
reply
[riplái]

ⓥ 답변하다   ⓝ 답, 대답

The patient replied to the doctor that she'd been under a lot of stress.
그 환자는 의사에게 자신이 많은 스트레스를 받아왔었다고 대답했다.

= **answer** v. 대답하다 n. 대답

□ 0583 ★★
definite
[défənit]

ⓐ 명확한, 뚜렷한

There is no definite evidence that he stole the bike.
그가 자전거를 훔쳤다는 명확한 증거가 없다.

definitely ad. 분명히, 확실히

 Yum! Yum!
• atomic 폭탄은 인간이 만든 가장 cruel한 무기입니다.
• 좋은지 싫은지 definite한 reply를 해줘.

□ 0584 ★★★
military
[mílitèri]

ⓐ 군사의

The Internet resulted from U.S. **military** research in the 1960s.
인터넷은 1960년대 미국의 군사 연구로부터 나온 결과였다.

□ 0585 ★★★
criminal
[krímənl]

ⓝ 범죄자   ⓐ 범죄의; 형법의

Some claim gun control would not prevent **criminals** from obtaining guns.
어떤 사람들은 총기 규제가 범죄자들이 총기를 획득하는 것을 막지 못할 것이라고 주장한다.

crime n. 범죄

□ 0586 ★★★
arrest
[ərést]

ⓥ 체포하다   ⓝ 체포

The officer **arrested** two men for racing cars on public roads.
경찰은 공공 도로에서 자동차 경주를 한 이유로 두 남자를 체포했다.

□ 0587 ★★★
education
[èdʒukéiʃən]

ⓝ 교육

UNESCO sees **education** as key to social and economic development.
유네스코는 교육을 사회적, 경제적 발전의 열쇠로 본다.

educate v. 교육하다

Ⓩoom-in | **교육의 단계**
preschool education 취학 전(유치원) 교육   elementary education 초등 교육
secondary education 중등(중고등학교) 교육   higher education 고등 교육(대학교 이상)

□ 0588 ★★★
territory
[térətɔ̀ːri]

ⓝ 영토, 영역

Before 1867, Alaska was Russian **territory**, not American.
1867년 이전에는 알래스카가 미국이 아니라 러시아의 영토였다.

Yum!
Yum!
• military strength(군사력)가 없으면 자국의 territory를 수호할 수 없다.
• criminal들을 실수 없이 arrest하는 것이 경찰의 임무입니다.

□ 0589 ★★
durable
[djúərəbl]

ⓐ 내구력이 있는, 오래 버티는

The new fiber is more durable than natural ones.
이 새로운 섬유는 천연 섬유보다 내구력이 강하다.

durability n. 내구력

□ 0590 ★★★
struggle
[strʌ́gl]

ⓥ 애쓰다; 투쟁하다, 몸부림치다   ⓝ 분투; 투쟁

He struggled to find the best solution for the problem.
그는 그 문제에 대한 최고의 해결책을 찾기 위해 애썼다.

□ 0591 ★★★
baggage
[bǽgidʒ]

ⓝ 짐, 수하물

I'm sorry, but your baggage is over the weight limit.
죄송하지만 손님의 짐이 중량 제한을 넘었습니다.

= luggage n. 짐

□ 0592 ★★★
recall
[rikɔ́:l]

ⓥ 회상하다   ⓝ 회상

I recalled meeting my boyfriend in the school library for
the first time.
나는 학교 도서관에서 남자친구를 처음 만났던 것을 회상했다.

□ 0593 ★★
ceremony
[sérəmòuni]

ⓝ 의식, 행사

The opening ceremony started with his speech.
그의 연설과 함께 개막식이 시작되었다.

□ 0594 ★★★
sufficient
[səfíʃənt]

ⓐ 충분한

Women should take in sufficient calcium to prevent
osteoporosis.
여성들은 골다공증을 예방하기 위해 충분한 칼슘을 섭취해야 한다.

sufficiency n. 충분   ↔ insufficient a. 불충분한

Yum!
Yum!

• 많은 관중들을 열광하게 했던 그 개막 ceremony를 recall하면 지금도 벅차.
• 점보 여객기에는 손님들의 baggage를 실을 공간이 sufficient합니다.

☐ 0595 ★★
typical
[típikəl]

ⓐ 전형적인, 일반적인

Kimchi is a **typical** Korean side dish.
김치는 전형적인 한국의 반찬이다.

typically ad. 보통, 일반적으로

☐ 0596 ★★★
rent
[rent]

ⓥ 빌리다, 임대하다 ⓝ 임대료, 집세

I would like to **rent** a car for 10 days.
자동차를 10일간 빌리고 싶습니다.

☐ 0597 ★★★
firm
[fə:rm]

ⓐ 확고한; 딱딱한 ⓝ 회사, 기업

I have a **firm** belief that there are no UFOs.
나는 UFO(미확인 비행 물체)는 없다는 확고한 믿음을 갖고 있다.

firmly ad. 확고하게

☐ 0598 ★★
subtract
[səbtrǽkt]

ⓥ 빼다, 감하다

If you **subtract** one from five, you get four.
5에서 1을 빼면 4가 된다.

subtraction n. 뺄셈, 감하기 ↔ **add** v. 더하다

☐ 0599 ★★★
tiny
[táini]

ⓐ 아주 작은

Using the microscope, we can observe **tiny** things our eyes cannot see.
현미경을 이용하여 우리는 눈으로 볼 수 없는 아주 작은 것들을 관찰할 수 있다.

↔ **huge** a. 거대한

☐ 0600 ★★★
accord
[əkɔ́:rd]

ⓥ 일치하다, 부합하다

Sometimes his conduct does not **accord** with traditional standards.
때때로 그의 행동은 전통적인 기준과 일치하지 않는다.

accordance n. 일치, 부합 **accordingly** ad. 그래서; 그에 맞춰
㉦ **in accordance with** …에 부합되게

Yum!
Yum!

• 장난감 로봇에서 그저 **tiny**한 부품을 **subtract**했을 뿐인데 작동하질 않는다.
• 우리는 **typical**한 시골 농가를 숙소로 **rent**했다.

A 빈칸에 해당하는 영어 단어 또는 우리말을 쓰시오.

1. 체포하다; 체포 _____
2. 아주 작은 _____
3. 회상하다; 회상 _____
4. 교육 _____
5. 생존 _____
6. 임대하다; 임대료 _____
7. 원자의 _____
8. 전형적인 _____
9. 잔인한, 극악한 _____
10. 무일푼의, 파산한 _____

11. territory _____
12. baggage _____
13. variety _____
14. ceremony _____
15. facility _____
16. client _____
17. probably _____
18. pirate _____
19. struggle _____
20. tragedy _____

B 빈칸에 알맞은 단어를 〈보기〉에서 골라 쓰시오.

accord	criminal	definite	durable
landscape	military	subtract	sufficient

1. There is no _____ evidence that he stole the bike.
2. The Internet resulted from U.S. _____ research in the 1960s.
3. The new fiber is more _____ than natural ones.
4. If you _____ one from six, you get five.
5. Sometimes his conduct does not _____ with traditional standards.
6. Women should take in _____ calcium to prevent osteoporosis.
7. Some claim gun control would not prevent _____s from obtaining guns.
8. We enjoyed the beautiful _____ in the autumn sun.

Answer Keys

A 1. arrest 2. tiny 3. recall 4. education 5. survival 6. rent 7. atomic 8. typical 9. cruel 10. broke
11. 영토, 영역 12. 짐, 수하물 13. 다양성 14. 의식, 행사 15. 시설; 솜씨, 재능 16. 고객, 의뢰인 17. 아마도 18. 해적;
저작권 침해자; 저작권을 침해하다 19. 애쓰다; 투쟁하다; 분투; 투쟁 20. 비극 **B** 1. definite 2. military 3. durable
4. subtract 5. accord 6. sufficient 7. criminal 8. landscape

deliver

동 1. 배달하다 2. 연설하다 3. 출산하다

1. Your order will be **delivered** by Wednesday.
   당신의 주문품은 수요일까지 배달될 것이다.

2. The President **delivered** a 45-minute speech.
   대통령은 45분짜리 연설을 했다.

3. She **delivered** her first baby in her house.
   그녀는 집에서 첫 아이를 출산했다.

account

명 1. 설명 2. 기사, 이야기 3. 계좌

1. The three **accounts** of the event differ dramatically.
   그 사건에 대한 세 가지 설명이 극적으로 다르다.

2. I read the **account** in the newspaper this morning.
   나는 오늘 아침 신문에서 그 기사를 읽었다.

3. She needed to withdraw $500 out of her **account**.
   그녀는 계좌에서 500달러를 인출해야 했다.

perform

동 1. 수행하다 2. 공연하다

1. Today cellphones can **perform** a variety of tasks.
   오늘날 휴대전화는 다양한 일을 수행할 수 있다.

2. The drama club **performs** a play written by Shakespeare tonight.
   그 연극반은 오늘밤 셰익스피어가 쓴 연극을 공연한다.

sentence

1. 명 문장 2. 동 형을 선고하다 명 형량

1. This paragraph is composed of ten **sentences**.
   이 단락은 10개의 문장으로 구성되어 있다.

2. The robber was **sentenced** to six years imprisonment.
   그 강도는 6년의 징역형을 선고받았다.

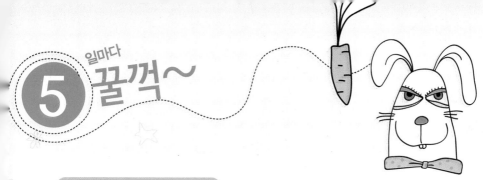

□ **not to mention** …은 말할 것도 없고 → 0403

I don't want to attend the concert **not to mention** the cost.
비용은 말할 것도 없고, 나는 그 공연에 참석하고 싶지 않다.

□ **keep in contact with** 연락을 유지하다 → 0407

I **keep in contact with** my friends from high school.
나는 고등학교 친구들과 연락을 유지하고 있다.

□ **insist on -ing** …하겠다고 고집하다 → 0408

My daughter **insisted on buying** a doll at the toy store.
내 딸은 장난감 가게에서 인형을 사겠다고 고집을 부렸다.

□ **be accustomed (used) to** …에 익숙하다 → 0412

The fish in aquariums **are accustomed to** being fed by humans.
수족관의 물고기들은 인간에 의해 먹여지는 것에 익숙하다.

□ **have good prospects** 전도유망하다 → 0451

Security service business **has good prospects**.
보안 서비스업계는 전도가 유망하다.

□ **refer A to B** A에게 B라고 언급해주다 → 0452

The asterisk **refers** the reader **to** a note.
별표는 독자에게 주를 참조하라는 표시다.

□ **prefer A to B** B보다 A를 선호하다 → 0468

Married people **prefer** home ownership **to** renting.
결혼한 사람들은 세들어 사는 것보다 주택 소유를 선호한다.

☐ **at an angle** 비스듬하게 → 0483

It is desirable that your keyboard is **at an angle,** a slight angle.
키보드가 비스듬하게, 약간 경사지게 되는 것이 바람직하다.

☐ **to be frank with you** 너에게 솔직히 말하면 → 0492

To be frank with you, I'm totally broke.
너에게 솔직히 말하면, 나는 완전히 무일푼이야.

☐ **in favor of** …을 편애하여 → 0503

Teachers should not be **in favor of** one student over others.
교사는 한 학생을 다른 학생들에 비해 편애해서는 안 된다.

☐ **in exchange for** …의 대가로 → 0554

I give my son allowance **in exchange for** chores.
나는 허드렛일의 대가로 아들에게 용돈을 준다.

☐ **a variety of** 다양한 → 0562

Eat **a variety of** fruits and vegetables every day.
다양한 과일과 채소를 매일 먹도록 하시오.

☐ **under arrest** 구금 중인, 체포된 → 0586

Once you are **under arrest,** the police can search you.
일단 체포되면 경찰이 당신을 수색할 수 있다.

☐ **in accordance with** …와 부합하여 → 0600

Trim you hair **in accordance with** the school's hair code.
학교의 두발 규정에 맞추어 머리를 자르시오.

1. harsh	혹독한, 가혹한	26. retain	보유하다
2. defeat	패배시키다	27. insist	고집하다
3. mention	언급하다; 언급	28. erase	지우다
4. moisture	수분, 물기	29. normal	정상적인
5. accustomed	익숙한	30. polite	예의 바른
6. reject	거부하다	31. transparent	투명한
7. accompany	동반하다	32. applicant	지원자
8. individual	개인; 개인의	33. furious	격분한, 맹렬한
9. loyalty	충성, 충실	34. grief	큰 슬픔, 비탄
10. fragile	연약한	35. found	세우다
11. resemble	닮다	36. prohibit	금지하다
12. disrupt	혼란에 빠뜨리다	37. prospect	전망, 예상
13. lunar	달의, 음력의	38. aboard	탑승하여
14. superior	월등한, 우월한	39. agriculture	농업, 농경
15. wander	떠돌다; 방랑	40. fluent	유창한, 능통한
16. twist	비틀다, 뒤틀다	41. disgust	혐오감
17. vague	명확하지 않은	42. preference	선호
18. hazardous	위험한	43. collide	충돌하다
19. logical	논리적인	44. equator	적도
20. majesty	장엄함, 위엄	45. approach	접근; 접근하다
21. greed	탐욕	46. flaw	결점, 결함
22. controversy	논쟁, 논란	47. harvest	수확, 추수
23. interrupt	방해하다	48. artificial	인공적인
24. frank	솔직한	49. originate	기원하다
25. former	이전의; 전자의	50. inferior	열등한

51. consent	동의; 동의하다	76. favor	호의(를 보이다)
52. puzzle	당혹하게 하다	77. tidy	단정한, 깔끔한
53. despise	경멸하다	78. phenomenon	현상
54. rob	빼앗다; 훔치다	79. tense	긴장한
55. currency	통화, 화폐	80. peculiar	기이한, 특이한
56. trigger	촉발시키다	81. liberate	해방시키다
57. refugee	난민, 망명자	82. fusion	결합, 융합
58. audible	들리는	83. asset	자산, 재산
59. habitat	서식지, 주거지	84. inherit	상속하다
60. moral	도덕적인	85. confront	직면하다
61. colleague	(직장) 동료	86. substitute	대용물
62. fasten	매다, 묶다	87. mental	정신적인
63. absolute	절대적인	88. approve	찬성하다
64. variety	다양성	89. negotiate	협상하다
65. exchange	교환하다; 교환	90. client	고객, 의뢰인
66. commodity	상품	91. probably	아마도
67. facility	(-ties) 시설	92. paradise	낙원, 천국
68. durable	내구력이 있는	93. tragedy	비극
69. mammal	포유동물	94. struggle	애쓰다; 분투
70. broke	무일푼의	95. recall	회상하다; 회상
71. ceremony	의식, 행사	96. baggage	짐, 수화물
72. cruel	잔인한, 극악한	97. territory	영토, 영역
73. sufficient	충분한	98. arrest	체포하다; 체포
74. accord	일치하다	99. military	군사의
75. subtract	빼다, 감하다	100. definite	명확한, 뚜렷한

DAY 16

어휘 더하기 : 다의어 **❻**

01	02	03	04	05	06	07	08	09	10

11	12	13	14	15	16	17	18	19	20

21	22	23	24	25	26	27	28	29	30

31	32	33	34	35	36	37	38	39	40

41	42	43	44	45

Day 15 | Review

앞에서 학습한 단어를 얼마나 기억하는지 체크해 보세요.
기억이 나지 않는 단어는 다시 한 번 학습하세요.

- □ relax
- □ glide
- □ facility
- □ odd
- □ stack
- □ pirate
- □ tragedy
- □ paradise
- □ boil
- □ broke
- □ landscape
- □ mine
- □ atomic
- □ reply
- □ definite

- □ military
- □ criminal
- □ arrest
- □ education
- □ territory
- □ durable
- □ struggle
- □ baggage
- □ recall
- □ ceremony
- □ sufficient
- □ firm
- □ subtract
- □ tiny
- □ accord

☐ 0601 ★★★
anxiety
[æŋzáiəti]

ⓝ 불안(감), 염려; 근심

In general, pets help bring levels of **anxiety** down.
보통 애완동물은 불안감의 수위를 낮추는 데 도움이 된다.

anxious a. 불안해 하는; 몹시 …하고 싶어하는

☐ 0602 ★★★
evidence
[évədəns]

ⓝ 증거, 흔적

There is no **evidence** that she was in the crime scene.
그녀가 범죄 현장에 있었다는 증거가 없다.

☐ 0603 ★★★
despite
[dispáit]

ⓟ …임에도 불구하고

Despite my warning, he went into the dangerous area.
나의 경고에도 불구하고, 그는 위험 지역으로 들어갔다.

= in spite of …에도 불구하고

☐ 0604 ★★★
conceive
[kənsí:v]

ⓥ 마음에 품다, 상상하다

My father **conceived** the idea of building his own workroom.
아버지는 당신만의 작업실을 짓는 생각을 했다.

☐ 0605 ★★
banish
[bǽniʃ]

ⓥ 추방하다; 사라지게 하다

Saturn was **banished** from Mount Olympus by his son Jupiter.
Saturn(농경의 신)은 그의 아들 Jupiter에 의해 올림푸스 산에서 추방당했다.

☐ 0606 ★★
soothe
[su:ð]

ⓥ 진정시키다, 달래다

This medicine will **soothe** your toothache immediately.
이 약은 치통을 바로 진정시킬 것이다.

soothing a. 진정시키는

Yum!
Yum!

• 그는 스파이라는 *evidence*가 발견되어 다른 나라로 *banish*당했다.
• 공부하다 지치면 평화로운 해변을 *conceive*하면서 마음을 *soothe*해 보세요.

□ 0607 ★
allergic
[əlɔ́ːrdʒik]

ⓐ 알레르기가 있는

Some children are **allergic** to peanuts.
몇몇 아이들은 땅콩에 알레르기가 있다.

allergy n. 알레르기

□ 0608 ★★
foggy
[fɔ́ːgi]

ⓐ 안개 낀

It's so **foggy** that you can hardly see across the street.
안개가 너무 짙게 끼어서 길 건너편을 보기 힘들다.

fog n. 안개

 oom-in | 날씨에 관한 형용사

sunny 화창한   rainy 비 오는   snowy 눈 오는   cloudy 흐린
windy 바람이 많은   foggy 안개 낀   stormy 폭풍우가 이는

□ 0609 ★★★
situation
[sìtʃuéiʃən]

ⓝ 상황, 처지; 위치

Polar bears are in a very dangerous **situation** due to global warming.
북극곰은 지구온난화로 인해 매우 위험한 상황에 처해 있다.

situate v. 위치시키다

□ 0610 ★★★
bankrupt
[bǽŋkrʌpt]

ⓐ 파산한

The company went **bankrupt**, which caused a huge effect all over the country.
그 기업은 파산했는데, 그것이 국가 전체에 엄청난 영향을 초래했다.

bankruptcy n. 파산

□ 0611 ★★★
assist
[əsíst]

ⓥ 돕다, 보조하다

I **assisted** my mother with her volunteer work at the hospital.
나는 어머니가 병원에서 자원봉사 활동하는 것을 도왔다.

assistant n. 조수, 보조자 a. 보조의   **assistance** n. 도움, 조력
= **help** v. 돕다 n. 도움   **support** v. 지원하다 n. 도움

Yum!
Yum!

• 공기 청정기의 발명은 allergy 환자를 assist하기 위함이었다.
• 그 회사는 bankruptcy 직전의 위태로운 situation에 처해 있다.

☐ 0612 ★★★

formal
[fɔ́ːrməl]

ⓐ 격식을 차린, 공식적인; 형식적인

His letter was written in a formal tone.
그의 편지는 격식을 차린 어조로 쓰였다.

↔ informal a. 격식을 차리지 않는

☐ 0613 ★★★

foretell
[fɔːrtél]

ⓥ 예언하다

No one can foretell the future of this country.
그 누구도 이 나라의 미래를 예언할 수 없다.

= predict v. 예언하다

☐ 0614 ★

salesclerk
[séilzklə̀ːrk]

ⓝ 점원, 판매원

The salesclerk claimed I should bring the receipt for a full refund.
점원은 100% 환불을 위해서는 내가 영수증을 가져와야 한다고 주장했다.

☐ 0615 ★★★

bear
[bɛər]

ⓥ 참다, 견디다; 아이를 낳다; 몸에 지니다

She could hardly bear the noise from next door.
그녀는 옆집으로부터 나오는 소음을 참기가 힘들었다.

☐ 0616 ★★

sneeze
[sniːz]

ⓥ 재채기하다   ⓝ 재채기

Shane sneezed a lot because he was allergic to flowers.
Shane은 꽃에 알레르기가 있어 재채기를 많이 했다.

☐ 0617 ★★★

responsibility
[rispὰnsəbíləti]

ⓝ 책임, 의무

You take the responsibility for making your dream a reality.
너는 네 꿈을 실현시킬 책임을 지고 있다.

responsible   a. 책임이 있는
㊗ take the responsibility for   …의 책임을 지다

Yum!
Yum!

• 코가 간질간질해서 더 이상 sneeze를 bear하지 못하겠어.
• 그 salesclerk은 자신이 responsibility를 지겠다고 자신있게 말했다.

□ 0618 ★★
judgment
[dʒʌ́dʒmənt]

ⓝ 판결, 재판; 판단

Solomon's judgments were always just and fair.
솔로몬의 판결은 항상 정의롭고 공평했다.

judge v. 판단하다 n. 판사; 심판
㋐ in one's judgment ···의 판단으로는

□ 0619 ★★★
mimic
[mímik]

ⓥ 흉내내다 ⓐ 모방의

The comedian mimicked the president on his TV show.
그 코미디언은 자신의 TV 쇼에서 대통령을 흉내냈다.

= imitate v. 흉내내다

 oom-in ǀ -c로 끝나는 동사의 과거형, 과거분사형
mimic – mimicked – mimicked 흉내내다
panic – panicked – panicked 당황하다
picnic – picnicked – picnicked 소풍가다

□ 0620 ★★★
clear
[kliər]

ⓥ 치우다; 분명하게 하다 ⓐ 맑은; 분명한

We cleared our attic and set up all our bookcases there.
우리는 다락을 치우고 책장들을 모두 그곳에 세웠다.

clearance n. 정리, 치우기

□ 0621 ★★
battle
[bǽtl]

ⓝ 전투, 싸움 ⓥ 싸우다, 투쟁하다

Many battles have been fought for our freedom.
우리의 자유를 위해 많은 전투가 치러졌다.

□ 0622 ★★★
impulsive
[impʌ́lsiv]

ⓐ 충동적인

Today the top reason for impulsive buying is discounts online sites offer.
오늘날 충동 구매의 가장 주된 이유는 온라인 사이트가 제공하는 할인이다.

impulse n. 충동

 Yum! Yum!
• 내 동생은 항상 신중한 judgment를 하고 impulsive한 행동을 하지 않는다.
• 네 방을 clear하는데 정리할 것이 너무 많아 마치 battle하는 것 같았어!

☐ 0623 ★★★
absence
[ǽbsəns]

ⓝ 부재, 결석; 없음, 결핍

In the **absence** of law there can be no justice.
법의 부재 속에서 정의는 있을 수 없다.

absent a. 부재하는, 결석한

☐ 0624 ★★★
incident
[ínsidənt]

ⓝ 사건, 사고

The **incident** occurred when the workers entered the tank.
그 사건은 근로자들이 탱크에 들어갔을 때 발생했다.

☐ 0625 ★★
barrier
[bǽriər]

ⓝ 장벽, 장애물

They set up a **barrier** in front of the stage to prevent an accident.
그들은 사고를 예방하기 위해 무대 앞에 장벽을 설치했다.

= wall n. 장벽 **obstacle** n. 장애(물)

☐ 0626 ★★
guilty
[gílti]

ⓐ 죄책감이 드는, 유죄의

I felt **guilty** for breaking the glass and giving the waiter a hard time.
나는 유리컵을 깨뜨리고 웨이터를 힘들게 하여 죄책감이 들었다.

guilt n. 죄책감, 유죄 ↔ **innocent** a. 무죄인, 결백한

☐ 0627 ★★★
undertake
[ʌ̀ndərtéik]

ⓥ 착수하다; 약속하다

The scientist **undertook** his first experimental study in 1903.
그 과학자는 1903년에 그의 첫 번째 연구에 착수했다.

☐ 0628 ★★★
vanish
[vǽniʃ]

ⓥ 사라지다

On Halloween night, 16-year-old Jessy **vanished** like a ghost.
할로윈 밤에 16세의 Jessy는 유령처럼 사라져버렸다.

= disappear v. 사라지다

Yum! Yum!

• 그 과학자는 **guilty**한 마음 때문에 불법 연구에 **undertake**할 수 없었다.
• 국경을 가로막고 있던 **barrier**가 어느 날 홀연히 **vanish**했다.

□ 0629 ★

jewelry
[dʒúːəlri]

ⓝ 보석류, 귀금속류

I'm going to the store to buy **jewelry** for my girlfriend.
나는 여자친구를 위한 보석류를 사기 위해 그 가게에 갈 것이다.

jewel n. 보석 (한 점)

□ 0630 ★★

sob
[sɑb]

ⓥ 흐느끼다

She was **sobbing** with her face in her hands.
그녀는 두 손에 얼굴을 묻고 흐느끼고 있었다.

□ 0631 ★★★

grab
[ɡræb]

ⓥ 붙잡다, 움켜쥐다

She **grabbed** the telephone to call for aid.
그녀는 도움을 청하기 위해 전화기를 붙잡았다.

= **grasp** v. 꽉 잡다

□ 0632 ★★★

vast
[væst]

ⓐ 광활한, 방대한

I am on a ship in the middle of a **vast** ocean.
나는 광활한 바다 한가운데 배 위에 있다.

= **enormous** a. 거대한, 막대한   **huge** a. 거대한

□ 0633 ★★★

hesitate
[hézətèit]

ⓥ 주저하다, 망설이다

I **hesitated** to eat soup from such a dirty plate.
나는 그런 더러운 접시의 수프를 먹는 것을 주저했다.

hesitation n. 주저, 망설임

□ 0634 ★★★

convert
[kənvə́ːrt]

ⓥ 전환하다, 개조하다

They cleared the forests and **converted** them to fields.
그들은 숲을 개간하여 들판으로 전환했다.

conversion n. 개조, 전환; 개종
= **change** v. 바꾸다   **transform** v. 변형시키다

Yum!
Yum!

• hesitate하는 사람은 결코 기회를 grab할 수 없어요.
• 간척은 vast한 갯벌을 농경지로 convert하는 것을 말합니다.

□ 0635 ★★★
routine
[ruːtíːn]

ⓐ 일상적인, 판에 박힌   ⓝ 일상, 판에 박힌 일

The victim was doing his routine job when the accident happened.
그 희생자는 사고가 발생했을 때 그의 일상적인 업무를 수행하고 있었다.

㉿ according to routine   늘 하는 순서대로

□ 0636 ★★
honorable
[ánərəbl]

ⓐ 훌륭한, 명예로운

He judged the general to be an honorable man.
그는 그 장군을 훌륭한 사람이라고 여겼다.

honor   n. 명예

□ 0637 ★
bronze
[brɑnz]

ⓝ 청동; 구릿빛

These decorative pieces are made of bronze.
이 장식물은 청동으로 만들어졌다.

 oom-in ┃ **구리 합금**
copper(구리)+zinc(아연) → bronze(청동)   copper(구리)+tin(주석) → brass(황동)

□ 0638 ★★
fitness
[fítnis]

ⓝ 건강; 적절함

Healthy living and physical fitness are closely connected.
건강한 삶과 신체 건강은 밀접한 관계가 있다.

fit   a. 건강한, 적절한   v. …에 맞다

□ 0639 ★★★
condense
[kəndéns]

ⓥ 압축하다, 응축하다

Tim condensed the ending of the short story into one page.
Tim은 그 단편소설의 결말을 단 한 페이지로 압축했다.

condensation   n. 압축, 응축

□ 0640 ★★
soak
[souk]

ⓥ 흠뻑 적시다, 담그다

The campers were soaked by heavy rain.
야영객들은 폭우에 흠뻑 젖었다.

Yum!
Yum!

• 우리 아빠는 fitness를 위해서 매일 2km씩 달리는 routine을 유지한다.
• 그 노병은 bronze빛으로 변한 자신의 훈장을 늘 honorable하다고 생각했다.

TEST

A 빈칸에 해당하는 영어 단어 또는 우리말을 쓰시오.

1. 격식을 차린 _____

2. 전투; 싸우다 _____

3. 증거, 흔적 _____

4. 예언하다 _____

5. 장벽, 장애물 _____

6. 사라지다 _____

7. 추방하다 _____

8. 흠뻑 적시다 _____

9. 안개 낀 _____

10. 흐느끼다 _____

11. mimic _____

12. undertake _____

13. jewelry _____

14. responsibility _____

15. condense _____

16. sneeze _____

17. conceive _____

18. convert _____

19. assist _____

20. routine _____

B 빈칸에 알맞은 단어를 〈보기〉에서 골라 쓰시오.

absence	allergic	anxiety	bankrupt
fitness	impulsive	judgment	vast

1. The top reason for _____ buying is discounts online sites offer.

2. Some children are _____ to peanuts.

3. The company went _____, which caused an effect all over the country.

4. In general, pets help bring levels of _____ down.

5. Solomon's _____s were always just and fair.

6. I am on a ship in the middle of a _____ ocean.

7. Healthy living and physical _____ are closely connected.

8. In the _____ of law there can be no justice.

Answer Keys

A 1. formal 2. battle 3. evidence 4. foretell 5. barrier 6. vanish 7. banish 8. soak 9. foggy 10. sob
11. 흉내내다 12. 착수하다 13. 보석류, 귀금속류 14. 책임, 의무 15. 압축하다, 응축하다 16. 재채기하다; 재채기
17. 마음에 품다, 상상하다 18. 전환하다, 개조하다 19. 돕다, 보조하다 20. 일상적인; 일상   B 1. impulsive 2. allergic
3. bankrupt 4. anxiety 5. judgment 6. vast 7. fitness 8. absence

company

⑲ 1. 회사 2. 친구, 동료 3. 함께함, 동행

1. **My mom works for a clothing company.**
나의 어머니는 한 의류회사에서 일한다.

2. **A man is known by the company he keeps.** -proverb-
사귀는 친구를 보면 그 사람에 대해 알 수 있다.

3. **I am so glad to have your company.**
나는 네가 함께해 줘서 정말 기쁘다.

occur

⑧ 1. 발생하다, 일어나다 2. 생각이 떠오르다

1. **A strong earthquake occurred in mid Java Island.**
강력한 지진이 자바 섬 중심부에서 발생했다.

2. **It occurred to him that she might love him.**
그녀가 그를 사랑할지도 모른다는 생각이 그에게 떠올랐다.

abuse

1. ⑧ 남용하다, 악용하다 ⑲ 남용   2. ⑧ 학대하다 ⑲ 학대

1. **If you abuse alcohol, seek professional help.**
술을 남용한다면, 전문가의 도움을 구하라.

2. **In America, it is illegal to abuse animals.**
미국에서 동물을 학대하는 것은 불법이다.

project

1. ⑲ 계획, 프로젝트 ⑧ 계획하다   2. ⑧ 추정하다
3. ⑧ 투사하다

1. **The huge project can never be completed in a few years.**
그 엄청난 계획은 몇 년 이내에 결코 완성될 수 없다.

2. **Canada's population is projected to be 42 million by 2050.**
2050년 까지 캐나다의 인구는 4천 2백만 명이 될 것으로 추정된다.

3. **For the presentation, you can project images on the screen.**
발표를 위해 이미지들을 화면에 투사할 수 있다.

DAY 17

어휘 더하기 : 다의어 **7**

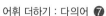

01	02	03	04	05	06	07	08	09	10
●	●	●	●	●	●	●	●	●	●

11	12	13	14	15	16	17	18	19	20
●	●	●	●	●	●	●			

21	22	23	24	25	26	27	28	29	30

31	32	33	34	35	36	37	38	39	40

41	42	43	44	45

Day 16 | Review

앞에서 학습한 단어를 얼마나 기억하는지 체크해 보세요.
기억이 나지 않는 단어는 다시 한 번 학습하세요.

□ anxiety　　　　　□ mimic

□ evidence　　　　□ battle

□ despite　　　　　□ impulsive

□ conceive　　　　□ absence

□ banish　　　　　□ incident

□ soothe　　　　　□ undertake

□ foggy　　　　　　□ vanish

□ situation　　　　□ sob

□ bankrupt　　　　□ vast

□ assist　　　　　　□ hesitate

□ allergic　　　　　□ convert

□ bear　　　　　　□ honorable

□ sneeze　　　　　□ condense

□ responsibility　　□ fitness

□ judgment　　　　□ soak

wow!!

□ 0641 ★★
mission
[míʃən]

ⓝ 임무; 사절단

During her eight-day mission, she participated in many experiments.

8일간의 임무 동안 그녀는 많은 실험에 참여했다.

□ 0642 ★★★
soar
[sɔːr]

ⓥ 치솟다, 솟아오르다

Interest in gene therapy has soared in recent years.

최근 몇 년간 유전자 치료에 대한 관심이 치솟았다.

□ 0643 ★
tissue
[tíʃuː]

ⓝ (세포) 조직; 화장지

Weight training helps maintain your muscle tissue as you lose weight.

웨이트 트레이닝은 체중 감량을 하면서 근육 조직을 유지하는 데 도움이 된다.

□ 0644 ★★★
exception
[iksépʃən]

ⓝ 예외

A language always changes and Korean is no exception.

언어는 항상 변하며 한국어도 예외가 아니다.

exceptional a. 예외적인; 특출난   **except** p. …을 제외하고는

□ 0645 ★★★
inspect
[inspékt]

ⓥ 검사하다, 조사하다

We inspect our products before sending them to our buyers.

우리는 제품을 구매자들에게 보내기 전에 검사한다.

inspection n. 검사; 사찰

□ 0646 ★★
receipt
[risíːt]

ⓝ 영수증; 받기, 수령

You need a receipt to exchange any goods bought in this shop.

당신은 이 가게에서 구입한 어떤 상품이든지 교환하기 위해서는 영수증이 필요하다.

Yum!
Yum!

• 우리 가게는 receipt가 없는 exception만 아니라면 100% 환불이 가능해요.
• 그는 우주탐사 mission을 위해 모든 장비를 철저히 inspect했다.

□ 0647 ★★
advocate
[ǽdvəkèit]

ⓥ 지지하다, 옹호하다 ⓝ 옹호자; 변호사

He **advocates** helping poor children achieve higher education.
그는 가난한 아이들이 고등교육을 수료하도록 돕는 것을 지지한다.

□ 0648 ★
cling
[kliŋ]

ⓥ 고수하다, 집착하다; 달라붙다, 매달리다

She **clings** to the hope that her missing son is alive somewhere.
그녀는 실종된 아들이 어딘가에 살아 있을 것이라는 희망을 고수한다.

 oom-in | '고수하다'를 나타내는 표현

cling to …을 고수하다   stick to …을 고수하다, 계속하다
adhere to …을 고수하다, 충실히 지키다   hold on to …을 고수하다, 계속 보유하다

□ 0649 ★★★
accuse
[əkjúːz]

ⓥ 비난하다; 고소하다

He had incorrectly **accused** me of cheating on an exam.
그는 내가 시험에서 부정행위를 했다고 부당하게 비난했다.

accusation n. 비난; 고소, 고발   ֎ **accuse A of B** A를 B로 고소하다

□ 0650 ★★★
patience
[péiʃəns]

ⓝ 인내심, 참을성

Patience is an essential attribute to be a great teacher.
인내심은 훌륭한 선생님이 되기 위한 필수적인 자질이다.

patient a. 참을성 있는 n. 환자

□ 0651 ★★★
evident
[évədənt]

ⓐ 명백한, 분명한

It was **evident** that our plan would not turn out as we expected.
우리의 계획이 예상했던 대로 되지 않을 것임이 명백했다.

 Yum!
Yum!

• patience를 갖고 자신의 목표를 끝까지 cling하도록 하세요.
• evident한 이유 없이 남을 accuse하면 안됩니다.

□ 0652 ★★★

plenty
[plénti]

ⓝ 풍부, 풍요; 다량, 다수 　ⓐ 충분한

Korea doesn't have **plenty** of natural resources.
한국은 풍부한 천연자원을 보유하고 있지 않다.

plentiful a. 풍부한, 충분한 　= **abundance** n. 풍부

□ 0653 ★

relay
[rí:lei]

ⓥ 전달하다; 중계하다 　ⓝ 교대; 중계; 릴레이 경주

I heard the news and later **relayed** it to Sue.
나는 그 소식을 듣고 후에 그것을 Sue에게 전해 주었다.

□ 0654 ★★★

envious
[énviəs]

ⓐ 부러워하는

I am **envious** of you because of your amazing English skills.
나는 너의 놀라운 영어 실력 때문에 네가 부럽다.

envy v. 부러워하다 n. 부러움 　= **jealous** a. 부러워하는

□ 0655 ★★★

boast
[boust]

ⓥ 자랑하다, 뽐내다 　ⓝ 자랑; 허풍

My friend **boasted** all day that she had bought a pair of designer jeans.
내 친구는 디자이너 청바지를 산 것을 하루 종일 자랑했다.

□ 0656 ★★★

recognize
[rékəgnàiz]

ⓥ 알아보다, 인식하다

It was so dark inside that I couldn't **recognize** her.
안이 너무 어두워서 나는 그녀를 알아볼 수 없었다.

□ 0657 ★★

stereotype
[stériətàip]

ⓝ 고정관념 　ⓥ 고정관념을 형성하다

There is a **stereotype** that girls are more talkative than boys.
여자아이들이 남자아이들보다 더 수다스럽다는 고정관념이 있다.

□ 0658 ★★★

chase
[tʃeis]

ⓥ 쫓다, 추적하다 　ⓝ 추격, 추적

The image shows a savanna landscape where a leopard is **chasing** a deer.
그 그림은 표범이 사슴을 쫓고 있는 사바나의 풍경을 보여준다.

Yum!
Yum!

• 내가 이번 시험 성적을 *boast*했더니 친구가 계속 *envious*했어.
• *stereotype*에서 벗어나지 못하면 새로운 변화를 *recognize*하지 못해요.

□ 0659 ★★★
major
[méidʒər]

ⓥ 전공하다   ⓝ 전공   ⓐ 주요한
My brother wants to **major** in psychology in college.
나의 형은 대학에서 심리학을 전공하고 싶어한다.

cf. minor n. 부전공 a. 중요하지 않은

□ 0660 ★★
annual
[ǽnjuəl]

ⓐ 연례적인; 1년마다의
The Grammy Awards is an **annual** event for pop musicians.
그래미 시상식은 대중 음악가들을 위한 연례 행사이다.

annually ad. 일년에 한 번   **= yearly** a. 연간의; 연 1회의

Ⓩoom-in   **기간을 나타내는 표현**
daily 날마다의   weekly 일주일마다의   monthly 한 달마다의
annual 연례적인   biennial 2년마다의   centennial 100년마다의

□ 0661 ★★★
skip
[skip]

ⓥ 건너 뛰다, 거르다; 깡충깡충 뛰다
Skipping meals does not help you lose weight.
식사를 거르는 것은 당신이 체중을 감량하는 데 도움이 되지 않는다.

□ 0662 ★★★
alter
[ɔ́:ltər]

ⓥ 바꾸다, 변경하다
Science and technology have enormously **altered**
mankind's lifestyle.
과학과 기술은 인류의 생활양식을 엄청나게 바꿔 놓았다.

= change v. 바꾸다, 변하다   **vary** v. 변경하다

□ 0663 ★★
pattern
[pǽtərn]

ⓝ 패턴, 양식; 무늬
The El Nino influences climate **patterns** worldwide.
엘니뇨는 전 세계적으로 기후 패턴에 영향을 미친다.

Yum!
Yum!
• 주말에 큰 비가 온다고 하여 annual 야유회를 skip하기로 했어요.
• 부진에 빠진 기업을 되살리려면 경영 pattern을 alter하는 것이 필요합니다.

□0664 ★★
legislation
[lèdʒisléiʃən]

ⓝ 입법, 법률 제정

We need to introduce legislation to protect our cultural heritage.
우리는 문화유산을 보호하는 입법을 도입해야 한다.

legislate v. 법률을 제정하다　　**legislator** n. 입법자, 입법의원

□0665 ★★
resign
[rizáin]

ⓥ 사임하다, 물러나다

As they lost nearly a billion dollars, the CEO resigned.
그들은 거의 10억 달러의 손실을 보아서 최고경영자가 사임했다.

resignation n. 사임, 사직; 사직서　　**= quit** v. 그만두다

□0666 ★★★
cancel
[kǽnsəl]

ⓥ 취소하다; 무효화하다

We had to cancel our trip to Tokyo due to the snowstorm.
우리는 눈보라로 인해 도쿄 여행을 취소해야만 했다.

cancellation n. 취소

□0667 ★★★
oppose
[əpóuz]

ⓥ 반대하다, …와 싸우다

Most people in the village oppose the hydro-power projects.
대부분의 마을 사람들은 그 수력 발전 프로젝트에 반대한다.

opposition n. 반대

□0668 ★★★
principle
[prínsəpl]

ⓝ 원리, 원칙; 법칙

Actually, the principle of this gadget is very simple.
사실 이 장치의 원리는 매우 간단하다.

□0669 ★★★
describe
[diskráib]

ⓥ 설명하다, 묘사하다; 평하다

It is very difficult to describe animal sounds in text.
동물의 소리를 문자로 설명하기란 매우 어렵다.

description n. 묘사　　**descriptive** a. 묘사적인

Yum!
Yum!

• 비가 조금 온다고 소풍을 cancel하는 것에 저는 oppose해요.
• 다윈은 적자생존에 대한 방대한 principle을 그의 저서에 describe했다.

□ 0670 ★★★

confess
[kənfés]

ⓥ 자백하다, 고백하다; 시인하다

The girl **confessed** that she had stolen the necklace.
그 소녀는 자신이 목걸이를 훔쳤다는 것을 자백했다.

confession n. 자백, 고백; 시인

□ 0671 ★

profession
[prəféʃən]

ⓝ 직업; 전문직

My mother thinks doing magic tricks is just a hobby,
not a **profession**.
엄마는 마술 트릭을 부리는 것은 취미일 뿐 직업은 아니라고 생각한다.

professional a. 직업의; 전문가의 n. 전문직 종사자

 oom-in | **직업을 나타내는 표현**

job 직업, 하는 일   career 일생의 직업, 경력   occupation 일반적 직업
profession 전문직의 직업   vocation 천직으로서의 직업

□ 0672 ★★

primitive
[prímətiv]

ⓐ 원시의; 초기의

In a **primitive** society, the natural environment greatly
determines the culture.
원시 사회에서는 자연환경이 문화를 크게 결정짓는다.

□ 0673 ★★

disguise
[disgáiz]

ⓥ 변장하다 ⓝ 변장, 위장

The king **disguised** himself as a beggar
and went to the city.
왕은 거지로 변장하고 도시로 갔다.

⍟ **in disguise** 변장하고

□ 0674 ★★

transition
[trænzíʃən]

ⓝ 과도기; 변천, 이동

The country is in **transition** from conflict to peace.
그 나라는 분쟁에서 평화로 가는 과도기에 있다.

transitional a. 과도기의

Yum!
Yum!

• 그 오지 마을은 **primitive** 사회에서 문명 사회로 가는 **transition**에 있다.
• 그 남자는 자신이 아군으로 **disguise**한 스파이라고 **confess**했다.

□ 0675 ★★★
existence
[igzístəns]

ⓝ 존재, 실존

The universe came into **existence** about fifteen billion years ago.
우주는 약 150억 년 전에 존재하게 되었다.

exist v. 존재하다   **existent** a. 존재하는

□ 0676 ★★★
convey
[kənvéi]

ⓥ 전달하다; 나르다, 운반하다

Your gestures **convey** your true feelings.
당신의 몸짓은 진실된 감정을 전달한다.

= **communicate** v. (생각을) 전달하다   **carry** v. 나르다

□ 0677 ★★
divorce
[divɔ́:rs]

ⓥ 이혼하다   ⓝ 이혼

Children often feel their world is falling apart when their parents **divorce**.
부모가 이혼할 때, 자녀는 흔히 그들의 세계가 산산조각 나는 느낌을 갖는다.

cf. separation n. 별거

□ 0678 ★★
shrink
[ʃriŋk]

ⓥ 줄어들다, 오그라들다, 수축하다

Your stomach **shrinks** when you begin to eat less.
당신의 위는 덜 먹기 시작하면 줄어든다.

□ 0679 ★★
signal
[sígnəl]

ⓝ 신호   ⓥ 신호를 보내다

Due to a warning **signal** for a tornado, we stayed in the classroom.
토네이도에 대한 경고 신호 때문에 우리는 교실 안에 머물렀다.

□ 0680 ★★
protest
[próutest] ⓝ
[prətést] ⓥ

ⓝ 시위, 항의   ⓥ 항의하다; 주장하다

Many citizens have participated in the **protest** against the dictator.
많은 시민들이 독재자에 반대하여 시위에 참여했다.

= **demonstration** n. 시위   **demonstrate** v. 시위하다

Yum!
Yum!

• 한 남자가 손으로 **signal**을 보내며 내게 자신의 의사를 **convey**하려고 했다.
• 그 과학자에 따르면 우주의 **existence**는 시간이 갈수록 **shrink**한다.

TEST

A 빈칸에 해당하는 영어 단어 또는 우리말을 쓰시오.

1. 치솟다, 솟아오르다 _____
2. 취소하다 _____
3. 자백하다, 고백하다 _____
4. 연례적인; 1년마다의 _____
5. 반대하다 _____
6. 설명하다, 묘사하다 _____
7. 전공하다; 전공 _____
8. 원리, 원칙 _____
9. 풍부; 다량, 다수 _____
10. 옹호하다; 옹호자 _____

11. boast _____
12. alter _____
13. recognize _____
14. evident _____
15. cling _____
16. divorce _____
17. patience _____
18. resign _____
19. accuse _____
20. receipt _____

B 빈칸에 알맞은 단어를 〈보기〉에서 골라 쓰시오.

envious	exception	existence	inspect
legislation	primitive	profession	stereotype

1. My mother thinks doing magic tricks is just a hobby, not a _____.

2. There is a _____ that girls are more talkative than boys.

3. I am _____ of you because of your amazing English skills.

4. In a _____ society, the natural environment determines the culture.

5. The universe came into _____ about fifteen billion years ago.

6. We need to introduce _____ to protect our cultural heritage.

7. We _____ our products before sending them to our buyers.

8. A language always changes and Korean is no _____.

Answer Keys

A 1. soar 2. cancel 3. confess 4. annual 5. oppose 6. describe 7. major 8. principle 9. plenty
10. advocate 11. 자랑하다; 자랑 12. 바꾸다 13. 알아보다, 인식하다 14. 명백한 15. 고수하다; 매달리다 16. 이혼하다; 이혼
17. 인내심, 참을성 18. 사임하다 19. 비난하다; 고소하다 20. 영수증 B 1. profession 2. stereotype 3. envious
4. primitive 5. existence 6. legislation 7. inspect 8. exception

direction

명 1. 방향 2. 지시; 사용법, 설명 3. 감독

1. People were approaching him from all **directions**.
   사람들이 사방에서 그에게 다가오고 있었다.

2. Make sure to read the **directions** completely.
   꼭 사용 설명서를 완전히 읽어보도록 하시오.

3. I was responsible for the **direction** of the project.
   나는 그 프로젝트의 감독을 책임지고 있었다.

issue

1. 명 논쟁점, 이슈 2. 명 (잡지) 호 3. 동 발행하다 명 발행

1. What are the current **issues** in Korea these days?
   요즘 한국에서 시사적인 논쟁점은 무엇입니까?

2. I've not read the latest **issue** of the magazine yet.
   나는 아직 그 잡지의 최신호를 읽어보지 않았다.

3. The firm **issued** its monthly report today.
   그 회사는 오늘 월례 보고서를 발행했다.

operation

명 1. 수술 2. 운영, 가동

1. She has to have an **operation** on her brain.
   그녀는 뇌수술을 받아야만 한다.

2. The new plant goes into **operation** soon.
   그 새 공장은 곧 가동에 들어간다.

figure

명 1. 숫자 2. 사람 모습; 주요 인사 3. 그림, 도형

1. The cost of fixing my car went into four **figures**.
   내 차의 수리 비용이 네 자리 숫자에 달했다.

2. I saw two small **figures** in the dark cave.
   나는 어두운 동굴에서 작은 두 사람의 형체를 보았다.

3. **Figure** 3 shows how to make a ribbon flower.
   그림 3은 어떻게 리본 꽃을 만드는지를 보여준다.

DAY 18

어휘 더하기 : 다의어 **8**

01	02	03	04	05	06	07	08	09	10
11	12	13	14	15	16	17	18	19	20
21	22	23	24	25	26	27	28	29	30
31	32	33	34	35	36	37	38	39	40
41	42	43	44	45					

Day 17 | **Review** -------------------------------

앞에서 학습한 단어를 얼마나 기억하는지 체크해 보세요.
기억이 나지 않는 단어는 다시 한 번 학습하세요.

☐ soar   ☐ resign
☐ tissue   ☐ cancel
☐ exception   ☐ oppose
☐ inspect   ☐ principle
☐ advocate   ☐ describe
☐ accuse   ☐ confess
☐ cling   ☐ disguise
☐ evident   ☐ primitive
☐ relay   ☐ transition
☐ envious   ☐ existence
☐ boast   ☐ convey
☐ stereotype   ☐ divorce
☐ chase   ☐ shrink
☐ alter   ☐ signal
☐ legislation   ☐ protest

□ 0681 ★★
cozy
[kóuzi]

ⓐ 안락한, 포근한
It was very **cozy** and warm with the fire going.
불이 지펴져 있어 매우 안락하고 따뜻했다.

□ 0682 ★★
resident
[rézədənt]

ⓝ 거주자, 주민　ⓐ 거주하는
30 percent of the **residents** in this area work at their own farms.
이 지역 거주자의 30퍼센트가 자영농이다.

reside v. 거주하다　　**residence** n. 거주지, 자택

□ 0683 ★★★
decision
[disíʒən]

ⓝ 결정, 결단력; 판결
It is the leader who makes the final **decision**.
최종적인 결정을 내리는 사람은 바로 지도자이다.

decide v. 결정하다　　**decisive** a. 결정적인, 결단력 있는

□ 0684 ★
recreation
[rèkriéiʃən]

ⓝ 레크리에이션, 기분전환, 오락
Most good hotels have excellent facilities for **recreation**.
대부분의 좋은 호텔들에는 우수한 레크리에이션 시설이 있다.

recreational a. 오락의

□ 0685 ★★★
outbreak
[áutbrèik]

ⓝ 발발, 발생
The **outbreak** of war brought a sharp fall in economic activity.
전쟁의 발발은 경제 활동의 급속한 하락을 가져왔다.

cf. break out 발발하다

□ 0686 ★★★
postpone
[poustpóun]

ⓥ 미루다, 연기하다
It's a bad habit to **postpone** your homework to the last minute.
마지막 순간까지 숙제를 미루는 것은 나쁜 습관이다.

= delay v. 미루다　　**put off** 연기하다

Yum! Yum!
• 갑자기 산불이 outbreak하여 인근에 사는 resident들이 대피했다.
• 분석을 마칠 때까지 최종 decision은 postpone되었다.

☐ 0687 ★★★

steady
[stédi]

ⓐ 꾸준한, 변함없는

Slow and **steady** wins the race. -proverb-

느리고 꾸준한 것이 경기에서 이긴다. (일을 급히 서두르면 실패한다.)

steadiness n. 꾸준함　　**steadily** ad. 끊임없이; 착실하게

☐ 0688 ★★

stretch
[stretʃ]

ⓥ 뻗다, 펼치다; 늘이다　　ⓝ 뻗기, 스트레치; 기간, 시간

Stretch your arms out in front of you at eye level.

당신의 팔을 눈높이에서 앞쪽으로 뻗으시오.

☐ 0689 ★

bachelor
[bǽtʃələr]

ⓝ 미혼 남성, 독신; 학사

The actor remained a **bachelor** until his early 50s.

그 배우는 50대 초반까지 독신이었다.

Zoom-in | 학위를 나타내는 표현

bachelor's degree　학사학위　　　master's degree　석사학위

doctor's degree　박사학위

☐ 0690 ★★★

propose
[prəpóuz]

ⓥ 제안하다; 청혼하다

The UN **proposed** that the Middle East be turned into a nuclear-free zone.

유엔은 중동이 비핵화 지역으로 변화할 것을 제안했다.

proposal　n. 제안; 청혼
= suggest　v. 제안하다

☐ 0691 ★★★

potential
[pəténʃəl]

ⓐ 잠재적인, 가능성이 있는　　ⓝ 잠재력

There are **potential** risks with any form of surgery.

어떤 형태의 외과수술이든 잠재적인 위험이 있다.

Yum! Yum!

• 그녀는 **steady**한 식이요법과 매일 **stretch** 운동으로 체중을 감량했어요.

• 그 교수는 **potential**이 가득한 제자에게 공동 연구의 기회를 **propose**했다.

□ 0692 ★★★
substantial
[səbstǽnʃəl]

ⓐ 상당한; 실질적인

There are substantial proofs of an improvement in the environment.
환경의 개선에 대한 상당한 증거들이 있다.

substantially ad. 상당히, 많이

□ 0693 ★★
shipment
[ʃípmənt]

ⓝ 발송; 발송물

Your orders cannot be canceled after shipment.
당신의 주문은 발송 후에는 취소될 수 없다.

□ 0694 ★★★
bother
[báðər]

ⓥ 괴롭히다; 신경 쓰이게 하다

What problem is bothering you?
어떤 문제가 너를 괴롭히고 있니?

= trouble v. 괴롭히다　　**annoy** v. 괴롭히다, 짜증나게 하다

□ 0695 ★★
amend
[əménd]

ⓥ 개정하다, 개선하다

We need to amend the law and protect artists from plagiarism.
우리는 법을 개정하여 표절로부터 예술가들을 보호해야 한다.

amendment n. 수정, 개선; (A-) 미국 헌법 수정 조항

□ 0696 ★★★
policy
[páləsi]

ⓝ 정책, 방침; 보험증권

The new policy is expected to increase the flow of tourists to this country.
새로운 정책은 이 나라에 관광객의 유입을 증가시킬 것으로 기대된다.

□ 0697 ★★★
viewpoint
[vjú:pɔ̀int]

ⓝ 관점, 시각

Everything looks different when you see it from a fresh viewpoint.
당신이 새로운 관점에서 볼 때는 모든 것이 달라 보인다.

cf. point of view 관점

Yum!
Yum!

• 여자친구는 나와 viewpoint가 너무 달라 서로 bother할 때가 많다.
• 새로운 경제 policy는 바뀐 현 상황과 맞지 않아 amend할 필요가 있다.

□ 0698 ★★
murder
[mə́:rdər]

ⓥ 살인하다   ⓝ 살인 (사건)
Caesar was murdered by his own friend, Brutus.
시저는 바로 자신의 친구인 브루투스에게 살해되었다.

murderer n. 살인자

□ 0699 ★★
costume
[kástju:m]

ⓝ 의상, 복장
"Hanbok" is the Korean traditional costume.
'한복'은 한국의 전통 의상이다.

oom-in | **옷 · 의상을 나타내는 표현**

clothing (집합적) 의복, 의류   apparel (집합적) 옷, 의류   costume (특별한 용도의) 의상
garment (특히 긴 외투) 의복   attire 복장, 차림새   outfit 특별한 직업·인물의 복장

□ 0700 ★★
graceful
[gréisfəl]

ⓐ 우아한, 품위 있는
In this dance, the dancer shows graceful movements and unusual skill.
이 무용에서 무용수는 우아한 동작과 보기 드문 기술을 보여준다.

grace n. 우아, 품위   = **elegant** a. 우아한

□ 0701 ★★★
classical
[klǽsikəl]

ⓐ 고전적인
Across the city, classical music is played in public places.
그 도시 전역에서는 고전 음악이 공공장소에서 방송된다.

classic n. 고전 (작품) a. 일류의; 전형적인

□ 0702 ★★★
patent
[pǽtnt]

ⓝ 특허(권)   ⓐ 특허의   ⓥ 특허를 받다
Thomas Edison obtained 1,093 patents, which is a record at the U.S. Patent Office.
토마스 에디슨은 1,093개의 특허를 땄는데, 그것은 미국 특허청의 기록이다.

□ 0703 ★★
monopoly
[mənápəli]

ⓝ 독점(권); 독점 상품
The government has the monopoly on tobacco in some countries.
어떤 나라들에서는 정부가 담배 독점권을 갖는다.

Yum!
Yum!

• 천사의 costume을 입은 저 무용수는 정말 graceful하다.
• patent란 특정 아이디어에 대해 monopoly 사용권을 주는 것이다.

☐ 0704 ★★★

dedicate
[dédikèit]

ⓥ 전념하다, 바치다

Many human rights NGOs are dedicated to fighting against racism.
많은 인권 민간기구가 인종차별과 싸우는 데 전념하고 있다.

dedication n. 전념, 헌신

☐ 0705 ★★★

gloomy
[glúːmi]

ⓐ 우울한; 어둑어둑한

He was sitting with a gloomy face as if his life had come to an end.
그는 마치 인생이 끝난 것처럼 우울한 얼굴을 하고 앉아 있었다.

gloom n. 우울, 침울; 어둠

☐ 0706 ★

casual
[kǽʒuəl]

ⓐ 평상시의, 격식을 차리지 않는; 우연한; 무심한

You cannot wear casual clothes at a wedding party.
너는 결혼식 피로연에서 평상복을 입을 수 없다.

☐ 0707 ★★

brief
[briːf]

ⓐ 간결한, 짧은

This book offers a brief history of Quebec.
이 책은 Quebec 주의 간결한 역사를 소개한다.

briefness n. 간결   **briefly** ad. 짧게
briefing n. 브리핑, 상황 설명   = short a. 짧은

☐ 0708 ★★★

omit
[oumít]

ⓥ 빠뜨리다, 생략하다

I found some information was omitted from news reports.
나는 뉴스 보도에서 일부 정보가 빠진 것을 발견하였다.

omission n. 생략

☐ 0709 ★★

comfortable
[kʌ́mfrtəbl]

ⓐ 안락한, 편안한

The room was very comfortable and we loved sleeping in it.
그 방은 매우 안락하여 우리는 잠을 잘 잤다.

comfort n. 안락, 편안함; 위로 v. 위로하다
↔ **uncomfortable** a. 불편한

Yum!
Yum!

• 내가 casual한 옷을 즐겨 입는 것은 활동하기에 comfortable하기 때문이다.
• 그 글은 너무 길어서 일부를 omit하거나 brief하게 고칠 필요가 있다.

☐ 0710 ★ ★

whereas
[hwɛərǽz]

ⓒ 그런데, …한데, …한 반면에

Sugar is sweet, whereas lemons are sour.
설탕은 달콤한 반면에 레몬은 시다.

☐ 0711 ★

garbage
[gá:rbidʒ]

ⓝ 쓰레기; 찌꺼기

We have to reduce garbage and increase recycling.
우리는 쓰레기를 줄이고 재활용을 늘려야 한다.

= **rubbish** n. 쓰레기

☐ 0712 ★ ★ ★

option
[ápʃən]

ⓝ 선택(권)

There are many options for party and meeting spaces.
파티와 회의 공간을 위한 많은 선택 사양이 있습니다.

optional a. 선택의   = **choice** n. 선택

☐ 0713 ★ ★ ★

ensure
[enʃúər]

ⓥ 책임지다, 보장하다, 확고히 하다

Lifeguards should ensure children's safety in and around water.
인명 구조원들은 물속에서나 물가에서 아이들의 안전을 책임져야 한다.

☐ 0714 ★ ★

border
[bɔ́:rdər]

ⓝ 국경, 경계; 가장자리   ⓥ 접하다

The largest border in the world lies between Canada and USA.
세계에서 가장 광범위한 국경은 캐나다와 미국 사이에 놓여 있다.

☐ 0715 ★ ★

department
[dipá:rtmənt]

ⓝ (기업) 부, 과; (행정부) 국; (백화점) 판매코너

The sales department has a big role in companies.
영업부는 기업에서 중요한 역할을 한다.

cf. department store 백화점

Yum!
Yum!

• 이 학교는 장학금, 해외 유학 등 나에게 여러 option들을 ensure해 줬다.
• 국방 department는 border 지대에 병력을 추가 배치한다고 발표했다.

□ 0716 ★★★

preparation
[prèpəréiʃən]

ⓝ 준비, 대비

His failure was due to lack of sufficient preparation.
그의 실패는 충분한 준비가 부족한 데 기인했다.

prepare v. 준비하다 　 ㉰ make preparation for …의 준비를 하다

□ 0717 ★★

drag
[dræg]

ⓥ (힘들여) 질질 끌다 　 ⓝ 방해하는 것; 〈항공〉 항력

After a long hard day, I dragged myself all the way home.
힘들고 긴 하루가 끝나고 나는 지친 몸을 마냥 집으로 끌고 갔다.

> ⓩoom-in | 항공 역학의 4가지 힘
>
> lift 양력(공기 중에 떠오르는 힘)　　　gravity 중력(지상으로 당기는 힘)
> thrust 추력(추진하는 힘)　　　　　　 drag 항력(공기의 저항력)

□ 0718 ★

helpless
[hélplis]

ⓐ 무력한, 속수무책인

Human babies are helpless when born and take a long time to grow.
인간의 아기는 태어난 당시는 무력하며 성장하는 데 오랜 시간이 걸린다.

□ 0719 ★

self-esteem
[sélf-istí:m]

ⓝ 자긍심, 자부심

High self-esteem is seen as the basis for career success.
높은 자긍심은 직업에서의 성공을 위한 토대로 여겨진다.

□ 0720 ★★

accelerate
[æksélərèit]

ⓥ 가속하다; 촉진하다

Stress accelerates the heartbeat and causes sweaty palms.
스트레스는 심장박동을 가속하고 손바닥에 땀이 나게 한다.

acceleration n. 가속

Yum!
Yum!

• preparation 없이 출전했다가 패하고 self-esteem만 잃었다.
• 바람의 drag가 세면 accelerate하기가 어렵다.

TEST

A 빈칸에 해당하는 영어 단어 또는 우리말을 쓰시오.

1. 특허; 특허를 받다 _____
2. 제안하다; 청혼하다 _____
3. 결정, 결단력 _____
4. 선택(권) _____
5. 거주자; 거주하는 _____
6. 국경; 접하다 _____
7. 빠뜨리다, 생략하다 _____
8. 간결한, 짧은 _____
9. 정책, 방침 _____
10. 살인하다; 살인 (사건) _____

11. self-esteem _____
12. helpless _____
13. costume _____
14. shipment _____
15. whereas _____
16. bother _____
17. drag _____
18. steady _____
19. bachelor _____
20. dedicate _____

B 빈칸에 알맞은 단어를 〈보기〉에서 골라 쓰시오.

| comfortable | ensure | monopoly | outbreak |
| potential | postpone | stretch | substantial |

1. There are _____ risks with any form of surgery.
2. The _____ of war brought a sharp fall in economic activity.
3. It's a bad habit to _____ your homework to the last minute.
4. There are _____ proofs of an improvement in environment.
5. _____ your arms out in front of you at eye level.
6. The room was very _____ and we loved sleeping in it.
7. Lifeguards should _____ children's safety in and around water.
8. The government has the _____ on tobacco in some countries.

Answer Keys _____

A 1. patent 2. propose 3. decision 4. option 5. resident 6. border 7. omit 8. brief 9. policy
10. murder 11. 자긍심, 자부심 12. 무력한 13. 의상, 복장 14. 발송; 발송물 15. …인 반면에 16. 괴롭히다
17. 질질 끌다; 항력 18. 꾸준한 19. 미혼 남성; 학사 20. 전념하다, 바치다 **B** 1. potential 2. outbreak
3. postpone 4. substantial 5. Stretch 6. comfortable 7. ensure 8. monopoly

decline

1. 동 거절하다, 사양하다   2. 동 감소하다   명 감소

1. I invited her to the barbecue, but she **declined**.
   나는 그녀를 바비큐 파티에 초대했지만 그녀는 거절했다.

2. The population of the town has sharply **declined** since 2005.
   그 도시의 인구는 2005년 이래로 급격히 감소했다.

promote

동 1. 승진시키다   2. 장려하다, 촉진하다

1. He was **promoted** to the head of the department.
   그는 그 부서의 책임자로 승진되었다.

2. The government **promotes** more rice consumption.
   정부는 더 많은 쌀의 소비를 장려하고 있다.

succeed

I succeeded!

동 1. 성공하다   2. 계승하다

1. NASA **succeeded** in sending human being to the Moon in 1969.
   NASA는 1969년에 달에 사람을 보내는 데 성공했다.

2. When the King died, his eldest son **succeeded** to the throne.
   왕이 죽자 그의 장자가 왕위를 계승했다.

state

1. 명 상태   2. 명 주; 국가   3. 동 말하다, 언급하다

1. His mental **state** is very unstable now.
   그의 정신 상태는 지금 매우 불안정하다.

2. Hawaii is the 50th **state** of the U.S.
   하와이는 미국의 50번째 주이다.

3. Who **stated** that man is a social animal?
   누가 인간이 사회적 동물이라고 말했는가?

DAY 19

어휘 더하기 : 다의어 **9**

01	02	03	04	05	06	07	08	09	10
●	●	●	●	●	●	●	●	●	●

11	12	13	14	15	16	17	18	19	20
●	●	●	●	●	●	●	●	●	●

21	22	23	24	25	26	27	28	29	30

31	32	33	34	35	36	37	38	39	40

41	42	43	44	45

Day 18 | Review

앞에서 학습한 단어를 얼마나 기억하는지 체크해 보세요.
기억이 나지 않는 단어는 다시 한 번 학습하세요.

□ cozy
□ resident
□ outbreak
□ postpone
□ substantial
□ steady
□ bachelor
□ propose
□ potential
□ bother
□ amend
□ policy
□ viewpoint
□ dedicate
□ graceful

□ costume
□ patent
□ gloomy
□ monopoly
□ whereas
□ casual
□ brief
□ omit
□ preparation
□ comfortable
□ helpless
□ ensure
□ border
□ accelerate
□ department

wow!!

□ 0721 ★★
carve
[kɑːrv]

ⓥ 조각하다, 새기다
The canoe is carved from a single trunk of oak.
카누는 하나의 떡갈나무 기둥을 깎아서 만들어진다.

□ 0722 ★★
brand-new
[brǽndnjúː]

ⓐ 신상품의, 아주 새로운
The used car was more expensive than the brand-new one.
그 중고차는 신상품 차보다 더 비쌌다.

□ 0723 ★★
optical
[ɑ́ptikəl]

ⓐ 광(학)의, 빛의; 시각의
Optical fibers are used in telecommunications, medical treatment, etc.
광섬유는 통신, 의학 치료 등에 사용된다.

□ 0724 ★★★
prime
[praim]

ⓐ 제1의, 주된; 최상급의   ⓝ 전성기
Our prime concern is how to get a higher grade in English.
우리의 주된 관심사는 영어 과목에서 더 높은 점수를 받는 방법이다.

= main a. 가장 중요한, 주요한

□ 0725 ★
garage
[gərɑ́ːʒ]

ⓝ 자동차 정비소; 차고
I took my car to the garage to check the air conditioner.
나는 냉방장치를 점검하기 위해 차를 정비소에 가져갔다.

□ 0726 ★★
exquisite
[ikskwízit]

ⓐ 정교한, 세련된
The carvings on the tombstone are very exquisite and fine.
묘비에 새겨진 조각들은 매우 정교하고 섬세하다.

Yum! Yum!

• 타지마할의 건물 외벽에는 exquisite한 조각이 carve되어 있어요.
• 삼촌의 brand-new 차는 뽑은 지 하루 만에 고장이 나서 garage에 갔어.

□0727 ★★
cheer
[tʃiər]

ⓥ 응원하다, 환호하다   ⓝ 응원, 환호

The Celtics fans **cheered** their team to victory over the Rockets.
Celtics 팬들은 그들의 팀이 Rockets에 승리하도록 응원했다.

cheerful a. 명랑한, 쾌활한

□0728 ★★★
focus
[fóukəs]

ⓥ 집중하다, 초점을 맞추다   ⓝ 초점

Dr. Ludwig's research **focuses** on how food affects hormones.
Ludwig 박사의 연구는 음식이 어떻게 호르몬에 영향을 미치는지에 집중한다.

= **concentrate** v. 집중하다

□0729 ★★★
fee
[fi:]

ⓝ 요금; 수수료

Most hotels charge you an extra **fee** for bringing your dog.
대부분의 호텔들은 개를 데리고 오는 것에 추가 요금을 부과한다.

oom-in ㅣ 요금을 이르는 말

fee 요금; 수수료   rate (시간, 날짜 단위) 사용료   fare (교통수단) 운임, 요금
rent 임대료   toll (도로, 터널, 다리의) 통행료

□0730 ★★
mechanic
[məkǽnik]

ⓝ 정비공; (-s) 기계학

The **mechanic** fixed the brakes and replaced two tires.
정비공이 브레이크를 고치고 타이어 두 개를 교체했다.   .

□0731 ★★
bravery
[bréivəri]

ⓝ 용기, 용감(성)

It takes a great deal of **bravery** to stand up to our enemies.
-J. K. Rowling-
우리의 적에게 대항하는 데는 엄청난 용기가 필요하다.

brave a. 용감한

Yum!
Yum!

• 그 mechanic은 일에 focus하느라 내 말을 듣지 못했다.
• 우리나라 팀을 cheer하러 축구장에 갔는데 입장 fee가 너무 비쌌어요.

□ 0732 ★★★
due
[dju:]

ⓐ …에 원인이 되는; …하기로 예정된; 지급 기일이 된

Our loss was mainly **due** to my mistake.
우리의 패배는 나의 실수가 주된 원인이었다.

㉿ **due to** …에 기인하는, …때문에

□ 0733 ★★
drift
[drift]

ⓥ 표류하다, 떠가다; 이동하다   ⓝ 표류; 이동

The boat **drifted** away from the shore.
그 보트는 해변으로부터 멀리 떠내려갔다.

□ 0734 ★★
orbit
[ɔ́:rbit]

ⓝ 궤도   ⓥ 궤도를 돌다

On November 14, 1971, Mariner 9 entered into **orbit** around Mars.
1971년 11월 14일에 Mariner 9호가 화성의 궤도에 진입했다.

□ 0735 ★★★
prolong
[prəlɔ́:ŋ]

ⓥ 연장하다

Fred has agreed to **prolong** his contract with the company.
Fred는 그 회사와 계약을 연장하는 것에 합의했다.

□ 0736 ★★★
reserve
[rizə́:rv]

ⓥ 예약하다; 따로 보관해 두다   ⓝ 비축(물); 보호구역

I'd like to **reserve** a room for five nights from the tenth of this month.
나는 이달 10일부터 5일간 객실을 하나 예약하고 싶습니다.

reservation n. 예약; 할애   = **book** v. 예약하다
㉿ **in reverse** 비축되어 있는, 예비로 마련해 둔

□ 0737 ★★
diplomacy
[diplóuməsi]

ⓝ 외교

We should rely on **diplomacy** to solve conflicts between countries.
우리는 국가 간 분쟁을 해결하기 위해서 외교에 의지해야 한다.

diplomatic a. 외교적인   **diplomat** n. 외교관

Yum!
Yum!

• 고장 난 위성이 orbit을 벗어나 우주를 drift하고 있대요.
• 호텔객실 reservation 기간을 5일에서 7일로 prolong했어요.

□ 0738 ★

manners
[mǽnərz]

ⓝ 예의범절

Japanese table **manners** differ widely from American table manners.

일본의 식사예절은 미국의 식사예절과 크게 다르다.

cf. manner n. 방식, 방법

□ 0739 ★★★

flat
[flæt]

ⓐ 평평한; 납작한; 바람이 빠진   ⓝ 공동주택

The earth is not **flat** and is egg-shaped.

지구는 평평하지 않고 계란 모양이다.

= **level** a. 평평한

 oom-in ㅣ 주택을 이르는 말

flat (영국) 아파트, 연립주택   apartment 공동주택   condominium 공동주택

villa 교외의 주택, 별장   cottage 시골집, 산장   cabin 오두막

□ 0740 ★★★

float
[flout]

ⓥ 뜨다; 띄우다

Wood **floats** in water while iron sinks.

나무는 물에 뜨는 반면 쇠는 가라앉는다.

□ 0741 ★★

bunch
[bʌntʃ]

ⓝ 송이, 다발, 묶음; 많음

How much a **bunch** of grapes weighs depends on how big the **bunch** is.

한 송이의 포도 무게는 그 송이가 얼마나 큰지에 달려 있다.

□ 0742 ★★

erect
[irékt]

ⓥ 세우다; 건립하다   ⓐ 직립한

There are no barriers to our progress except those we ourselves **erect**. -Ronald Reagan-

우리 스스로가 세우는 것을 제외하고는 우리의 진보에는 어떤 장벽도 없다.

erection n. 건립

Yum! Yum!

• 통나무를 bunch로 묶어서 물에 float하면 바로 뗏목이 돼.

• 건물을 erect하려면 우선 땅을 flat하게 고르는 일을 해야해요.

☐0743 ★★★
import
[impɔ́ːrt]

ⓥ 수입하다 ⓝ 수입

Korea imports most of our sources of energy.
한국은 에너지원 대부분을 수입한다.

↔ **export** v. 수출하다 n. 수출

☐0744 ★★
erupt
[irʌ́pt]

ⓥ (화산이) 분출하다; 터지다

Everybody in the village is afraid that the volcano might erupt again.
그 마을의 모든 사람이 화산이 다시 분출할까봐 두려워한다.

eruption n. 분출, 분화

☐0745 ★★★
profit
[práfit]

ⓝ 이익, 수익, 이득

It's hard to make much profit from selling books these days.
요즘은 책을 팔아서 많은 이익을 남기기가 어렵다.

profitable a. 이득이 되는, 수익성 있는   ↔ **loss** n. 손실

☐0746 ★
dairy
[déəri]

ⓐ 유제품의; 낙농의   ⓝ 낙농장; 유제품 회사

Dairy products include milk, butter, cheese, yoghurt, etc.
유제품은 우유, 버터, 치즈, 요구르트 등을 포함한다.

☐0747 ★★★
permit
[pəːrmít]

ⓥ 허용하다, 허가하다

Capital punishment is permitted in some states but not others.
사형은 어떤 주에서는 허용되지만 다른 주에서는 그렇지 않다.

permission n. 허락, 허가

☐0748 ★★★
criticize
[krítisàiz]

ⓥ 비판하다, 비난하다

It is easy to criticize something, but not easy to correct it.
무언가를 비판하기는 쉽지만 그것을 고치기는 쉽지 않다.

criticism n. 비판, 비평   **critical** a. 비판적인; 중대한   **critic** n. 비평가
= **condemn** v. 비난하다

Yum! Yum!

• 올해 우유 소비가 감소해서 dairy 농가의 profit이 크게 줄었습니다.
• 근거 없는 criticism은 절대로 permit할 수 없어요.

□ 0749 ★★
dull
[dʌl]

ⓐ 우둔한; 무딘; 흐릿한; 지루한

All work and no play makes Jack a dull boy. -proverb-
일만 하고 놀지 않으면 우둔한 사람이 된다.

↔ **smart** a. 영리한

□ 0750 ★★
testimony
[téstəmòuni]

ⓝ 증언; 증거

They gave testimony a very short time after the crime.
그들은 범죄 발생 직후에 증언을 했다.

□ 0751 ★★★
organ
[ɔ́:rgən]

ⓝ (신체의 각) 기관, 장기; 〈악기〉 오르간

Mammals have more highly developed organs than birds.
포유류는 조류보다 훨씬 고도로 발달된 기관을 가지고 있다.

Ⓩoom-in | 신체기관을 이르는 말
sensory organ 감각기관   auditory organ 청각기관   visual organ 시각기관
digestive organ 소화기관   respiratory organ 호흡기관

□ 0752 ★★
gamble
[gǽmbl]

ⓥ 도박하다, 내기하다   ⓝ 도박, 노름

Teens should not be permitted to gamble online.
십대들이 온라인상에서 도박을 하도록 허용되어서는 안 된다.

gambling n. 도박, 내기   **gambler** n. 도박꾼

□ 0753 ★★★
penalty
[pénəlti]

ⓝ 처벌, 형벌; 벌금

There should be a bigger penalty fee for the wrong.
그 잘못에 대해 더 큰 벌칙금이 있어야 한다.

cf. **death penalty** 사형
숙 **pay the penalty for** …의 이유로 처벌을 받다

□ 0754 ★★
indispensable
[ìndispénsəbl]

ⓐ 없어서는 안 될, 필수적인

Computers have become indispensable in modern life.
컴퓨터는 현대 생활에서 없어서는 안 되게 되었다.

= **essential** a. 필수적인   ↔ **dispensable** a. 없어도 되는, 불필요한

Yum!
Yum!

• 우리 신체의 어떤 organ도 생명 유지에 indispensable하다.
• 불법 온라인 gamble 업체들이 적발되어 penalty를 받았습니다.

□ 0755 ★★
blend
[blend]

ⓥ 섞다; 섞이다   ⓝ 혼합

Put some sugar and flour to the bowl and blend them together.
설탕과 밀가루를 조금씩 그릇에 넣고 함께 섞어라.

= mix v. 섞다   ㉺ blend in with 조화를 이루다; (주위에) 섞여 들다

□ 0756 ★★★
advent
[ǽdvent]

ⓝ 도래, 등장

The advent of elevators has changed the skyline of modern cities.
엘리베이터의 등장은 현대 도시들의 스카이라인을 바꾸어 놓았다.

□ 0757 ★★★
endeavor
[indévər]

ⓝ 노력; 시도   ⓥ 노력하다, 애쓰다

The first step to make friends is an endeavor to understand each other.
친구를 사귀는 첫 번째 단계는 서로를 이해하려는 노력이다.

□ 0758 ★★
edit
[édit]

ⓥ 편집하다; 수정하다

One of my tasks is to edit a monthly newsletter.
내가 하는 일 중 하나는 월간 소식지를 편집하는 것이다.

edition n. 판본   editor n. 편집자, 편집장

□ 0759 ★
blessing
[blésiŋ]

ⓝ 축복, 은총

Ignorance is not a blessing; it's a misfortune.
무지는 축복이 아니다. 그것은 불행이다.

bless v. 축복을 내리다, 은총을 베풀다

□ 0760 ★★★
repair
[ripéər]

ⓥ 수리하다, 수선하다   ⓝ 수리, 수선

The broken heating has not been repaired yet.
고장 난 난방장치는 아직 수리되지 않았다.

repairman n. 수리공

Yum! Yum!

• 나는 라디오를 repair하려고 갖은 endeavor를 기울였지만 허사였다.
• 그는 자동차의 advent를 신의 blessing이라고 여길 정도로 차를 좋아했다.

TEST

A 빈칸에 해당하는 영어 단어 또는 우리말을 쓰시오.

1. 요금; 수수료 _____
2. 궤도; 궤도를 돌다 _____
3. (신체의 각) 기관 _____
4. 편집하다 _____
5. 자동차 정비소; 차고 _____
6. 섞다; 혼합 _____
7. 유제품의; 낙농의 _____
8. 뜨다; 띄우다 _____
9. 수입하다; 수입 _____
10. …에 원인이 되는 _____

11. manners _____
12. indispensible _____
13. profit _____
14. gamble _____
15. brand-new _____
16. advent _____
17. erupt _____
18. bravery _____
19. optical _____
20. mechanic _____

B 빈칸에 알맞은 단어를 〈보기〉에서 골라 쓰시오.

erect	criticize	diplomacy	exquisite
penalty	prolong	reserve	testimony

1. We should rely on _____ to solve conflicts between countries.
2. They gave _____ a very short time after the crime.
3. There should be a bigger _____ fee for the worng.
4. The carvings on the tombstone are very _____ and fine.
5. I'd like to _____ a room for five nights from the tenth of this month.
6. It is easy to _____ something, but not easy to correct it.
7. There are no barriers to our progress except those we ourselves _____.
8. Fred has agreed to _____ his contract with the company.

Answer Keys

A 1. fee 2. orbit 3. organ 4. edit 5. garage 6. blend 7. dairy 8. float 9. import 10. due 11. 예의범절
12. 없어서는 안 될 13. 이익, 수익 14. 도박하다; 도박 15. 신상품의 16. 도래, 등장 17. (화산이) 분출하다; 터지다
18. 용기, 용감(성) 19. 광(학)의, 빛의; 시각의 20. 정비공; 기계학 **B** 1. diplomacy 2. testimony 3. penalty
4. exquisite 5. reserve 6. criticize 7. erect 8. prolong

tough

형 1. 질긴, 튼튼한   2. 힘든   3. 강인한, 굳센

1. Some tomatoes have **tough** skins.
   어떤 토마토는 질긴 껍질을 가지고 있다.

2. The firm went through a really **tough** time.
   그 회사는 정말 힘든 시기를 겪었다.

3. He is **tough** enough to handle this disaster.
   그는 이 참사를 감당할 정도로 충분히 강인하다.

order

명 1. 순서   2. 정리정돈, 질서   3. 주문   4. 명령

1. Put the students' names in alphabetical **order**.
   학생들의 이름을 알파벳 순서대로 정리하시오.

2. Mom always tries to keep the house in **order**.
   어머니는 항상 집안을 정돈된 상태로 유지하려고 노력한다.

3. "May I take your **order** now?" said the waitress.
   "주문하시겠어요?"라고 웨이트리스가 말했다.

4. I can't believe that the soldier didn't obey **orders**.
   나는 그 군인이 명령에 복종하지 않았다는 것을 믿을 수 없다.

breed

1. 명 품종   2. 동 번식하다, 사육하다

1. The merino is a common **breed** of sheep in the U.S.
   메리노는 미국에서 흔한 양의 품종이다.

2. This island is a good place for sea gulls to **breed**.
   이 섬은 바다 갈매기들이 번식하기에 좋은 장소이다.

trial

명 1. 시도, 시험   2. 재판   3. 시련

1. Everybody learns by **trial** and error.
   누구나 다 시행착오를 통해 배운다.

2. In the U.S., **trial** by jury is a fundamental right.
   미국에서 배심원에 의한 재판은 기본적인 권리이다.

3. The film is about the **trial** of a black man.
   그 영화는 한 흑인 남자의 시련에 관한 것이다.

DAY 20

어휘 더하기 : 다의어 **❿**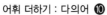

01	02	03	04	05	06	07	08	09	10

11	12	13	14	15	16	17	18	19	20

21	22	23	24	25	26	27	28	29	30

31	32	33	34	35	36	37	38	39	40

41	42	43	44	45

Day 19 | Review

앞에서 학습한 단어를 얼마나 기억하는지 체크해 보세요.
기억이 나지 않는 단어는 다시 한 번 학습하세요.

- □ carve
- □ optical
- □ prime
- □ exquisite
- □ bravery
- □ due
- □ focus
- □ fee
- □ diplomacy
- □ drift
- □ manners
- □ orbit
- □ import
- □ erupt
- □ prolong

- □ reserve
- □ bunch
- □ float
- □ flat
- □ erect
- □ testimony
- □ profit
- □ permit
- □ advent
- □ endeavor
- □ repair
- □ organ
- □ gamble
- □ penalty
- □ indispensable

□ 0761 ★★
wrap
[ræp]

ⓥ 싸다, 포장하다 ⓝ 포장지
I **wrapped** the package in plain brown paper.
나는 그 꾸러미를 아무 무늬 없는 갈색 종이에 쌌다.

□ 0762 ★★
charity
[tʃǽrəti]

ⓝ 자선(단체); 자비
My family does volunteer work with a local **charity** each summer.
우리 가족은 매 여름에 한 지역 자선단체와 봉사활동을 한다.

charitable a. 자선(단체)의; 자비로운, 관대한

□ 0763 ★★★
deny
[diná006i]

ⓥ 부인하다, 부정하다
We can't **deny** the fact that everyone wants to win.
우리는 모두가 이기고 싶어한다는 사실을 부인할 수 없다.

denial n. 부인, 부정 ↔ **admit** v. 시인하다

□ 0764 ★★
scream
[skri:m]

ⓥ 비명을 지르다, 소리치다 ⓝ 비명
A swimmer suddenly began to **scream** for help.
수영하고 있던 사람이 갑자기 도와달라고 소리치기 시작했다.

□ 0765 ★★★
burden
[bə́:rdn]

ⓝ 부담, 짐 ⓥ 부담〔짐〕을 지우다
Borrowing more money only adds to your **burden**.
더 많은 돈을 빌리는 것은 너의 부담을 가중시킬 뿐이다.

□ 0766 ★★
purity
[pjúərəti]

ⓝ 순도, 순수성; 깨끗함
The **purity** of gold is tested by putting them in the fire.
금의 순도는 그것을 불에 넣는 방법으로 검사된다.

pure a. 순수한, 깨끗한   **purify** v. 정화하다

Yum! Yum!

• 우리는 그에게 **burden**을 지우고 있음을 **deny**할 수 없었다.
• **charity** 회원들은 선물을 정성스럽게 **wrap**해서 고아원에 갔다.

□ 0767 ★★★

concerned
[kənsə́:rnd]

ⓐ 염려하는; 관심이 있는; 관련된

Some people are too much concerned about their looks.
어떤 사람들은 자신의 외모에 대해 너무 지나치게 염려한다.

concern v. 염려하게 하다; 관심을 갖게 하다 n. 우려; 관심사

□ 0768 ★

glare
[glɛər]

ⓥ 노려보다; 번쩍번쩍 빛나다 ⓝ 노려봄; 번쩍이는 빛

The boss glared at me when my mobile phone rang during the meeting.
상사는 회의 중에 내 휴대전화가 울리자 나를 노려보았다.

Zoom-in | '보다'에 대한 여러 가지 표현

glare 노려보다   gaze 물끄러미 보다   stare 응시하다
glance 힐끗 보다; 힐끗 봄   glimpse 일별하다; 일별

□ 0769 ★★★

conceal
[kənsí:l]

ⓝ 감추다, 숨기다

He tried to conceal his emotions, but she saw right through it.
그는 자신의 감정을 감추려 애썼지만, 그녀는 그것을 간파했다.

= hide v. 숨기다

□ 0770 ★★

treaty
[trí:ti]

ⓝ 조약, 협약, 협정

The Israel-Jordan peace treaty was signed on October 26, 1994.
이스라엘-요르단 평화 조약이 1994년 10월 26일에 체결되었다.

□ 0771 ★★★

abolish
[əbáliʃ]

ⓥ 폐지하다, 철폐하다

Many countries are trying to abolish the death penalty.
많은 나라들이 사형 제도를 폐지하려고 노력하고 있다.

abolition n. 폐지, 철폐

Yum!
Yum!

• 민영환 선생은 을사 treaty를 abolish하라고 주장하며 목숨을 끊었다.
• 먼 길 떠나는 아들을 보며 그녀는 concerned한 마음을 conceal할 수 없었다.

□ 0772 ★★
humiliate
[hju:mílièit]

ⓥ 굴욕을 주다

He humiliated me by calling me "a donkey."
그는 나를 '당나귀' 라고 부르며 나에게 굴욕을 주었다.

humiliation n. 굴욕, 수치

□ 0773 ★★
knock
[nɑk]

ⓥ 부딪치다; 두드리다

I knocked my elbow against something in the darkness and hurt it.
나는 어둠 속에서 무언가에 팔꿈치를 부딪쳐 다쳤다.

□ 0774 ★★
range
[reindʒ]

ⓥ (범위가) …에서 ~까지 다양하다; …에 이르다 ⓝ 범위, 다양성

The prices of our rackets range from $50 to $250.
우리 라켓의 가격은 50달러에서 250달러까지 다양하다.

□ 0775 ★★★
descend
[disénd]

ⓥ 내려가다, 하강하다

The doors closed, and the elevator began to descend.
문이 닫히고 엘리베이터가 내려가기 시작했다.

descent n. 내려가기, 하강   **descendant** n. 자손, 후손
↔ **ascend** v. 상승하다

□ 0776 ★★★
confine
[kənfáin]

ⓥ 한정하다; 넣다, 가두다

Confine yourself to the present and live today to the fullest. -Marcus Aurelius-
당신 자신을 현실에 한정하고 오늘을 충만하게 살라.

□ 0777 ★★★
charge
[tʃɑːrdʒ]

ⓥ 부과하다; 비난하다; 고소하다 ⓝ 요금

How much do you charge for babysitting per hour?
아기 돌보는 일에 시간 당 얼마의 요금을 받나요?

Yum!
Yum!

- 인간의 가청 range는 20Hz ~ 20,000Hz로 confine된다.
- 날이 저물자 산림감시원이 빨리 산에서 descend하라고 urge했다.

□ 0778 ★★★

enable
[inéibl]

ⓥ …을 할 수 있게 하다; 가능하게 하다

Art is the lie that **enables** us to realize the truth.
-Pablo Picasso-
예술은 우리로 하여금 진리를 깨달을 수 있게 하는 거짓말이다.

□ 0779 ★★

filter
[fíltər]

ⓝ 필터, 여과기 ⓥ 여과하다, 거르다

An air **filter** can **filter** dust particles out of the air.
공기 여과장치는 공기에서 먼지 분자들을 여과시킬 수 있다.

□ 0780 ★★

dwell
[dwel]

ⓥ 서식하다, 주거하다

Most bats **dwell** in caves or mines.
대부분의 박쥐들은 동굴이나 광산에 서식한다.

dwelling n. 주거지, 집   **dweller** n. 거주자

ⓩoom-in I '살다', '거주하다'의 의미를 가진 동사
자동사: dwell 주거하다   reside 거주하다   live (특정 장소에서) 거주하다
타동사: inhabit (특정 지역에) 거주하다, 서식하다   populate (사람이) 살다

□ 0781 ★★★

inject
[indʒékt]

ⓥ 주입하다; 주사하다

Fuel is **injected** into the engine cylinders and burnt.
연료는 엔진의 실린더로 주입되어 연소된다.

injection n. 주입; 주사

□ 0782 ★★

epidemic
[èpədémik]

ⓝ 전염병, 유행병

There was an **epidemic** of cholera in New York in 1849.
1849년에 뉴욕에서 콜레라 전염병이 돌았다.

cf. pandemic n. 전국 또는 전세계적인 유행병

Yum!
Yum!

• 연료가 엔진으로 inject되기 전에 여과장치가 불순물을 filter한다.
• epidemic이 돌아 그 마을에 dwell하는 많은 사람이 죽었다.

☐ 0783 ★
beard
[biərd]

ⓝ (턱)수염

A little girl advised Lincoln to wear a beard.
한 어린 소녀가 Lincoln에게 턱수염을 기르라고 조언했다.

cf. mustache n. 콧수염   **whisker** n. 구레나룻; (동물의) 수염

☐ 0784 ★★
abbreviate
[əbríːvièit]

ⓥ 축약하다

"Kilometer" can be abbreviated as "km."
'킬로미터'는 'km'로 축약될 수 있다.

abbreviation n. 축약형, 축약

☐ 0785 ★★★
initial
[iníʃəl]

ⓐ 처음의, 최초의   ⓝ 머리글자, 첫 글자

His initial reaction to my suggestion wasn't good.
나의 제안에 대한 그의 첫 반응은 별로 좋지 않았다.

initiate v. 개시하다, 착수하다   **initially** ad. 처음에

☐ 0786 ★★★
insult
[ínsʌlt] ⓝ
[insʌ́lt] ⓥ

ⓝ 모욕(적인 행동)   ⓥ 모욕하다

The "okay" gesture is an insult in Turkey.
'오케이' 제스처는 터키에서는 모욕이다.

☐ 0787 ★★★
extract
[ikstrǽkt] ⓥ
[ékstrækt] ⓝ

ⓥ 추출하다, 뽑다; 발췌하다   ⓝ 추출물; 발췌

Ancient people had to crush olives by foot to extract oil from them.
고대인들은 올리브에서 기름을 추출하기 위해서 발로 그것들을 으깨야 했다.

extraction n. 추출

☐ 0788 ★
hypothesis
[haipáθəsis]

ⓝ 가설; 가정

A great theory may be built from a simple hypothesis.
위대한 이론은 단순한 가설에서 만들어질 수 있다.

Yum! Yum!

- 그 hypothesis를 처음 발표했을 때 그는 사람들로부터 insult를 당했다.
- DNA 바코드를 만드는 initial 단계는 그 생물의 DNA를 extract하는 것이다.

□ 0789 ★★★
violence
[váiələns]

ⓝ 폭력, 폭행
Violence can never be an option for solving problems.
폭력은 절대로 문제 해결을 위한 선택 방안이 될 수 없다.

violent a. 폭력적인, 난폭한

□ 0790 ★
dreadful
[drédfəl]

ⓐ 두려운, 무시무시한; 끔찍한
His voice was so **dreadful** that I couldn't bear it.
그의 목소리가 너무 두려워서 나는 참을 수가 없었다.

dread v. 두려워하다 n. 두려움   **dreadfulness** n. 공포
= **awful** a. 무시무시한; 끔찍한

□ 0791 ★
seal
[si:l]

ⓥ 밀봉하다   ⓝ 밀봉; 봉인; 바다표범
When **sealed**, food stays fresh for a long period of time.
밀봉되었을 때 음식은 장기간 신선하게 유지된다.

□ 0792 ★★★
loose
[lu:s]

ⓐ 느슨한, 헐거운; 풀린
The tap is **loose** and needs tightening.
수도꼭지가 느슨해져서 단단히 조일 필요가 있다.

loosen v. 느슨하게 하다
↔ **tight** a. 팽팽한, 꽉 끼는

□ 0793 ★
manual
[mǽnjuəl]

ⓝ 사용설명서   ⓐ 손으로 하는, 육체노동의
I read the **manual** but didn't get much of information from it.
나는 사용설명서를 읽었지만, 그것으로부터 별 정보를 얻지 못했다.

□ 0794 ★★
interval
[íntərvəl]

ⓝ (시간·장소) 간격, 사이
He left the room and returned after a short **interval**.
그녀는 방을 나갔다가 잠시 후에 돌아왔다.

Yum!
Yum!

• **seal**한 뚜껑이 **loose**해져서 공기가 새어 들어갔다.
• 이 제품의 온라인 **manual**은 일정한 **interval**을 두고 업데이트된다.

□ 0795 ★

script
[skript]

ⓝ 대본; 글씨(체)

Actors read scripts to find out what to say and what to do.
배우들은 무엇을 말하고 무엇을 해야 하는지를 알기 위해 대본을 읽는다.

scripter n. 대본 작가

□ 0796 ★★

condemn
[kəndém]

ⓥ 책망하다, 비난하다

Do not condemn who you were yesterday, and dream of who you can be tomorrow. -Neale Donald Walsch-
당신이 어제 누구였는가를 책망하지 말고 내일 당신이 될 수 있는 것을 꿈꿔라.

= criticize v. 비난하다

□ 0797 ★★★

ascent
[əsént]

ⓝ 올라가기, 상승

We waited while the sun continued its ascent into the sky.
우리는 태양이 하늘로 계속해서 오르는 동안 기다렸다.

ascend v. 상승하다, 솟아오르다   ↔ descent n. 내려가기, 하강

□ 0798 ★★★

grasp
[ɡræsp]

ⓥ 붙잡다; 이해하다   ⓝ 움켜잡기; 이해

The girl grasped at her rescuer and held tightly.
그 소녀는 자신을 구하러 온 사람을 붙잡고 단단히 쥐었다.

---

 oom-in | '잡다', '붙들다'의 의미를 나타내는 동사

grasp 꽉 붙잡다   grab (단단히) 움켜잡다   grip 꽉 쥐다, 꼭 잡다   hold 잡다

□ 0799 ★

maternal
[mətə́:rnl]

ⓐ 어머니의, 모성의

Maternal love is also so strong in animals.
모성애는 동물들에게도 매우 강하다.

↔ paternal a. 아버지의

□ 0800 ★

humanity
[hju:mǽnəti]

ⓝ 인류; 인간성

Climate change has become the main danger for humanity.
기후 변화는 인류에게 주요한 위험이 되었다.

 Yum! Yum!

• maternal love는 humanity의 가장 본능적인 사랑이다.
• 롤러코스터가 ascent를 시작하자 나는 손잡이를 꼭 grasp했다.

TEST

A 빈칸에 해당하는 영어 단어 또는 우리말을 쓰시오.

1. 느슨한, 헐거운   _____
2. 폭력, 폭행   _____
3. (턱)수염   _____
4. 주입하다; 주사하다   _____
5. 부인하다, 부정하다   _____
6. 순도; 깨끗함   _____
7. (범위가) …에 이르다   _____
8. 추출하다; 추출물   _____
9. 모욕; 모욕하다   _____
10. 대본   _____

11. charity   _____
12. dreadful   _____
13. epidemic   _____
14. burden   _____
15. abbreviate   _____
16. treaty   _____
17. humiliate   _____
18. glare   _____
19. enable   _____
20. confine   _____

B 빈칸에 알맞은 단어를 〈보기〉에서 골라 쓰시오.

abolish	ascent	urge	conceal
descend	dwell	hypothesis	initial

1. We waited while the sun continued its _____ into the sky.
2. A great theory may be built from a simple _____.
3. We _____ the Japanese government to "face up to history."
4. Most bats _____ in caves or mines.
5. He tried to _____ his emotions, but she saw right through it.
6. His _____ reaction to my suggestion wasn't good.
7. The doors closed, and the elevator began to _____.
8. Many countries are trying to _____ the death penalty.

Answer Keys

A 1. loose 2. violence 3. beard 4. inject 5. deny 6. purity 7. range 8. extract 9. insult 10. script
11. 자선(단체); 자비 12. 무시무시한; 끔찍한 13. 전염병, 유행병 14. 부담; 부담을 지우다 15. 축약하다 16. 조약, 협약
17. 굴욕을 주다 18. 노려보다; 노려봄 19. …을 할 수 있게 하다 20. 한정하다   B 1. ascent 2. hypothesis 3. urge
4. dwell 5. conceal 6. initial 7. descend 8. abolish

property

명 1. 재산, 부동산   2. 속성, 특성

1. Natural disasters threaten human life and **property**.
   자연재해는 인명과 재산을 위협한다.

2. Most metals have the **property** of reacting with acids.
   대부분의 금속이 산과 반응하는 속성을 갖고 있다.

resolve

동 1. 해결하다   2. 결심하다

1. It seems impossible to **resolve** the conflicts.
   그 분쟁을 해결하기가 불가능해 보인다.

2. I **resolved** that I would never talk to her again.
   나는 결코 그녀와 다시는 말하지 않겠노라고 결심했다.

secretary

명 1. 비서   2. 장관

1. I asked my **secretary** to type a few letters.
   나는 비서에게 편지 몇 통을 타이핑해 달라고 했다.

2. The **Secretary** of State announced a new economic policy.
   국무장관이 새로운 경제 정책을 발표했다.

suggest

동 1. 제안하다   2. 암시하다, 시사하다

1. My friend **suggested** that I take a few days off.
   내 친구는 나에게 며칠 휴가를 내라고 제안했다.

2. The study **suggests** that aging may be avoidable.
   그 연구는 노화를 피할 수 있을지도 모른다는 것을 시사한다.

숙어 꿀꺽 | Day 16 – Day 20

☐ **be anxious for** …을 열망하다 → 0601

We **are** all **anxious for** an end to this misery.
우리는 모두 이 불행이 끝나기를 열망한다.

☐ **be absent from** 결석하다, 부재하다 → 0623

Five pupils **were absent from** school due to heavy snow.
5명의 학생들이 폭설로 인해 학교에 결석했다.

☐ **put a barrier between** …사이를 갈라놓다 → 0625

Sin **puts a barrier between** God and man.
죄악은 신과 인간을 갈라놓는다.

☐ **be hesitant to do** …하기를 주저하다 → 0633

She **was hesitant to discuss** her personal matter with me.
그녀는 사적인 문제를 나와 논의하기를 주저했다.

☐ **make an exception of** …는 예외로 하다 → 0644

One tends to **make an exception of** his or her own case.
사람들은 자기 자신의 경우는 예외로 하는 경향이 있다.

☐ **accuse A of B** A를 B라고 비난하다〔고소하다〕 → 0649

Some **accused** the authorities **of** failing to cope with the new flu virus.
몇몇 사람들은 새로운 독감 바이러스에 대처하는 데 실패했다고 당국을 비난했다.

☐ **be opposed to** …에 반대하다 → 0667

The church **was** strongly **opposed to** the concept of evolution.
교회는 진화의 개념에 강력히 반대하였다.

□ **in disguise** 변장하여, 외면상으로 모르게 → 0673

Athena appears **in disguise** to Odysseus upon his arrival.
아테네가 오디세우스의 도착에 맞추어 변장을 하고 나타난다.

□ **at a stretch** 한 번에, 단숨에 → 0688

Horses should not travel more than 8 hours **at a stretch**.
말은 한 번에 8시간 이상 이동해서는 안 된다.

□ **in brief** 간단히 말해 → 0707

In brief, you must relax before any tests.
간단히 말해, 당신은 어떤 시험이든 먼저 긴장을 풀어야 한다.

□ **be due to do** …할 예정이다 → 0732

The flight **is due to arrive** in Dubrovnik at 13:45.
그 항공편은 Dubrovnik에 13:45에 도착할 예정이다.

□ **keep ... in reserve** 예비로 남겨두다 → 0736

You should **keep** some money **in reserve** for a rainy day.
당신은 궂은 날에 대비해 얼마간의 돈을 예비로 남겨두어야 한다.

□ **dispense with** …없이 지내다 → 0754

If we try to, we can **dispense with** paper napkins and plastic cups.
우리가 노력한다면 우리는 종이 냅킨이나 플라스틱 컵 없이 지낼 수 있다.

□ **at regular intervals** 일정한 간격을 두고 → 0794

We feed the body **at regular intervals**, three times a day.
우리는 일정한 간격을 두고, 하루에 세 번 몸에 음식을 공급한다.

※ 절취선을 따라 자른 후 휴대하면서 꼭꼭 외우세요.

1.	anxiety	불안(감), 염려	26.	outbreak	발발, 발생
2.	evidence	증거, 흔적	27.	postpone	미루다
3.	banish	추방하다	28.	substantial	상당한
4.	formal	격식을 차린	29.	potential	잠재적인
5.	bankrupt	파산한	30.	bother	괴롭히다
6.	bear	참다, 견디다	31.	amend	개정하다
7.	absence	부재, 결석; 결핍	32.	dedicate	전념하다
8.	sneeze	재채기(하다)	33.	costume	의상, 복장
9.	routine	일상적인; 일상	34.	patent	특허(권); 특허의
10.	responsibility	책임, 의무	35.	gloomy	우울한
11.	jewelry	보석류	36.	monopoly	독점(권)
12.	impulsive	충동적인	37.	omit	빠뜨리다
13.	barrier	장벽, 장애물	38.	brief	간결한, 짧은
14.	undertake	착수하다	39.	comfortable	안락한, 편안한
15.	vanish	사라지다	40.	self-esteem	자긍심, 자부심
16.	grab	붙잡다	41.	ensure	책임지다
17.	condense	압축하다	42.	accelerate	가속하다
18.	vast	광활한, 방대한	43.	department	부, 과; 국
19.	hesitate	주저하다	44.	optical	광(학)의; 시각의
20.	mission	임무; 사절단	45.	prime	제1의, 주된
21.	convert	전환하다	46.	exquisite	정교한, 세련된
22.	exception	예외	47.	mechanic	정비공; 기계학
23.	inspect	검사하다	48.	diplomacy	외교
24.	advocate	지지하다	49.	orbit	궤도(를 돌다)
25.	receipt	영수증	50.	erupt	분출하다

51. patience	인내심, 참을성	76. prolong	연장하다
52. accuse	비난하다	77. reserve	예약하다
53. boast	자랑하다; 자랑	78. erect	세우다; 직립한
54. evident	명백한, 분명한	79. float	뜨다; 띄우다
55. stereotype	고정관념	80. testimony	증언; 증거
56. legislation	입법, 법률 제정	81. dairy	유제품의
57. resign	사임하다	82. endeavor	노력; 노력하다
58. alter	바꾸다	83. criticize	비판하다
59. recognize	알아보다	84. advent	도래, 등장
60. oppose	반대하다	85. organ	기관; 오르간
61. annual	연례적인	86. penalty	처벌; 벌금
62. confess	자백하다	87. indispensible	없어서는 안 될
63. cancel	취소하다	88. charity	자선(단체)
64. shrink	줄어들다	89. deny	부인하다
65. envious	부러워하는	90. burden	부담(을 지우다)
66. convey	전달하다	91. humiliate	굴욕을 주다
67. describe	설명하다	92. conceal	감추다, 숨기다
68. divorce	이혼하다; 이혼	93. abolish	폐지하다
69. principle	원리, 원칙	94. descend	내려가다
70. existence	존재, 실존	95. confine	한정하다
71. disguise	변장하다; 변장	96. dwell	서식하다
72. protest	시위; 항의하다	97. inject	주입하다
73. primitive	원시의; 초기의	98. insult	모욕; 모욕하다
74. transition	과도기; 변천	99. extract	추출하다
75. resident	거주자	100. loose	느슨한

DAY 21

어휘 더하기 : 혼동어 **1**

01	02	03	04	05	06	07	08	09	10
11	12	13	14	15	16	17	18	19	20
21	22	23	24	25	26	27	28	29	30
31	32	33	34	35	36	37	38	39	40
41	42	43	44	45					

Day 20 | Review

앞에서 학습한 단어를 얼마나 기억하는지 체크해 보세요.
기억이 나지 않는 단어는 다시 한 번 학습하세요.

- □ wrap
- □ charity
- □ deny
- □ purity
- □ humiliate
- □ concerned
- □ glare
- □ conceal
- □ treaty
- □ abolish
- □ range
- □ beard
- □ descend
- □ confine
- □ enable

- □ abbreviate
- □ violence
- □ dwell
- □ dreadful
- □ inject
- □ epidemic
- □ initial
- □ insult
- □ condemn
- □ ascent
- □ extract
- □ hypothesis
- □ grasp
- □ maternal
- □ humanity

□ 0801 ★★★
spare
[spɛər]

ⓥ 절약하다; 떼어 두다 ⓐ 여분의, 별도의

Shopping online is an excellent means to spare time and money.
온라인으로 쇼핑하는 것은 시간과 돈을 절약하는 훌륭한 방법이다.

□ 0802 ★★★
upset
[ʌpsét] ⓐⓥ
[ʌ́pset] ⓝ

ⓐ 화가 난; 혼란한; 뒤집힌 ⓥ 전복시키다 ⓝ 전복

I got very upset when I found my dog chewed my shoe up.
나는 나의 개가 신발을 물어뜯어 놓은 것을 발견했을 때 매우 화가 났다.

□ 0803 ★★
inclined
[inkláind]

ⓐ …을 하고 싶은; …하는 경향이 있는

Some young people are inclined to seek better opportunities abroad.
몇몇 젊은 사람들은 외국에 나가 더 좋은 기회들을 찾고 싶어한다.

incline v. …쪽으로 기울다 **inclination** n. 의향, 성향

□ 0804 ★★★
expression
[ikspréʃən]

ⓝ 표현

In the Korean language, there are many expressions of respect.
한국어에는 존경에 관한 여러 가지 표현들이 있다.

express v. 표현하다 **expressive** a. 표현의, 표현력이 풍부한

□ 0805 ★
coverage
[kʌ́vəridʒ]

ⓝ 보도, 취재; (보험의) 보상 범위

The Internet is offering more and more live coverage of sporting events.
인터넷은 점점 더 많은 스포츠 경기의 실황 보도를 제공하고 있다.

□ 0806 ★★
legitimate
[lidʒítəmət]

ⓐ 합법적인

Remember that piracy is not a legitimate activity.
저작권 침해는 합법적인 행위가 아니라는 것을 명심하시오.

legitimacy n. 합법성, 적법

Yum! Yum!

- expression의 자유는 지극히 legitimate한 것이지요.
- 사실과 다른 언론의 coverage 때문에 나는 몹시 upset했다.

□ 0807 ★★
spoil
[spɔil]

ⓥ 망치다, 상하게 하다

Spare the rod, **spoil** the child. -proverb-
매를 아끼면 자식을 망친다.

□ 0808 ★★★
violate
[váiəlèit]

ⓥ 위반하다

When you **violate** the law, you are subject to the penalties.
당신이 법을 위반했을 때는 벌을 받아야 한다.

violation n. 위반

□ 0809 ★
grain
[grein]

ⓝ 곡물; 알갱이

Ready-to-eat cereal contains several **grains**.
바로 먹을 수 있는 시리얼(곡물식)에는 여러 곡물들이 들어 있다.

Ⓩoom-in ㅣ **곡물의 종류**

rice 쌀   barley 보리   wheat 밀   oat 귀리   corn 옥수수

□ 0810 ★★★
abortion
[əbɔ́ːrʃən]

ⓝ 낙태

There have been many arguments on **abortion** throughout the world.
전세계적으로 낙태에 관해 많은 논쟁이 있어 왔다.

abort v. 낙태하다; 중단시키다

□ 0811 ★★★
memorize
[méməràiz]

ⓥ 암기하다

To **memorize** lyrics and melody, I listened to it over and over again.
가사와 선율을 암기하기 위해 나는 그것을 계속해서 들었다.

memorization n. 암기

Yum! Yum!

• **memorization** 위주의 주입식 교육은 학생들의 창의력을 **spoil**한다.
• 많은 나라에서 **abortion**은 법을 **violate**하는 행위이다.

□ 0812 ★★
renew
[rinjú:]

ⓥ 갱신하다; 재개하다

You are required to **renew** your passport every five years.
당신은 여권을 5년마다 갱신해야 한다.

renewal n. 갱신, (기한) 연장; 재개

□ 0813 ★★★
vote
[vout]

ⓥ 투표하다, 선거하다   ⓝ 투표; 표

Switzerland's women were granted the right to **vote** only in 1971.
스위스 여성들은 1971년에서야 투표권을 부여받았다.

□ 0814 ★
fatigue
[fətí:g]

ⓝ 피로, 피곤

Drinking enough water is a good way to avoid **fatigue**.
충분한 양의 물을 마시는 것은 피로를 예방하는 훌륭한 방법이다.

□ 0815 ★★
remedy
[rémədi]

ⓝ 치료(법); 처리방안, 해결책

Tea tree oil is good home **remedy** for acne.
차나무 기름은 여드름에 좋은 민간 치료법이다.

= cure n. 치료법; 해결책

□ 0816 ★★
compassion
[kəmpǽʃən]

ⓝ 동정, 연민, 불쌍하게 여김

Without love and **compassion**, humanity cannot survive.
-Dalai Lama-
사랑과 연민이 없다면, 인류는 생존할 수 없다.

compassionate a. 동정적인, 연민하는   **= sympathy** n. 동정, 연민

□ 0817 ★★★
anonymous
[ənɑ́nəməs]

ⓐ 익명의

I never open **anonymous** e-mail.
나는 절대로 익명의 전자 메일을 열어보지 않는다.

anonymity n. 익명

Yum!
Yum!

• 마사지는 신체의 **fatigue**를 푸는 좋은 **remedy** 중 하나이다.
• **anonymous**의 기부자들이 이재민들에게 **compassion**의 손길을 보내왔다.

□ 0818 ★★
spill
[spil]

ⓝ 유출, 흘림　ⓥ 유출하다, 흘리다

Volunteers from all over the country came to help the oil **spill** cleanup.
전국에서 자원봉사자들이 기름 유출 사고의 정화를 돕기 위해 왔다.

□ 0819 ★
unity
[júːnəti]

ⓝ 단결, 통일

In **unity**, there is strength. -proverb-
단결에 힘이 있다.

unite v. 통합시키다; 연합하다

□ 0820 ★★★
request
[rikwést]

ⓥ 요구하다　ⓝ 요구

He **requested** that all the information be shared.
그는 모든 정보가 공유될 것을 요구했다.

🔍 oom-in ｜ 목적절에 「(should)＋원형동사」를 쓰는 동사들
request, ask, demand, urge 요구하다　　suggest, propose 제안하다
recommend 권유하다　　command, order 명령하다　　insist 주장하다

□ 0821 ★★★
split
[split]

ⓥ 나누다, 쪼개다

Koreans do not usually **split** the bill at a restaurant.
한국인들은 보통 식당에서 음식값을 나누어 내지 않는다.

＝ **divide** v. 나누다

□ 0822 ★
personnel
[pə̀ːrsənél]

ⓝ 직원들, 총인원

Today companies need to retrain their **personnel** on a regular basis.
오늘날 기업들은 주기적으로 직원들을 재훈련시킬 필요가 있다.

Yum!
Yum!

• 회사의 모든 personnel이 unite하여 불황을 극복해야합니다.
• 그는 우리가 돈을 똑같이 split해야한다고 request했다.

□ 0823 ★
inborn
[ínbɔ́ːrn]

ⓐ 타고난, 선천적인

I wonder if we have an inborn fear of snakes and spiders.
나는 우리가 뱀과 거미에 대한 타고난 두려움이 있는지 궁금하다.

= **innate** a. 타고난

□ 0824 ★
polar
[póulər]

ⓐ 북극의, 극지의

The animals living in the polar regions should survive the extreme cold.
북극 지방에 사는 동물들은 극한의 추위에서 살아남아야 한다.

the North Pole n. 북극

□ 0825 ★★
courteous
[kɔ́ːrtiəs]

ⓐ 예절을 갖춘, 공손한

Being courteous is the best way to create harmony within human society.
예절을 갖추는 것은 인간 사회에서 조화를 만들어내는 최고의 방법이다.

courtesy n. 예절   **courteously** ad. 공손하게

□ 0826 ★★★
serious
[síəriəs]

ⓐ 심각한, 진지한

Depression is a serious disease that requires timely treatment.
우울증은 시기적절한 치료를 요하는 심각한 질병이다.

seriousness n. 심각함, 진지함   **seriously** ad. 심각하게, 진지하게

□ 0827 ★★
hospitable
[háspitəbl]

ⓐ 우호적인, 환대하는

Have an open mind and be hospitable to new ideas.
열린 마음을 갖고 새로운 생각에 우호적이 되어라.

hospitality n. 환대

□ 0828 ★★
literacy
[lítərəsi]

ⓝ 읽고 쓰는 능력

The literacy rate of the small village is almost 100 percent.
그 작은 마을의 읽고 쓸 줄 아는 사람의 비율은 거의 100퍼센트이다.

literate a. 읽고 쓸 줄 아는   ↔ **illiteracy** n. 문맹

Yum!
Yum!

• 어떤 나라에서는 매우 낮은 literacy rate가 serious한 사회 문제입니다.
• courteous하면 어디를 가도 사람들이 hospitable한 태도로 대합니다.

□ 0829 ★
peer
[piər]

ⓝ 동년배, 또래

Peers influence your life just by spending time with you.
동년배들은 단지 함께 시간을 보냄으로써 당신의 삶에 영향을 미친다.

□ 0830 ★★
hollow
[hálou]

ⓐ 빈; 공허한

A **hollow** tunnel was found under the Sphinx in 1988.
1988년에 스핑크스 아래에서 빈 터널이 발견되었다.

= **empty** a. 빈   **void** a. 텅 빈

□ 0831 ★★★
pause
[pɔːz]

ⓝ 멈춤, 중지   ⓥ 잠시 멈추다, 중단하다

After a brief **pause**, the speaker continued talking.
잠시 멈춘 후에 강연자는 말을 이어갔다.

= **stop** n. 멈춤 v. 멈추다

□ 0832 ★★
retail
[ríːteil]

ⓝ 소매(업)   ⓥ 소매하다

Retail is one of the largest industries in the United States.
소매업은 미국에서 가장 큰 산업 중 하나이다.

retailer n. 소매업자, 소매상   **cf. wholesale** a. 도매의

□ 0833 ★★
notion
[nóuʃən]

ⓝ 개념, 관념

Some languages don't have a clear **notion** of subject and object.
몇몇 언어들은 주어와 목적어의 명확한 개념이 없다.

notional a. 개념상의, 관념적인

□ 0834 ★★★
infect
[infékt]

ⓥ 감염시키다

It was found that the patient was **infected** with some unknown virus.
그 환자는 어떤 알려지지 않은 바이러스에 감염된 것으로 확인되었다.

infective a. 전염성의   **infection** n. 감염

Yum!
Yum!

• 컴퓨터가 자주 **pause** 증상을 보인다면 바이러스에 **infect**되었을 수 있다.
• **retail**은 물건을 생산자에게 사서 직접 소비자에게 판다는 **notion**이다.

□ 0835 ★★
idle
[áidl]

ⓐ 한가한; 나태한   ⓥ 빈둥거리다
After busy morning hours, now we have an idle afternoon.
분주한 아침 시간이 지난 후, 지금 우리는 한가한 오후를 보낸다.

idleness n. 한가함, 나태함

□ 0836 ★
mount
[maunt]

ⓥ 올라타다; 올라가다
The traveler mounted his horse and rode south.
그 여행자는 말에 올라타고 남쪽으로 갔다.

□ 0837 ★
postage
[póustidʒ]

ⓝ 우편 요금, 우송료
The concept of prepaid postage was invented by the English.
선불 우편 요금 제도의 개념은 영국인에 의해 생겨났다.

post n. 우편, 우편물 v. 부치다   **postal** a. 우편의

□ 0838 ★★
branch
[bræntʃ]

ⓝ (나무) 가지; (기업) 지사, 지부
Where there are many branches, there is always wind.
-proverb-
가지 많은 나무에 바람 잘 날 없다.

 oom-in ㅣ **나무의 구조**

leaf 잎	twig 잔가지	branch 가지	limb 큰 가지
trunk 나무의 몸통	root 뿌리	bark 껍질	

□ 0839 ★★
altitude
[ǽltətjùːd]

ⓝ 고도
As the altitude gets higher, the air pressure becomes less.
고도가 올라감에 따라 기압은 낮아진다.

□ 0840 ★★★
distinct
[distíŋkt]

ⓐ 뚜렷한, 두드러진
Beer has a distinct smell and so does wine and whiskey.
맥주는 뚜렷한 냄새를 가지고 있으며, 포도주와 위스키 또한 그러하다.

distinction n. 구별, 특징   **distinctive** a. 독특한, 특징적인

 Yum! Yum!

• 새로운 품종인 그 나무는 branch가 유난히 굵다는 distinct한 특징이 있다.
• 그는 말에 mount하고 들판을 거닐며 idle한 시간을 보내고 있다.

TEST

A 빈칸에 해당하는 영어 단어 또는 우리말을 쓰시오.

1. 유출; 유출하다 _____
2. 표현 _____
3. 북극의, 극지의 _____
4. 단결, 통일 _____
5. 동년배, 또래 _____
6. 고도 _____
7. 감염시키다 _____
8. 개념, 관념 _____
9. 위반하다 _____
10. 소매(업); 소매하다 _____

11. inborn _____
12. inclined _____
13. fatigue _____
14. remedy _____
15. anonymous _____
16. request _____
17. split _____
18. postage _____
19. hollow _____
20. courteous _____

B 빈칸에 알맞은 단어를 〈보기〉에서 골라 쓰시오.

abortion	compassion	coverage	hospitable
legitimate	literacy	memorize	personnel

1. The _____ rate of the small village is almost 100 percent.
2. Today companies need to retrain their _____ on a regular basis.
3. To _____ lyrics and melody, I listened to it over and over again.
4. There have been many arguments on _____ throughout the world.
5. The Internet is offering more and more live _____ of sporting events.
6. Have an open mind and be _____ to new ideas.
7. Remember that piracy is not a _____ activity.
8. Without love and _____, then humanity cannot survive.

Answer Keys

A 1. spill 2. expression 3. polar 4. unity 5. peer 6. altitude 7. infect 8. notion 9. violate 10. retail
11. 타고난, 선천적인 12. …을 하고 싶은; …하는 경향이 있는 13. 피로, 피곤 14. 치료(법); 해결책 15. 익명의
16. 요구하다; 요구 17. 나누다, 쪼개다 18. 우편 요금 19. 빈; 공허한 20. 예절을 갖춘, 공손한   **B** 1. literacy
2. personnel 3. memorize 4. abortion 5. coverage 6. hospitable 7. legitimate 8. compassion

어휘 ⊕ 더하기 혼동어 ①

---

personnel ⑲ 직원들, 총인원 vs. personal ⑲ 개인의, 사적인

Many **personnel** are unaware
of the security threats.
많은 직원들이 보안 위협에 대해 인식하지 않는다.

There is little **personal** life for presidents.
대통령에게 사적인 생활이란 거의 없다.

---

literacy ⑲ 읽고 쓰는 능력 vs. literature ⑲ 문학

The main objective of this project is to improve adult **literacy**.
이 기획의 주 목적은 성인의 읽고 쓰는 능력을 향상시키는 것이다.

Early Korean **literature** was heavily influenced by Buddhism.
초기 한국 문학은 불교의 영향을 크게 받았다.

---

courteous ⑱ 공손한, 예절을 갖춘 vs. courageous ⑱ 용감한

Our staff provides **courteous**, timely customer support.
우리 직원들은 공손하고 시기적절한 고객 지원을 제공한다.

A **courageous** man saved 30 people from a burning bus.
한 용감한 남자가 불타는 버스에서 30명을 구했다.

---

altitude ⑲ 고도 vs. aptitude ⑲ 적성, 소질

At an **altitude** of 1,100m, the plane was attacked by a fighter jet.
고도 1,100미터에서 그 비행기는 전투기의 공격을 받았다.

It is important that you match your major with your **aptitude**.
당신의 전공과 적성을 일치시키는 것이 중요하다.

DAY 22

어휘 더하기 : 혼동어 ❷

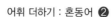

01	02	03	04	05	06	07	08	09	10
●	●	●	●	●	●	●	●	●	●

11	12	13	14	15	16	17	18	19	20
●	●	●	●	●	●	●	●	●	●

21	22	23	24	25	26	27	28	29	30
●	●								

31	32	33	34	35	36	37	38	39	40

41	42	43	44	45

Day 21 | Review

앞에서 학습한 단어를 얼마나 기억하는지 체크해 보세요.
기억이 나지 않는 단어는 다시 한 번 학습하세요.

- □ renew
- □ expression
- □ coverage
- □ legitimate
- □ spoil
- □ violate
- □ grain
- □ vote
- □ abortion
- □ spill
- □ inborn
- □ polar
- □ fatigue
- □ remedy
- □ compassion

- □ anonymous
- □ unity
- □ peer
- □ hollow
- □ personnel
- □ idle
- □ courteous
- □ mount
- □ hospitable
- □ literacy
- □ pause
- □ retail
- □ notion
- □ infect
- □ distinct

Wow!!

☐ 0841 ★ ★ ★
claim
[kleim]

ⓥ 주장하다; 요구하다   ⓝ 주장; 요구

Some claimed that the pyramids were used to watch the stars.
어떤 이들은 피라미드가 별들을 관찰하는 데 사용되었다고 주장했다.

☐ 0842 ★
frown
[fraun]

ⓥ 얼굴을 찌푸리다

The boy frowned when I scolded him for climbing the tree.
그 소년은 내가 나무에 오른 것을 꾸짖자 얼굴을 찌푸렸다.

= make a face   얼굴을 찌푸리다

☐ 0843 ★ ★
experiment
[ikspérəmənt]

ⓝ 실험   ⓥ 실험하다

There is no law in the U.S. that prohibits animal experiments.
미국에는 동물 실험을 금지하는 법이 없다.

experimental a. 실험적인, 실험의

☐ 0844 ★ ★ ★
bound
[baund]

ⓐ …할 가능성이 큰   ⓝ 튀어 오름; 도약   ⓥ 뛰다

His work was bound to influence popular art.
그의 작품은 대중예술에 영향을 줄 가능성이 컸다.

☐ 0845 ★ ★
inflation
[infléiʃən]

ⓝ 인플레이션, 물가 폭등; 팽창

Inflation is caused by the money supply growing faster than that of goods.
인플레이션은 재화의 공급보다 돈의 공급이 더 빨리 증가해서 발생한다.

inflate v. 부풀리다, 팽창시키다

☐ 0846 ★ ★ ★
sanitary
[sǽnətèri]

ⓐ 위생의, 보건상의

Sanitary standards should be followed especially by food suppliers.
위생 기준은 특히 식품 공급업자들에 의해 준수되어야 한다.

sanitation n. 위생, 위생시설

Yum!
Yum!

• 그 식당의 sanitary 상태가 너무 안 좋아나는 frown했다.
• 전문가들은 inflation이 발생할 거라고 claim했지만 물가는 오히려 하락했다.

□ 0847 ★

juvenile
[dʒúːvənàil]

ⓐ 청소년의; 나이 어린

He pointed out that child abuse is too common in juvenile literature.
그는 아동 학대가 청소년 문학에서 너무 흔하다고 지적했다.

□ 0848 ★★★

mercy
[méːrsi]

ⓝ 자비, 인정

Mercy bears richer fruits than strict justice. - Abraham Lincoln-
자비는 엄격한 정의보다 더 값진 결과를 낳는다.

merciful a. 자비로운

□ 0849 ★★

jury
[dʒúəri]

ⓝ 배심원단

The jury decided that Walker had acted in self-defense.
배심원단은 Walker가 정당방위로 행동했다고 결정했다.

cf. juror n. 배심원

 oom-in ㅣ 법정의 사람들

judge 판사   prosecutor 검사   lawyer 변호사   jury 배심원단
defendant 피고(= the accused)   accuser (형사) 원고   plaintiff (민사) 원고

□ 0850 ★★

formation
[fɔːrméiʃən]

ⓝ 형성, 구성; 대형

I did a paper on the formation of ice under various conditions.
나는 다양한 상황에서의 얼음 형성에 관해 논문을 작성했다.

form v. 형성하다

□ 0851 ★★★

betray
[bitréi]

ⓥ 배신하다, 배반하다

He betrayed his country to save his own life.
그는 자신의 목숨을 살리기 위해 조국을 배신했다.

betrayal n. 배신, 배반

Yum!
Yum!

• 그 장군은 betray한 부하에게 절대 mercy를 베풀지 않았다.
• 법정의 jury는 보통 12명의 juror로 form됩니다.

☐ 0852 ★★
clue
[klu:]

ⓝ 단서, 실마리

Police found a few **clues** on the crime scene.
경찰은 범죄현장에서 몇 가지 단서를 찾아냈다.

☐ 0853 ★★
fraction
[frǽkʃən]

ⓝ 일부; 조각, 파편; 〈수학〉 분수

The collector bought the painting for a mere **fraction** of its supposed worth.
그 수집상은 그 그림을 예상 가격의 극히 일부만을 주고 구입했다.

☐ 0854 ★★★
expel
[ikspél]

ⓥ 추방하다, 내쫓다

Ten diplomats were **expelled** from Britain for spying.
10명의 외교관들이 첩보 행위로 영국에서 추방당했다.

☐ 0855 ★
animated
[ǽnəmèitid]

ⓐ 활발한, 활기찬; 동영상으로 된

There is an ongoing **animated** debate over his proposal.
그의 제안을 두고 활발한 논쟁이 계속되고 있다.

animate v. 생기를 불어 넣다; 애니메이션으로 만들다
animation n. 생기; 애니메이션

☐ 0856 ★★★
restrain
[ristréin]

ⓥ 억누르다, 억제하다; 말리다, 제지하다

She was so mad that she could hardly **restrain** herself.
그녀는 너무 화가 나서 자신을 억누를 수가 없었다.

restraint n. 규제, 통제 　ⓢ **restrain oneself from** …을 자제하다

☐ 0857 ★★
civil
[sívəl]

ⓐ 시민의; 정중한

The **civil** rights movement was at its peak from 1955 to 1965.
시민 평등권 운동은 1955년부터 1965년에 정점을 이루었다.

civility n. 정중함, 예의바름

Yum! Yum!
- 피부의 티끌만한 fraction조차도 범인의 신분을 밝히는 clue가 된다.
- 마을에서 expel된 그는 화를 restrain하고 복수를 다짐했다.

☐ 0858 ★★
enclose
[inklóuz]

ⓥ 동봉하다; 둘러싸다

Please read the **enclosed** letter, then deliver it to your boss.

동봉된 편지를 읽은 후에 사장님에게 그것을 전달해 주세요.

enclosure n. 울타리를 침; 울타리를 친 장소　= **surround** v. 둘러싸다

☐ 0859 ★★★
worth
[wəːrθ]

ⓐ 가치가 있는　ⓝ 가치

A bird in the hand is **worth** two in the bush.　-proverb-

손 안에 있는 새 한 마리는 덤불숲에 있는 새 두 마리의 가치가 있다.

worthy a. 가치 있는　**worthwhile** a. …할 가치가 있는
㊵ **be worth -ing** …할 만한 가치가 있다

☐ 0860 ★★
nutrient
[njúːtriənt]

ⓝ 영양소, 영양분

Your body needs a certain amount of **nutrients** to function properly.

당신의 신체는 제대로 기능하기 위해 특정한 양의 영양소를 필요로 한다.

 oom-in ┃ 영양소의 종류

carbohydrate 탄수화물　　fat 지방　　　　protein 단백질
calcium 칼슘　　　　　　vitamin 비타민　　mineral 무기질

☐ 0861 ★★★
nominate
[námənèit]

ⓥ (후보로) 지명하다; 지정하다

The ancient temple was **nominated** as a world heritage.

그 고대 사원은 세계 유산의 후보로 지명되었다.

nomination n. 지명　　**nominee** n. 지명된 사람, 후보

☐ 0862 ★★★
notify
[nóutəfài]

ⓥ 알리다, 통지하다

Lost and Found **notified** me that my bag was found.

분실물 보관소에서 나에게 가방을 찾았다고 알려줬다.

notification n. 통지

Yum!
Yum!

• 당신이 이 달의 우수 사원으로 **nominate**되었음을 **notify**해 드립니다.
• 그 요리는 모든 **nutrient**가 골고루 들어있어서 먹어볼 **worth**가 있습니다.

□ 0863 ★★★
credit
[krédit]

ⓝ 신용 거래; 신용; 명예, 공적 ⓥ 신용하다; 공을 돌리다

The supplier promised that he would provide the materials with credit.
공급업자는 신용 거래로 자재를 공급하겠다고 약속했다.

□ 0864 ★
bride
[braid]

ⓝ 신부

The bride wears a wedding dress while the groom wears a tuxedo.
신랑은 턱시도를 입는 반면 신부는 웨딩드레스를 입는다.

↔ **bridegroom** n. 신랑(= **groom**)

□ 0865 ★
coast
[koust]

ⓝ 해안 (지방)

New York City is located in the east coast of the U.S.
뉴욕 시는 미국의 동해안에 위치하고 있다.

coastal a. 해안의

□ 0866 ★★
shatter
[ʃǽtər]

ⓥ 산산조각이 나다, 박살나다

When I dropped the mirror, it shattered into tiny pieces.
내가 거울을 떨어뜨렸을 때 그것은 작은 조각들로 산산조각이 났다.

□ 0867 ★★
obstruct
[əbstrʌ́kt]

ⓥ 가로막다, 차단하다

I didn't see the stop sign because a tree obstructed the view.
나는 나무가 시야를 가로막아 정지 신호를 보지 못했다.

obstruction n. 저지, 방해 = **block** v. 막다, 차단하다

□ 0868 ★★★
reinforce
[rì:infɔ́:rs]

ⓥ 강화하다, 보강하다

The differences between friends reinforce their friendship.
친구들 간에 서로 다른 점들이 그들의 우정을 강화한다. -Mao Tse-tung-

reinforcement n. 강화, 보강

Yum! Yum!

• 탱크는 앞을 obstruct하는 것을 닥치는 대로 shatter하며 나아갔다.
• 적군의 잠수함 출몰이 잦아지자 coast 지역의 경비를 reinforce하였다.

□ 0869 ★★
mighty
[máiti]

ⓐ 강력한, 위대한; 큰, 장대한; 대단한

The fierce troops attacked us with a mighty force.
맹렬한 군대가 강력한 힘으로 우리를 공격했다.

= **powerful** a. 강력한　　**cf. almighty** a. 전지전능한

□ 0870 ★★★
redundant
[ridʌ́ndənt]

ⓐ 장황한; 여분의, 불필요한

Your writing is redundant and its length should be reduced.
너의 글은 장황해서 길이를 줄여야 한다.

redundancy n. 과잉, 잉여

□ 0871 ★
paragraph
[pǽrəgræf]

ⓝ 단락, 절(節)

How many paragraphs should be in my essay?
저의 에세이에 몇 개의 단락이 있어야 할까요?

Ⓩoom-in | 글의 구성
word 단어　phrase 구　clause 절　sentence 문장　paragraph 단락

□ 0872 ★★★
compel
[kəmpél]

ⓥ 강요하다

I wondered what compels humans to act morally or logically.
나는 무엇이 인간을 윤리적이거나 논리적으로 행동하도록 강요하는지 궁금했다.

= **force** v. 강요하다

□ 0873 ★
column
[kάləm]

ⓝ (신문 · 잡지의) 칼럼; 기둥; 세로줄

I read your column every week, but often don't agree with it.
나는 당신의 칼럼을 매주 읽는데, 종종 그것에 동의하지 않는다.

□ 0874 ★★
brutal
[brúːtl]

ⓐ 잔인한

Many wild animals could not survive the brutal winter months.
많은 야생동물들이 잔인한 겨울철에 살아남을 수 없었다.

brutality n. 잔인, 잔인한 행위　　= **cruel** a. 잔인한

Yum!
Yum!

• 신문의 column은 보통 2~3개의 paragraph로 구성된다.
• 그 brutal한 독재자는 백성들에게 더 많은 세금을 compel했다.

□ 0875 ★

blanket
[blǽŋkit]

ⓝ 담요

Airlines provide a blanket and pillow for your comfort.
항공사는 당신의 편안함을 위해 담요와 베개를 제공한다.

□ 0876 ★★★

notable
[nóutəbl]

ⓐ 주목할 만한, 유명한　ⓝ 유명 인물

The year 2009 was a notable year for the film industry.
2009년은 영화산업에 있어 주목할 만한 한 해였다.

= remarkable a. 주목할 만한　㉿ be notable for …로서 유명하다

□ 0877 ★★★

decent
[díːsnt]

ⓐ 제대로 된, 괜찮은; 적당한; 품위 있는, 예의 바른

All the poor girl wanted was to live a decent life.
그 가난한 소녀가 원한 것은 제대로 된 삶을 사는 것이 전부였다.

□ 0878 ★

clinical
[klínikəl]

ⓐ 임상의; 진료소의

Clinical trials are conducted to test new drugs.
임상 실험은 새로운 약품을 테스트하기 위해 수행된다.

clinic n. 진료소, 개인병원

□ 0879 ★★★

forecast
[fɔ́ːrkæst]

ⓝ 예보; 예측　ⓥ 예보하다; 예측하다

The weather forecast is predicting heavy rain for the whole
weekend.
일기예보는 주말 내내 폭우를 예상하고 있다.

forecaster n. 기상 캐스터　= predict v. 예측하다

□ 0880 ★★

offspring
[ɔ́ːfsprìŋ]

ⓝ (집합적) 자식, 자손; 새끼

Most parents want to take care of their offspring
for a long time.
대부분의 부모는 자식들을 오랫동안 돌보기를 원한다.

Yum!
Yum!

• 그는 사회적 지위뿐 아니라 decent한 품성으로도 notable한 사람이다.
• forecast에 따르면 오늘 밤에는 추워진다고 하니 blanket을 꺼내야겠다.

A 빈칸에 해당하는 영어 단어 또는 우리말을 쓰시오.

1. 동봉하다; 둘러싸다 _____
2. 자비, 인정 _____
3. 담요 _____
4. 배신하다, 배반하다 _____
5. 단서, 실마리 _____
6. 배심원단 _____
7. 신부 _____
8. 예보; 예보하다 _____
9. 해안 (지방) _____
10. 추방하다, 내쫓다 _____

11. experiment _____
12. inflation _____
13. notify _____
14. juvenile _____
15. nominate _____
16. sanitary _____
17. fraction _____
18. decent _____
19. clinical _____
20. obstruct _____

B 빈칸에 알맞은 단어를 〈보기〉에서 골라 쓰시오.

brutal	compel	formation	mighty
nutrient	paragraph	reinforce	restrain

1. Your body needs a certain amount of _____s to function properly.

2. She was so mad that she could hardly _____ herself.

3. I did a paper on the _____ of ice under various conditions.

4. The fierce troops attacked us with a _____ force.

5. I wondered what _____s humans to act morally or logically.

6. How many _____s should be in my essay?

7. Many wild animals could not survive the _____ winter months.

8. The differences between friends _____ their friendship.

Answer Keys

A 1. enclose 2. mercy 3. blanket 4. betray 5. clue 6. jury 7. bride 8. forecast 9. coast 10. expel
11. 실험; 실험하다 12. 인플레이션; 팽창 13. 알리다, 통지하다 14. 청소년의; 나이 어린 15. (후보로) 지명하다 16. 위생의,
보건상의 17. 일부, 조각, 파편 18. 제대로 된, 괜찮은; 적당한; 품위 있는 19. 임상의; 진료소의 20. 가로막다, 차단하다
B 1. nutrient 2. restrain 3. formation 4. mighty 5. compel 6. paragraph 7. brutal 8. reinforce

fraction 명 단편, 조각 vs. friction 명 마찰

Only a small **fraction** of an iceberg
is shown above water.
빙산의 작은 단편만이 물 위로 보일 뿐이다.

Friction is the key to making auto
brakes work.
마찰은 자동차 제동장치를 작동시키는 열쇠이다.

clinical 형 임상의 vs. chronicle 명 연대기

We need **clinical** studies to improve treatment.
우리는 치료법을 개선하기 위해 임상 연구가 필요하다.

I had to read all of his **chronicles** for my report.
나는 보고서를 위해 그의 모든 연대기를 읽어야 했다.

decent 형 괜찮은, 제대로 된; 적당한 vs. descent 명 하강

He has a **decent** voice and can sing fairly well.
그는 괜찮은 목소리를 가졌고 노래를 꽤 잘할 수 있다.

A parachute lowers the rate of **descent**.
낙하산은 하강 속도를 낮춰준다.

redundant 형 여분의, 불필요한; 장황한 vs. reluctant 형 꺼리는

Try aerobics to burn **redundant** calories.
여분의 칼로리를 태우기 위해 에어로빅을 해보라.

Most companies are **reluctant** to share information.
대부분의 기업들이 정보를 공유하는 것을 꺼린다.

DAY 23

어휘 더하기 : 혼동어 ❸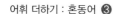

01	02	03	04	05	06	07	08	09	10
●	●	●	●	●	●	●	●	●	●

11	12	13	14	15	16	17	18	19	20
●	●	●	●	●	●	●	●	●	●

21	22	23	24	25	26	27	28	29	30
●	●	●							

31	32	33	34	35	36	37	38	39	40

41	42	43	44	45

Day 22 | Review

앞에서 학습한 단어를 얼마나 기억하는지 체크해 보세요.
기억이 나지 않는 단어는 다시 한 번 학습하세요.

☐ frown
☐ experiment
☐ inflation
☐ sanitary
☐ juvenile
☐ enclose
☐ jury
☐ betray
☐ clue
☐ fraction
☐ bride
☐ expel
☐ credit
☐ restrain
☐ worth

☐ mighty
☐ notify
☐ nominate
☐ nutrient
☐ redundant
☐ coast
☐ notable
☐ decent
☐ shatter
☐ obstruct
☐ reinforce
☐ brutal
☐ clinical
☐ compel
☐ offspring

Wow!!

□ 0881 ★★
servant
[sə́:rvənt]

ⓝ 하인, 시종

The servant sacrificed his life to save his master's son.
그 하인은 주인의 아들을 구하기 위해 자신의 목숨을 희생했다.

↔ **master** n. 주인

□ 0882 ★
mirage
[mirá:ʒ]

ⓝ 신기루

Most mirages occur on the seas or in deserts.
대부분의 신기루는 바다나 사막에서 발생한다.

□ 0883 ★★
rivalry
[ráivəlri]

ⓝ 경쟁, 대결

There's always been an intense rivalry between me and my sister.
나와 내 여동생 사이에는 항상 치열한 경쟁이 있어 왔다.

rival n. 경쟁자, 라이벌   = **competition** n. 경쟁

□ 0884 ★★★
comment
[kάment]

ⓝ 논평, 언급   ⓥ 논평하다

Feel free to make any comment you wish regarding this subject.
이 주제와 관련하여 하고 싶은 어떤 논평이든지 거리낌 없이 해주세요.

commentary n. 논평, 비평; 평론

□ 0885 ★★
parallel
[pǽrəlèl]

ⓐ 평행하는; 유사한   ⓝ 평행선; 유사점

If the two lines are parallel to each other, they never meet.
두 개의 선이 서로 평행하면 그것들은 결코 만나지 않는다.

□ 0886 ★★★
tackle
[tǽkl]

ⓥ 어려운 문제를 다루다; 태클하다, 저지하다   ⓝ 태클

I think there's only one way of tackling this problem.
나는 이 문제를 다루는 데는 단 하나의 방법이 있다고 생각한다.

Yum! Yum!

• rivalry 관계에 있는 두 사람의 행보는 항상 parallel line을 그었다.
• 그 servant에게는 제대로 된 한 끼 식사조차 mirage일 뿐이었다.

□ 0887 ★

mandatory
[mǽndətɔ̀ːri]

ⓐ 의무적인, 법에 정해진

The bill requires **mandatory** use of a helmet when riding bikes.
그 법률안은 자전거를 탈 때 헬멧의 의무적인 착용을 요구한다.

↔ **voluntary** a. 자발적인

□ 0888 ★★

shade
[ʃeid]

ⓝ 그늘; 음영 ⓥ 그늘을 드리우다; 음영을 넣다

A girl was reading a book under the **shade** of a big tree.
한 소녀가 커다란 나무 그늘 아래서 책을 읽고 있었다.

□ 0889 ★★★

withdraw
[wiðdrɔ́ː]

ⓥ 인출하다; 철수하다; 철수시키다

Use this card to **withdraw** your money from the account.
계좌에서 돈을 인출하기 위해 이 카드를 사용해라.

withdrawal n. 인출; 철수

 oom-in │ **은행에서 사용하는 용어**

withdraw 인출하다   deposit 예금하다   account 계좌   interest 이자
balance 예금 잔액   loan 대부, 대출   mortgage 저당, 담보

□ 0890 ★★★

tactics
[tǽktiks]

ⓝ 전술; 책략, 방책

We need to use different **tactics** for different situations.
우리는 각기 다른 상황에서 서로 다른 전술을 사용해야 한다.

= **strategy** n. 전략, 계획

□ 0891 ★★

bloom
[bluːm]

ⓥ 꽃이 피다 ⓝ 꽃

This year, flowers are **blooming** earlier than last year.
올해는 꽃들이 지난해보다 일찍 피고 있다.

□ 0892 ★★

blink
[bliŋk]

ⓥ 눈을 깜박이다; 불빛이 깜빡이다 ⓝ 눈을 깜박거림

Hearing the bad news, she didn't even **blink** her eyes.
나쁜 소식을 듣고 그녀는 눈도 깜박하지 않았다.

ⓢ **in the blink of an eye** 눈 깜박할 사이에

Yum!
Yum!

• 벚꽃은 bloom했다가는 눈 blink할 사이에 져 버립니다.
• 정부군은 tactics상 일시적으로 withdraw했다.

□ 0893 ★★
sour
[sáuər]

ⓐ 신, 시큼한

Lemonade tastes sour because it is acidic.
레모네이드는 산성이기 때문에 신 맛이 난다.

□ 0894 ★★★
spread
[spred]

ⓥ 퍼지다, 확산되다; 펼치다, 펴다

The Renaissance began in Italy and later spread throughout Europe.
르네상스는 이탈리아에서 시작하여 후에 유럽 전역으로 퍼졌다.

□ 0895 ★★★
roam
[roum]

ⓥ 어슬렁거리다, 배회하다

A cheetah was roaming through the field looking for something to eat.
치타 한 마리가 먹을 것을 찾아 들판을 어슬렁거리고 있었다.

= wander v. (이리저리 천천히) 돌아다니다

□ 0896 ★★
passage
[pǽsidʒ]

ⓝ 통행로, 복도; (글의) 구절

We need to construct passages for wild animals over the highway.
우리는 고속도로 위로 야생동물을 위한 통행로를 건설해야 한다.

□ 0897 ★★
misconception
[mìskənsépʃən]

ⓝ 오해, 그릇된 생각

Like skipping meals, there are some misconceptions about going on a diet.
식사를 거르는 것과 같이, 다이어트를 하는 것에 대해서 몇몇 오해가 있다.

□ 0898 ★
antibiotic
[æ̀ntibaiátik]

ⓝ 항생제

Antibiotics should not be used to treat the common cold.
항생제는 일반 감기를 치료하는 데 사용되어서는 안 된다.

Yum!
Yum!

• 이 동굴 안에는 무수한 passage들이 미로처럼 spread해 있다.
• antibiotic을 만병통치약인 것처럼 여기는 misconception을 바로잡자.

□ 0899 ★★★
adopt
[ədápt]

ⓥ 채택하다; 입양하다

The European Union (EU) has decided to adopt a new policy.
EU는 새로운 정책을 채택하기로 결정했다.

adoption n. 채택; 입양

□ 0900 ★★
ponder
[pándər]

ⓥ 곰곰이 생각하다

I often ponder about what sort of person I am.
나는 종종 내가 어떤 유형의 사람인지 곰곰이 생각해본다.

= consider v. 숙고하다 (= think over)

Ⓩ oom-in ㅣ '생각하다' 라는 의미를 나타내는 어휘
자동사: ponder 곰곰이 생각하다   reflect 숙고하다   speculate 사색하다
meditate 명상하다
타동사: consider 고려하다   contemplate 심사숙고하다

□ 0901 ★
tenant
[ténənt]

ⓝ 세입자

A tenant should pay an amount of money to the landlord.
세입자는 집주인에게 일정 액수의 돈을 내야 한다.

↔ landlord n. 집주인

□ 0902 ★★★
comply
[kəmplái]

ⓥ 따르다, 준수하다

Construction companies should comply with the new building laws.
건설 회사들은 새로운 건축법규를 따라야 한다.

compliance n. 따름, 순종   **compliant** a. 따르는, 준수하는

□ 0903 ★★
convict
[kənvíkt] ⓥ
[kánvikt] ⓝ

ⓥ 유죄평결을 내리다   ⓝ 죄수, 죄인

She was convicted of illegal use of a credit card.
그녀는 신용카드 불법 사용으로 유죄평결을 받았다.

conviction n. 유죄평결; 신념, 확신   **cf. convince** v. 확신시키다

Yum!
Yum!

• 그는 주택관리법을 comply하지 않아 재판에서 convict되었다.
• landlord가 집세를 인상해서 tenant가 이사를 ponder하고 있다.

□ 0904 ★
appall
[əpɔ́ːl]

ⓥ 경악하게 하다

I was shocked and appalled at the way the children were treated.

난 그 아이들이 다루어지는 방식에 충격을 받고 경악하였다.

= frighten v. 놀라게 만들다   horrify v. 몸서리치게 만들다

□ 0905 ★★
revival
[riváivəl]

ⓝ 부활, 소생

Next season, we are expected to see a revival of the 60's hairstyle.

다음 시즌에 우리는 60년대 헤어스타일의 부활을 목격할 것으로 예상된다.

revive v. 부활시키다, 소생하다

□ 0906 ★★★
chief
[tʃiːf]

ⓐ 주요한 ⓝ 우두머리; 족장

Our chief problem is that we lack experienced and skillful workers.

우리의 주요한 문제는 경험 있고 노련한 근로자들이 부족하다는 것이다.

= primary a. 주요한

□ 0907 ★★
rust
[rʌst]

ⓝ 녹 ⓥ 녹슬다

As rust eats iron, so care eats the heart. -proverb-

녹이 쇠를 좀먹듯이 근심은 마음을 좀먹는다.

rusty a. 녹슨

□ 0908 ★★★
urgent
[ə́ːrdʒənt]

ⓐ 긴급한, 촉박한

Use this safety valve to open the door only in an urgent situation.

오직 긴급한 상황에서만 문을 열기 위해 이 안전 밸브를 사용하시오.

□ 0909 ★★
versatile
[və́ːrsətl]

ⓐ 다재다능한; 다용도의

Danny is a versatile worker from the sales and marketing department.

Danny는 영업 마케팅 부서에서 온 다재다능한 직원이다.

Yum!
Yum!

• versatile한 내 동생은 rust가 생긴 고물 자전거를 새것처럼 개조했다.
• urgent한 상황이 발생하여 정부의 chief 당직자들이 모두 모였다.

□ 0910 ★★★
liable
[láiəbl]

ⓐ 책임이 있는; …하기 쉬운

The employer is **liable** for the cost of employees' medical bills.

고용주는 고용인들의 의료비 청구서의 비용에 대한 책임이 있다.

liability n. 책임

□ 0911 ★★★
uncover
[ʌnkʌ́vər]

ⓥ 밝혀내다, 폭로하다; 덮개를 벗기다

The FBI **uncovered** the evidence to arrest the criminals.

FBI(미연방수사국)는 그 범죄자들을 체포하기 위한 증거를 밝혀냈다.

= **reveal** v. 드러내다, 밝히다

□ 0912 ★★
priest
[priːst]

ⓝ 신부, 목사

The **priest** listened to her confession in silence.

신부는 그녀의 고해를 조용히 들어주었다.

Ⓩoom-in | 성직자

pastor 목사   monk 수도사   nun 수녀   missionary 선교사, 전도사

vicar 교구의 목사   clergyman 성직자   minister (개신교의) 성직자, 목사

□ 0913 ★★
simulation
[sìmjuléiʃən]

ⓝ 시뮬레이션, 모의실험; 흉내, 가장

Flight **simulation** is used to train pilots as well as flight crews.

비행 시뮬레이션은 항공 승무원뿐만 아니라 조종사를 훈련시키는 데 이용된다.

simulate v. 모의실험하다; 흉내내다

□ 0914 ★★
applause
[əplɔ́ːz]

ⓝ 박수갈채

The President and the First Lady were greeted with thunderous **applause**.

대통령과 영부인은 우레와 같이 큰 박수갈채로 영접받았다.

applaud v. 박수갈채를 보내다

Yum!
Yum!

• priest의 설교가 너무 훌륭해서 나는 마음 속으로 applause를 보냈다.

• 그들은 simulation을 통해 항공기의 추락 원인을 uncover했다.

□0915 ★★
miracle
[mírəkl]

ⓝ 기적

It is a miracle that she has been cured of cancer.
그녀가 암으로부터 치유된 것은 기적이다.

miraculous a. 기적의, 기적적인

□0916 ★★★
illusion
[ilúːʒən]

ⓝ 환상, 환영; 착각

Animation is about creating the illusion of life.
만화영화는 생명의 환상을 만들어내는 것과 관련이 있다.

illusory a. 환영의; 착각의 (= illusive)

□0917 ★★
patriot
[péitriət]

ⓝ 애국자

All patriots were willing to fight for their nation against all enemies.
모든 애국자들이 조국을 위해 모든 적에 대항하여 싸울 각오가 되어 있었다.

patriotic a. 애국적인   patriotism n. 애국(심)

□0918 ★
preach
[priːtʃ]

ⓥ 설교하다, 전도하다

The priest preached a message of being a family man and loving your family.
그 신부는 가정적인 남자가 되고 가족을 사랑하라는 메시지를 설교했다.

preacher n. 설교자, 전도사

□0919 ★★
shiver
[ʃívər]

ⓥ 떨다 ⓝ 몸서리, 전율

When we are cold, the body shivers to make us heat up.
추위를 느낄 때면, 우리가 따뜻해지도록 몸이 떨린다.

□0920 ★
paramount
[pǽrəmàunt]

ⓐ 가장 중요한, 최고의; 최고 권력의

The safe care of young students is paramount.
어린 학생들을 안전하게 돌보는 것이 가장 중요하다.

Yum!
Yum!

• 그는 miracle은 사람들이 만들어낸 illusion일 뿐이라고 주장했다.
• 나는 그녀가 preach하는 것을 듣고 감동받아 온몸을 shiver했다.

A 빈칸에 해당하는 영어 단어 또는 우리말을 쓰시오.

1. 설교하다, 전도하다 _____
2. 통행로; (글의) 구절 _____
3. 주요한; 우두머리 _____
4. 신부, 목사 _____
5. 애국자 _____
6. 기적 _____
7. 세입자 _____
8. 부활, 소생 _____
9. 퍼지다; 펼치다 _____
10. 논평, 언급; 논평하다 _____

11. blink _____
12. paramount _____
13. ponder _____
14. rivalry _____
15. urgent _____
16. convict _____
17. antibiotic _____
18. tactics _____
19. withdraw _____
20. adopt _____

B 빈칸에 알맞은 단어를 〈보기〉에서 골라 쓰시오.

applause	comply	illusion	mandatory
parallel	shiver	simulation	versatile

1. The President and the First Lady were greeted with thunderous _____.

2. Danny is a _____ worker from the sales and marketing department.

3. Flight _____ is used to train pilots as well as flight crews.

4. Animation is about creating the _____ of life.

5. The bill requires _____ use of a helmet when riding bikes.

6. When we are cold, the body _____s to make us heat up.

7. Construction companies should _____ with the new building laws.

8. If the two lines are _____ to each other, they never meet.

Answer Keys

A 1. preach 2. passage 3. chief 4. priest 5. patriot 6. miracle 7. tenant 8. revival 9. spread
10. comment 11. 눈을 깜빡이다; 눈을 깜빡거림 12. 가장 중요한, 최고의 13. 곰곰이 생각하다 14. 경쟁, 대결 15. 긴급한
16. 유죄평결을 내리다; 죄수 17. 항생제 18. 전술, 책략 19. 인출하다; 철수하다 20. 채택하다; 입양하다 **B** 1. applause
2. versatile 3. simulation 4. illusion 5. mandatory 6. shiver 7. comply 8. parallel

blink ⑧ 눈을 깜빡이다 vs. blank ⑲ 빈칸

We **blink** to remove something foreign from the eye.
우리는 눈에서 이물질을 제거하기 위해 눈을 깜빡인다.

Choose two proper words for each **blank**.
각 빈칸에 적절한 두 단어를 고르시오.

wander ⑧ 돌아다니다, 거닐다 vs. wonder ⑧ 궁금하다

The man was **wandering** the streets alone.
그 남자는 거리를 홀로 돌아다니고 있었다.

I **wonder** if there will be a storm tonight.
나는 오늘밤에 폭풍우가 올지 궁금하다.

 vs.

simulation ⑲ 시뮬레이션, 모의실험 vs. stimulation ⑲ 자극, 고무, 격려

Play this very realistic virtual golf **simulation**.
정말 실제 같은 이 가상 골프 시뮬레이션으로 경기해 보라.

We all need some **stimulation** in our lives.
우리 모두는 삶에서 어떤 자극을 필요로 한다.

comment ⑧ 논평하다 vs. commend ⑧ 칭찬하다 vs. command ⑧ 명령하다

The columnist never **comments** on military issues.
그 기고가는 군사 문제에 대해서는 결코 논평하지 않는다.

Everybody **commended** the boy for his bravery.
모든 사람들이 그 소년의 용감함에 대해 칭찬했다.

I **command** that you stay at home for a month.
나는 네가 한 달 동안 집에 머물 것을 명령한다.

DAY 24

어휘 더하기 : 혼동어 **4**

01	02	03	04	05	06	07	08	09	10
●	●	●	●	●	●	●	●	●	●

11	12	13	14	15	16	17	18	19	20
●	●	●	●	●	●	●	●	●	●

21	22	23	24	25	26	27	28	29	30
●	●	●	●						

31	32	33	34	35	36	37	38	39	40

41	42	43	44	45

Day 23 | **Review**

앞에서 학습한 단어를 얼마나 기억하는지 체크해 보세요.
기억이 나지 않는 단어는 다시 한 번 학습하세요.

- ☐ mirage
- ☐ comment
- ☐ parallel
- ☐ mandatory
- ☐ blink
- ☐ bloom
- ☐ withdraw
- ☐ sour
- ☐ roam
- ☐ passage
- ☐ appall
- ☐ misconception
- ☐ antibiotic
- ☐ revival
- ☐ ponder

- ☐ tenant
- ☐ comply
- ☐ convict
- ☐ liable
- ☐ rust
- ☐ patriot
- ☐ urgent
- ☐ versatile
- ☐ shiver
- ☐ uncover
- ☐ priest
- ☐ simulation
- ☐ preach
- ☐ applause
- ☐ paramount

□ 0921 ★★
sane
[sein]

ⓐ 제정신의, 정신이 맑은

The doctor was not sure whether the criminal was sane or not.
의사는 그 범인이 제정신인지 아닌지 확신하지 못했다.

↔ **insane** a. 정신 나간, 미친

□ 0922 ★
alliance
[əláiəns]

ⓝ 연합 (단체), 동맹 (단체)

NATO is a military alliance that consists of 28 countries.
NATO(북대서양 조약기구)는 28개국으로 구성된 군사 동맹이다.

ally v. 연합하다, 동맹하다

□ 0923 ★★
predator
[prédətər]

ⓝ 포식 동물; 약탈자

Predators play an important role in controlling the number of other species.
포식 동물은 다른 종들의 개체수를 조절하는 데 중요한 역할을 한다.

□ 0924 ★★
prey
[prei]

ⓝ 먹이; 희생양　ⓥ 잡아먹다

The shark blends in with the ocean floor, waiting for its prey.
상어는 먹이를 기다리며 해저에 어우러져(몸을 숨기고) 있다.

□ 0925 ★★★
phase
[feiz]

ⓝ 국면, 단계; 상(像)

Modern society has already entered a phase of globalization.
현대사회는 이미 세계화의 국면에 들어섰다.

□ 0926 ★★★
conform
[kənfɔ́ːrm]

ⓥ 따르다, 순응하다

Being afraid to be different, they chose to conform to society's standard.
그들은 다르게 되는 것이 두려워서 사회 기준을 따르는 것을 선택했다.

conformity n. 순응, 복종

Yum!
Yum!

• 표범과 가젤은 predator와 prey의 관계이다.
• alliance에 참여한 모든 국가들은 협약에 conform해야 한다.

□ 0927 ★★★
speculate
[spékjulèit]

ⓥ 숙고하다, 사색하다; 짐작하다; 투기하다

I'm **speculating** about what I can do for you.
나는 너를 위해 할 수 있는 것에 대해 숙고하고 있다.

speculation n. 심사숙고; 추측; 투기

□ 0928 ★
anatomy
[ənǽtəmi]

ⓝ 해부학적 구조; 해부학

The careful study of human **anatomy** is important to the sporting field.
인간의 해부학적 구조에 대한 면밀한 연구는 스포츠 분야에 있어 중요하다.

Ｚoom-in ┃ 해부학상의 신체 부분 명칭

chest 흉부   abdomen 복부   buttocks 둔부   spine 척추   limbs 사지(팔다리)

□ 0929 ★★
transplant
[trǽnsplæ̀nt] ⓝ
[trænsplǽnt] ⓥ

ⓝ 이식   ⓥ 이식하다

The first kidney **transplant** was performed in 1950.
최초의 신장 이식은 1950년에 시행되었다.

□ 0930 ★★
extravagant
[ikstrǽvəgənt]

ⓐ 사치스러운; 낭비하는, 낭비벽이 심한

Though rich, she doesn't like **extravagant** birthday plans.
부유할지라도 그녀는 사치스러운 생일 계획을 좋아하지 않는다.

extravagance n. 사치; 낭비

□ 0931 ★★★
immense
[iméns]

ⓐ 막대한, 엄청난, 측정 불가능한

Computers have an **immense** impact on education today.
컴퓨터는 오늘날 교육에 막대한 영향을 미친다.

immensely ad. 엄청나게, 대단히
= **massive** a. 거대한   **huge** a. 막대한

Yum!
Yum!

• 장기 transplant를 위해서는 인체의 anatomy에 대한 이해가 필수적이다.
• extravagant하지 않는 소비습관 덕에 그는 immense한 재산을 모았다.

□ 0932 ★

scornful
[skɔ́ːrnfəl]

ⓐ 경멸하는, 비웃는

She said in a **scornful** voice, "You are a liar."
그녀는 경멸하는 목소리로 "너는 거짓말쟁이야."라고 말했다.

scorn v. 경멸하다, 조소하다

□ 0933 ★★★

vacant
[véikənt]

ⓐ 빈, 사람이 쓰지 않는; 결원의

Sorry, we don't have a single **vacant** room.
죄송합니다만, 우리는 빈 방이 하나도 없습니다.

vacancy n. 빈 방; 공석

□ 0934 ★★★

pile
[pail]

ⓥ 쌓다   ⓝ 쌓아 놓은 더미

He **piled** wood for winter against the fence.
그는 겨울에 쓸 장작을 담장에 기대어 쌓아 놓았다.

= **heap** v. 쌓다

□ 0935 ★★

surrender
[səréndər]

ⓥ 항복하다, 굴복하다   ⓝ 항복, 굴복

Waving a white flag means that you **surrender**.
백기를 흔드는 것은 당신이 항복한다는 것을 의미한다.

= **yield** v. 항복하다

□ 0936 ★

dismay
[disméi]

ⓝ 절망, 낙담   ⓥ 절망하게 만들다, 낙담시키다

To her **dismay**, she couldn't move her body at all.
절망스럽게도 그녀는 몸을 전혀 움직일 수가 없었다.

□ 0937 ★★★

grateful
[gréitfəl]

ⓐ 감사하는, 고마워하는

I'm deeply **grateful** for the teachers in my life.
나는 인생의 스승님들께 깊이 감사한다.

gratefulness n. 고맙게 여김   **gratefully** ad. 감사하여

Yum!
Yum!

- 내가 벽돌을 **pile**하는 것을 돕자, 그는 나에게 **grateful**한 마음을 표했다.
- **dismay**를 극복하느냐, 그것에 **surrender**하느냐가 인생의 성패를 좌우한다.

□ 0938 ★★★

adhere
[ædhíər]

ⓥ 붙다, 접착되다; 고수하다

A note **adhered** to the right inside of the book.
책 안쪽의 오른편에 메모가 붙어 있다.

adhesive a. 접착성의; 접착제　**adherence** n. 접착; 고수

□ 0939 ★★

poll
[poul]

ⓝ 여론조사; 투표

A **poll** found that most Americans sleep less than 8 hours a night.
한 여론조사는 대부분의 미국인들이 하룻밤에 8시간 미만을 잔다고 밝혔다.

□ 0940 ★★★

valid
[vǽlid]

ⓐ 유효한, 효력 있는; 타당한, 근거 있는

Your license remains **valid** for 90 days.
당신의 면허는 90일간 유효하다.

validity n. 유효성; 타당성　↔ **invalid** a. 효력 없는; 근거 없는

□ 0941 ★

perplex
[pərpléks]

ⓥ 당혹하게 하다

He was **perplexed** because things had not turned out as he thought.
그는 일이 생각대로 진행되지 않았기 때문에 당혹스러웠다.

perplexity n. 당혹, 혼란

Ⓩoom-in | 당혹감을 나타내는 표현

perplexed 당혹한	puzzled 얼떨떨한	confused 혼란스러운
embarrassed 당황한	bewildered 어리둥절한	upset 당황한

□ 0942 ★★★

corrupt
[kərʌ́pt]

ⓐ 부패한, 타락한　ⓥ 부패시키다, 타락시키다

A **corrupt** society cannot produce a successful economy.
부패한 사회는 성공적인 경제를 이루어낼 수 없다.

corruption n. 부패, 타락　↔ **clean** a. (도덕적으로) 깨끗한, 청렴한

Yum!
Yum!

• 그 아이는 valid하지 않은 표를 내밀며 고집을 부려서 직원을 perplex했다.
• 최근 poll에서 응답자의 65%는 가장 큰 사회문제로 corrupt한 정치를 꼽았다.

□ 0943 ★
synthetic
[sinθétik]

ⓐ 합성의; 종합의

Very strong **synthetic** fibers are used to make rope.
매우 튼튼한 합성 섬유가 밧줄을 만드는 데 사용된다.

synthesize v. 합성하다; 종합하다   **synthesis** n. 합성; 종합

□ 0944 ★★
infrastructure
[ínfrəstrʌ̀ktʃər]

ⓝ 사회 기반 시설

Infrastructure includes gas, water, transportation systems and etc.
사회 기반 시설에는 가스, 수도, 교통체계 등이 포함된다.

□ 0945 ★★
contempt
[kəntémpt]

ⓝ 경멸, 무시

I have **contempt** for people who abandon their pets.
나는 애완동물을 유기하는 사람들을 경멸한다.

㉚ **in contempt of** …을 경멸(무시)하여

□ 0946 ★★
genetic
[dʒənétik]

ⓐ 유전의, 유전학의

Genetic engineering has provided cures for some diseases.
유전공학은 일부 질병들에 대한 치료법을 제공하였다.

genetically ad. 유전학적으로

□ 0947 ★★★
marvelous
[má:rvələs]

ⓐ 놀라운, 불가사의한

Where on earth did you take these **marvelous** photos?
너는 이 놀라운 사진들을 도대체 어디서 찍었니?

marvel n. 경이, 놀라움   = **amazing** a. 놀라운

□ 0948 ★★★
exploit
[iksplɔ́it]

ⓥ 개발하다; (이기적으로) 이용하다

The sooner we **exploit** all forms of solar energy, the better off we will be.
모든 형태의 태양에너지를 빨리 개발할수록 우리의 삶이 더 나아질 것이다.

Yum!
Yum!

• 우리는 자연을 무분별하게 exploit하는 행위에 대해 contempt를 표했다.
• genetic factor로 인간의 많은 특징을 설명할 수 있다니 marvelous하다.

□ 0949 ★★
smooth
[smuːð]

ⓐ 부드러운; 매끄러운

Drivers should slow down to be able to make a smooth turn.
운전자들은 부드러운 회전을 할 수 있도록 속도를 줄여야 한다.

smoothly ad. 부드럽게, 순조롭게

□ 0950 ★★★
boost
[buːst]

ⓥ 신장시키다, (사기·기력을) 돋우다, 끌어올리다   ⓝ 격려, 힘

Strawberries and grapes are great sources of vitamins that help boost your immune system.
딸기와 포도는 면역체계를 신장시키는 데 도움을 주는 훌륭한 비타민 원천이다.

□ 0951 ★★★
faint
[feint]

ⓐ 희미한, 어렴풋한; 어지러운   ⓝ 기절, 졸도   ⓥ 졸도하다

I have a faint memory of some games I played with my dog.
나는 강아지와 같이 했던 놀이에 대한 희미한 기억을 가지고 있다.

□ 0952 ★★★
obscure
[əbskjúər]

ⓐ 불분명한; 흐릿한   ⓥ 모호하게 하다; 흐리게 하다

The connection between those two events is obscure.
그 두 사건 사이의 연관성이 불분명하다.

↔ obvious a. 명확한

□ 0953 ★★★
prominent
[prámənənt]

ⓐ 저명한; 현저한

Many prominent scientists support the concept of man-made global warming.
여러 저명한 과학자들은 인간에 의한 지구온난화라는 개념을 지지한다.

prominence n. 저명, 현저; 탁월함
= famous a. 유명한   notable a. 두드러진; 유명한

□ 0954 ★
anchor
[ǽŋkər]

ⓥ 정박시키다; 닻으로 고정시키다   ⓝ 닻

The ship was anchored off the east coast of Italy.
그 배는 이탈리아의 동쪽 해안에 정박하였다.

Yum! Yum!

• 나는 어렸을 때 prominent한 과학자를 만났던 faint한 기억이 있다.
• 그가 이 섬에 배를 anchor했던 이유는 여전히 obscure하다.

□ 0955 ★★★
swell
[swel]

ⓥ 부어오르다, 부풀다; 팽창하다　ⓝ 부품; 팽창
My skin began to swell up due to a mosquito bite.
모기가 무는 바람에 내 피부가 부어오르기 시작했다.

□ 0956 ★★
creep
[kri:p]

ⓥ 살금살금 움직이다; 기다; (식물이 벽을) 타고 오르다
She crept up the stairs and hid under the bed.
그녀는 계단을 살금살금 올라가 침대 밑에 숨었다.

□ 0957 ★★
nurture
[nə́:rtʃər]

ⓥ 양육하다; 육성하다　ⓝ 양육; 육성
Children should be nurtured with love and care.
아이들은 사랑과 관심으로 양육되어야 한다.

□ 0958 ★
novice
[návis]

ⓝ 초보자, 신참
The event is open both to novices and to pro bowlers.
그 경기에는 볼링 초보자와 전문 볼링 선수가 모두 참가할 수 있다.

□ 0959 ★★★
provoke
[prəvóuk]

ⓥ 자극하여 …시키다, 도발하다; 화나게 하다
In 1937, Japan provoked China into warfare.
1937년에 일본은 중국을 자극하여 (중일) 전쟁을 일으켰다.

provocation n. 도발, 자극

□ 0960 ★
sphere
[sfiər]

ⓝ 구(球), 구체, 구형
A star is a sphere of hot glowing gas.
별은 뜨겁고 빛나는 가스의 구체이다.

spherical a. 구의, 구체의　**cf. hemisphere** n. 반구

Yum!
Yum!

• 나는 밤에 엄마 몰래 *creep*하여 외출하려다 넘어져서 발목이 *swell*했다.
• 나는 원예 *novice*라서 난초를 어떻게 *nurture*해야 하는지 잘 모른다.

A 빈칸에 해당하는 영어 단어 또는 우리말을 쓰시오.

1. 여론조사; 투표　　_____
2. 부어오르다; 부품　　_____
3. 구(球), 구체　　_____
4. 저명한; 현저한　　_____
5. 유전의, 유전학의　　_____
6. 먹이; 잡아먹다　　_____
7. 초보자, 신참　　_____
8. 절망, 낙담　　_____
9. 유효한; 타당한　　_____
10. 빈, 사람이 쓰지 않는　　_____

11. provoke　　_____
12. predator　　_____
13. speculate　　_____
14. transplant　　_____
15. scornful　　_____
16. contempt　　_____
17. perplex　　_____
18. boost　　_____
19. adhere　　_____
20. anatomy　　_____

B 빈칸에 알맞은 단어를 〈보기〉에서 골라 쓰시오.

alliance	conform	corrupt	extravagant
grateful	immense	surrender	synthetic

1. A _____ society cannot produce a successful economy.

2. Computers have an _____ impact on education today.

3. NATO is a military _____ that consists of 28 countries.

4. Being afraid to be different, they choose to _____ to the society's standard.

5. Very strong _____ fibers are used to make rope.

6. I'm deeply _____ for the teachers in my life.

7. Waving a white flag means that you _____.

8. Though rich, she doesn't like _____ birthday plans.

Answer Keys

A 1. poll 2. swell 3. sphere 4. prominent 5. genetic 6. prey 7. novice 8. dismay 9. valid 10. vacant
11. 자극하여 …시키다, 화나게 하다 12. 포식 동물; 약탈자 13. 숙고하다; 짐작하다 14. 이식; 이식하다 15. 경멸하는,
비웃는 16. 경멸, 무시 17. 당혹하게 하다 18. 신장시키다; 격려 19. 붙다; 고수하다 20. 해부학적 구조; 해부학
B 1. corrupt 2. immense 3. alliance 4. conform 5. synthetic 6. grateful 7. surrender 8. extravagant

어휘＋ 더하기 혼동어 ④

---

prey 동 잡아먹다 명 먹이 *vs.* **pray** 동 기도하다

Snakes **prey** on rodents, amphibians, and sometimes insects.
뱀은 설치류, 양서류, 그리고 때때로 곤충을 잡아먹는다.

They **prayed** to their God for guidance and strength.
그들은 그들의 신에게 가르침과 힘을 달라고 기도했다.

---

phase 명 국면, 단계 *vs.* **phrase** 명 구절, 어구

We're entering a new **phase** in the digital age.
우리는 디지털 시대의 새로운 국면에 접어들고 있다.

I quoted a **phrase** from the President's address.
나는 대통령 연설에서 한 구절을 인용했다.

---

conform 동 따르다, 순응하다 *vs.* **confirm** 동 확인하다

Every employee must **conform** to the dress code.
모든 직원은 복장 규정에 따라야 한다.

We **confirm** your room reservation as attached.
첨부된 것처럼 귀하의 객실 예약을 확인해 드립니다.

---

novice 명 초보자, 신참 *vs.* **notice** 명 통보, 통지

Novices should not use this ski slope.
초보자는 이 스키 슬로프를 이용해서는 안 된다.

You should give **notice** 2 weeks before you quit.
당신은 그만두기 2주 전에 통보해야 한다.

DAY 25

어휘 더하기 : 혼동어 **5**

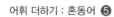

01	02	03	04	05	06	07	08	09	10
11	12	13	14	15	16	17	18	19	20
21	22	23	24	25	26	27	28	29	30
31	32	33	34	35	36	37	38	39	40
41	42	43	44	45

Day 24 | Review

앞에서 학습한 단어를 얼마나 기억하는지 체크해 보세요.
기억이 나지 않는 단어는 다시 한 번 학습하세요.

- □ alliance
- □ prey
- □ speculate
- □ conform
- □ scornful
- □ vacant
- □ anatomy
- □ transplant
- □ extravagant
- □ immense
- □ adhere
- □ surrender
- □ dismay
- □ grateful
- □ novice

- □ valid
- □ perplex
- □ corrupt
- □ swell
- □ contempt
- □ creep
- □ genetic
- □ marvelous
- □ exploit
- □ nurture
- □ smooth
- □ faint
- □ provoke
- □ obscure
- □ prominent

wow!!

□ 0961 ★★★

spot
[spɑt]

ⓥ 발견하다, 찾아내다 · ⓝ 점, 얼룩

He **spotted** a serious error in his program.
그는 자신의 프로그램에서 심각한 오류를 발견했다.

□ 0962 ★★★

random
[rǽndəm]

ⓐ 무작위의, 임의의

The results are based on a **random** sample survey of 1,515 voters.
그 결과는 1,515명의 투표자에 대한 무작위 표본 조사를 근거로 한다.

□ 0963 ★

chill
[tʃil]

ⓝ 한기, 냉기 ⓥ 냉각하다

A **chill** ran up her spine and a slight shiver shook her.
한기가 그녀의 등줄기를 타고 올라왔고 가볍게 몸서리가 쳐졌다.

chilly a. 으스스한, 냉랭한

□ 0964 ★★

plunge
[plʌndʒ]

ⓥ 풍덩 빠지다, 거꾸러지다; 급락하다 ⓝ 낙하; 급락

When the left engine failed, the jet **plunged** into the sea.
왼쪽 엔진이 가동을 멈추자 그 제트기는 바다에 풍덩 빠졌다.

= **dive** v. 뛰어들다; 급강하하다

□ 0965 ★★★

expiration
[èkspəréiʃən]

ⓝ 만료, 만기

The **expiration** date for food product is based on how it's processed.
식품의 만료일(= 유효 기간)은 어떻게 가공되었느냐에 근거한다.

expire v. 만기가 되다, 종료되다

□ 0966 ★★

explicit
[iksplísit]

ⓐ 명확한, 명시적인

Give me an **explicit** explanation of what's going on here.
여기서 무슨 일이 벌어지고 있는지 나에게 명확한 설명을 해보거라.

= **clear** a. 분명한 **obvious** a. 명백한
↔ **implicit** a. 암시적인, 암묵의

Yum!
Yum!

• 강물에 plunge하자마자 온몸에 chill이 느껴졌다.
• 식품은 expiration date 표기가 explicit한지 확인하고 사야 한다.

□ 0967 ★★
faculty
[fǽkəlti]

ⓝ 교수진, 교직원; 능력, 재능

There are more than 1,500 **faculty** and staff members at this college.

이 대학에는 1,500명이 넘는 교수진과 직원들이 있다.

□ 0968 ★★
sow
[sou]

ⓥ 씨를 뿌리다, 파종하다

You shall reap what you **sow**. -proverb-

뿌린 대로 거둔다.

□ 0969 ★★
snore
[snɔːr]

ⓥ 코를 골다   ⓝ 코 고는 소리

I recommended Eucalyptus tea to him as he **snored** loudly at night.

그가 밤에 코를 심하게 골아서 나는 유칼립투스 차를 권했다.

oom-in | 생리 현상

snore 코를 골다	yawn 하품하다	burp 트림하다
cough 기침하다	sneeze 재채기하다	hiccup 딸꾹질하다

□ 0970 ★★★
principal
[prínsəpəl]

ⓐ 주요한, 주된   ⓝ 교장, 학장

Cheese has been a **principal** food throughout much of the world.

치즈는 세계 많은 지역에서 주요 식품이어 왔다.

= **main** a. 주요한   **chief** a. 주된

□ 0971 ★★★
rigid
[rídʒid]

ⓐ 경직된, 굳은; 엄격한

His whole body was **rigid** with tension.

그의 전신이 긴장감으로 경직되었다.

rigidity n. 경직   = **stiff** a. 딱딱한, 경직된   ↔ **flexible** a. 유연한

□ 0972 ★★★
district
[dístrikt]

ⓝ 지구, 지역; 구역

Her boutique is located in the heart of the fashion **district** in Manhattan.

그녀의 부티크는 맨해튼 패션 지구의 심장부에 위치해 있다.

 Yum! Yum!

• 경관들은 **rigid**한 표정으로 담당 **district**를 수색했다.
• **snore**하는 **principal**한 원인은 기도의 일부가 막히는 것이다.

□ 0973 ★★
allotment
[əlátmənt]

ⓝ 할당, 분배; 할당량, 몫

The **allotment** of seats will be published on the website.
좌석의 할당은 웹사이트에 발표될 것이다.

allot v. 할당하다

□ 0974 ★★★
rage
[reidʒ]

ⓝ 격노, 분노

I'm in such a **rage** right now that I want to tip his desk over.
나는 지금 너무나 격노해서 그의 책상을 엎어버리고 싶다.

= **fury** n. 분노, 격분

□ 0975 ★
sneer
[sniər]

ⓥ 비웃다, 조롱하다   ⓝ 비웃음, 조소

Almost everybody **sneered** at mobile phones when they first came out.
휴대전화가 처음 나왔을 때 거의 모든 사람들이 비웃었다.

= **ridicule** v. 비웃다, 조소하다

□ 0976 ★★★
drastic
[dræstik]

ⓐ 극단적인, 과감한

We need to take **drastic** measures against illegal file sharing.
우리는 불법적인 파일 공유를 막기 위해 극단적인 조치를 취해야 한다.

= **severe** a. 극심한, 심각한   **extreme** a. 극도의

□ 0977 ★★
torture
[tɔ́ːrtʃər]

ⓝ 고문   ⓥ 고문하다, 괴롭히다

The soldier is suffering from memories of **torture**.
그 병사는 고문에 대한 기억으로 고통받고 있다.

□ 0978 ★★
designate
[dézignèit]

ⓥ 지명하다, 지정하다   ⓐ 지명된, 지정된

In 1962, Sungnyemun was **designated** as National Treasure No. 1.
숭례문은 1962년에 국보 1호로 지명되었다.

designation n. 지명, 지정

Yum! Yum!

- 선생님이 나를 반 대표로 **designate**하자 그는 **rage**를 표출했다.
- 그가 의견을 발표하자 사람들이 너무 **drastic**하다고 **sneer**했다.

□ 0979 ★

slippery
[slípəri]

ⓐ 미끄러운, 미끈거리는

Be careful: The area around the pool is very **slippery**.
조심하십시오. 풀 주변의 구역이 매우 미끄럽습니다.

slip v. 미끄러지다

□ 0980 ★★

mixture
[míkstʃər]

ⓝ 혼합물; 혼합 재료

Air is a **mixture** of various gases, containing nitrogen most.
공기는 다양한 공기의 혼합물인데 질소를 가장 많이 함유하고 있다.

mix v. 혼합하다

□ 0981 ★★

pitch
[pitʃ]

ⓥ 투구하다, 던지다   ⓝ 투구; 정점; 소리의 높이

For the 2009 season, Park Chan-ho **pitched** for the Philadelphia Phillies.
2009년 시즌 동안 박찬호는 Philadelphia Phillies를 위해 투구했다.

Ⓩoom-in ǀ 야구 선수

pitcher 투수   catcher 포수   batter 타자   infielder/outfielder 내야수/외야수
baseman (1·2·3) 루수   shortstop 유격수   DH(designated hitter) 지명타자

□ 0982 ★★★

discern
[disə́:rn]

ⓥ 식별하다, 구별하다; 알아차리다, 파악하다

The original print is so faint that the image is quite hard to **discern**.
원본이 너무 희미해서 그 그림을 식별하기가 상당히 힘들다.

□ 0983 ★★★

exert
[igzə́:rt]

ⓥ 가하다, 발휘하다; 노력하다

The wind **exerts** a force on the sails in the opposite direction of the ship.
바람은 돛에 배의 반대 방향으로 힘을 가한다.

exertion n. 힘을 가함, 발휘; 노력

Yum!
Yum!

• 물체의 표면이 너무 slippery하면 힘을 exert하기가 어렵다.
• 그 덩어리는 여러 물질의 mixture인데, 개별적으로 discern하기 힘들다.

☐ 0984 ★★
novel
[nάvəl]

ⓐ 새로운, 신기한　ⓝ 소설

The electric car was invented as early as 1899, so it is not a novel idea.
전기 자동차는 일찍이 1899년에 발명되었기에 새로운 아이디어가 아니다.

novelty n. 새로운 것, 신기함
= **new** a. 새로운　　**fiction** n. 소설; 허구

☐ 0985 ★★★
entitle
[intáitl]

ⓥ 권리〔자격〕를 주다; 제목을 붙이다

Even celebrities are entitled to privacy.
연예인들에게도 사생활의 권리가 있다.

☐ 0986 ★★
dizzy
[dízi]

ⓐ 어지러운, 현기증 나는

You may feel dizzy temporarily after getting up too fast.
갑자기 일어난 후에는 일시적으로 어지러울 수 있다.

dizziness n. 현기증, 어지러움

☐ 0987 ★★
spiral
[spáiərəl]

ⓐ 나선형의, 소용돌이 모양의　ⓝ 나선(형)

The spiral stairs lead to the observation tower.
나선형 계단이 전망대 탑까지 이어져 있다.

☐ 0988 ★★
tyranny
[tírəni]

ⓝ 폭정, 폭압; 독재

In history, people always rose up in arms against tyranny.
역사적으로 백성들은 폭정에 대항하여 항상 무장봉기하였다.

tyrant n. 폭군

☐ 0989 ★★★
exile
[eksail]

ⓥ 추방하다　ⓝ 추방, 유배; 망명자

The Dalai Lama has been exiled from his homeland, Tibet.
달라이 라마는 그의 조국인 티베트에서 추방당했다.

= **banish** v. 추방하다

Yum!
Yum!

• 그 왕은 tyranny를 일삼으며 반대 세력들을 해외로 exile했다.
• spiral 계단을 한참 오르다 보니 너무 dizzy했다.

□ 0990 ★★★
assent
[əsént]

ⓝ 찬성, 동의　ⓥ 찬성하다, 동의하다

The bill was passed by common **assent**.

그 법안은 전원 찬성으로 통과되었다.

= agreement n. 동의, 합의　　agree v. 동의하다

□ 0991 ★★★
moderate
[mάdərət]

ⓐ 적당한, 알맞은; 온건한; 보통의, 중간의

My new school is located in a **moderate** distance from home.

나의 새로운 학교는 집에서 적당한 거리에 위치해 있다.

□ 0992 ★★★
exclaim
[ikskléim]

ⓥ 외치다, 탄성을 지르다

The children **exclaimed** with excitement.

아이들은 흥분하여 외쳤다.

exclamation n. 외침, 탄성; 감탄사

Ⓩoom-in | 문장 부호

comma 쉼표	period 마침표	question mark 물음표
exclamation mark 느낌표	quotation mark 따옴표	
colon 콜론(:)	semicolon 세미콜론(;)	

□ 0993 ★★
fragment
[frǽgmənt]

ⓝ 조각, 파편

Over the years, rocks have been broken down into smaller **fragments**.

세월이 지남에 따라 암석들은 더 조그만 조각들로 분해되었다.

= piece n. 조각

□ 0994 ★
burglar
[bə́:rglər]

ⓝ 도둑, 주거 침입 강도

The **burglar** was caught on the store's CCTV system.

도둑의 모습이 점포의 CCTV망에 잡혔다.

burglary n. 주거 침입 죄(사건)　　= thief n. 도둑

Yum!
Yum!

- 그의 **moderate**한 제안에 양쪽 모두 **assent**를 표하고 한 발씩 양보했다.
- 경찰은 유리 **fragment**에서 지문을 채취하여 **burglar**를 체포했다.

□ 0995 ★★
mortality
[mɔːrtǽləti]

ⓝ 죽음을 면할 수 없음; 사망자수

It looked like my grandmother felt her **mortality** on her bed.
나의 할머니는 침대 위에서 죽음을 면할 수 없음을 느낀 것처럼 보였다.

mortal a. 죽을 운명의   ↔ **immortality** n. 불멸

□ 0996 ★★
devour
[diváuər]

ⓥ 집어삼키다, 게걸스럽게 먹다

Flames **devoured** the structure in minutes.
화염이 몇 분 만에 그 구조물을 집어삼켰다.

= **eat** v. 먹다

□ 0997 ★★★
proficient
[prəfíʃənt]

ⓐ 능통한, 숙달된

The young Iranian genius is **proficient** in 19 languages.
그 이란의 젊은 천재는 19개 국어에 능통하다.

proficiency n. 능숙, 숙달

□ 0998 ★★★
friction
[fríkʃən]

ⓝ 마찰

Without **friction**, once you move you can't stop.
마찰이 없는 경우, 당신은 일단 움직이면 멈춰설 수가 없다.

frictional a. 마찰의; 마찰로 움직이는

□ 0999 ★★
squeeze
[skwiːz]

ⓥ 짜다; 억지로 밀어넣다

Cut the lemon in half and **squeeze** the juice into a bowl.
레몬을 반으로 자르고 즙을 짜서 그릇에 넣으시오.

□ 1000 ★★★
refine
[rifáin]

ⓥ 다듬다, 세련되게 하다; 정제하다, 불순물을 없애다

For this album, the band spent many months **refining** their sound.
이 음반을 위해 그 악단은 그들의 연주를 다듬으면서 여러 달을 보냈다.

refined a. 세련된

Yum!
Yum!

• 그 작가는 자신의 **mortality**를 느끼고 유작이 될 글을 서둘러 **refine**했다.
• 나무의 **friction**으로 인해 생긴 불이 숲 전체를 금세 **devour**했다.

TEST

A 빈칸에 해당하는 영어 단어 또는 우리말을 쓰시오.

1. 교수진; 능력 _____
2. 격노, 분노 _____
3. 혼합물; 혼합 재료 _____
4. 외치다, 탄성을 지르다 _____
5. 짜다; 억지로 밀어넣다 _____
6. 어지러운, 현기증 나는 _____
7. 나선형의; 나선(형) _____
8. 미끄러운, 미끈거리는 _____
9. 경직된, 굳은; 엄격한 _____
10. 코를 골다; 코 고는 소리 _____

11. assent _____
12. fragment _____
13. designate _____
14. drastic _____
15. entitle _____
16. novel _____
17. refine _____
18. torture _____
19. plunge _____
20. allotment _____

B 빈칸에 알맞은 단어를 〈보기〉에서 골라 쓰시오.

discern	district	explicit	expiration
friction	moderate	mortality	proficient

1. The original print is so faint that the image is quite hard to _____.
2. Give me an _____ explanation of what's going on here.
3. I think my new school is located in a _____ distance from home.
4. Without _____, once you move you can't stop.
5. The young Iranian genius is _____ in 19 languages.
6. It looked like my grandmother felt her _____ on her bed.
7. The _____ date for food product is based on how it's processed.
8. Her boutique is located in the heart of the fashion _____ in Manhattan.

어휘+ 더하기 혼동어 ⑤

principal 형 주요한, 주된 vs. principle 명 원칙

The lake is the **principal** water source for the region.
그 호수는 그 지역을 위한 주요 수원이다.

The corporation is run on Christian **principles**.
그 회사는 기독교 원칙에 의해 운영된다.

assent 명 동의, 찬성 vs. ascent 명 올라감, 상승

The coach nodded an **assent** before the pitcher threw the ball.
코치는 투수가 공을 던지기 전에 동의하여 고개를 끄덕였다.

The first **ascent** of Everest was made in 1953.
최초의 에베레스트 등정은 1953년에 이루어졌다.

sow 동 씨를 뿌리다 vs. sew 동 꿰매다 vs. saw 동 톱질하다 명 톱

You **sow** in spring and reap in fall.
당신은 봄에 씨를 뿌리고 가을에 수확한다.

She **sewed** buttons onto her coat.
그녀는 단추들을 코트에 꿰매 달았다.

The carpenter **sawed** the log in half.
그 목수는 통나무를 두 토막으로 톱질했다.

mortality 명 사망자수; 죽음을 면할 수 없음 vs. morality 명 도덕성

The research showed the infant **mortality** rate has increased.
그 조사는 영아 사망률이 증가했음을 보여주었다.

In some cultures, **morality** is strongly tied to religion.
일부 문화권에서는 도덕성이 종교와 밀접하게 연관되어 있다.

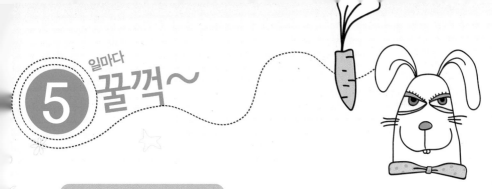

숙어 꿀꺽 | Day 21 - Day 25

□ **be inclined to do** …하는 경향이 있다 → 0803

People are inclined to stare at good-looking people.
사람들은 잘생긴 사람들을 응시하는 경향이 있다.

□ **give A a pause** A를 주저케 하다 → 0831

The realization that there was no money gave him a pause.
돈이 없다는 것에 때한 깨달음이 그를 주저케 했다.

□ **be infected with** …에 감염되다 → 0834

About 50 million people worldwide are infected with AIDS.
전 세계적으로 약 5천만 명이 에이즈에 감염되어 있다.

□ **be bound to do** …하게 되어 있다 → 0844

Talk of the devil, he is bound to appear. -proverb-
악마 얘기를 하면 나타나기 마련이다. (호랑이도 제 말하면 온다.)

□ **in one's mercy** 자비로운 마음으로 → 0848

The teacher forgave me in his mercy.
선생님은 자비로운 마음으로 나를 용서하셨다.

□ **restrain A from -ing** A가 …하는 것을 억제하다 → 0856

I had to restrain my dog from digging my lawn.
나는 나의 개가 잔디밭을 파는 것을 억제시켜야 했다.

□ **be worthy of** …의 가치〔자격〕이 있다 (= be worthwhile to do) → 0859

I think the movie was worthy of Oscar consideration.
나는 그 영화가 오스카상의 고려 대상이 될 가치가 있다고 생각한다.

□ **notify A of B** A에게 B를 통지하다 → 0862

**The professor notified the students of an opportunity to retake
the examination.**
교수님은 학생들에게 시험에 다시 응시할 기회를 통지했다.

□ **be compelled〔forced〕 to do** …하지 않을 수 없다 → 0872

**We had only one room, and I was compelled to share it with
my sister.**
우리는 방이 하나라서 나는 언니와 방을 함께 쓰지 않을 수 없었다.

□ **be liable〔responsible〕 for** …에 대한 책임이 있다 → 0910

Everyone is liable for the damage he causes.
모든 이는 자신이 야기한 피해에 대한 책임이 있다.

□ **prey on** …을 잡아먹고 살다, 희생양으로 하다 → 0924

As teens are susceptible to brands, advertisers will prey on them.
10대들이 상표에 취약하므로 광고주들은 그들을 희생양으로 삼는다.

□ **conform oneself to** …에 따르다 → 0926

We must conform ourselves to the rules.
우리는 규칙에 따라야 한다.

□ **adhere to** …에 집착하다 → 0938

Why do you adhere to the particular method?
너는 왜 그 특별한 방법에 집착하느냐?

1. inclined	…을 하고 싶은	26. comply	따르다
2. anonymous	익명의	27. ponder	곰곰이 생각하다
3. violate	위반하다	28. tenant	세입자
4. legitimate	합법적인	29. antibiotic	항생제
5. abortion	낙태	30. convict	유죄를 선고하다
6. renew	갱신하다	31. liable	책임이 있는
7. unity	단결, 통일	32. shiver	떨다, 몸서리
8. request	요구하다, 요구	33. illusion	환상, 환영
9. coverage	보도, 취재	34. simulation	시뮬레이션,
10. remedy	치료(법)	35. patriot	애국자
11. fatigue	피로, 피곤	36. versatile	다재다능한
12. compassion	동정, 연민	37. applause	박수갈채, 칭찬
13. split	나누다, 쪼개다	38. paramount	가장 중요한
14. altitude	고도	39. sane	제정신의
15. personnel	직원들, 총인원	40. alliance	연합단체
16. literacy	읽고 쓰는 능력	41. transplant	이식, 이식하다
17. hollow	빈; 공허한	42. immense	막대한, 엄청난
18. courteous	예절을 갖춘	43. vacant	빈
19. juvenile	청소년의	44. phase	국면, 단계
20. sanitary	위생의	45. conform	따르다
21. retail	소매(업)	46. extravagant	사치스러운
22. betray	배신하다	47. adhere	붙다, 접착되다
23. hospitable	우호적인	48. valid	유효한
24. inflation	인플레이션	49. surrender	항복하다
25. infect	감염시키다	50. dismay	절망, 낙담

51. fraction	일부; 조각	76. boost	신장시키다
52. expel	추방하다	77. grateful	감사하는
53. nominate	(후보로) 지명하다	78. synthetic	합성의
54. restrain	억누르다	79. corrupt	부패한, 타락한
55. notify	알리다	80. contempt	경멸, 무시
56. clinical	임상의	81. genetic	유전의
57. nutrient	영양소	82. exploit	개발하다
58. coast	해안(지방)	83. prominent	저명한; 현저한
59. decent	제대로 된	84. provoke	자극하여 …시키다
60. shatter	산산조각이 나다	85. random	무작위의
61. obstruct	가로막다	86. obscure	불분명한
62. reinforce	강화하다	87. nurture	양육하다
63. forecast	예보, 예보하다	88. expiration	만료, 만기
64. compel	강요하다	89. exclaim	외치다
65. redundant	장황한; 여분의	90. allotment	할당, 분배
66. offspring	(집합) 자식	91. refine	다듬다
67. blink	눈을 깜빡이다	92. rigid	경직된, 굳은
68. mandatory	의무적인	93. slippery	미끄러운
69. tactics	전술, 책략	94. mortality	죽음을 면할 수 없음
70. mighty	강력한, 위대한	95. exert	가하다
71. bloom	꽃이 피다, 꽃	96. designate	지명하다
72. passage	통행로, 복도	97. spiral	나선형의
73. vague	막연한, 애매한	98. friction	마찰
74. parallel	평행하는	99. squeeze	짜다
75. withdraw	인출하다	100. moderate	적당한, 알맞은

백만스물하나.
백만스물둘. 셋..

DAY 26

어휘 더하기 : 혼동어 **6**

01	02	03	04	05	06	07	08	09	10
●	●	●	●	●	●	●	●	●	●

11	12	13	14	15	16	17	18	19	20
●	●	●	●	●	●	●	●	●	●

21	22	23	24	25	26	27	28	29	30
●	●	●	●	●	●				

31	32	33	34	35	36	37	38	39	40

41	42	43	44	45

Day 25 | Review

앞에서 학습한 단어를 얼마나 기억하는지 체크해 보세요.
기억이 나지 않는 단어는 다시 한 번 학습하세요.

☐ plunge   ☐ mortality

☐ expiration   ☐ exert

☐ explicit   ☐ discern

☐ sow   ☐ pitch

☐ snore   ☐ dizzy

☐ principal   ☐ devour

☐ rigid   ☐ tyranny

☐ district   ☐ proficient

☐ rage   ☐ friction

☐ sneer   ☐ exile

☐ drastic   ☐ assent

☐ torture   ☐ squeeze

☐ novel   ☐ moderate

☐ entitle   ☐ exclaim

☐ designate   ☐ refine

wow!!

□ 1001 ★★★
keen
[kíːn]

ⓐ 치열한, 격렬한; 날카로운, 예리한; 열심인

There is keen competition for admission to medical school.

의과 대학의 입학 허가를 받기 위한 치열한 경쟁이 있다.

□ 1002 ★★★
utmost
[ʌ́tmòust]

ⓐ 최고의; 극도의

Calcium is an element of the utmost importance for various functions.

칼슘은 다양한 기능을 위한 최고로 중요한 성분이다.

□ 1003 ★★
spacious
[spéiʃəs]

ⓐ 넓은, 널찍한

The mansion is spacious and has lots of rooms.

그 저택은 넓고 방이 많다.

space n. 공간; 우주   **spatial** a. 공간의   = **roomy** a. 널찍한

□ 1004 ★★★
pension
[pénʃən]

ⓝ 연금

The current pension plan is not enough to cover for retirees' basic needs.

현재의 연금 계획은 퇴직자들의 기본적인 필요를 충당할 만큼 충분하지 못하다.

□ 1005 ★★
probe
[próub]

ⓥ 조사하다, 캐묻다; 탐사하다   ⓝ 조사; 탐사선

He was renowned for making a TV program that probed many political issues.

그는 여러 정치적 문제점들을 조사하는 TV 프로그램을 만든 것으로 유명했다.

probation n. 검정, 조사

□ 1006 ★★★
flourish
[flə́ːriʃ]

ⓥ 번성하다, 번영하다; 잘 자라다

Guitar music flourished in 19th-century Spain.

기타 음악은 19세기 스페인에서 번성했다.

= **thrive** v. 번창하다

Yum!
Yum!

• 그 사무실은 너무 spacious해서 probe하는 데 며칠이 걸렸다.
• 우리 기업은 keen한 경쟁 속에서 살아남아 현재 flourish하고 있다.

□ 1007 ★★
retrieve
[ritríːv]

ⓥ 되찾아오다, 회수하다; 만회하다; 정보를 검색하다

My dog loves to retrieve balls or Frisbees which I throw.
내 개는 내가 던지는 공이나 프리스비(원반)를 되찾아오는 것을 좋아한다.

retrieval n. 회수; 만회

□ 1008 ★★★
solemn
[sáləm]

ⓐ 엄숙한, 근엄한

The meeting started off with a solemn look on everyone's faces.
모든 사람들이 얼굴에 엄숙한 표정을 하고 회의가 시작되었다.

solemnly ad. 장엄하게; 진지하게

□ 1009 ★★★
affirm
[əfə́ːrm]

ⓥ 단언하다, 확인하다

I affirm that I'm the right person for the position.
나는 내가 그 직위에 적임자라고 단언한다.

affirmative a. 긍정의, 긍정하는 n. 긍정, 동의
= **assert** v. 단호하게 주장하다

□ 1010 ★★
reliable
[riláiəbl]

ⓐ 믿을 수 있는, 믿을 만한

Make sure the information you got from the Internet is reliable.
인터넷에서 얻은 정보가 믿을 수 있는지 확인하도록 하라.

rely v. 의지하다, 믿다   **reliability** n. 믿을 수 있음, 신뢰도
= **dependable** a. 믿을 수 있는

oom-in | '의지하다, 의존하다' 라는 뜻을 나타내는 표현
rely on 믿고 의지하다   depend on 의존하다
count on 믿고 의지하다   turn to 의지하다, 기대다

□ 1011 ★★★
distress
[distrés]

ⓝ 고통, 괴로움; 고민, 걱정

The real man smiles in trouble, and gathers strength from distress. -Thomas Paine-
참된 인간은 고난 속에서 미소 짓고, 고통 속에서 힘을 모은다.

= **pain** n. 고통

Yum!
Yum!

• 나는 그녀가 reliable한 사람이라고 affirm할 수 있다.
• 그 장례식은 모두가 distress에 빠진 가운데 solemn한 분위기에서 치러졌다.

□ 1012 ★★
rinse
[ríns]

ⓥ 씻다, 헹구다   ⓝ 씻기, 헹구기
After using the tools, **rinse** them well with clean water.
도구들을 사용한 후에는 그것들을 깨끗한 물로 잘 씻으시오.

□ 1013 ★★
slump
[slʌ́mp]

ⓝ 부진, 슬럼프   ⓥ 폭락하다, 쇠퇴하다; 쿵하고 떨어지다
The golf player hit a **slump** late in the last season.
그 골프선수는 지난 시즌 말 부진에 빠졌다.

↔ **boom** n. 급등 v. 호황을 맞다, 번창하다

> **Zoom-in | 경기 침체를 나타내는 어휘**
> slump 경제 활동 부진   recession 경기 침체, 후퇴   panic 경제 공황
> depression 불경기, 불황 (*cf.* the Great Depression 1930년대의 대공황)

□ 1014 ★★
frugal
[frúːgəl]

ⓐ 검소한, 절약하는
Despite his immense wealth, Rufus is famous for his **frugal** lifestyle.
엄청난 부에도 불구하고 Rufus는 검소한 생활방식으로 유명하다.

frugality n. 검소, 절약   ↔ **extravagant** a. 낭비하는

□ 1015 ★★★
perfume
[pəːrfjúːm]

ⓝ 향기; 향수
The pathways are full of the fresh **perfume** of wildflowers.
그 오솔길은 야생화의 신선한 향기로 가득하다.

= **fragrance** n. 향기; 향수   **scent** n. 향기, 냄새

□ 1016 ★★
recession
[riséʃən]

ⓝ 불경기, 경기 후퇴; 후퇴, 침체
During a **recession**, unemployment rises.
불경기 동안 실업은 증가한다.

□ 1017 ★★★
vocal
[vóukəl]

ⓐ 목소리의, 발성의   ⓝ 보컬, 노래 부분
The female **vocal** sound is similar to Whitney Houston.
그 여성의 목소리가 Whitney Houston과 흡사하다.

Yum!
Yum!
• 요즘처럼 *recession*이 지속되는 시기에는 *frugal*한 생활을 해야 한다.
• 그 가수의 *vocal sound*는 너무 감미로워서 마치 *perfume*을 맡는 듯하다.

□ 1018 ★★★
bulletin
[búlətin]

ⓝ 게시, 공시; 뉴스 단신

There is a list of work to be done on the bulletin board.
게시판에 해야 할 일의 목록이 있다.

□ 1019 ★
tumor
[tjúːmər]

ⓝ 종양

I've had a tumor removed from the right side of my neck.
나는 목 오른쪽에서 종양을 제거했다.

□ 1020 ★★
gigantic
[dʒaigǽntik]

ⓐ 거대한, 거인 같은

In the film *Avatar*, the Navi people live in a gigantic tree.
영화 〈아바타〉에서 Navi족은 거대한 나무에서 산다.

giant n. 거인 a. 거대한   **= huge** a. 막대한, 거대한

□ 1021 ★★★
strain
[stréin]

ⓥ 삐다; 긴장시키다; 세게 잡아당기다   ⓝ 염좌; 긴장, 부담

I strained my lower back after moving heavy boxes.
나는 무거운 상자들을 옮긴 후 허리를 삐었다.

strained a. 긴장한; 불편한

□ 1022 ★★★
staff
[stǽf]

ⓝ (집합적) 직원; 막대기, 지팡이

The medical staff rushed over to the patient.
의료진은 그 환자에게로 달려갔다.

oom-in | 집합적 개념의 사람들

staff 직원 일동   crew 승무원   personnel 조직의 인력
faculty 교수진; 교직원   audience 청중, 관객   jury 배심원단

□ 1023 ★★
periodic
[pìəriádik]

ⓐ 주기적인, 정기적인

You need a periodic checkup to determine everything is working properly.
당신은 모든 것이 적절하게 작동하고 있는지 판단하기 위해 주기적인 검진이 필요하다.

= regular a. 규칙적인, 주기적인

Yum!
Yum!

• 그는 숲 속에서 gigantic한 동물을 보고 도망치다 발목을 strain했다.
• 우리 엄마는 periodic checkup을 받으시면서 병원의 staff와 친해지셨다.

□ 1024 ★★★
underline
[ʌ̀ndərlàin]

ⓥ 강조하다; 밑줄을 긋다

Experts underline that social contacts are important in campus life.
전문가들은 학교생활에서 사회적 접촉이 중요하다는 것을 강조한다.

□ 1025 ★★★
variation
[vɛ̀əriéiʃən]

ⓝ 변형, 변종; 변화, 차이

There are several variations on the Robin Hood story.
로빈 후드 이야기에는 여러 변형들이 있다.

vary v. 다르다; 변화를 주다

□ 1026 ★★★
spray
[spréi]

ⓥ 뿌리다, 끼얹다   ⓝ 물보라, 물안개

I sprayed water on fires to put them out.
나는 불을 끄기 위해 그 위에 물을 뿌렸다.

□ 1027 ★★★
damp
[dǽmp]

ⓐ 축축한, 습기 찬

It rained last night and the lawn is still damp.
어젯밤에 비가 내려서 잔디밭이 아직도 축축하다.

= **humid** a. 습기 있는, 눅눅한   **wet** a. 젖은

□ 1028 ★★
freight
[fréit]

ⓝ 화물; 화물 운송

The tunnel is used by high speed trains to transport passengers and freight.
그 터널은 여객과 화물을 운송하는 고속 열차가 이용한다.

□ 1029 ★★★
proportion
[prəpɔ́:rʃən]

ⓝ 비율, 비; 부분; 크기, 규모

Even the most successful book is read by only a small proportion of the population.
가장 성공적인 책조차도 인구의 낮은 비율만이 읽는다.

Yum!
Yum!

• 내 동생이 물을 너무 많이 spray해서 화분이 아직도 damp하다.
• 선박은 여객보다 freight를 운반하는 proportion이 훨씬 높다.

□ 1030 ★★
superb
[supə́ːrb]

ⓐ 최고의, 최상의; 대단히 훌륭한

He defeated every opponent easily as his horse was in superb condition.
그는 그의 말이 최고의 상태였기 때문에 모든 상대를 쉽게 이겼다.

= **excellent** a. 훌륭한, 탁월한

□ 1031 ★★
Antarctic
[æntáːrktik]

ⓐ 남극의 ⓝ 남극 지역

The Antarctic Ocean is getting less salty because of the melting ice.
남극해는 녹고 있는 얼음으로 인해 염분이 줄고 있다.

Antarctica n. 남극대륙   ↔ **Arctic** a. 북극의 n. 북극

Ⓩoom-in ǀ **5대양**

the Arctic Ocean 북극해(북빙양)   the Antarctic Ocean 남극해(남빙양)
the Pacific Ocean 태평양   the Atlantic Ocean 대서양
the Indian Ocean 인도양

□ 1032 ★★★
proclaim
[proukléim]

ⓥ 선언하다, 포고하다

The police proclaimed that they would take every measure for our safety.
경찰은 우리의 안전을 위해 모든 조치를 취하겠다고 선언했다.

□ 1033 ★★★
suspend
[səspénd]

ⓥ 중단하다; 매달다; 연기하다

The project will be suspended by some obstacles.
그 프로젝트는 일부 장애 때문에 중단될 것이다.

suspension n. 중지, 정지; 매달기; 연기, 보류

□ 1034 ★
deform
[difɔ́ːrm]

ⓥ 기형으로 만들다, 변형시키다

Some high-heeled shoes may deform your foot bones.
일부 굽 높은 구두는 당신의 발 뼈를 기형으로 만들 수 있다.

deformity n. 기형, 불구   **deformed** a. 기형의

Yum!
Yum!

• 이 하이힐은 superb하지만 자주 신으면 발을 deform할지도 몰라.
• 그 단체는 노숙자에 대한 무상지원 계획을 suspend하겠다고 proclaim했다.

□ 1035 ★★
coincidence
[kouínsidəns]

ⓝ 우연의 일치

What a coincidence to see you here!
너를 여기서 만나다니, 정말 우연의 일치야!

□ 1036 ★★
decease
[disíːs]

ⓝ 사망 ⓥ 사망하다

His decease caused much regret and sorrow to the community.
그의 사망은 지역사회에 많은 유감과 슬픔을 가져왔다.

□ 1037 ★
outlaw
[áutlɔ̀ː]

ⓥ 법으로 금지하다, 불법화하다

The use of leaded fuel has been outlawed in the U.S. since the 1970s.
납이 함유된 연료의 사용은 미국에서 1970년대 이래로 금지되었다.

□ 1038 ★★★
rational
[rǽʃənl]

ⓐ 이성적인, 합리적인

The tragedy was the result of her lack of rational judgment.
그 비극은 그녀의 이성적인 판단이 부족한 결과였다.

= **reasonable** a. 합리적인 ↔ **irrational** a. 비합리적인

□ 1039 ★★
lyric
[lírik]

ⓐ 서정시의 ⓝ 서정시

John Keats was an English Romantic lyric poet.
John Keats는 영국의 낭만주의 서정 시인이었다.

□ 1040 ★★
beware
[biwέər]

ⓥ 주의하다, 경계하다

Beware of pickpockets when you are in crowded areas.
사람들이 많은 곳에 있을 때는 소매치기를 주의하시오.

Yum!
Yum!

• 이 펜스 너머로 들어가는 것은 outlaw하고 있으므로 beware해야 한다.
• 우리는 coincidence로 똑같은 lyric poet에 대해 조사하고 있었다.

A 빈칸에 해당하는 영어 단어 또는 우리말을 쓰시오.

1. 사망; 사망하다 _____
2. 엄숙한, 근엄한 _____
3. 부진; 폭락하다 _____
4. 법으로 금지하다 _____
5. 기형으로 만들다 _____
6. 화물; 화물 운송 _____
7. 축축한, 습기 찬 _____
8. 목소리의, 발성의 _____
9. 직원; 막대기 _____
10. 연금 _____

11. spacious _____
12. bulletin _____
13. suspend _____
14. proportion _____
15. coincidence _____
16. probe _____
17. rational _____
18. flourish _____
19. proclaim _____
20. utmost _____

B 빈칸에 알맞은 단어를 〈보기〉에서 골라 쓰시오.

distress	strain	perfume	periodic
recession	reliable	retrieve	underline

1. My dog loves to _____ balls or Frisbees which I throw.

2. Make sure the information you got from the Internet is _____.

3. You need a _____ checkup to determine everything is working properly.

4. Experts _____ that social contacts are important in campus life.

5. During a _____, unemployment rises.

6. The pathways are full of the fresh _____ of wildflowers.

7. I _____ed my lower back after moving heavy boxes.

8. The real man smiles in trouble, and gathers strength from _____.

Answer Keys _____

A 1. decease 2. solemn 3. slump 4. outlaw 5. deform 6. freight 7. damp 8. vocal 9. staff 10. pension 11. 넓은, 널찍한 12. 게시; 뉴스 단신 13. 중단하다; 매달다 14. 비율; 부분; 크기 15. 우연의 일치 16. 조사하다; 탐사하다; 조사; 탐사선 17. 이성적인, 합리적인 18. 번성하다, 번영하다 19. 선언하다, 포고하다 20. 최고의; 극도의 **B 1. retrieve** 2. reliable 3. periodic 4. underline 5. recession 6. perfume 7. strain 8. distress

어휘+더하기 혼동어 ⑥

---

reliable 형 믿을 수 있는, 믿을 만한 vs. reliant 형 의존적인

All the information from him is **reliable**.
그에게서 얻은 모든 정보는 믿을 수 있다.

Grandma is **reliant** on hearing aids for her hearing.
할머니는 듣기 위해 보청기에 의존한다.

---

staff 명 (집합적) 직원 vs. stiff 형 뻣뻣한, 경직된 vs. stuff 명 물건

There are 300 **staff** in the office of the Prime Minister.
수상의 집무실에는 300명의 직원이 있다.

Squeezing and tapping help relieve your **stiff** neck.
주무르고 두드리는 것은 뻣뻣해진 목을 이완하는 데 도움이 된다.

It's important to keep your **stuff** safe in a locker.
너의 물건을 사물함에 안전하게 보관하는 것이 중요하다.

---

superb 형 최고의, 최상의; 훌륭한 vs. suburb 명 교외, 근교

She is a **superb** cook with her specialty dish.
그녀는 특선 요리가 있는 최고의 요리사이다.

I would like to live in a **suburb** near a beach.
나는 해변에 가까운 교외에서 살고 싶다.

 vs.

---

decease 명 사망 vs. disease 명 질병

He had been ill and his **decease** was not unexpected.
그는 아파 왔기에 그의 사망이 예기치 못한 것은 아니었다.

The girl's **disease** was too advanced to be operated on.
그 소녀의 질병은 너무 진전되어 수술을 받을 수 없었다.

DAY 27

어휘 더하기 : 혼동어 ❼

01	02	03	04	05	06	07	08	09	10

11	12	13	14	15	16	17	18	19	20

21	22	23	24	25	26	27	28	29	30

31	32	33	34	35	36	37	38	39	40

41	42	43	44	45

Day 26 | Review

앞에서 학습한 단어를 얼마나 기억하는지 체크해 보세요.
기억이 나지 않는 단어는 다시 한 번 학습하세요.

☐ keen   ☐ tumor

☐ utmost   ☐ strain

☐ pension   ☐ variation

☐ probe   ☐ periodic

☐ flourish   ☐ coincidence

☐ retrieve   ☐ damp

☐ rinse   ☐ freight

☐ solemn   ☐ rational

☐ affirm   ☐ proportion

☐ bulletin   ☐ superb

☐ reliable   ☐ beware

☐ distress   ☐ Antarctic

☐ frugal   ☐ proclaim

☐ recession   ☐ suspend

☐ slump   ☐ deform

wow!!

□ 1041 ★★
swirl
[swəːrl]

ⓥ 소용돌이치다   ⓝ 소용돌이

The wind swirled in circles and blew the leaves.

바람이 원을 그리며 소용돌이쳤고 나뭇잎을 흩날렸다.

= whirl v. 빙그르르 돌다

□ 1042 ★★★
examine
[igzǽmin]

ⓥ 조사하다, 검토하다; 진찰하다; 시험을 실시하다

He refused to examine this case due to lack of evidence.

그는 증거가 부족하다는 이유로 이 사건을 조사하기를 거절했다.

examination n. 조사; 진찰; 시험

□ 1043 ★★★
stream
[stríːm]

ⓝ 개울, 시내; 흐름, 조류

As a child, I used to fish in a local stream.

어렸을 때 나는 동네 개울에서 낚시를 하곤 했다.

□ 1044 ★
haunted
[hɔ́ːntid]

ⓐ 귀신이 나오는; 겁에 질린, 불안한

The boy who entered the haunted house never came back.

귀신이 나오는 그 집에 들어간 소년은 결코 돌아오지 않았다.

haunt v. 뇌리에서 떠나지 않다; 귀신이 나타나다; 따라다니며 괴롭히다

□ 1045 ★★
obsess
[əbsés]

ⓥ 사로잡다, …생각만 하게 하다; 강박감을 갖다

Ken was totally obsessed with the memory of good old days.

Ken은 옛날의 좋았던 기억에 완전히 사로잡혔다.

obsession n. 강박관념

□ 1046 ★★★
pierce
[píərs]

ⓥ 뚫다, 관통하다

The knight was severely injured as an arrow pierced his armor.

그 기사는 화살이 그의 갑옷을 뚫었을 때 심각하게 부상을 당했다.

Yum! Yum!

• 이 stream은 물살이 빠르며 어떤 곳은 물이 swirl하기도 한다.
• 부상자를 examine해 보니 탄환이 허벅지를 pierce했다.

□ 1047 ★

devastating
[dévəstèitiŋ]

ⓐ 매우 파괴적인, 엄청난 손상을 가하는; 굉장한

The drought is having **devastating** effect on crops.
가뭄이 농작물에 매우 파괴적인 영향을 미치고 있다.

devastate v. 완전히 파괴하다

□ 1048 ★ ★ ★

motto
[mátou]

ⓝ 좌우명, 표어

Today our **motto** should be "Go for Green."
오늘날 우리의 좌우명은 '친환경을 향해 나아가자.' 가 되어야 한다.

□ 1049 ★

open-minded
[óupənmáindid]

ⓐ 마음이 열린, 속이 트인

Without an **open-minded** mind, you can never be a great success. -Martha Stewart-
마음을 열지 않으면 당신은 결코 큰 성공을 거둘 수 없다.

↔ **narrow-minded** a. 편협한

Ⓩoom-in ┃ 〈형용사+명사+-ed〉의 복합 형용사

open-minded 마음이 열린   left-handed 왼손잡이의   short-sighted 근시의
gray-haired 백발의   good-natured 마음씨가 착한   one-armed 외팔이의

□ 1050 ★ ★

brochure
[brouʃúər]

ⓝ 안내책자, 소책자

You can get some information on French cuisine through an online **brochure**.
당신은 온라인 안내책자를 통해 프랑스 요리에 대한 정보를 얻을 수 있다.

□ 1051 ★ ★ ★

memorial
[məmɔ́ːriəl]

ⓝ 기념관, 기념비   ⓐ 기념의, 추도의

The war **memorial** is for 180 soldiers who sacrificed their lives in the war.
그 전쟁기념관은 전쟁에서 목숨을 희생한 180명의 군인들을 기린다.

Yum!
Yum!

• 그 war memorial의 관람 안내는 내가 준 brochure에 나와 있다.
• 나의 motto: '새로운 것을 항상 open-minded한 자세로 대하자.'

□ 1052 ★★★

behalf
[bihǽf]

ⓝ 측, 편, 지지; 이익

I speak in behalf of more than two hundred of my colleagues.
나는 200명이 넘는 동료들을 대변하여 발언한다.

㉘ in(on) behalf of …을 대변하여; …을 위해서

□ 1053 ★★★

acute
[əkjúːt]

ⓐ 극심한; 급성의; 날카로운, 예민한

He felt acute pain in the upper part of the abdomen.
그는 복부 위쪽에 극심한 통증을 느꼈다.

= severe a. 극심한   sharp a. 날카로운

□ 1054 ★

cartoon
[kɑːrtúːn]

ⓝ 만화

Cartoon characters are often used in television ads.
만화 주인공들은 종종 텔레비전 광고에 이용된다.

□ 1055 ★★

demolish
[dimáliʃ]

ⓥ 부수다, 폭파하다

The king demolished the old temple and built a new one.
왕은 오래된 사원을 부수고 새로운 사원을 지었다.

demolition n. 폭파, 해체   = destroy v. 파괴하다

□ 1056 ★

catastrophe
[kətǽstrəfi]

ⓝ 대재난, 참사

In 1999, there was a catastrophe in the world financial markets.
1999년에 세계 금융 시장에 대재난이 있었다.

= disaster n. 재난, 참사

□ 1057 ★★

intrigue
[intríːg]

ⓥ 흥미를 유발하다; 모의하다   ⓝ 모의, 음모; 흥미로움

People are always intrigued and drawn to novelty.
사람들은 항상 참신함에 흥미를 갖고 이끌린다.

intriguing a. 흥미로운

Yum!
Yum!

• 어떤 주제이든 아이들을 intrigue하는 데는 cartoon이 효과적이다.
• 거의 모든 건물을 demolish한 이번 지진은 말 그대로 catastrophe였다.

□ 1058 ★★★
stern
[stə́ːrn]

ⓐ 엄중한, 엄숙한; 심각한

Sarah put on a **stern** face and warned him not to do it again.
Sarah는 엄중한 표정을 지었고 그에게 다시는 그러지 말라고 경고했다.

= **strict** a. 엄격한

□ 1059 ★★★
strait
[stréit]

ⓝ 해협; 궁핍, 곤경

The Bosporus is the **strait** that connects the Mediterranean with the Black Sea.
보스포러스는 지중해와 흑해를 연결하는 해협이다.

Ⓩoom-in | **바다의 지형**

strait 해협   channel (strait보다 큰) 해협   bay 만   gulf (bay보다 큰) 만

□ 1060 ★★★
consist
[kənsíst]

ⓥ 구성되다

The earth **consists** of three main layers: the core, the mantle, and the crust.
지구는 세 개의 주요 층으로 구성되는데, 핵, 맨틀, 지각이다.

□ 1061 ★★
nuisance
[njúːsns]

ⓝ 귀찮은 것, 성가신 사람, 골칫거리

Spam is a real **nuisance** on Internet usage.
스팸메일은 인터넷을 사용하는 데 있어 정말 귀찮은 것이다.

= **trouble** n. 골칫거리

□ 1062 ★★
auction
[ɔ́ːkʃən]

ⓝ 경매

I bought a house at an **auction** for a low price.
나는 경매에서 주택 한 채를 저렴하게 구입했다.

□ 1063 ★★★
indulge
[indʌ́ldʒ]

ⓥ 탐닉하다, 빠지다, 마음껏 하다; 충족시키다

I love sweets, but I just don't **indulge** very often.
나는 단 것을 좋아하지만, 그렇게 자주 탐닉하지는 않는다.

Yum!
Yum!

• 그는 stern한 표정으로 아버지의 가구를 auction에 내놓았다.
• 나에게 쇼핑은 nuisance일 뿐이지만, 내 친구는 종종 indulge해요.

□ 1064 ★★★
petition
[pətíʃən]

ⓝ 청원(서), 탄원(서), 진정(서) ⓥ …에 청원하다

I signed a petition in support of passing of bill.
나는 그 법률안의 통과를 지지하기 때문에 청원서에 서명했다.

□ 1065 ★★
inhibit
[inhíbit]

ⓥ 억제하다; 못하게 하다

Antibiotics inhibit bacterial growth by hindering protein synthesis.
항생제는 단백질 합성을 방해함으로써 박테리아의 성장을 억제한다.

inhibition n. 억제, 방해 = hinder v. 방해하다

□ 1066 ★★★
blast
[blǽst]

ⓝ 폭발, 파열; 빵 하는 소리 ⓥ 폭파하다

I heard that there was another bomb blast near the town.
나는 시내 근처에서 또 다른 폭탄 폭발이 있었다고 들었다.

= explosion n. 폭발

□ 1067 ★★
kidnap
[kídnæp]

ⓥ 납치하다, 유괴하다

He stopped the criminal from kidnapping the little boy.
그는 범인이 그 작은 소년을 납치하는 것을 저지했다.

□ 1068 ★
evacuate
[ivǽkjuèit]

ⓥ 대피시키다; 비우다

The local government evacuated the residents from dangerous areas.
지방 정부는 위험 지역에서 주민들을 대피시켰다.

evacuation n. 대피, 피난; 비우기

□ 1069 ★★
delegate
[déligət]

ⓝ 대표자 ⓥ 대리하다, 위임하다

A total of 91 delegates from ten countries attended the conference.
10개국에서 온 총 91명의 대표자가 그 회의에 참석했다.

Yum!
Yum!

- 폭탄 blast가 있을 것이라는 허위 전화에 경찰은 사람들을 evacuate했다.
- kidnap된 선교사들의 석방을 위해 정부의 협상 delegate가 파견되었다.

☐ 1070 ★★★

splendid
[spléndid]

ⓐ 근사한, 정말 멋진

The mountain view from this hotel is **splendid**.
이 호텔의 산의 전망은 근사하다.

= **gorgeous** a. 아주 멋진

☐ 1071 ★★★

perish
[périʃ]

ⓥ 멸망하다, 죽어 없어지다

Let justice be done, though the world **perish**.
세상이 멸망할지라도 정의가 이루어지게 하자.

☐ 1072 ★★

square
[skwɛər]

ⓐ 정사각형의 ⓝ 정사각형; 광장

For a meeting, a round table is better than a **square** one.
회의를 위해서는 원형 테이블이 정사각형 테이블보다 더 좋다.

Zoom-in ❙ 여러 가지 도형

| triangle 삼각형 | square 정사각형 | rectangle 직사각형 | pentagon 오각형 |
| hexagon 육각형 | octagon 팔각형 | semicircle 반원 | oval 타원 |

☐ 1073 ★★

ornament
[ɔ́:rnəmənt]

ⓝ 장식 ⓥ 장식하다, 꾸미다

Generally women are very fond of **ornaments** or accessories.
일반적으로 여성들은 장식이나 장신구를 매우 좋아한다.

☐ 1074 ★

vulnerable
[vʌ́lnərəbl]

ⓐ 취약한, 약점이 있는

Some people are more **vulnerable** to heatstroke than others.
어떤 사람들은 다른 사람들보다 열사병에 더 취약하다.

vulnerability n. 취약성; 상하기 쉬움   = **weak** a. 약한

Yum!
Yum!

• 왕족의 복장은 ornament가 정말 splendid하네요.
• 이 꽃은 추위에 vulnerable해서 서리를 맞으면 바로 perish한다.

□ 1075 ★★

dispense
[dispéns]

ⓥ 나누어주다, 분배하다

The machine **dispenses** soft drinks in cups, cans or bottles.
그 기계에서는 음료가 컵, 캔, 병으로 나누어 나온다.

dispenser n. 기계, 용기; 자동판매기

□ 1076 ★★

witty
[wíti]

ⓐ 재치 있는

The writer is famous for his **witty** comments.
그 작가는 재치 있는 논평으로 유명하다.

wit n. 기지, 재치

□ 1077 ★★★

manifest
[mǽnəfèst]

ⓥ 구현하다; 명백히 하다　ⓐ 명백한, 분명한

You must own a dream in order to **manifest** it. -Joy Page-
꿈을 가져야만 그것을 구현할 수 있다.

□ 1078 ★★★

commonplace
[kámənplèis]

ⓐ 아주 흔한, 평범한

Indian nicknames are **commonplace** in Alaska.
원주민 별명은 알래스카에서 아주 흔하다.

common a. 평범한, 보통의

□ 1079 ★★★

salary
[sǽləri]

ⓝ 급여, 봉급, 월급

I save a percentage of my **salary** for future use.
나는 급여의 일부를 나중에 쓰기 위해 저축한다.

= **pay** n. 급료, 보수　**wage** n. 임금, 급료

□ 1080 ★★

retreat
[ritríːt]

ⓥ 후퇴하다, 퇴각하다　ⓝ 후퇴, 퇴각

After the engagement the enemy **retreated** with all speed.
교전 후에 적군은 전속력으로 후퇴하였다.

Yum! Yum!

• 그녀는 **witty**한 문체로 목표를 **manifest**하는 유익한 글을 썼다.
• 우리는 **retreat**해 돌아온 군부대에 식량과 옷을 **dispense**했다.

TEST

A 빈칸에 해당하는 영어 단어 또는 우리말을 쓰시오.

1. 뚫다, 관통하다 _____
2. 재치 있는 _____
3. 소용돌이치다; 소용돌이 _____
4. 정사각형; 광장 _____
5. 폭발; 폭파하다 _____
6. 대재난, 참사 _____
7. 납치하다, 유괴하다 _____
8. 경매 _____
9. 좌우명, 표어 _____
10. 해협; 궁핍, 곤경 _____

11. splendid _____
12. vulnerable _____
13. evacuate _____
14. ornament _____
15. delegate _____
16. intrigue _____
17. memorial _____
18. stern _____
19. demolish _____
20. obsess _____

B 빈칸에 알맞은 단어를 〈보기〉에서 골라 쓰시오.

| behalf | manifest | devastating | dispense |
| indulge | inhibit | nuisance | examine |

1. He refused to _____ this case due to lack of evidence.
2. I love sweets, but I just don't _____ very often.
3. The machine _____s soft drinks in cups, cans or bottles.
4. Antibiotics _____ bacterial growth by hindering protein synthesis.
5. I speak in _____ of more than two hundred of my colleagues.
6. You must own a dream in order to _____ it.
7. The drought is having _____ effect on crops.
8. Spam is a real _____ on Internet usage.

Answer Keys

A 1. pierce 2. witty 3. swirl 4. square 5. blast 6. catastrophe 7. kidnap 8. auction 9. motto 10. strait
11. 근사한, 정말 멋진 12. 취약한, 약점이 있는 13. 대피시키다; 비우다 14. 장식; 장식하다 15. 대표자; 대리하다
16. 흥미를 유발하다; 모의하다 17. 기념관; 기념의 18. 엄중한; 심각한 19. 부수다, 폭파하다 20. 사로잡다
B 1. examine 2. indulge 3. dispense 4. inhibit 5. behalf 6. manifest 7. devastating 8. nuisance

혼동어 7

petition 명 청원(서), 탄원(서) *vs.* repetition 명 반복, 되풀이

Their **petition** was denied for some reasons.
그들의 청원은 몇몇 이유로 기각되었다.

Avoid the **repetition** of the same word in a sentence.
한 문장에서 동일한 어휘의 반복을 피하도록 하라.

inhibit 동 억제하다; 못하게 하다 *vs.* inhabit 동 살다, 거주하다

This drug **inhibits** cholesterol production in the bloodstream.
이 약은 혈류 속 콜레스테롤 생산을 억제한다.

Only penguins **inhabit** these remote Antarctic regions.
이 외진 남극지역에는 오직 펭귄만이 살고 있다.

evacuate 동 대피시키다 *vs.* evaluate 동 평가하다

People were **evacuated** from the building due to a bomb threat.
폭탄테러의 위협 때문에 사람들이 그 건물에서 대피하였다.

We need to **evaluate** risks associated with the investment.
우리는 그 투자와 관련된 위험요소들을 평가해 볼 필요가 있다.

dispense 동 분배하다, 나누어주다 *vs.* disperse 동 해산시키다

He **dispensed** assignments to the people he trust.
그는 그가 믿는 사람들에게 일을 분배해주었다.

Police **dispersed** the protesters without using force.
경찰은 물리력을 사용하지 않고 시위자들을 해산시켰다.

 vs.

DAY 28

어휘 더하기 : 혼동어 **8**

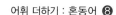

01	02	03	04	05	06	07	08	09	10
●	●	●	●	●	●	●	●	●	●

11	12	13	14	15	16	17	18	19	20
●	●	●	●	●	●	●	●	●	●

21	22	23	24	25	26	27	28	29	30
●	●	●	●	●	●	●	●		

31	32	33	34	35	36	37	38	39	40

41	42	43	44	45

Day 27 | Review

앞에서 학습한 단어를 얼마나 기억하는지 체크해 보세요.
기억이 나지 않는 단어는 다시 한 번 학습하세요.

- □ swirl
- □ obsess
- □ pierce
- □ behalf
- □ stern
- □ brochure
- □ memorial
- □ acute
- □ petition
- □ demolish
- □ inhibit
- □ catastrophe
- □ intrigue
- □ strait
- □ nuisance

- □ auction
- □ indulge
- □ dispense
- □ witty
- □ blast
- □ kidnap
- □ manifest
- □ commonplace
- □ evacuate
- □ delegate
- □ splendid
- □ perish
- □ ornament
- □ vulnerable
- □ retreat

□ 1081 ★★★

labor
[léibər]

ⓝ 노동, 일; 수고, 노력   ⓥ 노동하다, 일하다

Farming in this area relies on manual labor rather than machines.
이 지역의 농사는 기계보다는 육체 노동에 의존한다.

laborer n. 노동자

□ 1082 ★★★

stumble
[stʌ́mbl]

ⓥ 비틀거리다; 발이 걸리다; 말을 더듬다

Joe stumbled and fell during the dance.
Joe는 춤을 추다가 비틀거리며 넘어졌다.

= trip v. 발을 헛디디다

□ 1083 ★★

sneak
[sníːk]

ⓥ 몰래 움직이다

The young thief sneaked into the bedroom of an old rich man.
그 젊은 도둑은 한 늙은 부자의 침실에 몰래 들어갔다.

□ 1084 ★★★

veteran
[vétərən]

ⓝ 베테랑, 전문가; 퇴역군인

He is a veteran in the online advertising field.
그는 온라인 광고 분야의 베테랑이다.

□ 1085 ★

retrospect
[rétrəspèkt]

ⓝ 회고, 회상   ⓥ 회고하다, 추억하다

I think those were the days I enjoyed the most, in retrospect.
나는 회고해 보건대, 그 때가 내가 가장 재미있게 보냈던 시기였다고 생각한다.

retrospective a. 회고적인

□ 1086 ★★★

penetrate
[pénətrèit]

ⓥ 침투하다, 뚫고 들어가다; 관통하다

Olive oil can easily penetrate into your skin.
올리브 오일은 피부 속으로 쉽게 침투할 수 있다.

penetration n. 침투

Yum! Yum!

• 특공대가 sneak하여 적진에 penetrate하는 데 성공했다.
• 그 소설은 한 veteran이 참전 경험을 retrospect하는 내용이다.

□ 1087 ★★
infer
[infə́ːr]

ⓥ 추론하다, 추리하다

From many facts, we can **infer** that crime has been increasing.
여러 사실로부터 우리는 범죄가 증가하고 있다는 것을 추론할 수 있다.

inference n. 추론, 추리

□ 1088 ★★
embark
[imbɑ́ːrk]

ⓥ 나서다, 착수하다; 승선하다, 승선시키다

I'm **embarking** on a week long tour of Southern California tomorrow!
나는 내일 일주일간의 남부 캘리포니아 여행에 나선다!

□ 1089 ★★★
blank
[blǽŋk]

ⓝ 빈칸, 비어 있음   ⓐ 비어 있는

Fill in the **blank** with an adjective.
빈칸에 형용사를 하나 쓰시오.

= **space** n. 공간   **empty** a. 비어 있는

🔍 oom-in ┃ 글에 사용되는 부호

blank 빈칸   slash 슬래시(/)   hyphen 하이픈(-)   dash 대시(—)
apostrophe 아포스트로피(')   parenthesis 괄호   bracket 각괄호([ ])

□ 1090 ★★★
plead
[plíːd]

ⓥ 간청하다, 애원하다; 옹호하다

The poor farmer **pleaded** with the landowner for mercy.
그 가련한 농부는 땅 주인에게 자비를 간청했다.

□ 1091 ★★
expectancy
[ikspéktənsi]

ⓝ 예상, 전망, 기대하고 있음; 예상치

By 2020, the average life **expectancy** of Koreans is expected to reach 81 years.
2020년경에 한국인의 평균 예상 수명은 81세에 이를 것으로 예상된다.

expect v. 기대하다   **expectation** n. 기대, 예상

Yum! Yum!

• 수능에는 blank에 들어갈 적절한 말을 infer하는 유형이 많이 나온다.
• 나는 모레 embark할 배낭여행에서 멋진 경험을 할 것이라 expect한다.

□ 1092 ★★
thermometer
[θərmámətər]

ⓝ 온도계

Here in January, the thermometer falls to -10°C at night.
1월에 이곳은 온도계가 야간에 섭씨 −10도까지 떨어진다.

□ 1093 ★★
smash
[smǽʃ]

ⓥ 박살 나다; 세차게 때리다　ⓝ 부수기; 엄청난 히트

My coffee pot just fell to the floor and smashed into thousand pieces.
내 커피 주전자가 바닥에 떨어져서 산산조각으로 박살 났다.

□ 1094 ★★
blur
[bláːr]

ⓥ 흐릿하게 하다　ⓝ 흐림, 선명하지 않음

The faster the shutter speed, the less blurred the photo.
셔터 속도가 빠르면 빠를수록 사진은 덜 흐려진다.

□ 1095 ★
debris
[dəbríː]

ⓝ 잔해, 부스러기, 파편

The explosion scattered debris all over the place.
그 폭발은 사방에 잔해를 뿌렸다.

□ 1096 ★★★
fierce
[fíərs]

ⓐ 사나운; 격렬한, 거센

Entering the house, you should watch out for the fierce dog in the front yard.
그 집에 들어갈 때 너는 앞마당에 있는 사나운 개를 조심해야 한다.

= **violent** a. 난폭한, 격렬한　**furious** a. 맹렬한
↔ **calm** a. 침착한, 차분한

□ 1097 ★★★
sensation
[senséiʃən]

ⓝ 감각, 느낌; 선풍적 인기, 센세이션

My hands were so cold that I could not feel any sensation in my fingers.
내 손이 너무 차가워서 손가락에 어떤 감각도 느낄 수 없었다.

sensational a. 감각의; 선풍적인　= **sense** n. 감각

Yum! Yum!

• 나이가 들면 시력이 blur해지는 것은 기본이고 여러 sensation이 둔해진다.
• fierce한 폭풍우가 휩쓸고 간 후 사방에 debris가 즐비하다.

□ 1098 ★★★
patron
[péitrən]

ⓝ 고객, 단골손님; 후원자

We try to make sure that our **patrons** receive the best service.
우리는 고객들이 꼭 최상의 서비스를 받도록 노력합니다.

□ 1099 ★
susceptible
[səséptəbl]

ⓐ (질병에) 걸리기 쉬운; 민감한, 예민한

Keep the baby warm, as small babies are **susceptible** to getting cold.
어린 아기들은 감기에 걸리기 쉬우니 아기를 따뜻하게 해라.

= **vulnerable** a. 연약한, 취약한

□ 1100 ★★★
thirsty
[θə́ːrsti]

ⓐ 목마른, 갈증이 나는; 갈망하는

Water is the best choice when you are **thirsty**.
물은 목마를 때 최고의 선택이다.

thirst n. 갈증

□ 1101 ★★★
overflow
[òuvərflóu]

ⓥ 범람하다, 흘러 넘치다   ⓝ 범람, 홍수

The river was about to **overflow** from the melting snow.
강물은 녹아 내리는 눈으로 인해 범람하기 일보직전이었다.

□ 1102 ★★
pant
[pǽnt]

ⓥ 헐떡거리다, 숨차다

My dog was **panting** very hard due to the hot weather.
내 개는 더운 날씨 때문에 몹시 헐떡거리고 있었다.

□ 1103 ★★
casualty
[kǽʒuəlti]

ⓝ 사상자

It was Russia that suffered the most **casualties** in World War II.
제2차 세계대전에서 가장 많은 사상자를 낸 국가는 바로 러시아였다.

= **fatality** n. 사망자

Yum!
Yum!

• 나는 조금만 뛰어도 thirsty하고 심하게 pant해서 오래 달리기가 어렵다.
• 갑작스런 폭우로 강물이 overflow하여 많은 casualty가 발생했다.

□ 1104 ★★★
peril
[pérəl]

ⓝ 위험, 위태로움   ⓥ 위태롭게 하다

The expert said that this country's economy was in peril.

그 전문가는 이 나라의 경제가 위험에 처했다고 말했다.

perilous a. 위험한, 모험적인   **= risk** n. 위험   **danger** n. 위험

□ 1105 ★★★
gossip
[gásip]

ⓝ 가십, 험담   ⓥ 수근거리다

Gossip is called gossip because it's not always the truth.

가십은 그것이 항상 진실인 것은 아니기 때문에 가십이다.

□ 1106 ★★★
fate
[féit]

ⓝ 운명, 숙명

It is you that decide your own fate.

당신 자신의 운명을 결정하는 것은 바로 당신이다.

fateful a. 운명의   **fatal** a. 치명적인

□ 1107 ★★★
resume
[rizú:m]

ⓥ 다시 시작하다, 재개하다

After a short break, we resumed our walk back to camp.

잠깐의 휴식 후에 우리는 캠프로 돌아가려고 다시 걷기 시작했다.

cf. résumé(= resume) n. 이력서

□ 1108 ★★
overhear
[òuvərhíər]

ⓥ 엿듣다, 어깨너머로 듣다

This morning, I overheard my coworkers talking about me.

오늘 아침에 나는 동료들이 나에 대해 이야기하는 것을 엿들었다.

□ 1109 ★★
verdict
[vɔ́:rdikt]

ⓝ 평결

The jury reached a verdict in favor of Johnson on his complaint.

배심원단은 Johnson의 항고에 손을 들어주는 평결을 내렸다.

Yum!
Yum!

• 그 소년은 자신이 집에서 쫓겨날 fate라는 말을 우연히 overhear했다.
• 재판이 resume하자마자 배심원단이 verdict를 내렸다.

□ 1110 ★★
slam
[slǽm]

ⓥ (문을) 쾅 닫다; 세게 놓다   ⓝ 쾅 하고 닫기; 쾅 하는 소리

Tom was so angry that he slammed the door shut.
Tom은 너무 화가 나서 문을 쾅 소리가 나도록 닫았다.

= bang v. 쾅 하고 닫다; 쾅 하고 치다

□ 1111 ★★★
weave
[wíːv]

ⓥ 짜다, 엮다

Gandhi encouraged Indians to weave cloth to make their own clothes.
간디는 인도 사람들에게 자신들의 옷을 만들기 위해 옷감을 짜도록 권장했다.

= knit v. 뜨다, 뜨개질하다

□ 1112 ★★★
union
[júːnjən]

ⓝ 조합; 결합, 합동

The labor union wants to discuss with the company about a raise.
노동조합은 회사측과 임금 인상에 대해 논의하기를 원한다.

□ 1113 ★
workload
[wɔ́ːrkloud]

ⓝ 업무량, 작업부담

Too much workload increases risk of psychological and physical illness.
너무 과도한 업무량은 정신적, 신체적 질환의 위험을 증가시킨다.

Ⓩoom-in Ⅰ **work와 연관된 표현**

workload 업무량   workforce 노동력   workaholic 일벌레   coworker 동료
workplace 직장   workshop 연수회   workstation 직원 한 명의 업무 공간

□ 1114 ★★
clumsy
[klʌ́mzi]

ⓐ 서투른, 엉성한

No one believes such a clumsy excuse.
아무도 그런 서투른 변명을 믿지 않는다.

Yum!
Yum!

• union의 회원들이 weave한 돗자리를 한 마을에 기부하였다.
• 그 clumsy한 신입 사원은 workload가 과중하다고 불평했다.

□ 1115 ★

ecstasy
[ékstəsi]

ⓝ 황홀감, 무아경, 희열

He traveled freely and felt an ecstasy in freedom.
그는 자유롭게 여행하였고 자유 속에서 황홀감을 느꼈다.

□ 1116 ★★★

minute
[mainjúːt] ⓐ
[mínit] ⓝ

ⓐ 상세한, 세밀한; 하찮은   ⓝ 분

The report includes minute details on the conference.
그 보고서는 회의에 대한 상세한 세부사항을 포함하고 있다.

□ 1117 ★★

undermine
[ʌ̀ndərmáin]

ⓥ 약화시키다, 손상시키다; 기반을 약화시키다

Negative comments undermine confidence and lead to mistakes.
부정적인 평가는 자신감을 약화시키고 실수를 초래한다.

□ 1118 ★★

embody
[imbádi]

ⓥ 포함하다, 담아 넣다; 구체화하다

Law suggests that morality is embodied in human nature.
법은 도덕성이 인간의 본성에 포함되어 있음을 시사한다.

□ 1119 ★★★

endow
[indáu]

ⓥ 부여하다; 기부하다

As human beings, we are endowed with freedom of choice.
인간으로서 우리는 선택의 자유를 부여 받았다.   -Arnold J. Toynbee-

endowment n. 기증, 기부; 천부적 재능

□ 1120 ★★

hostage
[hástidʒ]

ⓝ 인질

The terrorists were holding 120 hostages.
테러범들이 120명의 인질을 붙잡고 있었다.

= captive n. 포로

Yum!
Yum!

• 감금에서 풀려난 hostage들 중 몇몇은 건강이 undermine되었다.
• 설명서에는 자전거 조립에 대한 minute한 사항이 embody되어 있다.

TEST

A 빈칸에 해당하는 영어 단어 또는 우리말을 쓰시오.

1. 빈칸; 비어 있는 _____
2. 운명, 숙명 _____
3. 목마른, 갈증이 나는 _____
4. 평결 _____
5. 가십, 험담 _____
6. 다시 시작하다 _____
7. (문을) 쾅 닫다 _____
8. 조합; 결합, 합동 _____
9. 업무량, 작업부담 _____
10. 인질 _____

11. plead _____
12. sneak _____
13. thermometer _____
14. patron _____
15. debris _____
16. pant _____
17. casualty _____
18. clumsy _____
19. weave _____
20. ecstasy _____

B 빈칸에 알맞은 단어를 〈보기〉에서 골라 쓰시오.

penetrate	fierce	overflow	peril
retrospect	endow	susceptible	undermine

1. Olive oil can easily _____ into your skin.
2. Negative comments _____ confidence and lead to mistakes.
3. As human beings, we are _____ed with freedom of choice.
4. The river was about to _____ from the melting snow.
5. I think those were the days I enjoyed the most, in _____.
6. The expert said that this country's economy was in _____.
7. Keep the baby warm, as small babies are _____ to getting cold.
8. Entering the house, you should watch out for the _____ dog.

Answer Keys

A 1. blank 2. fate 3. thirsty 4. verdict 5. gossip 6. resume 7. slam 8. union 9. workload 10. hostage
11. 간청하다; 옹호하다 12. 몰래 움직이다 13. 온도계 14. 고객, 단골손님 15. 잔해, 파편 16. 헐떡거리다, 숨차다
17. 사상자 18. 서투른, 엉성한 19. 짜다, 엮다 20. 황홀감, 무아경 B 1. penetrate 2. undermine 3. endow
4. overflow 5. retrospect 6. peril 7. susceptible 8. fierce

patron 명 고객; 후원자 *vs.* **patrol** 명 순찰

There are seven parking spots for **patrons** to use.
고객들이 사용할 수 있는 7개의 주차 구역이 있다.

The two officers were on **patrol** in vehicle #57.
그 두 경관은 57호 차량을 타고 순찰 중이었다.

thirsty 형 목마른 *vs.* **thrifty** 형 검소한

After two hours' walk in the sun, they were very **thirsty**.
햇빛 아래서 두 시간을 걷고 나자, 그들은 몹시 목이 말랐다.

He owns a fortune now, but he is still
very **thrifty**.
그는 지금 막대한 재산을 소유하고 있지만,
매우 검소하다.

 vs.

fierce 형 거센, 격렬한 *vs.* **pierce** 동 뚫다, 찔러 넣다

Two climbers were trapped by a **fierce** storm.
거센 폭풍우로 인해 두 명의 등반객이 갇혔다.

Some bullets **pierced** the helicopter cockpit.
몇몇 탄환이 헬리콥터 조종실로 뚫고 들어왔다.

resume 동 재개하다 *vs.* **assume** 동 …라고 생각하다, 가정하다

Season 8 of *Desperate Housewives* will **resume** next year.
〈위기의 주부들〉의 시즌 8이 내년에 (방영이) 재개될 것이다.

Too bad! I **assumed** that you could come to my party.
참 안타깝다! 나는 네가 내 파티에 올 수 있을 것으로 생각했어.

DAY 29

어휘 더하기 : 혼동어 **9**

01	02	03	04	05	06	07	08	09	10
●	●	●	●	●	●	●	●	●	●

11	12	13	14	15	16	17	18	19	20
●	●	●	●	●	●	●	●	●	●

21	22	23	24	25	26	27	28	29	30
●	●	●	●	●	●	●	●	●	●

31	32	33	34	35	36	37	38	39	40

41	42	43	44	45

Day 28 | Review

앞에서 학습한 단어를 얼마나 기억하는지 체크해 보세요.
기억이 나지 않는 단어는 다시 한 번 학습하세요.

- ☐ stumble
- ☐ sneak
- ☐ retrospect
- ☐ thermometer
- ☐ penetrate
- ☐ patron
- ☐ infer
- ☐ embark
- ☐ plead
- ☐ expectancy
- ☐ susceptible
- ☐ smash
- ☐ blur
- ☐ peril
- ☐ sensation

- ☐ ecstasy
- ☐ pant
- ☐ casualty
- ☐ fate
- ☐ minute
- ☐ undermine
- ☐ resume
- ☐ embody
- ☐ verdict
- ☐ weave
- ☐ union
- ☐ endow
- ☐ workload
- ☐ clumsy
- ☐ hostage

□ 1121 ★★★
rid
[ríd]

ⓥ 제거하다, 없애다   ⓝ 제거

The goal of the committee is to **rid** this government of corruption.
위원회의 목표는 이 정부에서 부패를 제거하는 것이다.

㈜ **rid A of B** A에서 B를 제거하다   **get rid of** …을 제거하다

□ 1122 ★★★
delay
[diléi]

ⓥ 지연시키다   ⓝ 지연, 연기

The freight train was **delayed** and all of the fish went bad.
화물열차가 지연되어 모든 생선이 상했다.

= **postpone**   v. 연기하다(= **put off**)

□ 1123 ★★
staple
[stéipl]

ⓐ 주요한, 주된   ⓝ 주요 산물

Rice is the **staple** food for most Koreans.
쌀은 대부분의 한국 사람들에게 주식이다.

□ 1124 ★★
vacuum
[vǽkjuəm]

ⓝ 진공; 공백   ⓐ 진공의   ⓥ 진공청소기로 청소하다

Light can travel in a **vacuum** unlike sound waves.
빛은 음파와 달리 진공 상태에서도 이동할 수 있다.

□ 1125 ★
ominous
[ámənəs]

ⓐ 불길한, 나쁜 징조의

There was an **ominous** silence at the other end of the phone.
전화기 맞은편에서 불길한 침묵이 흘렀다.

□ 1126 ★★
inhale
[inhéil]

ⓥ 숨을 들이쉬다

Inhale deeply, and then exhale slowly.
숨을 깊이 들이 쉬고 나서 천천히 내쉬시오.

↔ **exhale**   v. 숨을 내쉬다

□ 1127 ★★
agenda
[ədʒéndə]

ⓝ 회의 안건, 협의 사항

The **agenda** was sent out in advance, so everyone can prepare for the meeting.
회의 안건이 미리 발송되어서 모든 사람이 회의를 준비할 수 있다.

Yum!
Yum!

• vacuum cleaner로 집안의 먼지를 싹 rid했다.
• agenda를 보니 회의가 길어질 것 같은 ominous한 예감이 든다.

□ 1128 ★

insomnia
[insámniə]

ⓝ 불면증

Melatonin taken before bedtime helps relieve **insomnia**.
잠자리에 들기 전에 투여된 멜라토닌은 불면증을 완화하는 데 도움이 된다.

 oom-in ㅣ **알아두어야 할 질병**

| insomnia 불면증 | diabetes 당뇨병 | asthma 천식 | arthritis 관절염 |
| pneumonia 폐렴 | leukemia 백혈병 | tuberculosis 결핵(TB) | |

□ 1129 ★★★

induce
[indʒúːs]

ⓥ 유발하다, 일으키다; 〈논리〉 귀납하다

The noise itself can **induce** headaches, nervousness, and even hearing loss.
소음 자체가 두통, 신경과민, 그리고 청력 상실까지 유발할 수 있다.

induction n. 유도, 유발; 귀납법(↔ **deduction** n. 연역법)

□ 1130 ★★★

marble
[máːrbl]

ⓝ 대리석

The whole temple was made of **marble** except for the roof.
지붕을 제외하고는 사원 전체가 대리석으로 만들어졌다.

 oom-in ㅣ **여러 가지 암석**

| marble 대리석 | granite 화강암 | lime 석회암 | mica 운모 |

□ 1131 ★★★

decay
[dikéi]

ⓥ 부패하다, 썩다   ⓝ 부패

Salt can be used to prevent food from **decaying**.
소금은 음식이 부패하는 것을 방지하는 데 이용될 수 있다.

= **rot** v. 썩다 n. 썩음, 부패

□ 1132 ★★★

sentiment
[séntəmənt]

ⓝ 정서, 감정

The book shows the beautiful poetic **sentiment**.
그 책은 아름다운 시적 정서를 잘 보여준다.

sentimental a. 정서의, 감정적인

Yum!
Yum!

• **insomnia**는 만성피로, 집중력 감퇴 등의 증상을 **induce**한다.
• **marble**로 지은 건물은 쉽게 **decay**되지 않는다.

□ 1133 ★★

toll
[tóul]

ⓝ 통행료

Today **tolls** also can be collected electronically at a high speed.

오늘날 통행료는 고속 주행 상태에서 전산으로도 징수될 수 있다.

□ 1134 ★★

underlying
[ʌ́ndərlàiiŋ]

ⓐ 기초가 되는, 근본적인, 내재하는

Belief or faith is the **underlying** premise of religion in the first place.

믿음 혹은 신념은 종교에서 우선적으로 기초가 되는 전제이다.

□ 1135 ★★★

code
[kóud]

ⓝ 규정, 관례; 암호, 부호

All students are expected to comply with the dress **code**.

모든 학생들은 복장 규정을 따를 것으로 기대받는다.

□ 1136 ★★★

complex
[kəmpléks]

ⓐ 복잡한 ⓝ 복합건물, 단지

Aging is a **complex** process involving many variables.

노화는 많은 변수를 수반하는 복잡한 과정이다.

complexity n. 복잡성   **cf. complexion** n. 안색, 피부의 색

□ 1137 ★★★

summon
[sʌ́mən]

ⓥ 호출하다, 소환하다; (-s) 소환장

On my first day, I was **summoned** to a meeting at 7 in the morning.

(출근) 첫날, 나는 오전 7시 회의에 호출되었다.

= call v. 호출하다

□ 1138 ★★★

kneel
[níːl]

ⓥ 무릎을 꿇다

As she **knelt** in front of the king, her dark hair fell around her face.

그녀가 왕 앞에 무릎을 꿇자 그녀의 검은 머리카락이 얼굴 주위로 흘러내렸다.

knee n. 무릎

Yum!
Yum!

- 그 기사는 자신을 summon한 왕 앞에 kneel하고 경청했다.
- 새로운 code들은 너무 complex해서 시행하는 데 어려움이 있다.

□ 1139 ★★★
desire
[dizáiər]

ⓝ 열망, 욕망   ⓥ 바라다, 열망하다

It is a human **desire** to be part of something bigger than themselves.
자신보다 더 큰 무엇인가의 일부가 되는 것은 인간의 열망이다.

desirable a. 바람직한
= **longing** n. 열망, 갈망   **crave** v. 열망하다

□ 1140 ★★
odor
[óudər]

ⓝ 냄새; 좋지 않은 냄새

Onions can be used to remove the **odor** of paint from your home.
양파는 가정의 페인트 냄새를 제거하는 데 사용될 수 있다.

Ⓩoom-in | **냄새를 나타내는 어휘**

smell 모든 냄새   odor 냄새, 좋지 못한 냄새   stink 악취   scent 향기, 향내
perfume 향기, 향수   fragrance 향기, 방향   aroma 방향, 향기

□ 1141 ★★★
vanity
[vǽnəti]

ⓝ 허영심, 자만심; 헛됨, 무의미

Our **vanity** is the constant enemy of our dignity.
허영심은 우리의 존엄성의 변함없는 적이다.   -Anne Sophie Swetchine-

vain a. 헛된

□ 1142 ★★★
blaze
[bléiz]

ⓝ 화염, 불길   ⓥ 타오르다

The **blaze** devoured one apartment building and leapt to another.
화염이 한 아파트 건물을 집어삼키고 다른 건물로 옮겨 붙었다.

□ 1143 ★★
dormitory
[dɔ́:rmətɔ̀:ri]

ⓝ 기숙사, 공동 침실(= dorm)

I share the **dormitory** room with a Japanese student.
나는 기숙사 방을 한 일본 학생과 함께 쓴다.

Yum!
Yum!

• 갑자기 blaze가 치솟아서 학생들이 dormitory에서 대피했다.
• vanity는 남들보다 잘나 보이려는 부질없는 desire의 결과이다.

□ 1144 ★

tourism
[túərizm]

ⓝ 관광업

The EU **tourism** industry accounts for more than 5% of the EU GDP.
EU 관광 산업은 EU GDP(국내총생산)의 5퍼센트 이상을 차지한다.

□ 1145 ★★★

shed
[ʃéd]

ⓥ 떨어뜨리다; 흘리다; 없애다   ⓝ 보관소; 헛간

Most trees **shed** their leaves in the fall.
대부분의 나무들은 가을에 잎이 떨어진다.

□ 1146 ★★★

defy
[difái]

ⓥ 반항하다, 거역하다; 설명하기 불가능하다

My brother **defied** all the rules and curfews set by mom.
내 동생은 엄마가 세운 모든 규칙과 통행금지령에 반항했다.

defiant a. 반항적인   **defiance** n. 반항, 저항

□ 1147 ★★★

suicide
[súːəsàid]

ⓝ 자살   ⓥ 자살하다

Cleopatra is said to have committed **suicide** using poison.
클레오파트라는 독으로 자살했다고 한다.

suicidal a. 자살의   ㉦ **commit suicide** 자살하다

□ 1148 ★★★

dignity
[dígnəti]

ⓝ 존엄, 위엄

The defense of human **dignity** is the responsibility of all human beings.
인간 존엄의 방어는 모든 인간의 의무이다.

□ 1149 ★

puberty
[pjúːbərti]

ⓝ 사춘기

Acne is a skin condition that troubles teenagers in **puberty**.
여드름은 사춘기의 십대들을 괴롭히는 피부 질환이다.

= **adolescence** n. 청소년기

Yum!
Yum!

- suicide는 생명의 dignity를 어기는 행위이다.
- puberty에 있는 아이들은 어른들에게 defy하는 경향이 있다.

□ 1150 ★★

orientation
[ɔ̀:rientéiʃən]

ⓝ 오리엔테이션, 신입생 적응지도

The **orientation** was arranged for first-year students.

그 오리엔테이션은 1학년 학생들을 위해 계획되었다.

□ 1151 ★★★

choke
[tʃóuk]

ⓥ 숨이 막히다; 목을 조르다; 목이 메다

When you **choke** on smoke, you start coughing.

연기에 숨이 막히면 기침을 하기 시작한다.

□ 1152 ★★★

prudent
[prú:dnt]

ⓐ 신중한, 사려 깊은, 분별 있는

Mom is very **prudent** when it comes to spending money.

어머니는 돈을 쓰는 일에 매우 신중하다.

prudence n. 신중, 세심   = **careful** a. 신중한, 조심스러운

□ 1153 ★★★

diameter
[daiǽmətər]

ⓝ 지름, 직경

The standard CD is 12 cm in **diameter** and 1.2 mm thick.

표준 CD는 지름이 12cm이고 두께가 1.2mm이다.

meter n. 미터법; 계량기

Ⓩoom-in **ǀ** meter가 들어가는 계측기구

thermo**meter** 온도계   baro**meter** 기압계   alti**meter** 고도계

speedo**meter** 자동차 속도계   odo**meter** 자동차 주행계

□ 1154 ★★

submerge
[səbmə́:rdʒ]

ⓥ 가라앉다, 잠기다; 잠수하다

The boat was leaking and soon began to **submerge** into the water.

그 배는 물이 새고 있었고 곧 물속으로 가라앉기 시작했다.

Yum!
Yum!

• **submerge**한 배의 밀폐된 공간에서 선원들이 **choke**하기 시작했다.

• 이번 **orientation**에서 우리는 매사에 **prudent**한 선생님을 만났다.

☐1155 ★★
subscription
[səbskrípʃən]

ⓝ 구독; 구독료

A one year **subscription** is $21.85 and two years of the magazine costs only $36.95.

1년 구독은 21.85달러이며, 2년분 잡지는 36.95달러입니다.

subscribe v. 구독하다

☐1156 ★★
propel
[prəpél]

ⓥ 추진시키다, 나아가게 하다

It is a huge solar sail that **propels** the starship.

그 우주선을 추진시키는 것은 바로 거대한 태양열 돛이다.

☐1157 ★★★
pack
[pǽk]

ⓥ 짐을 싸다; 포장하다   ⓝ 꾸러미, 묶음; 무리, 떼; 배낭

On our wedding day, we **packed** our suitcases for our honeymoon.

결혼식 날 우리는 신혼여행을 위해 여행가방을 쌌다.

cf. a pack of wolf 늑대 무리

☐1158 ★★★
margin
[mά:rdʒin]

ⓝ 가장자리, 변두리; 여백; 여지, 여유

There is a space on the **margin** of each page to use for writing down notes.

각 페이지의 가장자리에는 필기를 위해 사용할 공백이 있다.

☐1159 ★★
sermon
[sɔ́:rmən]

ⓝ 설교

Today's **sermon** was about loving your neighbor as yourself.

오늘의 설교는 이웃을 자신처럼 사랑하라는 내용이었다.

☐1160 ★
premise
[prémis]

ⓝ 전제

It is a basic **premise** of democracy that each individual has equal rights before the law.

각 개인이 법 앞에 동등한 권리를 가진다는 것은 민주주의의 기본 전제이다.

Yum!
Yum!

• 그는 모든 이가 사랑 받을 자격이 있다는 premise로 sermon을 시작했다.

• 우리는 이삿짐을 pack하여 입구 옆 margin에 쌓아 두었다.

TEST

A 빈칸에 해당하는 영어 단어 또는 우리말을 쓰시오.

1. 숨을 들이쉬다 _____
2. 대리석 _____
3. 부패하다, 썩다; 부패 _____
4. 관광업 _____
5. 규정, 관례; 암호 _____
6. 짐을 싸다; 꾸러미 _____
7. 복잡한; 복합건물 _____
8. 열망, 욕망; 바라다 _____
9. 설교 _____
10. 지연시키다; 지연 _____

11. ominous _____
12. prudent _____
13. insomnia _____
14. dormitory _____
15. premise _____
16. vanity _____
17. blaze _____
18. toll _____
19. propel _____
20. vacuum _____

B 빈칸에 알맞은 단어를 〈보기〉에서 골라 쓰시오.

| sentiment | choke | diameter | dignity |
| puberty | submerge | subscription | suicide |

1. The boat was leaking and soon began to _____ into the water.

2. The standard CD is 12 cm in _____ and 1.2 mm thick.

3. When you _____ on smoke, you start coughing.

4. Cleopatra is said to have committed _____ using poison.

5. A one year _____ is $21.85 or two years of the magazine for only $36.95.

6. The defense of human _____ is the responsibility of all human beings.

7. The book shows the beautiful poetic _____.

8. Acne is a skin condition that troubles teenagers in _____.

sermon 명 설교 vs. summons 명 소환(장)

The Pope delivered a **sermon** about war and peace.
교황이 전쟁과 평화에 대한 설교를 했다.

I got a **summons** from the court to appear as a witness.
나는 법원으로부터 목격자로 출석해 달라는 소환장을 받았다.

marble 명 대리석 vs. marvel 명 경이로운 사람〔것〕 동 경이로워 하다

"*David*" is a **marble** statue created by Michelangelo in 1504.
'다비드상'은 1504년 미켈란젤로에 의해 만들어진 대리석 조각상이다.

She is a **marvel** at making something useful out of waste.
그녀는 폐기물로 유용한 물건을 만드는 데 경이로운 사람이다.

puberty 명 사춘기 vs. poverty 명 가난, 궁핍

Late in **puberty,** my hair became thicker and curlier.
사춘기 후반에 내 머리카락은 숱이 더 많아지고 더 곱슬곱슬해졌다.

Children in **poverty** are usually pressed to work.
가난한 가정의 아이들은 보통 일을 하도록 압박을 받는다.

prescription 명 처방(전) vs. subscription 명 구독; 구독료

My doctor wrote a **prescription** for an eye infection.
의사 선생님이 눈병에 대한 처방전을 써 주었다.

How much is the **subscription** fee for *Fashion Queen*?
〈Fashion Queen〉의 정기구독료는 얼마인가요?

DAY 30

어휘 더하기 : 혼동어 ⑩

01	02	03	04	05	06	07	08	09	10
●	●	●	●	●	●	●	●	●	●

11	12	13	14	15	16	17	18	19	20
●	●	●	●	●	●	●	●	●	●

21	22	23	24	25	26	27	28	29	30
●	●	●	●	●	●	●	●	●	●

31	32	33	34	35	36	37	38	39	40

41	42	43	44	45

Day 29 | Review

앞에서 학습한 단어를 얼마나 기억하는지 체크해 보세요.
기억이 나지 않는 단어는 다시 한 번 학습하세요.

- ☐ staple
- ☐ ominous
- ☐ inhale
- ☐ sentiment
- ☐ decease
- ☐ induce
- ☐ marble
- ☐ decay
- ☐ insomnia
- ☐ code
- ☐ shed
- ☐ complex
- ☐ tourism
- ☐ summon
- ☐ kneel

- ☐ desire
- ☐ odor
- ☐ vanity
- ☐ blaze
- ☐ dormitory
- ☐ subscription
- ☐ defy
- ☐ propel
- ☐ suicide
- ☐ dignity
- ☐ puberty
- ☐ sermon
- ☐ prudent
- ☐ premise
- ☐ submerge

Wow!!

□ 1161 ★★
pop
[páp]

ⓥ 튀어나오다, 불쑥 나타나다; 펑 하는 소리가 나다

I chose an orange juice, but a soda **popped** out of the vending machine.

나는 오렌지 주스를 골랐지만 자판기에서 탄산음료가 튀어나왔다.

□ 1162 ★★★
unit
[júːnit]

ⓝ 구성 단위, 단위; 단체

Family is the basic **unit** of society.

가족은 사회의 기본적인 구성 단위이다.

□ 1163 ★★★
stain
[stéin]

ⓥ 얼룩지게 하다, 더럽히다　ⓝ 얼룩

Our history is **stained** with the blood of those who fought for liberation.

우리의 역사는 해방을 위해 싸운 이들의 피로 얼룩져 있다.

□ 1164 ★★
elderly
[éldərli]

ⓐ 나이가 지긋한, 늙은　ⓝ (the ~) 노인들

I think there should be more job opportunities for **elderly** people.

나는 노인들에게 더 많은 취업 기회가 있어야 한다고 생각한다.

= old　a. 늙은

□ 1165 ★★★
coward
[káuərd]

ⓝ 비겁자, 겁쟁이

Only the brave know how to forgive and a **coward** never forgives.

용감한 사람만이 용서하는 법을 알고 비겁한 자는 절대 용서하지 않는다.

cowardice n. 비겁　**cowardly** a. 비겁한

□ 1166 ★★★
presume
[prizúːm]

ⓥ …로 생각하다, 가정하다

Many scientists **presume** that Saturn's rings are ancient Moon's remains. -Laurence Sterne-

많은 과학자들은 토성의 띠가 고대 달의 잔해라고 생각한다.

presumption n. 추정, 가정

Yum! Yum!
• elderly people이 무능력하다고 섣불리 presume하지 말아라.
• 문을 열자 붉은 페인트 stain이 묻은 개 한 마리가 pop out했다.

□ 1167 ★★
trademark
[tréidmà:rk]

ⓝ 트레이드마크(한 사람의 고유 특징); 상표

Blood red lipstick is the actress' **trademark**.
선홍색 립스틱은 그 여배우의 트레이드마크이다.

□ 1168 ★★★
alert
[əlɔ́:rt]

ⓐ 경계하는, 정신을 바짝 차린   ⓝ 경계, 경보   ⓥ 경보를 발하다

Internet users should be **alert** when providing their personal information.
인터넷 사용자들은 개인 정보를 제공할 때 경계해야 한다.

alertness n. 경계함, 정신을 바짝 차림

□ 1169 ★★
intersection
[ìntərsékʃən]

ⓝ 교차로, 네거리; 교차지점

When you come to an **intersection**, turn left and find a department store.
교차로에 다다랐을 때 좌회전을 해서 백화점을 찾으시오.

Ⓩoom-in ⏐ 도로와 관련된 어휘

lane 차선   shoulder 갓길   curb 차도와 인도 사이의 턱〔연석〕
junction 도로의 합류점   intersection 교차로   speed bump 과속방지턱
interchange 인터체인지(고속도로 간의 교차점)   central reservation 중앙분리대

□ 1170 ★★★
recollect
[rèkəlékt]

ⓥ 기억해 내다

My grandmother couldn't **recollect** my childhood.
우리 할머니는 나의 어린 시절을 기억해 내지 못했다.

recollection n. 회상   = **recall** v. 기억해 내다

□ 1171 ★★★
foster
[fɔ́(:)stər]

ⓐ 수양…, 길러주는   ⓥ 발전시키다; 기르다, 양육하다

Foster parents need to be kind people to help kids feel safe.
수양 부모는 아이들이 안전하다고 느끼게끔 해주는 친절한 사람이어야 한다.

Yum!
Yum!

• intersection을 통과할 때는 주변에 다른 차가 오지 않는지 alert해야 한다.
• 어린 시절을 recollect하면 나를 키워주신 foster parents가 보고 싶다.

□ 1172 ★★
belly
[béli]

ⓝ 배, 복부

Lie on your **belly** with your arms in front of you.
팔을 앞으로 뻗은 채 배를 깔고 엎드리시오.

□ 1173 ★★
bounce
[báuns]

ⓥ 튀다, 팅겨 나오다; 깡충깡충 뛰다   ⓝ 튐, 탄력

Sound **bounces** off solid matter the way a ball **bounces** off a wall.
소리는 공이 벽에 부딪혀 팅기는 방식으로 딱딱한 물체에 부딪혀 튄다.

□ 1174 ★
trauma
[tráumə]

ⓝ 깊은 마음의 상처, 정신적 외상; 외상

Over a million people suffer the **trauma** of bankruptcy every year.
해마다 백만 명 이상의 사람들이 파산의 상처로 고통 받는다.

□ 1175 ★★★
fuss
[fʌs]

ⓝ 소동, 법석; 싸움, 말다툼   ⓥ 법석을 떨다; 안달하다

There is always a lot of **fuss** on moving day.
이사하는 날은 항상 큰 소동이 일어난다.

fussy a. 야단스러운, 안달복달하는

□ 1176 ★
refract
[rifrǽkt]

ⓥ 굴절시키다

Light is **refracted** when it goes from air to glass at an angle.
빛은 공기에서 유리로 비스듬히 진입할 때 굴절된다.

refraction n. 굴절

□ 1177 ★★★
vicious
[víʃəs]

ⓐ 악의에 찬; 잔인한, 악랄한

The press launched a **vicious** attack on the actress.
언론은 그 여배우에 대해 악의에 찬 공격을 시작했다.

= **malicious** a. 악의적인

Yum!
Yum!

• 너의 vicious한 댓글이 사람들에게 trauma를 남길 수 있다.
• 동생이 던진 공이 bounce 되면서 내 belly를 강타했다.

□ 1178 ★★
spontaneous
[spɑntéiniəs]

ⓐ 자연스러운, 자연 발생적인; 즉흥적인

His jokes are not **spontaneous**, but carefully prepared in advance.

그의 농담은 자연스레 나오는 것이 아니라 미리 주의깊게 준비된 것이다.

□ 1179 ★★★
stem
[stém]

ⓥ …에서 생겨나다, 유래하다   ⓝ (식물의) 줄기

All our problems on relationship **stem** from the desire to control others.

관계에 관한 모든 문제는 다른 사람을 통제하려는 욕망에서 생겨난다.

□ 1180 ★★★
avenue
[ǽvənjùː]

ⓝ 거리, …가

The French believe the Champs-Elysees is the most beautiful **avenue** in the world.

프랑스 사람들은 샹젤리제가 세상에서 가장 아름다운 거리라고 믿는다.

 oom-in ㅣ 미국의 도로 명에 붙이는 말

avenue(Ave.) 주로 남북방향 대로	ex) 5th Ave. 5번가
street(St.) 주로 동서방향 대로	ex) 52nd St. 52번가
boulevard(Blvd.) 일반적인 대로	ex) Memphis Blvd. Memphis 대로

□ 1181 ★★★
desolate
[désələt]

ⓐ 황량한, 쓸쓸한

Wyoming is the least populated and **desolate** area in the U.S.

와이오밍 주는 미국에서 가장 인구가 적으며 황량한 지역이다.

= **deserted** a. 황량한

□ 1182 ★★★
precaution
[prikɔ́ːʃən]

ⓝ 예방 조치; 조심

You need to take **precaution** preventing your dog from hurting someone.

너는 너의 개가 누군가를 다치게 하는 것을 막기 위해 예방 조치를 해야 한다.

precautious a. 예방하는, 조심하는

 Yum! Yum!

• 대부분의 사고는 precaution의 부족에서 stem한다.
• 가로수가 하나도 없는 그 avenue는 참 desolate해 보였다.

□ 1183 ★★
taboo
[təbúː]

ⓝ 금기사항, 터부

We know it's a **taboo** to go in the water if bleeding.
우리는 출혈이 있을 때 물에 들어가는 것이 금기사항임을 안다.

□ 1184 ★★★
span
[spǽn]

ⓝ 기간, 시간; 범위, 폭

The average human life **span** has increased over the years.
인간의 평균 수명은 해가 거듭되면서 증가해 왔다.

□ 1185 ★★★
render
[réndər]

ⓥ …하게 만들다; 주다, 제공하다

Your beauty has **rendered** me speechless!
당신의 아름다움은 나로 하여금 말을 잃게 만들었습니다!

□ 1186 ★★★
fluid
[flúːid]

ⓐ 유동적인, 부드러운   ⓝ 유동체, 유체

The population in this area is very **fluid**.
이 지역의 인구는 매우 유동적이다.

↔ **stable** a. 안정적인

□ 1187 ★★★
grip
[gríp]

ⓥ 꽉 쥐다, 움켜잡다   ⓝ 꽉 붙잡음; 통제, 지배; 손잡이

You should not **grip** the golf club too tightly.
당신은 골프 클럽을 너무 꽉 쥐지 말아야 한다.

= **grasp** v. 꽉 잡다 n. 꽉 쥐기

□ 1188 ★★★
scheme
[skíːm]

ⓝ 계획, 설계

The local government is trying to develop a housing **scheme**.
지방 정부는 주택 제공 계획을 개발하려고 노력하고 있다.

= **plan** n. 계획

□ 1189 ★★★
diagram
[dáiəgræm]

ⓝ 도식, 도해

This **diagram** shows how cars are put together on the conveyor belts.
이 도식은 자동차가 컨베이어 벨트 위에서 어떻게 조립되는지를 보여준다.

Yum!
Yum!

• **fluid**한 물질은 아무리 세게 **grip**해도 잡을 수 없다.
• 나는 팀의 **scheme**을 세운 후 **diagram**을 만들어 발표했다.

□ 1190 ★★
pharmacy
[fáːrməsi]

ⓝ 약국; 제약

I placed an order for a prescription through an online **pharmacy**.
나는 온라인 약국에 처방전의 약을 주문했다.

pharmacist n. 약사
cf. drugstore n. (약뿐만 아니라 화장품 등도 파는) 약국

□ 1191 ★★★
brilliant
[bríljənt]

ⓝ 총명한, 뛰어난; 밝은, 눈부신

Although he was not a **brilliant** student, he worked hard at his studies.
비록 그는 총명한 학생은 아니었지만 학업에 매진했다.

brilliance n. 총기, 재기; 광휘, 찬란함

□ 1192 ★★★
daring
[déəriŋ]

ⓐ 과감한, 용감한 ⓝ 대담성

The director made some **daring** attempts in his new film.
그 감독은 자신의 새로운 영화에서 몇 가지 과감한 시도를 했다.

dare v. 감히 …하다 **= bold** a. 대담한, 용감한 **brave** a. 용감한

□ 1193 ★★★
agency
[éidʒənsi]

ⓝ 대행회사; (정부의) 국, 청

I want to become a copywriter in an advertising **agency**.
나는 그 광고대행사의 카피라이터가 되고 싶다.

agent n. 대행회사 직원, 대리인; 관청의 요원

Zoom-in | **agency 관련 업종**
advertising agency 광고대행사　　　　travel agency 여행사
real-estate agency 부동산중개소　　　news agency 통신사

□ 1194 ★★
simultaneously ⓐⓓ 동시적으로, 한꺼번에
[sàiməltéiniəsli]

In five of the seven patients, the two diseases occurred **simultaneously**.
7명의 환자 중 5명에게 그 두 가지 질병이 동시에 발생했다.

simultaneous a. 동시적인

Yum!
Yum!

• 내 친구는 daring한 성격과 brilliant한 두뇌를 갖췄다.
• 그 농구선수는 두 agency와 simultaneously하게 계약해 물의를 일으켰다.

☐ 1195 ★★★
flash
[flǽʃ]

ⓥ 빛이 번쩍이다, 빛을 비추다; 휙 지나가다   ⓝ 섬광; 휙 지나감

The yellow signal light **flashes** before turning red.
노란 신호등은 빨간색으로 바뀌기 전에 번쩍인다.

☐ 1196 ★★
predominant
[pridámənənt]

ⓐ 뛰어난, 우세한, 지배적인; 두드러진, 뚜렷한

The model is well known for her **predominant** fashion style.
그 모델은 뛰어난 패션 스타일로 유명하다.

= outstanding a. 뛰어난

☐ 1197 ★★★
commission
[kəmíʃən]

ⓥ 의뢰하다; 권한을 주다   ⓝ 의뢰, 위임; 위원회; 수수료

The government **commissioned** a firm to conduct a study.
정부는 한 기업에게 어떤 연구를 수행하도록 의뢰했다.

☐ 1198 ★★★
timid
[tímid]

ⓐ 소심한, 겁 많은

Some folks say that he is so **timid** that he is afraid of his own shadow.
어떤 이들은 그가 너무 소심하여 자신의 그림자조차 무서워한다고 말한다.

timidity n. 겁, 소심, 수줍음

☐ 1199 ★★★
content
[kəntént]

ⓐ 만족한   ⓝ 내용물; 목차

He was **content** to eat large amounts of food.
그는 많은 양의 음식을 먹고 만족했다.

contentment n. 만족

☐ 1200 ★★
refrain
[rifréin]

ⓥ 삼가다, 절제하다

Elderly people should **refrain** from long flights.
나이든 사람들은 장거리 비행을 삼가야 한다.

Yum! Yum!

• 나는 가장 predominant한 법률 사무소에 소송을 commission했다.
• 몹시 timid한 내 친구는 모험적인 일을 refrain하려고 애쓴다.

TEST

A 빈칸에 해당하는 영어 단어 또는 우리말을 쓰시오.

1. 소심한, 겁 많은 _____
2. 경계하는; 경계, 경보 _____
3. 트레이드마크; 상표 _____
4. 소동; 법석을 떨다 _____
5. 금기사항 _____
6. 기억해 내다 _____
7. 구성 단위; 단체 _____
8. 꽉 쥐다; 손잡이 _____
9. 유동적인; 유동체 _____
10. 얼룩지게 하다; 얼룩 _____

11. belly _____
12. elderly _____
13. coward _____
14. refrain _____
15. pharmacy _____
16. desolate _____
17. vicious _____
18. simultaneously _____
19. diagram _____
20. refract _____

B 빈칸에 알맞은 단어를 〈보기〉에서 골라 쓰시오.

agency	intersection	precaution	predominant
scheme	span	trauma	spontaneous

1. The local government is trying to develop a housing _____.

2. Over a million people suffer the _____ of bankruptcy every year.

3. The average human life _____ has increased over the years.

4. I want to become a copywriter in an advertising _____.

5. The model is well known for her _____ fashion style.

6. You need to take _____ preventing your dog from hurting someone.

7. His jokes are not _____, but carefully prepared in advance.

8. When you come to an _____, turn left and find a department store.

belly 몡 배, 복부 vs. valley 몡 계곡

I can hardly walk with my full **belly**.
나는 배가 너무 불러서 걷기가 힘들다.

We camped in the **valley** near a water source.
우리는 물을 구할 수 있는 곳 근처 계곡에서 야영했다.

spontaneous 혱 자연 발생적인, 자연스러운 vs. simultaneous 혱 동시의

Some forest fires are **spontaneous** in nature.
일부 산불은 자연계에서 자연적으로 발생한다.

She does **simultaneous** interpretation in international meetings.
그녀는 국제회의에서 동시통역을 한다.

taboo 몡 금기사항 vs. tattoo 몡 문신

Alcohol is a **taboo** in Muslim societies.
술은 이슬람 사회에서는 금기사항이다.

In some ancient cultures, **tattoos** were
status symbols.
일부 고대 문화에서 문신은 신분의 상징이었다.

flash 동 빛을 비추다 vs. flush 동 물을 내리다 vs. flesh 몡 살, 고기

Sam, do not **flash** the light on your sister's eyes!
Sam, 전등을 누나의 눈에 비추지 마라!

Flush the toilet after you use it, please.
사용하신 후 변기에 물을 내려주세요.

The bullet cut deeply into her **flesh**.
총알이 그녀의 살 깊숙이 파고 들어갔다.

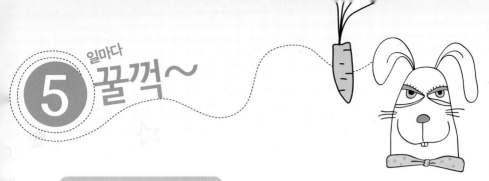

숙어 꿀꺽 | Day 26 - Day 30

□ **beware of** …을 주의하다, 경계하다 → 1040

Hikers must **beware of** bears in forested areas.
등산객들은 산림 지역에서 곰들을 경계해야 한다.

□ **be obsessed with** …에 사로잡히다 → 1045

The medieval world **was obsessed with** the past.
중세의 세계는 과거에 사로잡혀 있었다.

□ **on behalf of** …을 대신〔대표〕하여 → 1052

I am writing this letter **on behalf of** my son.
나는 내 아들을 대신해서 이 편지를 쓰고 있습니다.

□ **inhibit A from -ing** A가 …하는 것을 방해하다 → 1065

The pain in my neck **inhibited** me **from working** fully.
목의 통증이 내가 힘껏 일하는 것을 방해했다.

□ **a blast of** 한바탕의 → 1066

I felt **a blast of** wind going across my face.
나는 내 얼굴을 스쳐가는 한바탕의 바람을 느꼈다.

□ **in retrospect** 회고해 보면 → 1085

In retrospect, 2010 was a fantastic year.
회고해 보건대, 2010년은 환상적인 해였다.

☐ **be susceptible to** ···에 걸리기 쉽다　→ 1099

The kidneys **are susceptible to** toxic injury for several reasons.
신장은 여러 가지 이유로 독성물질로 인한 손상에 걸리기 쉽다.

☐ **get rid of** ···을 제거하다　→ 1121

Is it possible to **get rid of** 100% of the cockroaches in your house?
당신 집에 있는 바퀴벌레를 100% 제거하는 것이 가능할까?

☐ **in vain** 헛되이, 무위로　→ 1141

Due to war, so many soldiers have died **in vain**.
전쟁으로 인해 너무나도 많은 군인들이 헛되이 목숨을 잃었다.

☐ **pop up** 별안간 나타나다　→ 1161

It's really annoying that unwanted ads **pop up** on the screen.
원치 않는 광고가 스크린에 갑자기 나타나는 일은 정말 짜증난다.

☐ **on the alert** 경계하여　→ 1168

Drivers in the country road must be **on the alert** for animals trying to cross.
지방도로의 운전자는 길을 건너려는 동물들을 경계해야 한다.

☐ **lay a scheme** 계획을 세우다　→ 1188

The police **laid a scheme** to arrest the criminals.
경찰은 그 범죄자들을 체포할 계획을 세웠다.

☐ **refrain oneself** 자제하다　→ 1200

Monks **refrain themselves** from worldly pleasures.
수도승들은 세속적인 쾌락을 자제한다.

1. affirm	단언하다	26. thirsty	목마른
2. flourish	번성하다	27. undermine	약화시키다
3. reliable	믿을 수 있는	28. sentiment	정서, 감정
4. distress	고통, 괴로움	29. overflow	범람하다
5. pension	연금	30. verdict	평결
6. solemn	엄숙한, 근엄한	31. weave	짜다, 엮다
7. plead	간청하다	32. clumsy	서투른, 엉성한
8. proportion	비율, 비	33. hostage	인질
9. obsess	사로잡다	34. inhale	숨을 들이쉬다
10. demolish	부수다	35. prudent	신중한
11. deform	기형으로 만들다	36. sermon	설교
12. proclaim	선언하다	37. induce	유발하다
13. nuisance	귀찮은 것	38. decay	부패하다; 부패
14. intrigue	흥미를 유발하다	39. insomnia	불면증
15. freight	화물; 화물 운송	40. puberty	사춘기
16. devastating	매우 파괴적인	41. complex	복잡한
17. coincidence	우연의 일치	42. tourism	관광업
18. taboo	금기사항, 터부	43. agenda	회의 안건
19. outlaw	법으로 금지하다	44. propel	추진시키다
20. rational	이성적인	45. dignity	존엄, 위엄
21. retrieve	되찾아오다	46. subscription	구독; 구독료
22. underline	강조하다	47. suicide	자살; 자살하다
23. suspend	중단하다	48. blaze	화염, 불길
24. recession	불경기	49. embark	나서다
25. perfume	향기, 향수	50. retreat	후퇴하다

51. inhibit	억제하다	76. vanity	허영심, 자만심
52. dispense	나누어주다	77. diameter	지름, 직경
53. catastrophe	대재난, 참사	78. premise	전제
54. indulge	탐닉하다	79. submerge	가라앉다
55. auction	경매	80. elderly	나이가 지긋한
56. brochure	안내책자	81. foster	수양…
57. stumble	비틀거리다	82. pharmacy	약국; 제약
58. kidnap	납치하다	83. coward	비겁자, 겁쟁이
59. manifest	구현하다	84. timid	소심한, 겁 많은
60. ornament	장식; 장식하다	85. alert	경계하는; 경계
61. penetrate	침투하다	86. intersection	교차로, 네거리
62. evacuate	대피시키다	87. desolate	황량한, 쓸쓸한
63. infer	추론하다	88. spontaneous	자연 발생적인
64. petition	청원(서)	89. fluid	유동적인
65. splendid	근사한	90. precaution	예방 조치; 조심
66. vulnerable	취약한	91. recollect	기억해 내다
67. blast	폭발, 파열	92. diagram	도식, 도해
68. salary	급여, 봉급	93. commission	의뢰하다; 위임
69. patron	고객, 단골손님	94. agency	대행회사
70. perish	멸망하다	95. simultaneously	동시적으로
71. gossip	가십, 험담	96. render	…하게 만들다
72. thermometer	온도계	97. refract	굴절시키다
73. resume	다시 시작하다	98. refrain	삼가다
74. retrospect	회고, 회상	99. dormitory	기숙사
75. susceptible	(질병에) 걸리기 쉬운	100. decease	사망; 사망하다

DAY 31

어휘 더하기 : 어원 pre-

01	02	03	04	05	06	07	08	09	10
11	12	13	14	15	16	17	18	19	20
21	22	23	24	25	26	27	28	29	30
31	32	33	34	35	36	37	38	39	40
41	42	43	44	45					

Day 30 | Review

앞에서 학습한 단어를 얼마나 기억하는지 체크해 보세요.
기억이 나지 않는 단어는 다시 한 번 학습하세요.

- ☐ stain
- ☐ taboo
- ☐ coward
- ☐ presume
- ☐ trademark
- ☐ alert
- ☐ foster
- ☐ recollect
- ☐ pharmacy
- ☐ intersection
- ☐ belly
- ☐ trauma
- ☐ fuss
- ☐ refract
- ☐ vicious

- ☐ spontaneous
- ☐ span
- ☐ stem
- ☐ render
- ☐ desolate
- ☐ precaution
- ☐ fluid
- ☐ grip
- ☐ scheme
- ☐ predominant
- ☐ commission
- ☐ daring
- ☐ timid
- ☐ refrain
- ☐ simultaneously

wow!!

□ 1201 ★★★
confirm
[kənfə́:rm]
ⓥ 확인하다, 확실히 하다, 확정하다
Please **confirm** your room a few days before arrival.
도착 며칠 전에 귀하의 객실을 확인해 주시기 바랍니다.

confirmation n. 확인

□ 1202 ★★★
analyze
[ǽnəlàiz]
ⓥ 분석하다
A group of experts **analyzed** the data many different ways.
한 전문가 그룹이 그 자료를 여러 가지 방식으로 분석했다.

analytic a. 분석적인　　**analysis** n. 분석

□ 1203 ★★★
vertical
[və́:rtikəl]
ⓐ 수직의
The helicopter made a **vertical** landing in the middle of the field.
그 헬리콥터는 들판 한가운데 수직 착륙을 했다.

↔ **horizontal** a. 수평의

□ 1204 ★★
tolerate
[tálərèit]
ⓥ 참다, 용인하다, 견디다
You don't have to **tolerate** poor service at a restaurant.
당신은 음식점에서 형편없는 서비스를 참을 필요가 없다.

tolerance n. 아량, 포용력　　**toleration** n. 관용, 묵인
= **endure** v. 참다, 견디다

□ 1205 ★★★
budget
[bʌ́dʒit]
ⓝ 예산　ⓥ 예산을 세우다
Don't make your **budget** too tight.
당신의 예산을 너무 빡빡하게 세우지 마시오.

□ 1206 ★★
storage
[stɔ́:ridʒ]
ⓝ 저장, 보관; 저장소
Today's computers have plenty of **storage** space.
오늘날의 컴퓨터들은 충분한 저장 공간을 가지고 있다.

Yum!
Yum!
• 식량의 **storage** 상태를 **confirm**해 보자.
• **budget**의 불필요한 낭비를 막기 위해 세밀한 **analysis**가 필요하다.

□ 1207 ★★★

고1필

recipe
[résəpì]

ⓝ 요리법; 비법, 비책

I'm looking for a good **recipe** for meatballs.
나는 좋은 미트볼 요리법을 찾고 있다.

□ 1208 ★★★

anticipate
[æntísəpèit]

ⓥ 기대하다, 고대하다; 예상하다

We **anticipate** a 9% jump in sales this year.
우리는 올해 9%의 판매 신장을 기대하고 있다.

anticipation n. 기대, 예상   **= expect** v. 예상하다; 기대하다

□ 1209 ★★★

고1필

swift
[swíft]

ⓐ 신속한, 재빠른

Swift action must be taken to prevent the plague from
spreading.
전염병이 확산되는 것을 막기 위해 신속한 조치가 취해져야 한다.

swiftness n. 신속함
= quick a. 빠른   **prompt** a. 즉각적인, 신속한

□ 1210 ★★

bias
[báiəs]

ⓥ 편견을 갖게 하다   ⓝ 편견, 선입관

We should avoid being **biased** by race and sex.
우리는 인종과 성별에 따라 편견을 갖는 것을 피해야 한다.

□ 1211 ★★★

고1필

review
[rivjú:]

ⓥ 재검토하다; 논평하다; 복습하다   ⓝ 검토; 논평; 복습

You should **review** your application in detail.
당신은 지원서를 자세하게 재검토해야 한다.

Ⓩoom-in ᅵ **view : see (보다)**

　　　review 재검토하다; 검토   **preview** 미리보기, 시사회   **overview** 전체적 모습, 개관
　　　interview 면접하다; 면접   **view**point 관점, 견해

□ 1212 ★★

flexible
[fléksəbl]

ⓐ 유연한; 임기응변의

We need a **flexible** attitude to accept other opinions.
우리는 다른 의견들을 수용하는 유연한 자세가 필요하다.

Yum!
Yum!

• **bias**에서 벗어나려면 **flexible**한 사고방식을 가져야 한다.
• 그 사건에 대해 국민들은 정부의 **swift**한 대응을 **anticipate**하고 있다.

□ 1213 ★★
multiply
[mʌ́ltəplài]

ⓥ 크게 증가시키다, 증식하다; 곱하다

Dust **multiplies** the risk of asthma.
먼지는 천식의 위험을 크게 증가시킨다.

multiplication n. 증식; 곱셈

□ 1214 ★★★

organism
[ɔ́ːrgənìzm]

ⓝ 유기체, 생명체

All living **organisms** are composed of units called cells.
모든 살아 있는 유기체는 세포라고 불리는 단위로 구성된다.

= **creature** n. 생물, 생명체

□ 1215 ★★★

tropical
[trápikəl]

ⓐ 열대의, 열대지방의

More than half of the world's species are found in **tropical**
rainforests.
전 세계 생물 종의 반 이상은 열대 우림에서 발견된다.

□ 1216 ★★★

swallow
[swálou]

ⓥ 삼키다; 참다

Don't **swallow** your food so quickly, chew and eat slowly.
음식을 너무 빠르게 삼키지 말고 씹어서 천천히 먹어라.

□ 1217 ★★
defective
[diféktiv]

ⓐ 결함이 있는, 하자가 있는

Annually, **defective** products cause thousands of serious
consumer injuries.
매년 결함이 있는 상품이 수천 건의 심각한 소비자 사고를 일으킨다.

defect n. 결함   = **faulty** a. 흠이 있는

□ 1218 ★★★

compensate
[kámpənsèit]

ⓥ 보상하다, 만회하다

No other success can **compensate** for failure in the home.
다른 그 어떤 성공도 가정에서의 실패를 보상할 수 없다.

compensation n. 보상, 만회   ⓢ **compensate for** …을 보상하다

**Yum!
Yum!**

• defective한 상품을 판매한 것에 대하여 최대한 compensate하겠습니다.
• tropical forests에는 아직 알려지지 않은 여러 organism이 살고 있다.

□ 1219 ★★★

 wound
[wú:nd]

ⓥ 부상당하게 하다, 상처를 입히다　ⓝ 상처, 부상

More than 700,000 Americans were **wounded** in World War II.
70만 명이 넘는 미국인들이 2차 세계대전에서 부상당했다.

= **injure** v. 부상을 입(히)다　**hurt** v. 상하게 하다 n. 상처

□ 1220 ★★★

고1필 **ultimate**
[ʌ́ltəmet]

ⓐ 궁극적인, 최종의; 최고의

You should figure out what your **ultimate** goal in life is.
당신은 인생에서 당신의 궁극적 목표가 무엇인지 알아내야 한다.

□ 1221 ★★★

terminate
[tə́:rmənèit]

ⓥ 종료하다, 끝내다

I have decided to **terminate** my contract with Blue Company.
나는 Blue Company와 맺은 계약을 종료하기로 결정했다.

termination n. 종료　= **end** v. 끝내다

Ⓩoom-in | **termin : limit, end (한계, 끝)**

terminate 종료하다　**termin**al 최종의, 말기의; 종착역
de**termin**e 결정하다, 판단하다　ex**termin**ate 근절[박멸]하다

□ 1222 ★★

ambiguous
[æmbíɡjuəs]

ⓐ 애매한, 불명료한

I asked a very clear question and received an **ambiguous** answer from her.
나는 매우 명료한 질문을 했는데, 그녀에게서 애매한 답변을 받았다.

ambiguity n. 애매함, 불명료함
= **vague** a. 애매한　**obscure** a. 모호한

□ 1223 ★★★

고1필 **symptom**
[símptəm]

ⓝ 증상

Cancer often has no specific **symptoms**.
암은 종종 특정한 증상을 보이지 않는다.

  Yum! Yum!

• **wound**를 입은 군인이 갑자기 혈압이 떨어지는 **symptom**을 보였다.
• 너의 **ambiguous**한 태도는 **ultimate**한 결정을 내리는 데 도움이 되지 않아.

□ 1224 ★★★
extent
[ikstént]

ⓝ 정도, 규모

He was ruined to the **extent** that he had to sell everything.
그는 모든 것을 팔아야 할 정도까지 망했다.

□ 1225 ★★★

accommodation
[əkὰmədéiʃən]

ⓝ 숙소, 거처; 숙박시설, 편의시설

Your package includes **accommodations** and breakfast.
당신의 패키지 상품에는 숙소와 아침식사가 포함되어 있습니다.

accommodate v. 공간을 제공하다; 편의를 도모하다; 숙박시키다

□ 1226 ★★★

magnitude
[mǽgnətjùːd]

ⓝ 규모, 크기; 지진규모; 중요함; 큼, 다량

The **magnitude** of his work was extremely vast.
그의 작업 규모는 정말 어마어마했다.

□ 1227 ★★★
bargain
[báːrgən]

ⓝ 합의, 흥정; 싼 물건 ⓥ 흥정하다, 거래하다

The two companies made a **bargain** to share technology.
그 두 회사는 기술을 공유하기로 합의했다.

□ 1228 ★★
restore
[ristɔ́ːr]

ⓥ 복원하다, 재건하다; 회복시키다

Special lasers can be used to **restore** old paintings.
특수 레이저가 오래된 그림을 복원하는 데 사용될 수 있다.

restoration n. 복원, 부활

□ 1229 ★★
sociable
[sóuʃəbl]

ⓐ 사교적인, 붙임성 있는

Sea lions are known to be very **sociable** animals.
바다사자는 매우 사교적인 동물로 알려져 있다.

sociability n. 사교성   **cf. social** a. 사회의, 사회적인

Yum! Yum!

• 내 친구는 성격이 sociable해서 물건 살 때 bargain도 참 잘한다.
• 엄청난 magnitude의 지진은 그 도시를 restore하기 힘들 정도로 파괴했다.

☐ 1230 ★ ★ ★
고2필 **tease**
[ti:z]

ⓥ 놀리다, 장난하다, 괴롭히다

When young, she used to be **teased** about her big mouth.
어렸을 적에 그녀는 큰 입에 대해 놀림을 당하곤 했었다.

☐ 1231 ★ ★ ★
고1필 **undergo**
[ʌ̀ndərgóu]

ⓥ 겪다, 경험하다

The country is **undergoing** the crisis and trying to pass it.
그 나라는 위기를 겪고 있고, 그것을 넘기기 위해 노력하고 있다.

= **experience** v. 경험하다

☐ 1232 ★
reliant
[riláiənt]

ⓐ 의존하는

The company is completely **reliant** on foreign fuel sources.
그 회사는 외국 연료 자원에 완전히 의존한다.

rely v. 믿고 의지하다   **reliance** n. 의존
= **dependent** a. 의존하는, 의지하는

☐ 1233 ★ ★ ★
solitude
[sálətʲù:d]

ⓝ 고독

Everyone likes to have **solitude** now and then in their lives.
모든 사람은 살면서 이따금 고독의 시간을 갖고 싶어 한다.

solitary a. 혼자 하는, 홀로 있는

Ⓩoom-in ǀ **sol : one** (하나, 혼자)
solitude 고독   **solo** 독주   **isolate** 고립시키다   **desolate** 쓸쓸한, 황량한

☐ 1234 ★ ★ ★
고1필 **offend**
[əfénd]

ⓥ 기분 상하게 하다; 법을 어기다

I was deeply **offended** by his rude remarks.
나는 그의 무례한 말로 인해 매우 기분이 상했다.

offense n. 위법행위, 범죄; 화나게 하는 행위

Yum!
Yum!

• tease하는 사람은 그것이 상대방을 얼마나 offend하는지 알지 못한다.
• 전쟁 후 빈곤을 undergo할 때 한국은 외국의 원조에 reliant하는 처지였다.

□ 1235 ★★★

vibrate
[váibreit]

ⓥ 진동하다

All of a sudden, my cellphone started to vibrate in my jeans pocket.
갑자기 내 휴대전화가 청바지 주머니에서 진동하기 시작했다.

vibration n. 진동

□ 1236 ★★★

virtue
[vɔ́ːrtʃuː]

ⓝ 미덕, 덕목; 선, 선행

Honesty is a virtue that children should learn early.
정직은 아이들이 어렸을 때 배워야 할 미덕이다.

virtuous a. 덕망 있는

□ 1237 ★★

twinkle
[twíŋkl]

ⓥ 반짝이다 ⓝ 반짝임

She just smiled and her blue eyes twinkled.
그녀는 그저 미소 지었고, 그녀의 푸른 눈은 반짝였다.

□ 1238 ★★★

apparent
[əpǽrənt]

ⓐ 명백한, 분명한

It was apparent that more work was required to the point.
그 부분에 더 많은 작업이 요구된다는 것이 명백했다.

apparently ad. 보아하니; 명백히

□ 1239 ★★★

worship
[wɔ́ːrʃip]

ⓝ 예배, 숭배 ⓥ 예배를 드리다, 숭배하다

A mosque is a place of worship for people of the Islam tradition.
모스크는 이슬람 전통을 지키는 사람들을 위한 예배 장소이다.

□ 1240 ★★★

freeze
[fríːz]

ⓥ 얼다, 결빙되다

Temperatures fell so low today that the lake began to freeze over.
오늘 기온이 많이 떨어져서 호수가 온통 얼어붙기 시작했다.

frozen a. 얼어붙은

Yum! Yum!

• 밤이 되니 freeze한 강이 달빛을 받아 twinkle한다.
• 그가 보여준 virtue는 함께 사는 세상에 대해 apparent한 깨달음을 줬다.

TEST

A 빈칸에 해당하는 영어 단어 또는 우리말을 쓰시오.

1. 진동하다 _____
2. 예산; 예산을 세우다 _____
3. 놀리다, 괴롭히다 _____
4. 얼다, 결빙되다 _____
5. 삼키다; 참다 _____
6. 편견, 선입관 _____
7. 요리법; 비법 _____
8. 정도, 규모 _____
9. 열대의, 열대지방의 _____
10. 궁극적인, 최종의 _____

11. multiply _____
12. reliant _____
13. magnitude _____
14. apparent _____
15. restore _____
16. sociable _____
17. terminate _____
18. analyze _____
19. anticipate _____
20. vertical _____

B 빈칸에 알맞은 단어를 〈보기〉에서 골라 쓰시오.

accommodation	compensate	confirm	defective
flexible	solitude	symptom	tolerate

1. Please _____ your room a few days before arrival.

2. Cancer often has no specific _____ s.

3. Everyone likes to have _____ now and then in their lives.

4. You don't have to _____ poor service at a restaurant.

5. We need a _____ attitude to accept other opinions.

6. Annually, _____ products cause thousands of serious consumer injuries.

7. No other success can _____ for failure in the home.

8. Your package includes _____ s and breakfast.

Answer Keys

A 1. vibrate 2. budget 3. tease 4. freeze 5. swallow 6. bias 7. recipe 8. extent 9. tropical 10. ultimate
11. 크게 증가시키다; 곱하다 12. 의존하는 13. 규모; 지진규모; 중요함; 큼 14. 명백한, 분명한 15. 복원하다; 회복시키다
16. 사교적인 17. 종료하다 18. 분석하다 19. 기대하다; 예상하다 20. 수직의   B 1. confirm 2. symptom 3. solitude
4. tolerate 5. flexible 6. defective 7. compensate 8. accommodation

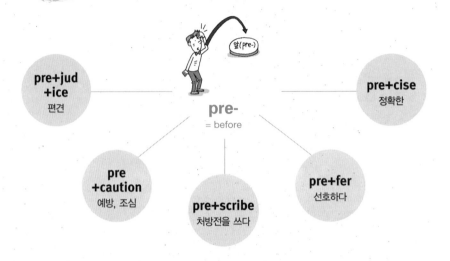

prejudice
pre(before) + jud(judgement)
+ ice(명사형 접미사)
→ 미리 판단함

⑲ 편견
He criticized the **prejudice** against black people.
그는 흑인에 대한 편견을 비판했다.

precaution
pre(before) + caution
→ 미리 주의

⑲ 예방, 조심
I took **precaution** to protect my eyes.
나는 눈을 보호하기 위해 예방조치를 했다.

prescribe
pre(before) + scrib(write)e
→ 약을 만들도록 미리 써주다

⑧ 처방전을 쓰다, 처방하다
The doctor **prescribed** some medicine for coughing.
그 의사는 기침약 처방전을 써줬다.

prefer
pre(before) + fer(bear)
→ 미리 마음에 두다

⑧ 선호하다
I **prefer** coffee to tea.
나는 차보다 커피를 선호한다.

precise
pre(before) + cise(cut)
→ 미리 맞추어 자르는

⑱ 정확한
He explained it in **precise** detail.
그는 그것을 정확하고 자세하게 설명했다.

DAY 32

어휘 더하기 : 어원 pro- / ad-

백만스물하나.
백만스물 둘: 셋..

01	02	03	04	05	06	07	08	09	10
●	●	●	●	●	●	●	●	●	●

11	12	13	14	15	16	17	18	19	20
●	●	●	●	●	●	●	●	●	●

21	22	23	24	25	26	27	28	29	30
●	●	●	●	●	●	●	●	●	●

31	32	33	34	35	36	37	38	39	40
●	●								

41	42	43	44	45

Day 31 | Review

앞에서 학습한 단어를 얼마나 기억하는지 체크해 보세요.
기억이 나지 않는 단어는 다시 한 번 학습하세요.

- □ confirm
- □ analyze
- □ vertical
- □ tolerate
- □ recipe
- □ anticipate
- □ multiply
- □ bias
- □ flexible
- □ organism
- □ tropical
- □ swallow
- □ defective
- □ accommodation
- □ compensate

- □ vibrate
- □ ultimate
- □ terminate
- □ ambiguous
- □ symptom
- □ virtue
- □ magnitude
- □ bargain
- □ apparent
- □ restore
- □ tease
- □ worship
- □ undergo
- □ reliant
- □ solitude

Wow!!

□ 1241 ★
upright
[ʌ́pràit]

ⓐ 세워진, 똑바른; 직립한
The ladder was in an **upright** position next to the wall.
사다리가 벽에 기대어 세워져 있었다.

□ 1242 ★★★
고1필
narrow
[nǽrou]

ⓐ 좁은   ⓥ (범위를) 좁히다
The road starts off wide but becomes **narrow**.
그 길은 넓게 시작하지만 점점 좁아진다.

□ 1243 ★★★
고1필
tuition
[tju:íʃən]

ⓝ 수업료, 학비; 수업
The **tuition** of the private schools is higher than that of public schools.
사립학교의 수업료는 공립학교의 수업료보다 더 높다.

cf. tutor   n. 가정교사, 지도교수

□ 1244 ★★
wholesale
[hóulsèil]

ⓐⁿ 도매로   ⓐ 도매의   ⓝ 도매
Some companies only sell **wholesale**, not to the public.
어떤 회사는 도매로만 판매하고, 일반인에게는 판매하지 않는다.

wholesaler n. 도매업자(↔ **retailer** n. 소매업자)
↔ **retail** ad. 소매로 n. 소매 v. 소매하다

□ 1245 ★★★
deceive
[disí:v]

ⓥ 속이다, 기만하다
You should remember that you can be **deceived** even if you are very smart.
당신이 아무리 영특할지라도 속을 수 있다는 것을 명심해야 한다.

deception n. 기만, 속임수   **deceit** n. 속임수

□ 1246 ★★★
고1필
suburb
[sʌ́bəːrb]

ⓝ 교외, 근교
Generally speaking, the air is much cleaner in the **suburbs** than in cities.
일반적으로 말해서 공기는 도시보다 교외에서 훨씬 더 깨끗하다.

suburban a. 교외의, 근교의

Yum! Yum!
• suburbs로 나가는 길이 너무 narrow해서 운전하기 힘들어.
• wholesale로 판매해도 가격이 비싸서 deceive 하는 게 아닌가 의심이 드네.

☐ 1247 ★

astronomer
[əstránəmər]

ⓝ 천문학자

Early **astronomers** thought the Moon was covered in oceans.
초기 천문학자들은 달이 바다로 덮여 있다고 생각했다.

astronomy n. 천문학   **astronomical** a. 천문학의

☐ 1248 ★★

sympathetic
[sìmpəθétik]

ⓐ 동정하는; 공감하는

I feel **sympathetic** about her even if she is at fault.
그녀에게 잘못이 있을지라도 나는 그녀에게 동정심이 생긴다.

sympathize v. 동정하다   **sympathy** n. 동정; 공감

 oom-in l **sym-, syn- : same (같은)**
    symmetry 대칭   **syn**chronize 동시에 발생하다   **syn**onym 동의어

☐ 1249 ★★★

graduate
[grǽdʒuèit]

ⓐ 대학원의   ⓝ 졸업생; 대학원생   ⓥ 졸업하다

I'm a **graduate** student studying for a master's degree in sociology.
나는 사회학 석사 학위를 위해 공부하고 있는 대학원생이다.

☐ 1250 ★★★

minimal
[mínəməl]

ⓐ (양·정도·가치) 최소한의; 아주 적은

New technologies allow farmers to grow plants with **minimal** use of water.
새로운 과학기술은 농부들이 최소한의 물을 이용해서 작물을 기르도록 해준다.

minimum a. (양) 최소의   ↔ **maximal** a. 최대한의

☐ 1251 ★★★

efficient
[ifíʃənt]

ⓐ 효율적인; 유능한

LED bulbs are more **efficient** than other lighting.
LED 전구는 다른 조명보다 더 효율적이다.

☐ 1252 ★★

trail
[treil]

ⓥ 끌다; 추적하다   ⓝ 자국; 오솔길

The toddler was **trailing** his pants.
걸음마를 배우는 아이가 바지를 질질 끌고 가고 있었다.

 Yum!
Yum!

• 세일기간에 우리는 mínimal한 비용으로 effícient한 구매를 할 수 있었어.

• 가방을 질질 trail하며 떠도는 소년을 보니 sympathetic한 마음이 든다.

□ 1253 ★★★

haste
[heist]

ⓝ 서두름, 급함
Make haste, or a disaster will happen.
서둘러라, 그렇지 않으면 재난이 일어날 것이다.

hasty a. 서두르는, 성급한   = **hurry** n. 서두름

□ 1254 ★★★

influential
[ìnfluénʃəl]

ⓐ 영향력이 있는
He is one of the most influential writers in America.
그는 미국에서 가장 영향력 있는 작가들 중 하나이다.

influence n. 영향 v. 영향을 미치다

□ 1255 ★★
recharge
[ri:tʃá:rdʒ]

ⓥ 충전하다; (원기를) 회복하다
The need to regularly recharge batteries in cellphones
may be eliminated in the future.
미래에는 휴대전화 배터리를 정기적으로 충전할 필요성이 사라질지 모른다.

rechargeable n. 재충전할 수 있는

□ 1256 ★★★

qualify
[kwáləfài]

ⓥ 자격을 부여하다; 자격을 얻다
Successful completion of this program will qualify you to
perform the next task.
이 프로그램의 성공적 완수가 그 다음 업무를 수행할 자격을 부여할 것이다.

qualification n. 자격(증)

□ 1257 ★★★

establish
[istǽbliʃ]

ⓥ 설립하다; 확립하다
Our goal is to raise money to establish a new museum.
우리의 목표는 새로운 박물관을 설립할 기금을 모금하는 것이다.

□ 1258 ★★★

departure
[dipá:rtʃər]

ⓝ 출발
Boarding usually starts 30 minutes before the departure of
your flight.
탑승수속은 보통 비행기 출발 30분 전에 시작된다.

depart v. 출발하다   ↔ **arrival** n. 도착

Yum!
Yum!

• 나는 departure 전날 휴대전화와 노트북을 recharge해 두었다.
• 관청에서 qualify해야 재단법인을 establish할 수 있다.

□ 1259 ★★★

pronunciation
[prənʌnsiéiʃən]

ⓝ 발음

Good pronunciation is very important for good spoken communication.
좋은 발음은 원활한 회화 소통에 매우 중요하다.

pronounce v. 발음하다

□ 1260 ★★★

breeze
[briːz]

ⓝ 산들바람

A gentle breeze was blowing from the southwest.
부드러운 산들바람이 남서쪽으로부터 불어오고 있었다.

breezy a. 산들바람이 부는; 경쾌한

□ 1261 ★★★

authority
[əθɔ́ːrəti]

ⓝ 당국; 권한; 권위, 권위자

The health authorities recommend vaccination against diphtheria.
보건 당국은 디프테리아에 대한 예방접종을 권장한다.

authoritative a. 권위 있는   **authorize** v. 권한을 부여하다

□ 1262 ★★★

gradually
[grǽdʒuəli]

ⓐⓓ 서서히, 점차

In his late twenties, he gradually began to lose his hair.
20대 후반에 그는 서서히 머리카락이 빠지기 시작했다.

gradual a. 점진적인

---

oom-in | **grad-, -gress-** : go step by step (서서히 나아가는)
grade 등급을 올리다   **gradu**ate 대학원의; 졸업하다
progress 진보   **congress** 의회   **aggress**ive 호전적인

□ 1263 ★★

discomfort
[diskʌ́mfərt]

ⓝ 불편, 불쾌   ⓥ 불편하게 하다

Changes in air pressure can cause discomfort on an airplane.
기압의 변화는 비행기에 탑승하고 있을 때 불편함을 유발할 수 있다.

↔ **comfort** n. 안락함; 위로, 위안 v. 위로하다

Yum!
Yum!

• 시민들은 교통 discomfort 문제 해결을 관계 authorities에 촉구했다.
• 거셌던 바람이 gradually 부드러운 breeze로 바뀌었다.

□ 1264 ★★★

고1필 **arrange**
[əréindʒ]

ⓥ 배열하다, 진열하다; 준비하다

She is busy **arranging** the products on the shelf.
그녀는 상품을 선반에 진열하느라 여념이 없다.

arrangement n. 배열, 정돈; 준비, 주선

□ 1265 ★★★

고1필 **precise**
[prisáis]

ⓐ 정확한, 정밀한

The **precise** cause of pain is not clear in some patients.
일부 환자들에게 통증의 정확한 원인은 분명하지 않다.

precision n. 정확, 정밀

□ 1266 ★★

associate
[əsóuʃièit]

ⓥ 연관시키다, 연상하다; 교제하다

We often **associate** memory loss with old age.
우리는 흔히 기억력 상실을 노령과 연관시킨다.

association n. 연관, 연상; 협회

□ 1267 ★★★

고1필 **donate**
[dóuneit]

ⓥ 기부하다, 기증하다

Donate unnecessary things to the needy and do some voluntary work.
불필요한 물건들을 어려운 사람들에게 기부하고 자원활동을 합시다.

donation n. 기부, 기증 **donor** n. 기부자, 기증자

□ 1268 ★★★

고1필 **cherish**
[tʃériʃ]

ⓥ 소중히 하다

Love and **cherish** your family and friends and tell them so.
당신의 가족과 친구들을 사랑하고 소중히 여기고, 그렇게 한다고 그들에게 말하세요.

□ 1269 ★★★

고1필 **masterpiece**
[mǽstərpìːs]

ⓝ 명작, 걸작

The Prado museum houses major **masterpieces** of European art.
Prado 박물관은 유럽 예술의 주요 명작들을 소장하고 있다.

cf. master n. 대가, 거장; 주인

Yum! Yum!
• 세계의 *masterpiece*들은 우리가 *cherish*해야 할 문화유산이다.
• *donate*하는 것을 부와 *associate*하지 말라. 그것은 마음으로 하는 것이다.

□ 1270 ★★
static
[stǽtik]

ⓐ 고정된, 정적인 ⓝ 잡음; 정전기

Our sales have remained **static** for the past three years.
우리의 판매실적이 지난 3년간 고정되어 있다.

↔ **dynamic** a. 동적인, 역동적인

□ 1271 ★★★
고2필
dictate
[díkteit]

ⓥ 지배하다; 지시하다; 받아쓰게 하다

Don't let emotions **dictate** your decisions.
감정이 당신의 결정을 지배하지 않도록 하시오.

dictation n. 지배, 통치; 받아쓰기   **dictator** n. 지배자, 독재자

 oom-in l **-dic-** : speak (말하다)

dictionary 사전   verdict 평결   predict 예언하다
syndicate 동시 보도하다   benediction 은총, 축복

□ 1272 ★★★
고2필
massive
[mǽsiv]

ⓐ 대량의; 육중한, 거대한

Massive production is followed by massive consumption.
대량 생산은 대량 소비로 이어진다.

mass n. 덩어리; 질량
= **huge** a. 거대한, 엄청난   **enormous** a. 막대한, 거대한

□ 1273 ★★★
고1필
globalize
[glóubəlàiz]

ⓥ 세계화하다

Markets are **globalized** and companies become multinational.
시장은 세계화되고 기업은 다국화된다.

global a. 지구의, 세계의   **globalization** n. 세계화, 국제화

□ 1274 ★★★
고1필
fossil
[fásəl]

ⓝ 화석

The amount of decay can be measured to estimate the age of **fossils**.
화석의 연대를 추정하기 위해 부식 정도가 측정될 수 있다.

fossilize v. 화석화하다; 고착되다

 Yum! Yum!

• **globalization**으로 거대 기업들이 약소국의 경제를 **dictate**하게 되었다.
• **fossil** 연료를 사용하면서 **massive** 생산이 가능해졌다.

□1275 ★★★
insert
[insə́:rt]

ⓥ 삽입하다; 주입하다
Insert your card and enter your PIN number.
카드를 삽입하고 당신의 개인 비밀번호를 입력하시오.

insertion n. 삽입, 끼워 넣기

□1276 ★★★
고1필
frequent
[frí:kwənt]

ⓐ 빈번한, 잦은
His frequent trip to foreign countries broadened his experience and knowledge.
그는 외국으로의 빈번한 여행을 통해 자신의 경험과 지식을 넓혔다.

frequency n. 빈도; 주파수　　↔ **infrequent** a. 드문

□1277 ★★
beloved
[bilʌ́vid]

ⓐ 사랑하는; 총애 받는　　ⓝ 연인
As a child, she suffered the loss of a beloved one.
어린 시절, 그녀는 사랑하는 이를 잃는 일을 겪었다.

□1278 ★
biography
[baiágrəfi]

ⓝ (위인) 전기
You probably have read a biography of Abraham Lincoln or of Helen Keller.
너는 아마 Abraham Lincoln이나 Helen Keller의 전기를 읽어봤을 것이다.

cf. autobiography n. 자서전

□1279 ★★★
고1필
progress
[prágres]

ⓝ 진보　　ⓥ 진보하다; 앞으로 나아가다
Much scientific progress was made in the 20th century.
20세기에 많은 과학적 진보가 이루어졌다.

progressive a. 진보적인, 진행 중인
cf. progress report 중간 보고

□1280 ★★★
dynamic
[dainǽmik]

ⓐ 역동적인, 동적인
Language is dynamic, not static.
언어는 역동적이며, 정적이지 않다.

↔ **static** a. 고정된, 정적인

Yum!
Yum!

• 그는 frequent한 출장으로 beloved한 가족과 자주 떨어져 지냈다.
• 위인들의 biography는 우리가 progress를 이루는 데 도움이 된다.

TEST

A 빈칸에 해당하는 영어 단어 또는 우리말을 쓰시오.

1. 좁은; 좁히다 _____
2. 대학원의; 졸업생 _____
3. 대량의; 육중한 _____
4. 속이다, 기만하다 _____
5. 당국; 권한 _____
6. 천문학자 _____
7. 기부하다, 기증하다 _____
8. 소중히 하다 _____
9. 배열하다; 준비하다 _____
10. 정확한, 정밀한 _____

11. suburb _____
12. haste _____
13. gradually _____
14. insert _____
15. sympathetic _____
16. qualify _____
17. biography _____
18. tuition _____
19. globalize _____
20. recharge _____

B 빈칸에 알맞은 단어를 〈보기〉에서 골라 쓰시오.

associate	departure	dictate	efficient
establish	fossil	influential	pronunciation

1. The amount of decay can be measured to estimate the age of _____s.

2. Good _____ is very important for good spoken communication.

3. Our goal is to raise money to _____ a new museum.

4. Boarding usually starts 30 minutes before the _____ of your flight.

5. We often _____ memory loss with old age.

6. He is one of the most _____ writers in America.

7. Don't let emotions _____ your decisions.

8. LED bulbs are more _____ than other lighting.

Answer Keys

A 1. narrow 2. graduate 3. massive 4. deceive 5. authority 6. astronomer 7. donate 8. cherish
9. arrange 10. precise 11. 교외, 근교 12. 서두름 13. 서서히, 점차 14. 삽입하다; 주입하다 15. 동정하는; 공감하는
16. 자격을 부여하다 17. (위인) 전기 18. 수업료, 학비 19. 세계화하다 20. 충전하다   **B** 1. fossil 2. pronunciation
3. establish 4. departure 5. associate 6. influential 7. dictate 8. efficient

어원 pro- / ad-

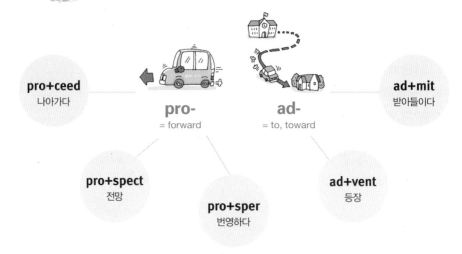

pro+ceed
나아가다

pro-
= forward

ad-
= to, toward

ad+mit
받아들이다

pro+spect
전망

pro+sper
번영하다

ad+vent
등장

---

proceed
pro(forward) + ceed(go)
→ 앞으로 가다

⑧ **나아가다, 속행하다**
They **proceeded** to their way.
그들은 가던 길을 계속 나아갔다.

---

prospect
pro(forward) + spect(look)
→ 앞을 봄

⑲ **전망, 예상**
The **prospects** for employment in tourism are good.
관광산업 분야의 고용 전망이 밝다.

---

prosper
pro(forward) + sper(hope)
→ 희망을 가지고 앞으로 나아가다

⑧ **번영하다, 번창하다**
His business continued to **prosper**.
그의 사업은 날로 번창했다.

---

advent
ad(to) + vent(come)
→ …으로 옴

⑲ **등장, 도래**
The **advent** of the Internet changed our lives.
인터넷의 등장은 우리의 삶을 변화시켰다.

---

admit
ad(to) + mit(send)
→ …으로 보내다

⑧ **받아들이다, 수락하다**
I was **admitted** to law school.
나는 로스쿨의 입학 허가를 받았다.

DAY 33

어휘 더하기 : 어원 trans- / per-

01	02	03	04	05	06	07	08	09	10
●	●	●	●	●	●	●	●	●	●

11	12	13	14	15	16	17	18	19	20
●	●	●	●	●	●	●	●	●	●

21	22	23	24	25	26	27	28	29	30
●	●	●	●	●	●	●	●	●	●

31	32	33	34	35	36	37	38	39	40
●	●	●							

41	42	43	44	45

Day 32 | Review

앞에서 학습한 단어를 얼마나 기억하는지 체크해 보세요.
기억이 나지 않는 단어는 다시 한 번 학습하세요.

□ upright
□ narrow
□ tuition
□ deceive
□ suburb
□ sympathetic
□ graduate
□ minimal
□ efficient
□ haste
□ trail
□ influential
□ recharge
□ establish
□ arrange

□ breeze
□ authority
□ precise
□ gradually
□ discomfort
□ static
□ associate
□ donate
□ cherish
□ insert
□ frequent
□ massive
□ biography
□ progress
□ dictate

Wow!!

□ 1281 ★★★

assemble
[əsémbl]

ⓥ 조립하다; 모이다

I managed to **assemble** this bookshelf on my own in 20 minutes.
나는 용케 이 책꽂이를 혼자 20분 만에 조립했다.

assembly n. 조립; 집회, 회합

□ 1282 ★

disability
[dìsəbíləti]

ⓝ 장애; 무능, 무력

A child with a learning **disability** cannot try harder or pay closer attention.
학습 장애가 있는 아이는 열심히 하기 힘들고 세밀한 주의를 기울일 수 없다.

disabled a. 장애가 있는, 장애인의

□ 1283 ★★

retire
[ritáiər]

ⓥ 은퇴하다, 퇴직하다

He **retired** from his profession at the age of 80.
그는 80세의 나이에 직업에서 은퇴했다.

retirement n. 은퇴, 퇴직

□ 1284 ★★

boundary
[báundəri]

ⓝ 경계(선), 한계

The Ohio River forms the **boundary** between Indiana and Kentucky.
오하이오 강은 인디애나 주와 켄터키 주의 경계를 이룬다.

□ 1285 ★★★

deed
[di:d]

ⓝ 행위, 행동; 증서

I try to do three good **deeds** every day.
나는 매일 세 가지 선행을 하려고 노력한다.

□ 1286 ★★★

merchant
[mə́:rtʃənt]

ⓝ 상인

His father was a jewelry **merchant** from Venice.
그의 아버지는 베니스 출신의 보석 상인이었다.

merchandise n. (집합적) 상품

Yum!
Yum!

• 그는 손에 **disability**가 있어서 작은 부품들을 **assemble**하지 못한다.
• 국제적인 **merchant**들은 나라 간의 **boundary**를 넘나들며 장사를 한다.

□1287 ★

craze
[kreiz]

ⓝ 열풍, 대유행　ⓥ 열광시키다

The **craze** for rock and roll swept through Britain in 1950s.
로큰롤 열풍이 1950년대에 영국 전역을 휩쓸었다.

crazy a. 열광하는, 미친

□1288 ★★★

article
[ɑ́ːrtikl]

ⓝ 글, 기사; 품목

The journalist has written several **articles** about wine.
그 기고가는 포도주에 대한 여러 글을 썼다.

□1289 ★★★

suspect
[səspékt] ⓥ
[sʌ́spekt] ⓝ

ⓥ 의심하다　ⓝ 용의자

I have good reasons to **suspect** that he is lying.
나는 그가 거짓말을 하고 있다는 것을 의심할 만한 충분한 이유를 가지고 있다.

suspicion n. 의심　　**suspicious** a. 의심하는

Ⓩoom-in I **spect : look** (보다)
　retro**spect** = retro(backward) + spect(look)　지난 일을 되돌아봄 → 회고
　spectacle = spect(look) + acle(명사형 접미사)　구경할 만한 풍경 → 볼 만한 장관
　in**spect** = in(into) + spect(look)　안을 꼼꼼히 들여다보다 → 검사하다

□1290 ★★★

bureau
[bjúərou]

ⓝ 관청, 국, 부서; 사무실

The national weather **bureau** announced the rainy season was over.
기상청은 우기가 끝났다고 발표했다.

□1291 ★★★

ecosystem
[íːkousistəm]

ⓝ 생태계

An **ecosystem** is a community of plants, animals and smaller organisms.
생태계는 식물, 동물 그리고 더 작은 생물들의 군집체이다.

Yum!
Yum!

• 나는 오늘 신문에서 제주도의 ecosystem에 관한 article을 읽었다.
• 그 bureau의 직원은 내가 그를 속이고 있다고 suspect했다.

□ 1292 ★★★

 cooperate
[kouápərèit]

ⓥ 협력하다, 협동하다

The talk began in a friendly fashion, and they promised to **cooperate** with each other.
회담은 우호적인 방식으로 진행되었고, 그들은 서로에게 협력하기로 약속했다.

cooperative a. 협력의, 협동의 **cooperation** n. 협력, 협동

□ 1293 ★★★

 cough
[kɔ(:)f]

ⓥ 기침하다 ⓝ 기침

Coughing from time to time helps clear dust particles from the lungs.
이따금씩 기침하는 것은 폐에서 먼지 입자들을 없애는 데 도움을 준다.

□ 1294 ★★★

 colony
[kálni]

ⓝ 식민지

Until 1945, the country of Indonesia was a **colony** of the Netherlands.
1945년까지 인도네시아라는 국가는 네덜란드의 식민지였다.

colonial a. 식민지의 **colonist** n. 식민지 개척자

□ 1295 ★★★

 instant
[ínstənt]

ⓐ 즉각적인, 인스턴트의 ⓝ 순간; 즉석식품

The new brand was in **instant** success.
그 새로운 상표는 즉각적인 성공을 거두었다.

□ 1296 ★★★

 handicapped
[hǽndikæ̀pt]

ⓐ 장애가 있는; 입장이 불리한

Just getting around is not easy for the physically **handicapped**.
신체적 장애가 있는 사람들에게는 단지 돌아다니는 것조차도 쉽지 않다.

handicap v. 불리하게 하다

□ 1297 ★★★

 despair
[dispέər]

ⓝ 절망, 낙담 ⓥ 절망하다

To his **despair**, he found nothing that could help him.
절망스럽게도 그는 자신을 도와줄 어떤 것도 발견하지 못했다.

= **discouragement** n. 낙담, 실망

 Yum! Yum!

• 조국이 colony로 전락하자 국민들은 despair 속에 살아가게 되었다.
• physically handicapped한 사람은 위험에 instant한 반응을 하기 어렵다.

□ 1298 ★★
sparkle
[spáːrkl]

ⓥ 반짝이다　ⓝ 반짝거림, 광채

Billions of stars are sparkling in the night sky.
수십억 개의 별들이 밤하늘에서 반짝이고 있다.

□ 1299 ★★★
고2필
reverse
[rivə́ːrs]

ⓥ 뒤집다, 거꾸로 하다　ⓐ 반대의; 뒷면의　ⓝ 반대, 역; 뒷면

He reversed his decision and joined the team again.
그는 결정을 뒤집고 팀에 다시 합류하였다.

Zoom-in | vers, vert : turn (방향을 돌리다)

diverse = di(aside) + vers(turn)e　다른 쪽으로 선회한 → 다양한
version = vers(turn) + ion(명사형 접미사)　다른 형태로 바꾸기 → 각색, 변형판
convert = con(together) + vert(turn)　모든 것을 바꾸다 → 전환하다

□ 1300 ★★★
고1필
drain
[drein]

ⓥ 배수하다, 빼내다　ⓝ 배수, 빼내기

Miners built the tunnel to drain water from the mines.
광부들이 광산의 물을 빼내기 위해 터널을 만들었다.

drainage n. 배수로

□ 1301 ★★★
고1필
install
[instɔ́ːl]

ⓥ 설치하다, 설비하다

More and more security cameras are being installed nearly everywhere you go.
점점 더 많은 보안 카메라가 당신이 가는 거의 모든 곳에 설치되고 있다.

installation n. 설치

□ 1302 ★
aptitude
[ǽptitùːd]

ⓝ 소질, 적성

I don't think girls have less aptitude for math than boys.
나는 여자아이들이 남자아이들보다 수학에 소질이 없다고 생각하지 않는다.

□ 1303 ★★★
고2필
guarantee
[gæ̀rəntíː]

ⓥ 보장하다; 확신하다　ⓝ 보장, 약속; 보증서

We guarantee our customers 100% satisfaction.
우리는 고객들에게 100% 만족을 보장합니다.

= ensure v. 보장하다

Yum!
Yum!

• 노력하지 않으면 타고난 aptitude도 성공을 guarantee할 수 없다.
• 폭우에 대비해 빗물을 drain할 수 있게 양수기를 install했다.

□ 1304 ★★★

 attorney
[ətə́:rni]

ⓝ 변호사; 대리인

An officer can question the suspect when his or her **attorney** is present.

경관은 변호사가 출석했을 때 용의자를 심문할 수 있다.

= lawyer n. 변호사

□ 1305 ★★★

 beverage
[bévəridʒ]

ⓝ 음료

The entry fee includes a shirt, **beverage** and lunch and dinner.

참가 요금에는 셔츠, 음료, 점심과 저녁 식사가 포함되어 있다.

□ 1306 ★★★

 distract
[distrǽkt]

ⓥ 주의를 산만하게 하다

Children are easily **distracted** by actions, noise, music and people.

아이들은 움직임, 소음, 음악, 그리고 사람들에 의해 쉽게 주의가 산만해진다.

distraction n. 주의를 산만하게 하는 것

□ 1307 ★★★

 awkward
[ɔ́:kwərd]

ⓐ 어색한; 불편한; 서투른

There was an **awkward** silence before she replied.

그녀가 대답하기 전에 어색한 침묵이 흘렀다.

□ 1308 ★★★

 conflict
[kánflikt] ⓝ
[kənflíkt] ⓥ

ⓝ 갈등, 충돌 ⓥ 상충하다

Conflicts between the two nations turned into war.

두 국가 사이의 갈등은 전쟁으로 비화되었다.

□ 1309 ★★★

 extraordinary
[ikstrɔ́:rdənèri]

ⓐ 놀라운, 대단한; 비범한, 보기 드문

He has an **extraordinary** sense of humor.

그는 놀라운 유머감각을 가지고 있다.

↔ ordinary a. 평범한   = remarkable a. 놀라운

 Yum! Yum!

• 그들은 awkward한 관계를 극복하지 못하고 결국 conflict를 일으켰다.
• 친구들이 떠들며 distract했지만 난 extraordinary한 집중력으로 공부했어.

□ 1310 ★★★
고2필 **sorrow**
[sárou]

ⓝ 슬픔 ⓥ 슬퍼하다

I express my deep **sorrow** on hearing of Janet's death.
나는 Janet의 죽음을 듣고 깊은 슬픔을 표합니다.

sorrowful a. 슬픔에 찬
= **grief** n. 큰 슬픔   **sadness** n. 슬픔

□ 1311 ★★
evaluate
[ivǽljuèit]

ⓥ 평가하다, 감정하다

It's hard to **evaluate** the effects of caffeine on health.
카페인이 건강에 미치는 영향은 평가하기 어렵다.

evaluation n. 평가

Ⓩoom-in ┃ val : value, worth (가치)
evaluate 평가하다 **valuable** 가치 있는; 귀중품 **invaluable** 귀중한 **valid** 유효한

□ 1312 ★★★
고2필 **consequence**
[kánsəkwèns]

ⓝ 결과

Happiness is the **consequence** of personal effort.
행복은 개인적 노력의 결과이다.

consequent a. …의 결과에 따른

□ 1313 ★★★
고필 **launch**
[lɔ:ntʃ]

ⓥ 시작하다, 착수하다; 발사하다 ⓝ 개시, 출시; 발사

They said they were going to **launch** another investigation on the criminal case.
그들은 그 범죄 사건에 대해 또 다른 조사를 시작할 것이라고 말했다.

□ 1314 ★★★
고2필 **politician**
[pàlətíʃən]

ⓝ 정치가

Churchill was a great **politician** who led England to victory over Nazi Germany.
처칠은 나치 독일에 대항하여 영국을 승리로 이끈 위대한 정치가였다.

politics n. 정치(학)   **political** a. 정치적인

Yum!
Yum!

• 그 도자기를 evaluate하자 수천만 원에 달한다는 consequence가 나왔다.
• politician들이 다가오는 선거에 대비해 홍보 활동을 launch했다.

□ 1315 ★★★

 breakdown
[bréikdàun]

ⓝ 쇠약; 고장; 실패

She is recovering from a mental breakdown after being hospitalized.
그녀는 입원한 뒤 신경 쇠약에서 회복하고 있다.

cf. break down 고장나다, 무너져 내리다

□ 1316 ★★★

 ecological
[èkəládʒikəl]

ⓐ 생태학의, 생태계의

Toxic waste often causes ecological disasters.
유독성 폐기물은 흔히 생태학적 재앙을 야기한다.

ecology n. 생태학   **ecologist** n. 생태학자

□ 1317 ★★★

tremendous
[triméndəs]

ⓐ 엄청난; 굉장한, 대단한

She was making a tremendous effort to appear calm on stage.
그녀는 무대 위에서 차분해 보이기 위해 엄청난 노력을 기울이고 있었다.

= huge a. 막대한, 엄청난

□ 1318 ★★★

dialect
[dáiələ̀ekt]

ⓝ 사투리, 방언

The Jejudo dialect is hard to understand for other Korean speakers.
제주도 사투리는 한국어를 말하는 다른 사람들도 이해하기 어렵다.

□ 1319 ★★

blossom
[blásəm]

ⓝ 꽃, 개화   ⓥ 꽃을 피우다

Amazingly, the dead tree began to bloom beautiful cherry blossoms.
놀랍게도 그 죽은 나무가 아름다운 벚꽃을 피우기 시작했다.

= flower n. 꽃   **bloom** v. 꽃을 피우다

□ 1320 ★★★

 distinguish
[distíŋgwiʃ]

ⓥ 구별하다

Some people can't distinguish reality from fantasy.
어떤 사람들은 현실을 환상과 구별하지 못한다.

㊐ **distinguish A from B** A를 B와 구별하다

 Yum!
Yum!

• 그는 신경 breakdown에서 벗어나기 위해 tremendous한 노력을 했다.
• 우리 언니는 아무리 비슷하게 생긴 blossom도 바로 distinguish한다.

TEST

A 빈칸에 해당하는 영어 단어 또는 우리말을 쓰시오.

1. 조립하다; 모이다 _____
2. 즉각적인; 순간 _____
3. 주의를 산만하게 하다 _____
4. 뒤집다; 반대의; 반대 _____
5. 설치하다, 설비하다 _____
6. 상인 _____
7. 시작하다; 개시 _____
8. 글, 기사; 품목 _____
9. 은퇴하다, 퇴직하다 _____
10. 정치가 _____

11. cough _____
12. dialect _____
13. colony _____
14. awkward _____
15. attorney _____
16. boundary _____
17. ecosystem _____
18. evaluate _____
19. despair _____
20. deed _____

B 빈칸에 알맞은 단어를 〈보기〉에서 골라 쓰시오.

aptitude	disability	distinguish	ecological
guarantee	sorrow	suspect	tremendous

1. Toxic waste often causes _____ disasters.
2. Some people can't _____ reality from fantasy.
3. She was making a _____ effort to appear calm on stage.
4. I have good reasons to _____ that he is lying.
5. I don't think girls have less _____ for math than boys.
6. We _____ our customers 100% satisfaction.
7. I express my deep _____ on hearing of Janet's death.
8. A child with a learning _____ cannot try harder or pay closer attention.

Answer Keys

A 1. assemble 2. instant 3. distract 4. reverse 5. install 6. merchant 7. launch 8. article 9. retire
10. politician 11. 기침하다; 기침 12. 사투리, 방언 13. 식민지 14. 어색한; 불편한 15. 변호사; 대리인 16. 경계(선),
한계 17. 생태계 18. 평가하다, 감정하다 19. 절망; 절망하다 20. 행위, 행동　B 1. ecological 2. distinguish
3. tremendous 4. suspect 5. aptitude 6. guarantee 7. sorrow 8. disability

어원 trans- / per-

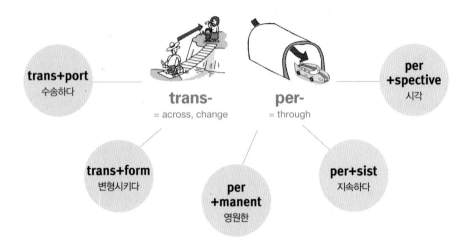

trans+port 수송하다	**trans-** = across, change	**per-** = through	**per +spective** 시각

trans+form 변형시키다

per +manent 영원한

per+sist 지속하다

---

transport
trans(across) + port(carry)
→ 다른 쪽으로 옮기다

동 수송하다   명 수송
They **transported** goods by sea.
그들은 선박으로 상품을 수송했다.

---

transmit
trans(across) + mit(send)
→ 다른 쪽으로 보내다

동 전달하다, 전송하다
The broadcasting **transmits** news by satellites.
그 방송국은 위성으로 뉴스를 전송한다.

---

permanent
per(through) + man(remain)
+ ent(형용사형 접미사)
→ 끝까지 계속 유지되는

형 영원한, 영속적인
She applied for **permanent** residence.
그녀는 영주권을 신청했다.

---

persist
per(through) + sist(stand)
→ 끝까지 계속 서 있다

동 지속하다, 존속하다
The politician **persisted** in his principles.
그 정치인은 자신의 원리원칙을 지속했다.

---

perspective
per(through) + spect(view)
+ ive(명사형 접미사)
→ 전체를 쭉 훑어 봄

명 시각, 견해; 원근화법
The book offers an international **perspective** on politics.
그 책은 정치학에 대한 국제적인 시각을 제시한다.

DAY 34

어휘 더하기 : 어원 ex- / e-

01	02	03	04	05	06	07	08	09	10
11	12	13	14	15	16	17	18	19	20
21	22	23	24	25	26	27	28	29	30
31	32	33	34	35	36	37	38	39	40

41	42	43	44	45

Day 33 | Review

앞에서 학습한 단어를 얼마나 기억하는지 체크해 보세요.
기억이 나지 않는 단어는 다시 한 번 학습하세요.

- □ assemble
- □ disability
- □ retire
- □ craze
- □ deed
- □ merchant
- □ article
- □ suspect
- □ bureau
- □ ecosystem
- □ sparkle
- □ attorney
- □ instant
- □ despair
- □ beverage

- □ guarantee
- □ drain
- □ install
- □ reverse
- □ breakdown
- □ distract
- □ tremendous
- □ awkward
- □ conflict
- □ extraordinary
- □ dialect
- □ evaluate
- □ consequence
- □ distinguish
- □ launch

wow!!

01 02 03 04 05 06 07 08 09 10 11 12 13 14 15 16 17 18 19 20 21 22 23

1321 ★★★
고2필
alternative
[ɔ:ltə́:rnətiv]

ⓐ 대체의　　ⓝ 대안, 대체 수단

A bicycle can be an alternative transportation.
자전거는 대체 교통수단이 될 수 있다.

1322 ★★★
고2필
tendency
[téndənsi]

ⓝ 성향, 기질; 경향

My boss has a tendency to start something, then pass it off to me to finish.
내 상사는 뭔가를 시작하고는 내게 그걸 마무리하도록 떠넘기는 성향이 있다.

tend v. …하는 경향이 있다

1323 ★★★
고1필
intake
[íntèik]

ⓝ 섭취; 흡입

Control of our food intake is the basis behind successful weight loss.
음식물 섭취의 조절이 성공적인 체중 감량의 숨은 이유이다.

cf. take in 섭취하다

1324 ★★
transform
[trænsfɔ́:rm]

ⓥ 변형되다; 변형시키다

Water can transform from a solid to a liquid to a gas, depending on its temperature.
물은 온도에 따라 고체에서 액체로, 액체에서 기체로 변형될 수 있다.

transformation n. 변화, 변신

1325 ★★★
고1필
contrast
[kántræst] ⓝ
[kəntrǽst] ⓥ

ⓝ 대조, 대비　　ⓥ 대조하다

There is a sharp contrast between his earlier and later works.
그의 초기 작품과 후기 작품 사이에는 뚜렷한 대조가 나타난다.

㊗ **by contrast** 그에 반해서, 대조적으로

1326 ★★★
고1필
fiction
[fíkʃən]

ⓝ 소설; 허구

He wrote fiction in his spare time while working as a reporter.
그는 기자로 일하는 동안 남는 시간에 소설을 썼다.

↔ **nonfiction** n. 소설·이야기 이외의 신문 문학

Yum!
Yum!

- 자동차가 로봇으로 transform하는 SF(Science Fiction) 봤지요?
- 두 정당의 정책 tendency가 항상 contrast를 보인다.

362　PART❷ 수능 필수 핵심 어휘

□ 1327 ★★
fake
[feik]

ⓝ 위조품, 가짜 ⓐ 위조의, 가짜의

It was revealed that her necklace was a fake.
그녀의 목걸이가 위조품이라는 것이 밝혀졌다.

↔ **original** n. 원본 a. 원본의 **genuine** a. 진짜의, 진품의

□ 1328 ★
thrill
[θril]

ⓝ 황홀감, 전율 ⓥ 황홀하게 하다

It gave her a thrill to compete at the Olympics.
올림픽에 출전하게 되어 그녀는 황홀한 기분이었다.

□ 1329 ★★★
 occupation
[àkjupéiʃən]

ⓝ 직업; 점령

Will you please list your name, occupation and address?
당신의 이름, 직업, 주소를 기입해 주시겠습니까?

occupational a. 직업의 **occupy** v. 차지하다

□ 1330 ★★★
 construct
[kənstrʌ́kt]

ⓥ 건설하다; 구성하다

A new bridge will be constructed over the creek.
새로운 다리가 시내 위에 건설될 것이다.

construction n. 건설, 건축 **constructive** a. 건설적인

ⓩoom-in ┃ **struct : built (짓다)**

　　structure 구조물 infra**struct**ure 기반시설 in**struct** 교육하다 de**struct** 파괴하다

□ 1331 ★★★
 insurance
[inʃúərəns]

ⓝ 보험

No matter how healthy you are, you need individual health insurance.
얼마나 건강한지와 관계없이, 당신은 개인 건강 보험이 필요하다.

insure v. 보험에 들다

□ 1332 ★★★
triumph
[tráiəmf]

ⓥ 승리를 거두다 ⓝ 승리

A dream will always triumph over reality, once it is given the chance.
꿈은 일단 기회가 주어지면 항상 현실에 승리를 거둘 것이다.

Yum!
Yum!

• 파리의 개선문은 전쟁에서 **triumph**한 것을 기념해 **construct**되었다.
• 당신의 **occupation**이 무엇이건 미래를 위한 **insurance**가 꼭 필요합니다.

☐ 1333 ★★
congestion
[kəndʒéstʃən]

ⓝ 혼잡, 밀집; 막힘

The new road will reduce traffic congestion in this area.
그 새로운 도로는 이 지역에서 교통 혼잡을 줄여줄 것이다.

☐ 1334 ★★★

official
[əfíʃəl]

ⓐ 공식적인, 공무의   ⓝ 관리, 공무원

MLB.com is the official website of Major League Baseball.
MLB.com은 메이저리그 야구의 공식 웹사이트이다.

officially ad. 공식적으로   **office** n. 사무소, 사무실

☐ 1335 ★★
compress
[kəmprés]

ⓥ 압축하다

These machines are used to compress oxygen.
이 기계들은 산소를 압축하는 데 사용된다.

compression n. 압축

☐ 1336 ★
groundless
[gráundlis]

ⓐ 근거 없는

Most of your nervousness is due to groundless worries.
당신의 신경과민 대부분은 근거 없는 걱정들 때문이다.

cf. ground n. 근거; 이유

☐ 1337 ★★★

considerable
[kənsídərəbl]

ⓐ 상당한, 많은

Sometimes I drive considerable distances to see my friends.
때때로 나는 친구들을 만나기 위해 상당한 거리를 운전한다.

☐ 1338 ★★★

dispute
[dispjúːt]

ⓝ 논쟁; 분규   ⓥ 논쟁하다

I got into a dispute with him over nuclear energy.
나는 핵에너지에 관하여 그와 논쟁을 벌이게 되었다.

Yum! Yum!

- dispute에서 groundless한 주장을 하는 것은 설득력이 없다.
- 이 기계는 considerable한 양의 수소를 작은 용기 안에 compress할 수 있다.

□ 1339 ★★★

autograph
[ɔ́ːtəgræf]

ⓝ (유명인의) 서명, 사인 ⓥ 사인을 해주다

She is so sweet to her fans signing autographs and taking pictures.
그녀는 서명을 해주고 사진을 찍으며 팬들에게 굉장히 상냥하게 대한다.

□ 1340 ★★★
고1필
distort
[distɔ́ːrt]

ⓥ 왜곡하다

Imagination can distort our memory of an event.
상상은 사건에 대한 우리의 기억을 왜곡할 수 있다.

distortion n. 왜곡

□ 1341 ★★
assimilate
[əsíməlèit]

ⓥ 동화하다; 완전히 소화하다

Some immigrants failed to assimilate into the new society.
일부 이민자들은 새로운 사회에 동화하는 데 실패했다.

assimilation n. 동화

Ⓩoom-in ┃ simil, simul : same (동일한)
simil**arity** 유사성　　　 **simile** 직유　　　 **simulate** 모의 실험하다
simul**taneous** 동시적인　 **simulation** 시뮬레이션, 모의 실험

□ 1342 ★★
constitute
[kánstətjùːt]

ⓥ 구성하다; 설립하다

Women constitute nearly half the U.S. labor force.
여성들이 미국 노동인력의 거의 절반 가까이를 구성하고 있다.

constitution n. 구성; 헌법

□ 1343 ★★★
고2필
immediate
[imíːdiət]

ⓐ 즉각적인

We must take immediate measures to protect our historic sites.
우리는 우리의 유적지를 보호하기 위하여 즉각적인 조치를 취해야 한다.

immediacy n. 즉시성　　 **immediately** ad. 즉시, 곧

Yum!
Yum!

• 이민자들이 잘 assimilate해야 더 건강한 사회를 constitute할 수 있다.
• 역사를 distort한 교과서에 대해 언론이 immediate한 비난을 쏟아냈다.

□ 1344 ★★★

 depressed
[diprést]

ⓐ 우울한; (경제가) 침체한

When I'm depressed, I take a long walk alone.
나는 기분이 우울할 때, 혼자 오랫동안 산책을 한다.

depression n. 우울(증); 침체, 공황

□ 1345 ★★★

 glance
[glæns]

ⓥ 힐끗 보다　ⓝ 힐끗 봄

He glanced at his watch as if he had an important appointment.
그는 마치 중요한 약속이 있는 것처럼 자신의 시계를 힐끗 쳐다보았다.

㉑ **at a glance** 한 눈에, 즉시

□ 1346 ★★

contaminate
[kəntǽmənèit]

ⓥ 오염시키다

Waste water from homes contaminated the lake.
생활하수가 그 호수를 오염시켰다.

contamination n. 오염　　**contaminant** n. 오염 물질
= **pollute** v. 오염시키다

□ 1347 ★

annoyance
[ənɔ́iəns]

ⓝ 짜증, 화

Most noises cause annoyance to people.
대부분의 소음은 사람들에게 짜증을 일으킨다.

annoy v. 짜증나게 하다, 화나게 하다

□ 1348 ★★★

accumulate
[əkjúːmjulèit]

ⓥ 쌓이다, 축적하다

It is more rewarding to watch money change the world than watch it accumulated.
돈이 쌓이는 것을 보는 것보다 돈이 세상을 바꾸는 것을 지켜보는 것이 더 보람 있다.

accumulation n. 축적

□ 1349 ★★

strive
[straiv]

ⓥ 애쓰다, 노력하다

Many companies strive to maintain employment in economic crisis.
많은 기업들은 경제 위기 속에서 고용을 유지하기 위해 애쓴다.

 Yum! Yum!

• annoyance가 자꾸 accumulate하면 마음의 병이 된다.
• 그 단체는 해양을 contaminate하는 폐유 문제를 처리하기 위해 strive한다.

□ 1350 ★★★

remind
[rimáind]

ⓥ 상기시키다, 일깨우다

Could you remind me about the barbecue on Sunday?
일요일 바비큐 파티에 대해 저에게 상기시켜 주시겠어요?

reminder n. 상기시키는 것; 독촉장   remindful a. 생각나게 하는
熟 remind A of B A에게 B를 생각나게 하다

□ 1351 ★★
aspiration
[æ̀spəréiʃən]

ⓝ 열망, 포부

We all have aspirations of improving our physical fitness level.
우리 모두는 신체적 건강 수준을 향상시키려는 열망을 가지고 있다.

aspire v. 열망하다

oom-in ǀ **spir : breathe (호흡하다)**

respiratory 호흡의   perspiration 발한, 땀 흘리기   inspire 고취시키다
conspiracy 음모, 흉계   expire 만기가 되다(xs가 겹쳐 s없어짐)

□ 1352 ★★★

diligent
[dílədʒənt]

ⓐ 근면 성실한

He is a diligent worker and really cares for the company.
그는 근면 성실한 근로자이며 진정으로 회사를 아낀다.

diligence n. 근면, 성실

□ 1353 ★★★
constant
[kánstənt]

ⓐ 끊임없는; 변함없는

I can hardly stand her constant nagging any more.
나는 그녀의 끊임없는 잔소리를 더 이상 참을 수 없다.

constantly ad. 끊임없이, 거듭

□ 1354 ★
picturesque
[pìktʃərésk]

ⓐ 한 폭의 그림 같은, 아름다운

The picturesque place is attractive and interesting, and has no ugly modern buildings.
한 폭의 그림 같은 그 장소는 매력적이고 흥미로우며, 추한 현대 건물이 없다.

Yum!
Yum!

• 우리 모두는 picturesque한 자연 속에서 살고픈 aspiration을 갖고 있다.
• 그녀는 자기 계발에 constant한 노력을 기울이는 diligent한 학생이다.

□ 1355 ★★★
고2필 **devise**
[diváiz]

ⓥ 고안하다, 만들어내다
The scientist **devised** a method for recording the vibrations in the air.
그 과학자는 공기 중의 진동을 기록하는 방법을 고안했다.

device n. 장치, 기구

□ 1356 ★★★
고2필 **glow**
[glou]

ⓥ 밝게 빛나다, 작열하다 ⓝ 불빛
In the darkness, her eyes **glowed** brightly.
어둠 속에서 그녀의 눈이 밝게 빛났다.

□ 1357 ★★★
고2필 **conscious**
[kánʃəs]

ⓐ 의식하는, 알고 있는; 의식이 있는
Are you very **conscious** of what you eat?
당신은 당신이 무엇을 먹는지 많이 의식합니까?

consciousness n. 의식 ↔ **unconscious** a. 무의식의
cf. subconscious a. 잠재의식의
㉿ **be conscious of** …을 자각하다, 알고 있다

□ 1358 ★
ultraviolet
[ʌ̀ltrəváiəlit]

ⓐ 자외선의 ⓝ 자외선
Sunlight contains three types of **ultraviolet** rays: UVA, UVB and UVC.
햇빛에는 세 가지 유형의 자외선이 포함되어 있는데 UVA, UVB, UVC이다.

cf. infrared a. 적외선의 n. 적외선

□ 1359 ★★★
고2필 **barren**
[bǽrən]

ⓐ 불모의, 황량한
The island has been transformed from a **barren** land to a charming garden.
그 섬은 불모의 섬에서 매력 넘치는 정원으로 탈바꿈하였다.

= **sterile** a. 불모의 ↔ **fertile** a. 기름진, 비옥한

□ 1360 ★★★
고1필 **stiff**
[stif]

ⓐ 뻣뻣한, 경직된; 터무니 없이 비싼
In the morning, I found the clothes frozen and quite **stiff**.
아침에 나는 옷이 얼어서 매우 뻣뻣해진 것을 발견했다.

Yum!
Yum!

• 우리가 환경문제에 *conscious*할 때 *barren*한 땅이 줄어든다.
• 그는 *ultraviolet*의 지수를 측정하는 기기를 *devise*했다.

TEST

A 빈칸에 해당하는 영어 단어 또는 우리말을 쓰시오.

1. 힐끗 보다 _____
2. 논쟁; 논쟁하다 _____
3. 근면 성실한 _____
4. 열망, 포부 _____
5. 뻣뻣한, 경직된 _____
6. 상기시키다 _____
7. 공식적인; 관리 _____
8. 왜곡하다 _____
9. 오염시키다 _____
10. 상당한, 많은 _____

11. devise _____
12. construct _____
13. annoyance _____
14. tendency _____
15. conscious _____
16. intake _____
17. ultraviolet _____
18. transform _____
19. assimilate _____
20. constant _____

B 빈칸에 알맞은 단어를 〈보기〉에서 골라 쓰시오.

strive	alternative	constitute	contrast
immediate	compress	insurance	occupation

1. These machines are used to _____ oxygen.

2. We must take _____ measures to protect our historic sites.

3. There is a sharp _____ between his earlier and later works.

4. Many companies _____ to maintain employment in economic crisis.

5. Will you please list your name, _____ and address?

6. No matter how healthy you are, you need individual health _____.

7. A bicycle can be an _____ transportation.

8. Women _____ nearly half the U.S. labor force.

Answer Keys

A 1. glance 2. dispute 3. diligent 4. aspiration 5. stiff 6. remind 7. official 8. distort 9. contaminate
10. considerable 11. 고안하다 12. 건설하다; 구성하다 13. 짜증, 화 14. 성향; 경향 15. 의식하는, 알고 있는 16. 섭취;
흡입 17. 자외선의; 자외선 18. 변형되다; 변형시키다 19. 동화하다 20. 끊임없는; 변함없는 B 1. compress
2. immediate 3. contrast 4. strive 5. occupation 6. insurance 7. alternative 8. constitute

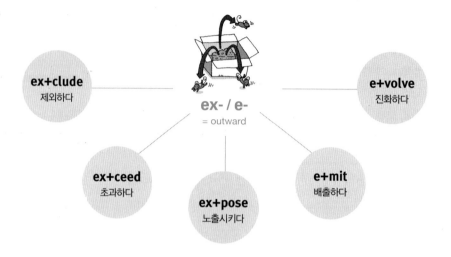

ex+clude
제외하다

e+volve
진화하다

ex- / e-
= outward

ex+ceed
초과하다

ex+pose
노출시키다

e+mit
배출하다

---

exclude
ex(outward) + clude(close)
→ 밖으로 닫다

동 제외하다, 배제하다
I tried to **exclude** unnecessary folders.
나는 불필요한 폴더는 제외하려고 했다.

---

exceed
ex(outward) + ceed(go)
→ 밖으로 나가다

동 초과하다
Many drivers **exceed** the speed limit.
많은 운전자들이 제한속도를 초과한다.

---

expose
ex(outward) + pos(put)e
→ 밖으로 두다

동 노출시키다; 접하게 하다
The skin was **exposed** to ultraviolet rays.
피부가 자외선에 노출되었다.

---

emit
e(outward) + mit(send)
→ 밖으로 내보내다

동 배출하다, 발하다
Nuclear power plants don't **emit** CO_2.
핵발전소는 이산화탄소를 배출하지 않는다.

---

evolve
e(outward) + volv(roll)e
→ 밖으로 굴러서 퍼지다

동 진화하다
Birds' forearms **evolved** into wings.
조류의 팔은 날개로 진화하였다.

백만스물하나,
백만스물 둘, 셋..

DAY
35

어휘 더하기 : 어원 in-

01	02	03	04	05	06	07	08	09	10
11	12	13	14	15	16	17	18	19	20
21	22	23	24	25	26	27	28	29	30
31	32	33	34	35	36	37	38	39	40

41	42	43	44	45

Day 34 | Review

앞에서 학습한 단어를 얼마나 기억하는지 체크해 보세요.
기억이 나지 않는 단어는 다시 한 번 학습하세요.

- ☐ tendency
- ☐ intake
- ☐ contrast
- ☐ occupation
- ☐ construct
- ☐ insurance
- ☐ triumph
- ☐ official
- ☐ compress
- ☐ autograph
- ☐ considerable
- ☐ dispute
- ☐ distort
- ☐ assimilate
- ☐ constitute

- ☐ immediate
- ☐ remind
- ☐ devise
- ☐ contaminate
- ☐ annoyance
- ☐ accumulate
- ☐ glow
- ☐ conscious
- ☐ strive
- ☐ ultraviolet
- ☐ aspiration
- ☐ barren
- ☐ diligent
- ☐ constant
- ☐ stiff

wow!!

□ 1361 ★★★

 digest
[didʒést]

ⓥ 소화하다

Brown rice is good for our health but hard to digest.
현미는 우리 건강에 좋지만 소화하기는 힘들다.

digestion n. 소화   **digestive** a. 소화의

□ 1362 ★★★

 accountant
[əkáuntənt]

ⓝ 회계사

I met with my accountant to take care of my taxes.
나는 세금을 처리하기 위해 회계사와 만났다.

accounting n. 회계(학)

□ 1363 ★★★

 cuisine
[kwizíːn]

ⓝ 요리, 요리법

The traditional Turkish cuisine is the best in our restaurant.
우리 음식점에서는 전통 터키 요리가 최고입니다.

□ 1364 ★★★

broadcasting
[brɔ́ːdkæ̀stiŋ]

ⓝ 방송; 방송업(계)

KBS is a public broadcasting company similar to the BBC in England.
KBS는 영국의 BBC와 유사한 공영 방송사이다.

broadcast v. 방송하다

□ 1365 ★★

hostile
[hástil]

ⓐ 적대적인, 강력히 반대하는

Some countries are hostile to foreign investment.
일부 국가들은 외국의 투자에 적대적이다.

hostility n. 적대감   ↔ **friendly** a. 친절한, 우호적인

□ 1366 ★★★

 wreck
[rek]

ⓥ 난파시키다   ⓝ 난파, 파괴

The storm wrecked the ship, but the crew onboard were all safe.
폭풍이 배를 난파시켰지만 타고 있던 선원들은 모두 무사했다.

wreckage n. 난파; 파괴된 잔해

Yum!
Yum!

• 맛있는 cuisine들을 모두 먹고 싶지만 digest하는 데 무리가 있을 것 같아.
• 텔레비전에서 화물선이 wreck되었다고 계속 broadcast하고 있어.

□ 1367 ★★
yearn
[jə:rn]

ⓥ 열망하다, 그리워하다

Communities in the southern area of the country are at war and **yearn** for peace.
그 나라 남부 지방의 지역사회들은 전쟁을 겪고 있으며, 평화를 열망한다.

= long v. 열망하다   ⓢ **yearn for** …을 바라다

□ 1368 ★★★

emission
[imíʃən]

ⓝ 배출, 분출

Let's reduce the **emission** of greenhouse gases into the atmosphere.
대기로의 온실 가스 배출을 줄이자.

emit v. 배출하다, 분출하다(= give off)

oom-in ㅣ **mit : send (보내다)**
  emit = e(out) + mit(send) 배출하다   **omit** = o(out) + mit(send) 누락시키다
  submit = sub(under) + mit(send) 제출하다, 굴복하다

□ 1369 ★★★
optimistic
[àptəmístik]

ⓐ 낙관적인, 낙천적인

I always take an **optimistic** view and never give up.
나는 항상 낙관적인 시각을 견지하고 절대 포기하지 않는다.

optimism n. 낙관주의   **optimist** n. 낙관주의자
= **positive** a. 긍정적인   ↔ **pessimistic** a. 비관적인, 염세적인

□ 1370 ★★★

dominate
[dámənèit]

ⓥ 지배하다; 우세하다

Dinosaurs had once **dominated** the earth.
한때 공룡들이 지구를 지배했었다.

domination n. 지배   **dominance** n. 우월
dominant a. 지배하는; 우월한

□ 1371 ★★
descendant
[diséndənt]

ⓝ 후예; 후대

The Icelanders are the **descendants** of the Vikings.
아이슬란드 사람들은 바이킹의 후예들이다.

↔ **ancestor** n. 조상, 선조

Yum!
Yum!

• 온실가스 **emission**이 계속 증가하면 환경에 대해 **optimistic**할 수만은 없다.
• 칭기즈칸의 **descendant**들이 한때 중국을 **dominate**했다.

□ 1372 ★★★

gaze
[geiz]

ⓥ 물끄러미 쳐다보다　ⓝ 응시

She **gazed** at me for a moment and then smiled.
그녀는 잠시 나를 물끄러미 쳐다보더니 미소지었다.

= stare v. 응시하다

□ 1373 ★★★

commercial
[kəmə́ːrʃəl]

ⓐ 상업의, 상업적인　ⓝ 상업광고

Not all talented writers achieve **commercial** success.
재능 있는 작가들이 모두 상업적인 성공을 이루는 것은 아니다.

commerce n. 상업

□ 1374 ★★★

patrol
[pətróul]

ⓥ 순찰하다　ⓝ 순찰

The guard **patrolled** around her house every night.
매일 밤 경비대가 그녀의 집 주변을 순찰했다.

□ 1375 ★

geometry
[dʒiːámətri]

ⓝ 기하학

Geometry was developed in various ancient civilizations.
기하학은 여러 고대 문명들에서 발달하였다.

□ 1376 ★★

adversity
[ædvə́ːrsəti]

ⓝ 역경

Sometimes **adversity** is what you need to face in order to become successful.
때때로 역경은 당신이 성공하기 위해 맞닥뜨려야 하는 것이다.

adverse a. 역행하는, 거스르는

□ 1377 ★★★

dimension
[diménʃən]

ⓝ 차원; 크기, 치수; 관점

Architects consider different **dimensions** in designing buildings.
건축가들은 건물을 설계하는 데 있어 다른 차원을 고려한다.

□ 1378 ★★★

conductor
[kəndʌ́ktər]

ⓝ 지휘자

The **conductor** leads his musicians by hand signals.
지휘자는 손 신호로 연주자들을 이끈다.

conduct v. 안내하다; 수행하다

- geometry는 넓이(2 dimensions)에서 부피(3 dimensions)로 갈수록 복잡.
- 베토벤은 conductor로서 청력을 상실하는 adversity를 겪었다.

☐ 1379 ★★
transmit
[trænsmít]

ⓥ 전달하다, 중계하다

Nerves **transmit** sensory information to the brain.
신경은 감각 정보를 뇌에 전달한다.

transmission n. 전달; 전송

☐ 1380 ★★★
 adequate
[ǽdikwət]

ⓐ 충분한, 적당한

The *Titanic* didn't have an **adequate** amount of lifeboats for all of her passengers.
타이타닉 호는 모든 승객들을 위한 충분한 수의 구명보트를 갖고 있지 않았다.

↔ **inadequate** a. 불충분한, 부적당한

☐ 1381 ★★★
 geographical
[dʒìːəgrǽfikəl]

ⓐ 지리적인, 지리학의

Incheon has **geographical** advantages in trade with China.
인천은 중국과의 교역에 지리적 이점들을 갖고 있다.

geography n. 지리, 지리학

---

oom-in ㅣ **geo : earth (흙, 지구)**
geography = geo(earth) + graphy(write) 지리(학)
geology = geo(earth) + logy(study) 지질학
geothermal = geo(earth) + therm(heat)al 지열의

☐ 1382 ★★★
 hardship
[háːrdʃìp]

ⓝ 고난, 어려움

He was willing to endure **hardship** to achieve his aim.
그는 자신의 목표를 성취하기 위해 고난을 견딜 용의가 있었다.

= **difficulty** n. 곤란, 어려움   **adversity** n. 역경

☐ 1383 ★★★
 literary
[lítərèri]

ⓐ 문학의, 문학적인

I read all of Mark Twain's **literary** works.
나는 마크 트웨인의 모든 문학 작품들을 읽었다.

literature n. 문학   cf. **literal** a. 문자의, 문자 그대로의

 Yum!
Yum!

• literature를 통해 우리는 hardship을 이겨낸 많은 영웅들을 만난다.
• 그곳을 탐험하려고 adequate한 geographical 정보를 수집했다.

□ 1384 ★★★

impression
[impréʃən]

ⓝ 인상, 느낌; 감명

Hair style plays an important role in making a first **impression**.
머리 스타일은 첫인상을 만드는 데 중요한 역할을 한다.

impress v. 깊은 인상을 주다

□ 1385 ★★★

fundamental
[fʌndəméntl]

ⓐ 근본적인; 핵심적인, 필수적인

Diet is a **fundamental** factor in many health problems.
식습관은 여러 건강 문제에 있어 근본적인 요인이다.

= **basic** a. 근본적인   **essential** a. 필수적인

□ 1386 ★★★

nevertheless ⓐⓓ 그럼에도 불구하고
[nèvərðəlés]

It was a small, **nevertheless** fatal error.
그것은 작지만, 그럼에도 불구하고 치명적인 실수였다.

□ 1387 ★★★

approximately ⓐⓓ 대략적으로, 거의, …가까이
[əpráksəmətli]

In every box of matches there are **approximately** 40 matchsticks.
모든 성냥갑에는 대략적으로 40개의 성냥개비가 들어 있다.

approximate a. 대략적인, 근사치인

□ 1388 ★★

punctual
[pʌ́ŋktʃuəl]

ⓐ 시간을 엄수하는

The bus service is fairly **punctual** and it's very cheap.
버스 운행은 시간을 상당히 엄수하고 요금도 매우 저렴하다.

punctuality n. 시간엄수

□ 1389 ★★★

destination ⓝ 목적지, 여행지
[dèstənéiʃən]

My honeymoon **destination** is going to be Alaska.
나의 신혼여행지는 알래스카가 될 거야.

Yum!
Yum!

- 우리는 approximately 8시쯤 destination에 도착할 거야.
- 그 버스는 낡았지만, nevertheless 도착시간은 시계처럼 punctual하다.

☐ 1390 ★★★

convince
[kənvíns]

ⓥ 확신시키다, 납득시키다

The doctor convinced me that I was going to be fine.
의사는 내가 괜찮아질 것이라고 확신시켜 주었다.

conviction n. 신념, 확신; 유죄 선고

☐ 1391 ★★★

addict
[ədíkt] ⓥ
[ǽdikt] ⓝ

ⓥ 중독시키다, …에 빠지게 하다 　ⓝ 중독자

The number of children addicted to online games is increasing.
온라인 게임에 중독된 아이들의 수가 증가하고 있다.

addiction n. 중독 　愈 be addicted to …에 중독되다, 빠지다

☐ 1392 ★★★

expose
[ikspóuz]

ⓥ 노출시키다; 접하게 하다; 폭로하다

Do not expose your skin to too much direct sunlight.
당신의 피부를 태양 직사광선에 너무 많이 노출시키지 마시오.

= **reveal** v. 드러내다; 폭로하다

Ⓩoom-in | **pos : put, place (놓다, 두다)**

ex**pos**ure = ex(out) + pos(put)ure 　밖에 내놓음 → 노출
im**pos**e = im(in) + pos(put)e 　책임을 맡도록 하다 → 강요하다
pur**pos**e = pur(pro) + pos(put)e 　사전에 정해둔 생각 → 목적, 의도

☐ 1393 ★★★

isolate
[áisəlèit]

ⓥ 격리시키다, 고립시키다

Habitual criminals must be isolated from society.
상습적인 범죄자들은 사회로부터 격리되어야 한다.

isolation n. 격리, 고립

☐ 1394 ★★★

identify
[aidéntəfài]

ⓥ 신원을 밝히다, 정체를 알아내다

Dental records are often used to identify murder victims.
치과 (진료) 기록은 종종 살인사건 희생자의 신원을 밝히는 데 이용된다.

identity n. 신원, 정체; 동일성 　**identification** n. 신분증명, 신분증

Yum!
Yum!

• 증인의 identity가 언론에 expose되는 것을 막아야 한다.
• 그는 약물 addiction 판정을 받고 isolate되어 치료를 받고 있다.

□ 1395 ★

realm
[relm]

ⓝ 영역, 범위; 왕국

Time travel still remains firmly in the **realm** of science fiction.
시간 여행은 공상과학소설의 영역에 여전히 남아 있다.

□ 1396 ★★★

context
[kántekst]

ⓝ 맥락, 전후관계; 문맥

Winking has many different meanings for different **contexts**.
윙크는 다른 맥락에서 여러 다른 의미를 갖는다.

□ 1397 ★★★

imply
[implái]

ⓥ 암시하다, 내포하다

He **implied** that he would take legal action against me.
그는 나를 상대로 법적인 조치를 취할 것임을 암시했다.

implication n. 암시, 내포   **implicit** a. 암시적인

□ 1398 ★★★

distribute
[distríbjuːt]

ⓥ 배포하다, 나눠주다, 분배하다; 유통시키다; 분포하다

She **distributed** the documents to let people know about the environmental problems.
그녀는 환경 문제에 대해 사람들이 알 수 있게 문서를 배포했다.

distribution n. 분배; 유통; 분포

□ 1399 ★★★

devotion
[divóuʃən]

ⓝ 헌신; 몰두, 전념

She will be remembered for her **devotion** to the community.
그녀는 지역사회에 대한 헌신으로 기억될 것이다.

devote v. 바치다, 쏟다

□ 1400 ★★★

impose
[impóuz]

ⓥ 부과하다, 강요하다

Great Britain **imposed** a lot of taxes upon the American colonies.
대영제국은 미국 식민지에 많은 세금을 부과했다.

imposition n. 부과

Yum! Yum!

• 시의 **context**를 잘 살펴보면 시인의 생각이 **imply**되어 있음을 알 수 있다.
• 우리가 **distribute**한 유인물에 대해 관청에서 벌금을 **impose**했다.

A 빈칸에 해당하는 영어 단어 또는 우리말을 쓰시오.

1. 차원; 크기, 치수   _____
2. 물끄러미 쳐다보다   _____
3. 부과하다, 강요하다   _____
4. 소화하다   _____
5. 암시하다, 내포하다   _____
6. 격리시키다, 고립시키다   _____
7. 확신시키다, 납득시키다   _____
8. 문학의, 문학적인   _____
9. 기하학   _____
10. 상업의; 상업광고   _____

11. punctual   _____
12. devotion   _____
13. destination   _____
14. accountant   _____
15. distribute   _____
16. fundamental   _____
17. broadcasting   _____
18. conductor   _____
19. hostile   _____
20. dominate   _____

B 빈칸에 알맞은 단어를 〈보기〉에서 골라 쓰시오.

addict	adversity	descendant	emission
expose	optimistic	identify	transmit

1. Do not _____ your skin to too much direct sun light.
2. The number of children _____ed to online games is increasing.
3. Let's reduce the _____ of greenhouse gases into the atmosphere.
4. I always take an _____ view and never give up.
5. Nerves _____ sensory information to the brain.
6. Sometimes _____ is what you need to face in order to become successful.
7. Dental records are often used to _____ murder victims.
8. The Icelanders are the _____s of the Vikings.

Answer Keys

A 1. dimension 2. gaze 3. impose 4. digest 5. imply 6. isolate 7. convince 8. literary 9. geometry
10. commercial 11. 시간을 엄수하는 12. 헌신; 몰두, 전념 13. 목적지, 여행지 14. 회계사 15. 나눠주다, 분배하다;
유통시키다 16. 근본적인; 핵심적인 17. 방송; 방송업(계) 18. 지휘자 19. 적대적인 20. 지배하다 **B** 1. expose
2. addict 3. emission 4. optimistic 5. transmit 6. adversity 7. identify 8. descendant

어휘 + 더하기 — 어원 in-

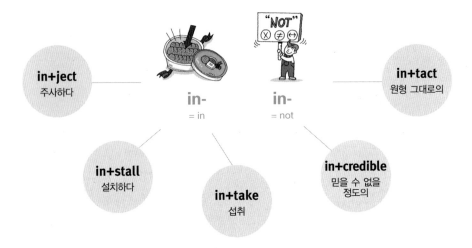

in+ject
주사하다

in-
= in

in-
= not

in+tact
원형 그대로의

in+stall
설치하다

in+take
섭취

in+credible
믿을 수 없을
정도의

---

inject
in(in) + ject(throw)
→ 안으로 던지다(쏘다)

동 주사하다, 주입하다
The doctor **injected** medicine into the muscle.
의사가 근육에 약물을 주사했다.

---

install
in(in) + stall(seat)
→ 안에 잘 앉혀 놓다

동 설치하다
I **installed** air conditioning system.
나는 냉방장치를 설치했다.

---

intake
in(in) + take
→ 안으로 집어넣음

명 섭취
We should avoid excessive **intake** of calories.
우리는 칼로리의 과도한 섭취를 피해야 한다.

---

incredible
in(not) + cred(trust)
+ ible(형용사형 접미사)
→ 믿을 수 없는

형 믿을 수 없을 정도의
It was an **incredible** story.
그것은 믿을 수 없을 정도의 이야기였다.

---

intact
in(not) + tact(touch)
→ 건드리지 않은

형 원형 그대로의, 손상되지 않은
A 2,600-year-old **intact** mummy was found in Egypt.
이집트에서 2,600년 된 원형 그대로의 미라가 발견됐다.

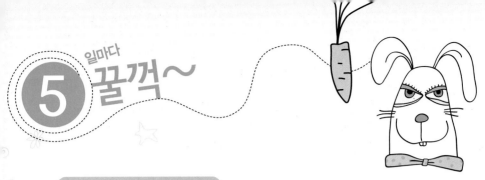

숙어 꿀꺽 | Day 31 - Day 35

□ **to the extent that S + V** …하는 정도까지 → 1224

Your income only grows **to the extent that** you work.
당신의 수입은 당신이 일하는 정도까지 늘어난다.

□ **by (in) virtue of** …의 덕분으로, …의 힘으로 → 1236

The structure resists storms **by virtue of** its immense weight.
그 구조물은 엄청난 무게 덕분에 폭풍우에 견뎌낸다.

□ **in haste** 바삐, 허둥지둥 → 1253

I am writing this e-mail **in haste** before leaving for the airport.
나는 공항으로 떠나기 전에 바삐 이 이메일을 쓰고 있다.

□ **be associated with** …와 관련이 있다, 연관되어 있다 → 1266

His work **is associated with** postmodernism.
그의 작품은 포스트모더니즘과 연관되어 있다.

□ **in progress** 진행 중인 → 1279

The studies on these issues are **in progress**.
이 문제들에 대한 연구가 진행 중이다.

□ **in consequence** 결과적으로 → 1312

She was away for years and **in consequence** has few friends here.
그녀는 여러 해 동안 타지에 있었고, 결과적으로 이곳에 친구가 거의 없다.

□ **have a tendency to do** …하는 경향이 있다 → 1322

Americans **have a tendency to talk** very fast.
미국인들은 말을 매우 빠르게 하는 경향이 있다.

□ **in contrast to** 대조적으로 → 1325

In contrast to popular belief, lettuce is quite low in fiber content.
대중적인 믿음과는 달리 양상추는 섬유질 함유량이 매우 낮다.

□ **on the ground of** …을 근거로, …의 이유로 → 1336

Don't judge a person **on the ground of** his or her age.
나이를 근거로 사람을 판단하지 마시오.

□ **at first glance** 처음에는, 언뜻 보기에는 → 1345

A lot of people mistake the pigs for sheep **at first glance**.
처음에는 많은 사람들이 그 돼지를 양으로 오인한다.

□ **convince A of B** A에게 B를 납득시키다 → 1390

He tried to **convince** the judge **of** his innocence.
그는 재판관에게 자신의 무죄를 납득시키려고 애썼다.

□ **be exposed to** …을 접하다, …에 노출되다 → 1392

Let your children **be exposed to** unfamiliar places and people.
당신의 자녀가 익숙하지 않은 장소와 사람들을 접하게 하시오.

□ **be devoted to** …에 헌신하다 → 1399

In Africa, Mary Shilton **was devoted to** the needy.
아프리카에서 Mary Shilton은 가난한 사람들을 위해 헌신했다.

□ **impose A on B** A를 B에게 강요하다 → 1400

Don't **impose** your values and beliefs **on** people.
당신의 가치관과 신념을 사람들에게 강요하지 말라.

※ 절취선을 따라 자른 후 휴대하면서 꼭꼭 외우세요.

1. confirm	확인하다	26. restore	복원하다
2. analyze	분석하다	27. sociable	사교적인
3. vertical	수직의	28. tease	놀리다
4. tolerate	참다, 용인하다	29. destination	목적지, 여행지
5. budget	예산	30. solitude	고독
6. storage	저장, 보관	31. offend	기분 상하게 하다
7. recipe	요리법; 비법	32. freeze	얼다, 결빙되다
8. distribute	나눠주다	33. deceive	속이다
9. multiply	크게 증가시키다	34. literary	문학의
10. bias	편견을 갖게 하다	35. efficient	효율적인
11. review	재검토하다	36. punctual	시간을 엄수하는
12. flexible	유연한	37. pronunciation	발음
13. organism	유기체, 생명체	38. establish	설립하다
14. tropical	열대의	39. departure	출발
15. devotion	헌신; 몰두	40. arrange	배열하다
16. defective	결함이 있는	41. fundamental	근본적인
17. accommodation	숙박, 거처	42. adequate	충분한, 적당한
18. compensate	보상하다	43. precise	정확한, 정밀한
19. isolate	격리시키다	44. associate	연관시키다
20. ultimate	궁극적인	45. donate	기부하다
21. identify	신원을 밝히다	46. insert	삽입하다
22. symptom	증상	47. frequent	빈번한, 잦은
23. magnitude	규모, 크기	48. fossil	화석
24. bargain	합의, 흥정	49. massive	대량의; 육중한
25. apparent	명백한, 분명한	50. dictate	지배하다

51. dynamic	역동적인	76. transmit	전달하다
52. assemble	조립하다	77. alternative	대체의, 대안
53. disability	장애; 무능	78. tendency	성향; 기질
54. retire	은퇴하다	79. intake	섭취; 흡입
55. merchant	상인	80. contrast	대조, 대비
56. article	글, 기사; 품목	81. occupation	직업; 점령
57. suspect	의심하다	82. construct	건설하다
58. bureau	관청, 국	83. insurance	보험
59. ecosystem	생태계	84. copyright	저작권
60. sparkle	반짝이다	85. official	공식적인
61. despair	절망, 낙담	86. impulsive	충동적인
62. guarantee	보장하다	87. considerable	상당한, 많은
63. sorrow	슬픔; 슬퍼하다	88. depressed	우울한
64. drain	배수하다	89. distort	왜곡하다
65. install	설치하다	90. glance	힐끗 보다
66. aptitude	소질, 적성	91. immediate	즉각적인
67. reverse	뒤집다	92. remind	상기시키다
68. ecological	생태학의	93. contaminate	오염시키다
69. distract	주의를 산만하게 하다	94. accumulate	쌓이다
70. tremendous	엄청난	95. digest	소화하다
71. conflict	갈등, 충돌	96. adversity	역경
72. extraordinary	놀라운, 대단한	97. hostile	적대적인
73. evaluate	평가하다	98. emission	배출, 분출
74. consequence	결과	99. optimistic	낙관적인
75. distinguish	구별하다	100. commercial	상업의

DAY
36

어휘 더하기 : 어원 im-

01	02	03	04	05	06	07	08	09	10
●	●	●	●	●	●	●	●	●	●

11	12	13	14	15	16	17	18	19	20
●	●	●	●	●	●	●	●	●	●

21	22	23	24	25	26	27	28	29	30
●	●	●	●	●	●	●	●	●	●

31	32	33	34	35	36	37	38	39	40
●	●	●	●	●	●	●	●	●	●

41	42	43	44	45

Day 35 | Review

앞에서 학습한 단어를 얼마나 기억하는지 체크해 보세요.
기억이 나지 않는 단어는 다시 한 번 학습하세요.

☐ accountant   ☐ adequate

☐ cuisine   ☐ fundamental

☐ hostile   ☐ literary

☐ yearn   ☐ nevertheless

☐ wreck   ☐ approximately

☐ gaze   ☐ realm

☐ emission   ☐ punctual

☐ optimistic   ☐ context

☐ commercial   ☐ imply

☐ descendant   ☐ destination

☐ patrol   ☐ distribute

☐ adversity   ☐ devotion

☐ conductor   ☐ addict

☐ impression   ☐ impose

☐ convince   ☐ isolate

wow!!

□ 1401 ★★★
고2필
detect
[ditékt]

ⓥ 발견하다, 탐지하다

If **detected** early, the cancer is highly curable.
조기에 발견된다면, 그 암은 치유 가능성이 매우 높다.

detection n. 발견, 탐지 **detector** n. 탐지기

□ 1402 ★★★
고1필
steep
[sti:p]

ⓐ 가파른

The hotel is beautifully located on a **steep** hillside.
그 호텔은 가파른 비탈에 아름답게 위치하고 있다.

□ 1403 ★
reunion
[ri:júːnjən]

ⓝ 재회; 모임, 친목회

North and South Korea should resume family **reunions**.
북한과 남한은 가족 재회를 재개해야 한다.

□ 1404 ★★★
고1필
equip
[ikwíp]

ⓥ 장비를 갖추다

The plant is **equipped** with the latest automatic machinery.
그 공장은 최신 자동화 기계 설비를 갖추고 있다.

equipment n. 장비

□ 1405 ★★
forbidden
[fərbídn]

ⓐ 금지된

Smoking is strictly **forbidden** within the school area.
학교 구내에서는 흡연이 엄격하게 금지된다.

forbid v. 금지하다

□ 1406 ★★★
고2필
leak
[li:k]

ⓥ 새다; 누설하다

Millions of liters of water are lost every day through **leaking** pipes.
매일 수백만 리터의 물이 새는 수도관을 통해 유실된다.

leakage n. 누출; 누설

Yum!
Yum!

• 최첨단 equipment는 수천 미터 해저의 미세한 움직임도 detect한다.
• 저쪽 산은 지형이 너무 steep해서 등반이 forbidden되어 있다.

☐ 1407 ★★★

고필
appreciate
[əprí:ʃièit]

ⓥ 고맙게 여기다; 이해하다, 파악하다

We **appreciate** your efforts and what you're doing for us.
우리는 당신의 노력과 우리를 위한 당신의 노고에 감사드립니다.

appreciative a. 감사하는, 이해하는   **appreciation** n. 감사; 이해, 파악

☐ 1408 ★★★

export
[ikspɔ́:rt] ⓥ
[ékspɔ:rt] ⓝ

ⓥ 수출하다   ⓝ 수출; 수출품

India **exports** coffee mainly to Italy, Germany and Russia.
인도는 주로 이탈리아, 독일, 그리고 러시아에 커피를 수출한다.

↔ **import** v. 수입하다 n. 수입; 수입품

oom-in ㅣ **port : carry (나르다)**

export = ex(out) + port(carry) 수출하다
import = im(into) + port(carry) 수입하다
portable = port(carry) + able(…할 수 있는) 휴대용의
porter = port(carry) + er(…하는 사람) 짐꾼

☐ 1409 ★★★

고필
separate
[sépərèit]

ⓥ 분리하다   ⓐ 분리된, 별개의

A prism **separates** white light into seven colors.
프리즘은 백색광을 일곱 색깔로 분리한다.

separation n. 분리; 이별; 별거

☐ 1410 ★★★

고필
appliance
[əpláiəns]

ⓝ 전기제품, 기기

Damaged and old home **appliances** consume more electricity.
훼손되고 오래된 가전제품들은 더 많은 전기를 소모한다.

☐ 1411 ★★

govern
[gʌ́vərn]

ⓥ 통치하다, 지배하다

Ancient Egypt was **governed** by pharaohs.
고대 이집트는 파라오에 의해 통치되었다.

governor n. (미국) 주지사; 총독

 Yum!
Yum!

• 로마가 **govern**하던 방대한 제국은 서서히 여러 개로 **separate**되었다.
• 한국의 **export** 품목 중에서 가정용 **appliance**는 큰 비중을 차지하고 있다.

□ 1412 ★★★

 apologize
[əpálədʒàiz]

ⓥ 사과하다

We sincerely **apologize** for inconvenience caused to you.
당신에게 끼친 불편에 대해 진심으로 사과드립니다.

apology n. 사과

□ 1413 ★

combat
[kámbæt] ⓝ
[kəmbǽt] ⓥ

ⓝ 전투, 격투   ⓥ 싸우다

Four U.S. soldiers were wounded in **combat**.
네 명의 미군이 전투에서 부상을 당했다.

= **battle** n. 전투 v. 싸우다

□ 1414 ★★

recite
[risáit]

ⓥ 암송하다; 나열하다

I began to **recite** the poem, but I suddenly lost my memory.
나는 그 시를 암송하기 시작했지만, 갑자기 기억이 나지 않았다.

recitation n. 낭독, 암송

□ 1415 ★★★

accurate
[ǽkjurət]

ⓐ 정확한; 정밀한

The police report has an **accurate** description of the accident.
경찰 보고서는 그 사고에 대한 정확한 기술을 담고 있다.

accuracy n. 정확성   **accurately** ad. 정확히

□ 1416 ★★★

 suppress
[səprés]

ⓥ 억누르다, 참다; 진압하다

I wonder how you can **suppress** your appetite.
나는 당신이 어떻게 식욕을 억누르는지 궁금하다.

suppression n. 억제, 억압

□ 1417 ★★★

 burst
[bəːrst]

ⓝ 갑자기 한바탕 …을 함; 파열   ⓥ 터지다, 파열하다

The tree leaves dance in a **burst** of wind.
갑작스런 한바탕의 바람에 나뭇잎들이 춤을 춘다.

㉄ **burst into something** 갑자기 …을 터뜨리다(내뿜다)

Yum! Yum!

- 수업 중 웃음이 burst하려는 것을 가까스로 suppress했다.
- 그렇게 긴 시를 accurately하게 recite하다니 정말 놀랍다.

□ 1418 ★★★
고1필 **terminal**
[tə́ːrmənl]

ⓐ 불치의, 말기의; 최후의 ⓝ 공항 터미널; 종점; 단말기

We dream of days when we could treat all terminal illnesses.
우리는 모든 불치병들을 치료할 수 있게 될 그 날들을 꿈꾼다.

□ 1419 ★
bilingual
[bailíŋgwəl]

ⓐ 2개 언어를 할 줄 아는, 이중 언어의 ⓝ 2개 국어를 하는 사람

Multinational firms need bilingual employees.
다국적 기업들은 2개 언어를 할 줄 아는 직원들을 필요로 한다.

□ 1420 ★
expertise
[èkspərtíːz]

ⓝ 전문 지식, 전문성

She has a depth of expertise in the entertainment industry.
그녀는 연예산업에 심도 있는 전문 지식을 갖추고 있다.

expert n. 전문가

□ 1421 ★★★
고1필 **sensitive**
[sénsətiv]

ⓐ 민감한, 예민한

Religion is a sensitive issue in every human society.
종교는 모든 인간 사회에서 민감한 문제이다.

sensitivity n. 민감함, 예민함

Ⓩoom-in ┃ sens, sent : feel (느끼다)
sensibility = sens(feel) + ibility(ability) 감각
sensory = sens(feel) + ory(형용사 어미) 감각의
consent = con(together) + sent(feel) 동의하다
dissent = dis(different) + sent(feel) 반대하다

□ 1422 ★★★
고1필 **prevail**
[privéil]

ⓥ 유행하다, 성행하다

The disease prevails only during one particular season of the year.
그 질병은 연중 특정한 한 계절에만 유행한다.

prevalent a. 유행하는, 성행하는   **prevalence** n. 유행, 창궐

Yum!
Yum!

• expertise를 갖춘 데다 bilingual이라면 어느 기업에서나 환영받을 거야.
• 독감이 prevail하고 있으니 기온 변화에 sensitive한 사람은 각별히 주의해.

□ 1423 ★

perspective
[pərspéktiv]

ⓝ 관점, 시각; 〈미술〉 원근화법

Seeing things from a new **perspective** can help you solve the problem.
새로운 관점에서 사물을 보는 것은 네가 그 문제를 푸는 데 도움이 될 수 있다.

□ 1424 ★★★

 ### reputation
[rèpjutéiʃən]

ⓝ 명성, 평판

Iron Man has built a **reputation** for being the film with the greatest visual effects.
〈아이언 맨〉은 최고의 시각효과를 가진 영화라는 명성을 쌓았다.

□ 1425 ★★★

 ### architecture
[á:rkətèktʃər]

ⓝ 건축, 건축물

Cities like Rome still have ancient **architecture** in place.
로마와 같은 도시들은 여전히 고대 건축물을 원래의 자리에 보존하고 있다.

□ 1426 ★

boredom
[bɔ́:rdəm]

ⓝ 지루함, 따분함

Writing can be a great way to break **boredom**.
글쓰기는 지루함에서 벗어나는 훌륭한 방법일 수 있다.

bore v. 지루하게 하다   = **tedium** n. 지루함

□ 1427 ★

commute
[kəmjú:t]

ⓥ 통근하다

Bicycle **commuting** is a healthy activity for office workers.
자전거로 통근하는 것은 사무직 근로자들을 위한 건강한 활동이다.

commuter n. 원거리 통근자

□ 1428 ★★★

 ### incredible
[inkrédəbl]

ⓐ 믿기 힘든, 믿을 수 없는

The flames spread with **incredible** speed.
화염은 믿기 힘든 속도로 번졌다.

= **unbelievable** a. 믿기 어려운   **astonishing** a. 놀라운, 믿기 힘든

Yum! Yum!
• 버스나 지하철로 commute하시는 분들, 독서로 boredom을 해소하면 좋아요.
• 타지마할은 incredible한 고대 인도의 architecture이다.

□ 1429 ★★★
고2필
temporary
[témpərèri]

ⓐ 일시적인, 임시의

Fear is **temporary**, but regret is permanent.
두려움은 일시적이지만 후회는 영구적이다.

↔ permanent a. 영구적인

□ 1430 ★★★
고2필
unfold
[ʌ̀nfóuld]

ⓥ 펴다, 펼치다

He **unfolded** the blanket and covered himself with it.
그는 담요를 펴서 자신을 덮었다.

Zoom-in | un-을 이용한 반대 동작의 표현
fold 접다 ↔ **unfold** 펴다   lock 자물쇠를 잠그다 ↔ **unlock** 자물쇠를 열다
fasten 묶다, 매다 ↔ **unfasten** 풀다   load 짐을 싣다 ↔ **unload** 짐을 내리다

□ 1431 ★★★
possession
[pəzéʃən]

ⓝ 소지품, 소유물; 소유

Remember to take all your personal **possessions** with you when you leave the train.
열차에서 내릴 때 개인 소지품을 모두 챙겼는지 유념하세요.

possess v. 소유하다

□ 1432 ★★
supernatural
[sù:pərnǽtʃərəl]

ⓐ 초자연적인 ⓝ 초자연적인 현상

There are many **supernatural** elements in science fiction.
공상과학 소설에는 많은 초자연적인 요소들이 있다.

□ 1433 ★★
destine
[déstin]

ⓥ 운명짓다; 예정해두다

It was **destined** that he would never realize his dream.
그는 결코 그의 꿈을 실현하지 못할 운명이었다.

destiny n. 운명, 숙명

□ 1434 ★★★
고2필
starve
[stɑːrv]

ⓥ 굶주리다

Millions of children are **starving** in Africa.
아프리카에서는 수백만의 아이들이 굶주리고 있다.

starvation n. 굶주림, 기아

Yum!
Yum!

• **supernatural**한 힘을 가진 수퍼맨은 세상을 구원하도록 **destine**되었다.
• 그녀는 **starvation**에 허덕이는 사람들을 위해 개인 **possession**을 내놓았다.

□ 1435 ★★★

intellectual
[ìntəléktʃuəl]

ⓐ 지적인, 지능의   ⓝ 지식인, 식자

Some computer games are good for children's **intellectual** development.
일부 컴퓨터 게임들은 아동의 지적 발달에 유익하다.

intellect n. 지성

□ 1436 ★★

unlock
[ʌ̀nlák]

ⓥ 자물쇠를 열다, 잠금 장치를 풀다

He **unlocked** the door and turned on the lights.
그는 문의 자물쇠를 열고 불을 켰다.

↔ **lock** v. 자물쇠를 잠그다, 잠가 두다 n. 자물쇠

□ 1437 ★★

portray
[pɔːrtréi]

ⓥ 그리다, 묘사하다; 나타내다

The painting **portrays** five women working in a garden.
그 그림은 정원에서 일하고 있는 5명의 여성들을 그리고 있다.

portrait n. 초상, 초상화

□ 1438 ★★

ripen
[ráipən]

ⓥ 익다, 영글다

In July, grapes **ripen** in the sunshine.
7월에는 포도가 햇볕 속에서 익는다.

ripe a. 익은, 여문

□ 1439 ★★★

supreme
[səpríːm]

ⓐ 최고의; 최대의; 지대한

Michelangelo showed his **supreme** ability to present human forms in motion.
미켈란젤로는 움직이는 인체의 형상을 나타내는 최고의 능력을 보여줬다.

supremacy n. 패권, 우위; 지상주의

□ 1440 ★★★

likely
[láikli]

ⓐ …할 가능성이 높은, …일 것 같은

It is **likely** that he is not even aware of that.
그는 그것을 알고 있지도 않을 가능성이 높다.

likelihood n. 가능성, 가망성

Yum! Yum!

• 그녀의 그림은 먹음직스럽게 ripen한 과일을 훌륭히 portray하고 있다.
• 그 도둑은 어떠한 자물쇠도 unlock할 수 있는 supreme한 능력을 갖고 있다.

A 빈칸에 해당하는 영어 단어 또는 우리말을 쓰시오.

1. 발견하다, 탐지하다 _____
2. 지루함, 따분함 _____
3. 굶주리다 _____
4. 금지된 _____
5. 수출하다, 수출 _____
6. 민감한, 예민한 _____
7. 분리하다, 분리된, 별개의 _____
8. 펴다, 펼치다 _____
9. 정확한; 정밀한 _____
10. 장비를 갖추다 _____

11. steep _____
12. appliance _____
13. accomplish _____
14. recite _____
15. combat _____
16. govern _____
17. incredible _____
18. architecture _____
19. destine _____
20. supernatural _____

B 빈칸에 알맞은 단어를 〈보기〉에서 골라 쓰시오.

apologize	intellectual	perspective	possession
reputation	suppress	temporary	terminal

1. Fear is _____, but regret is permanent.
2. Take all your personal _____s with you when you leave the train.
3. *Iron Man* has built a _____ for the greatest visual effects.
4. Some computer games are good for children's _____ development.
5. We dream of days when we could treat all _____ illnesses.
6. I wonder how you can _____ your appetite.
7. Seeing things from a new _____ can help you solve the problem.
8. We sincerely _____ for inconvenience caused to you.

Answer Keys

A 1. detect 2. boredom 3. starve 4. forbidden 5. export 6. sensitive 7. separate 8. unfold 9. accurate 10. equip 11. 가파른 12. 전기제품, 기기 13. 성취하다 14. 암송하다 15. 전투, 싸우다 16. 통치하다 17. 믿기 힘든 18. 건축, 건축물 19. 운명짓다 20. 초자연적인, 초자연적인 현상 B 1. temporary 2. possession 3. reputation 4. intellectual 5. terminal 6. suppress 7. perspective 8. apologize

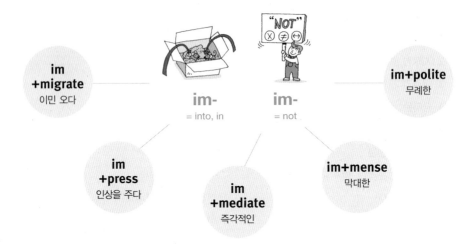

im +migrate
이민 오다

im-
= into, in

im-
= not

im+polite
무례한

im +press
인상을 주다

im +mediate
즉각적인

im+mense
막대한

---

immigrate
im(into) + migr(move)
+ ate(동사형 접미사)
→ 안으로 옮겨오다

ⓓ 이민 오다
The family **immigrated** to the U.S. last year.
그 가족은 작년에 미국으로 이민 왔다.

---

impress
im(in) + press(press)
→ …안에 밀어넣다

ⓓ 인상을 주다
I was **impressed** by the athlete's skills.
나는 그 운동선수의 실력에 깊은 인상을 받았다.

---

immediate
im(not) + medi(middle)
+ ate(형용사형 접미사)
→ 중간 없이 바로

ⓗ 즉각적인
Please give me an **immediate** reply.
제게 즉각적인 답변을 주십시오.

---

immense
im(not) + mense(measure)
→ 측정이 안 되는

ⓗ 막대한, 무한한
NASA could afford the **immense** cost of space exploration.
NASA는 우주탐사의 막대한 비용을 감당할 수 있었다.

---

impolite
im(not) + polite(elegant)
→ (언행이) 우아하지 않은

ⓗ 무례한
They say it is **impolite** to stare at someone.
누군가를 뚫어지게 쳐다보는 것은 무례한 일이라고 한다.

DAY 37

어휘 더하기 : 어원 il- / ir-

01	02	03	04	05	06	07	08	09	10
●	●	●	●	●	●	●	●	●	●

11	12	13	14	15	16	17	18	19	20
●	●	●	●	●	●	●	●	●	●

21	22	23	24	25	26	27	28	29	30
●	●	●	●	●	●	●	●	●	●

31	32	33	34	35	36	37	38	39	40
●	●	●	●	●	●	●	●	●	●

41	42	43	44	45

Day 36 | Review

앞에서 학습한 단어를 얼마나 기억하는지 체크해 보세요.
기억이 나지 않는 단어는 다시 한 번 학습하세요.

□ detect
□ steep
□ forbidden
□ leak
□ export
□ separate
□ appliance
□ apologize
□ combat
□ recite
□ accurate
□ suppress
□ burst
□ terminal
□ expertise

□ sensitive
□ prevail
□ perspective
□ reputation
□ architecture
□ commute
□ incredible
□ possession
□ supernatural
□ destine
□ starve
□ intellectual
□ portray
□ ripen
□ supreme

Wow!!

□ 1441 ★★★
 scenery
[síːnəri]

ⓝ 풍경, 경치

We sat outside at sunset and admired the **scenery**.
우리는 석양녘에 밖에 나가 앉아서 풍경을 찬탄하였다.

= landscape n. 풍경

□ 1442 ★★★
depict
[dipíkt]

ⓥ 그리다, 묘사하다

His photographs **depict** landscapes and wildlife of the Great Plains.
그의 사진들은 대평원의 풍경과 야생을 그리고 있다.

= portray v. 그리다

□ 1443 ★★★
identical
[aidéntikəl]

ⓐ 똑같은, 동일한

There are five **identical** houses on this street.
이 거리에는 다섯 채의 똑같은 주택이 있다.

= equal a. 동일한

□ 1444 ★★
headquarters
[hédkwɔːrtərz]

ⓝ 본부

NATO's **headquarters** is located in Brussels, Belgium.
NATO(북대서양 조약기구)의 본부는 벨기에의 브뤼셀에 위치하고 있다.

□ 1445 ★★★
capture
[kǽptʃər]

ⓥ 포획하다, 사로잡다

A black bear was **captured** on the Henderson State University campus.
흑곰 한 마리가 Henderson 주립 대학 캠퍼스에서 포획되었다.

captivity n. 사로잡힘, 감금   captive a. 사로잡힌, 우리에 갇힌 n. 포로

□ 1446 ★★
astonish
[əstániʃ]

ⓥ 경악하게 하다, 깜짝 놀라게 하다

The king was **astonished** at the sight of seeing a man he believed dead.
왕은 죽었다고 생각했던 자를 보고는 경악했다.

astonishment n. 경악, 놀람
= surprise v. 놀라게 하다   amaze v. 대단히 놀라게 하다

Yum!
Yum!

• 그 쌍둥이 자매는 너무 identical해서 보는 사람들마다 astonish한다.
• 이 사진은 사람들에게 마구잡이로 capture된 동물들의 실상을 depict한다.

□ 1447 ★★★
rub
[ráb]

ⓥ 비비다, 문지르다
The little girl yawned and rubbed her eyes sleepily.
그 여자아이는 하품을 하고 졸린 듯 눈을 비볐다.

□ 1448 ★★★
고필 **numerous**
[njúːmərəs]

ⓐ 수많은
There are numerous opportunities to volunteer in this old village.
이 오래된 마을에는 자원봉사활동을 할 수많은 기회가 있다.

number n. 수(No.)　　= **countless** a. 셀 수 없는, 무수한

□ 1449 ★★★
고2필 **infinite**
[ínfənət]

ⓐ 무한한
The sun provides us with an infinite supply of energy.
태양은 우리에게 무한한 양의 에너지를 제공한다.

↔ **finite** a. 유한한

□ 1450 ★★★
고필 **definition**
[dèfəníʃən]

ⓝ 정의
The definition of love varies depending on the person involved.
사랑에 대한 정의는 관련된 사람에 따라 다양하다.

define v. 정의하다, 한정하다

Ⓩoom-in l **fin : end, limit (끝, 한계)**
final = fin(end) + al(…의)　마지막의
infinite = in(not) + fin(limit) + ite(형용사형 접미사)　무한한
define = de(from) + fin(limit)e …로부터 한계를 정하다 → 정의를 내리다, 한정하다

□ 1451 ★★
persistence
[pərsístəns]

ⓝ 끈기, 지속
Love needs persistence and courage.
사랑은 끈기와 용기를 필요로 한다.

persist v. 존속하다　　**persistent** a. 지속하는, 버티는

Yum!
Yum!
• '성'이란 우리말 단어는 numerous한 definition을 갖고 있다.
• infinite persistence가 아니었더라면 그는 진작 실패했을 거야.

□ 1452 ★★★

satellite
[sǽtəlàit]

ⓝ 위성

Today, over a thousand artificial **satellites** orbit the earth.
오늘날 천 개 이상의 인공위성들이 지구를 공전한다.

□ 1453 ★★★

revise
[riváiz]

ⓥ 수정하다, 개정하다

We had to **revise** our landscaping plan many times.
우리는 조경 계획을 여러 번 수정해야 했다.

revision n. 개정; 교정

□ 1454 ★

scholarly
[skálərli]

ⓐ 학구적인, 학문적인, 전문적인

Most **scholarly** journals are published in English.
대부분의 학술지들은 영어로 출판된다.

scholar n. 학자   **scholarship** n. 장학금; 학자다움

□ 1455 ★

navigate
[nǽvəgèit]

ⓥ 항해하다, 운항하다

Sailors used to **navigate** by the stars at night.
선원들은 밤에 별을 이용하여 항해했었다.

navigation n. 항해, 운항

□ 1456 ★★

incentive
[inséntiv]

ⓝ 장려금; 격려, 동기부여

I think there should be an **incentive** for people purchasing "green" cars.
나는 '그린[친환경]' 자동차를 구입하는 사람들을 위한 장려금이 있어야 한다고 생각한다.

□ 1457 ★★★

pioneer
[pàiəníər]

ⓝ 개척자, 선구자   ⓥ 개척하다

The media call him a **pioneer** of performing arts.
매체는 그를 행위 예술의 개척자라고 부른다.

cf. founder n. 창립자, 설립자

Yum!
Yum!

• scholarly한 학생들에겐 마땅히 incentive를 주어 격려해야한다.
• 수많은 pioneer들이 미지의 세계를 찾아바다를 navigate했었다.

☐ 1458 ★
alienation
[èiljənéiʃən]

ⓝ 소외, 소원

Unemployment creates a sense of **alienation** from society.
실업은 사회로부터의 소외감을 유발한다.

alien a. 이국의; 외계의   **alienate** v. 소외시키다

☐ 1459 ★★★
crush
[krʌʃ]

ⓥ 뭉개다, 짓밟다   ⓝ 잔뜩 몰린 군중; 반함, 강렬한 사랑

The box was **crushed** and some items were broken.
상자가 뭉개져서 일부 품목들이 부서졌다.

= **squash** v. 짓누르다, 으깨다

☐ 1460 ★★★

sculpture
[skʌ́lptʃər]

ⓝ 조각, 조각품

Michelangelo's "David" is one of the most famous
sculptures in the world.
미켈란젤로의 '다비드상'은 세상에서 가장 유명한 조각품 중 하나이다.

sculptor n. 조각가

☐ 1461 ★★★
objection
[əbdʒékʃən]

ⓝ 이의, 반대, 반감

I have no **objection** to renewing the contract for another
two year.
나는 2년 더 계약을 갱신하는 것에 이의가 없다.

object v. 반대하다
= **opposition** n. 반대, 항의   ↔ **agreement** n. 동의

☐ 1462 ★★★
고2필
nutrition
[njuːtríʃən]

ⓝ 영양

The key to good **nutrition** is a balanced diet.
좋은 영양의 핵심은 균형 잡힌 식사이다.

nutritious a. 영양가가 높은   **nutritional** a. 영양의

☐ 1463 ★★★
고2필
infant
[ínfənt]

ⓝ 갓난아기, 영아

Breastfeeding offers health benefits for both **infants** and
mothers.
모유 수유는 갓난아기와 엄마 모두에게 건강상의 이점을 준다.

- 모유는 **infant**에게 면역에 필요한 **nutrition**을 공급하는 데 큰 도움이 된다.
- 우리 누나는 부모님의 **objection**에도 불구하고 **sculptor**의 꿈을 이뤘다.

□ 1464 ★★★

 고2필

overseas
[óuvərsíːz]

(ad) 해외에서, 해외로 ⓐ 해외의

Sometimes the company requires its employees to work **overseas.**
때때로 그 회사는 직원들에게 해외에서 근무할 것을 요구한다.

□ 1465 ★★★

 고1필

deposit
[dipázit]

ⓥ 퇴적시키다; 예금하다 ⓝ 퇴적물; 예금, 예치

The Nile overflows and **deposits** rich soil.
나일강이 범람하여 비옥한 토양을 퇴적시킨다.

↔ **withdraw** v. 인출하다

□ 1466 ★★★

 고2필

density
[dénsəti]

ⓝ 밀도, 농도

Seoul ranks quite high for population **density** among many megacities.
서울은 많은 대도시들 중 인구 밀도에서 꽤 높은 순위에 올라 있다.

dense a. 빽빽한, 밀집한

□ 1467 ★★★

 고1필

restrict
[ristríkt]

ⓥ 제한하다

I don't think getting married will **restrict** my freedom.
나는 결혼하는 것이 나의 자유를 제한할 것이라고 생각하지 않는다.

restriction n. 제한

□ 1468 ★★

nourish
[nə́ːriʃ]

ⓥ 영양분을 공급하다

Healthy diet will **nourish** your skin from the inside.
건강한 식단은 몸 안으로부터 당신의 피부에 영양분을 공급할 것이다.

nourishment n. 음식물, 영양, 자양분

□ 1469 ★★★

 고1필

specific
[spisífik]

ⓐ 구체적인, 특정한

Be more **specific** about what you want to know.
당신이 알고 싶은 것에 대해 좀 더 구체적으로 말해보시오.

specify v. 구체적으로 쓰다, 명시하다
specifically ad. 분명하게; 구체적으로 말하면

Yum!
Yum!

• 병약한 환자에게 nourish하기 위해 필요한 specific한 식단을 마련했다.
• 이 도시는 population density가 높아서 전입을 restrict해야할 지경이다.

□ 1470 ★★
productivity
[pròudʌktívəti]

ⓝ 생산성

Companies seek to improve **productivity** through new technologies.

기업들은 신기술을 통해 생산성 향상을 추구하고 있다.

produce v. 생산하다　　**productive** a. 생산적인

□ 1471 ★★★
license
[láisəns]

ⓝ 면허　ⓥ 면허를 주다

In the United States you can get your driver's **license** at 16.

미국에서는 16세에 운전면허를 취득할 수 있다.

□ 1472 ★★
supervise
[súːpərvàiz]

ⓥ 감독하다, 관리하다

The children enjoyed swimming while parents **supervised**.

부모들이 감독하는 가운데 아이들은 수영을 즐겼다.

supervision n. 감독, 관리

Zoom-in | vis : see (보다)

vision = vis(see) + ion(명사형 접미사)　시력

visual = vis(see) + ual(형용사형 접미사)　시각의

visible = vis(see) + ible(할 수 있는)　볼 수 있는

re**vis**e = re(again) + vis(see)e　다시 한 번 살펴보다 → 수정하다

□ 1473 ★★★
imprison
[imprízn]

ⓥ 투옥하다, 감금시키다

Galileo was **imprisoned** by the Catholic church.

갈릴레오는 가톨릭 교회에 의해 투옥되었다.

□ 1474 ★★
reservoir
[rézərvwàːr]

ⓝ 저수지; 저장소

We built **reservoirs** to hold water for future use.

우리는 미래에 쓸 물을 보유하기 위해 저수지를 만들었다.

Yum!
Yum!

• 이 **reservoir**에서 물고기를 잡으려면 **license**가 있어야 한다.
• 간수는 교도소에 **imprison**된 죄수들을 **supervise**하는 사람이다.

□ 1475 ★★★
고2필

reveal
[riví:l]

ⓥ 밝히다, 드러내다

The report **reveals** that unemployment has risen greatly compared to last year.

그 보고서는 작년에 비해 실업률이 크게 증가했다고 밝힌다.

= **disclose** v. 밝히다, 폭로하다

□ 1476 ★

individuality
[ìndəvìdʒuǽləti]

ⓝ 개성, 특성

What we wear reflects our **individuality**.

우리가 착용하는 것은 우리의 개성을 반영한다.

individual a. 개인의 n. 개인

□ 1477 ★★★
고1필

reproduce
[rì:prədjú:s]

ⓥ 번식하다, 증식하다; 복사하다, 복제하다

Rats are one of the animals which can **reproduce** at an alarming rate.

쥐는 놀라운 속도로 번식할 수 있는 동물들 중 하나이다.

reproduction n. 번식, 생식

□ 1478 ★★★
고1필

polish
[páliʃ]

ⓥ 광택을 내다; 다듬다   ⓝ 광택제; 윤, 광택

It is important to wash and **polish** your car regularly.

주기적으로 차를 닦고 광택을 내는 것이 중요하다.

□ 1479 ★★★
고2필

independent
[ìndipéndənt]

ⓐ 독립적인, 자립적인

Canada was **independent** from England in 1867.

캐나다는 1867년에 영국으로부터 독립하였다.

independence n. 독립, 자립   ↔ **dependent** a. 의존적인

□ 1480 ★★★

laundry
[lá:ndri]

ⓝ 세탁물, 세탁소

I don't have time to clean the house and do the **laundry**.

나는 집안을 청소하고 세탁물을 빨 시간이 없다.

cf. laundromat n. 자동 세탁기; 빨래방

Yum!
Yum!

- 그는 양서류가 reproduce하는 데 부정적 영향을 주는 요인들을 reveal했다.
- 오전 내내 마룻바닥을 polish하고 밀린 laundry를 처리하느라 바빴다.

A 빈칸에 해당하는 영어 단어 또는 우리말을 쓰시오.

1. 조각, 조각품 _____
2. 밝히다, 드러내다 _____
3. 수많은 _____
4. 구체적인, 특정한 _____
5. 포획하다, 사로잡다 _____
6. 감독하다, 관리하다 _____
7. 똑같은, 동일한 _____
8. 영양 _____
9. 이의, 반대, 반감 _____
10. 무한한 _____

11. pioneer _____
12. infant _____
13. scholarly _____
14. depict _____
15. satellite _____
16. definition _____
17. persistence _____
18. individuality _____
19. astonish _____
20. deposit _____

B 빈칸에 알맞은 단어를 〈보기〉에서 골라 쓰시오.

| density | crush | incentive | independent |
| navigate | nourish | restrict | revise |

1. Sailors used to _____ by the stars at night.

2. Seoul ranks quite high for population _____ among many megacities.

3. We had to _____ our landscaping plan many times.

4. Healthy diet will _____ your skin from the inside.

5. The box was _____ed and some items were broken.

6. I think there should be a(n) _____ for people purchasing "green" cars.

7. I don't think getting married will _____ my freedom.

8. Canada was _____ from England in 1867.

Answer Keys

A 1. sculpture 2. reveal 3. numerous 4. specific 5. capture 6. supervise 7. identical 8. nutrition
9. objection 10. infinite 11. 개척자, 선구자, 개척하다 12. 갓난아기, 영아 13. 학구적인, 학문적인, 전문적인 14. 그리다,
묘사하다 15. 위성 16. 정의 17. 끈기, 지속 18. 개성, 특성 19. 경악하게 하다 20. 퇴직시키다; 예금하다
B 1. navigate 2. density 3. revise 4. nourish 5. crush 6. incentive 7. restrict 8. independent

어휘 + 더하기 어원 il- / ir-

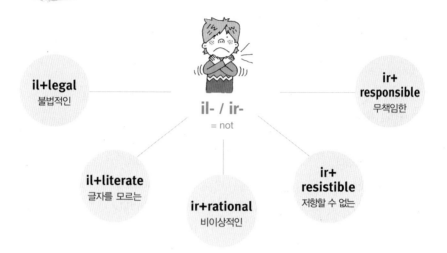

il+legal
불법적인

ir+
responsible
무책임한

il+literate
글자를 모르는

ir+rational
비이상적인

ir+
resistible
저항할 수 없는

il- / ir-
= not

---

illegal
il(not) + legal
→ 법적이지 않은

® 불법적인
Millions of **illegal** immigrants live in the U.S.
수백만의 불법 이민자가 미국에 산다.

---

illiterate
il(not) + literate
→ 글을 모르는

® 글자를 모르는, 문맹의
The rate of **illiterate** people in Korea is low.
한국에서 글자를 모르는 사람들의 비율은 낮다.

---

irrational
ir(not) + rational
→ 이성적이지 않은

® 비이성적인
He has an **irrational** fear of computer.
그는 컴퓨터에 대한 비이성적인 두려움을 갖고 있다.

---

irresistible
ir(not) + resistible
→ 저항하지 못하는

® 불가항력적인, 저항할 수 없는
I was pushed by an **irresistible** force.
나는 불가항력적인 힘에 떠밀렸다.

---

irresponsible
ir(not) + responsible
→ 책임감 없는

® 무책임한
Tim is **irresponsible** for his own action.
Tim은 자기 자신의 행동에 대해 무책임하다.

DAY 38

어휘 더하기 : dis- / un-

01	02	03	04	05	06	07	08	09	10
●	●	●	●	●	●	●	●	●	●

11	12	13	14	15	16	17	18	19	20
●	●	●	●	●	●	●	●	●	●

21	22	23	24	25	26	27	28	29	30
●	●	●	●	●	●	●	●	●	●

31	32	33	34	35	36	37	38	39	40
●	●	●	●	●	●	●	●		

41	42	43	44	45

Day 37 | Review

앞에서 학습한 단어를 얼마나 기억하는지 체크해 보세요.
기억이 나지 않는 단어는 다시 한 번 학습하세요.

☐ scenery   ☐ overseas
☐ depict   ☐ deposit
☐ identical   ☐ density
☐ numerous   ☐ restrict
☐ infinite   ☐ nourish
☐ definition   ☐ specific
☐ persistence   ☐ productivity
☐ revise   ☐ license
☐ navigate   ☐ supervise
☐ incentive   ☐ imprison
☐ pioneer   ☐ reservoir
☐ alienation   ☐ reveal
☐ objection   ☐ individuality
☐ nutrition   ☐ reproduce
☐ infant   ☐ independent

Wow!!

□ 1481 ★★★
lessen
[lésn]

ⓥ 줄이다

Ice helps **lessen** the pain of an injury.
얼음은 부상의 통증을 줄이는 데 도움이 된다.

= **reduce** v. 줄이다

□ 1482 ★★
simplify
[símpləfài]

ⓥ 단순화하다

Congress should **simplify** the complex tax code.
의회는 복잡한 세제를 단순화해야 한다.

simplicity n. 단순함   **simplification** n. 단순화

□ 1483 ★★★

grind
[graind]

ⓥ 갈다, 빻다

The watermill or windmill was used to **grind** grains.
물레방아나 풍차는 곡식을 빻는 데 사용되었다.

□ 1484 ★★★
고1필
absorb
[æbsɔ́:rb]

ⓥ 흡수하다

Ionized water is easily **absorbed** by the body.
이온화된 물은 쉽게 몸에 흡수된다.

absorption n. 흡수

□ 1485 ★★★
procedure
[prəsí:dʒər]

ⓝ 절차, 방법, 순서

You need to follow correct **procedures**.
당신은 정확한 절차를 따라야 한다.

= **process** n. 과정, 절차

□ 1486 ★★
instinctive
[instíŋktiv]

ⓐ 본능적인, 본능에 따른

Massage or rubbing is an **instinctive** reaction for relieving muscle discomfort.
마사지 혹은 문지르기는 근육 통증을 완화하는 본능적인 반응이다.

instinct n. 본능

Yum! Yum!
- 심사 **procedure**가 너무 복잡하니 **simplify**할 필요가 있는 것 같아.
- 사과를 **grind**해서 먹으면 영양분이 더 잘 **absorb**돼.

□1487 ★★★

고1필 **organization**
[ɔ̀ːrgənizéiʃən]

ⓝ 단체, 조직

There are numerous nonprofit **organizations** in the U.S.
미국에는 수많은 비영리 단체들이 있다.

organize v. 조직하다

□1488 ★★★

고1필 **liberty**
[líbərti]

ⓝ 자유, 해방

It was for **liberty** that they fought, for liberty that they died.
그들은 자유를 위해 싸웠고, 자유를 위해 죽었다.

□1489 ★★★

고1필 **abandon**
[əbǽndən]

ⓥ 버리다, 유기하다, 포기하다

He **abandoned** his post and returned to his home town.
그는 자신의 직위를 버리고 고향으로 돌아갔다.

□1490 ★★★

고1필 **magnificent**
[mægnífəsnt]

ⓐ 정말 멋진; 장엄한

The Statue of Liberty provides a **magnificent** view of Manhattan.
자유의 여신상은 맨해튼의 정말 멋진 경관을 제공한다.

Ⓩoom-in | **magni, major : great (커다란)**

magnificent = magni(great) + fic(make) + ent(형용사형 접미사) 장엄한

magnify = magni(great) + fy(동사형 접미사) 확대하다

majority = major(great) + ity(명사형 접미사) 다수

□1491 ★★★

고1필 **summit**
[sʌ́mit]

ⓝ 정상, 꼭대기; 국가의 수뇌

He climbed to the **summit** of Mount Everest.
그는 에베레스트 산 정상에 올랐다.

= **peak, top** n. 정상, 꼭대기

□1492 ★★★

고1필 **journey**
[dʒə́ːrni]

ⓝ 여행, 여정

Life is a **journey**, and love makes that journey worthwhile.
인생은 여행이요, 사랑은 그 여행을 가치 있게 한다.

= **trip** n. 여행

Yum!
Yum!

• 산의 **summit**에 오르지 않으면 어떻게 이 **magnificent**한 풍경을 보겠어?

• 그는 **liberty**를 되찾자 바로 다른 나라로 **journey**를 떠났다.

□ 1493 ★★
perception
[pərsépʃən]

ⓝ 인식, 인지, 지각; 통찰력

One's mother tongue affects their perception of the world.
모국어는 그 사람의 세상에 대한 인식에 영향을 미친다.

perceive v. 인지하다, 지각하다

□ 1494 ★★★

profound
[prəfáund]

ⓐ 엄청난, 깊은, 심오한

Global warming is having profound effects on wildlife and its habitat.
지구온난화는 야생동식물과 그것의 서식지에 엄청난 영향을 미치고 있다.

□ 1495 ★★★

location
[loukéiʃən]

ⓝ 위치

Location is very important for real estate investment.
위치는 부동산 투자에 있어 매우 중요하다.

locate v. 위치시키다, 위치를 찾아내다

□ 1496 ★★★

ridiculous
[ridíkjuləs]

ⓐ 우스꽝스러운, 조롱거리가 되는

He looked so ridiculous that everyone burst out laughing.
그가 너무 우스꽝스럽게 보여서 모든 사람들이 웃음을 터뜨렸다.

ridicule n. 비웃음, 조롱 v. 조롱하다

□ 1497 ★★★

publish
[pʌ́bliʃ]

ⓥ 출판하다, 발행하다

The *Harry Potter* series is published in many languages.
〈Harry Potter〉 시리즈는 여러 언어들로 출판되었다.

publication n. 출판

□ 1498 ★★
strategy
[strǽtədʒi]

ⓝ 전략, 계획

Your marketing strategy determines the success or failure of your business.
당신의 마케팅 전략이 사업의 성공이나 실패를 결정한다.

strategic a. 전략적인

Yum! Yum!

- 저의 보잘것 없는 글을 publish해서 ridiculous해 보일까 걱정입니다.
- 말을 strategy에 따라 유리한 location에 두는 것이 체스에서 이기는 방법.

☐ 1499 ★★★
likewise
[láikwàiz]

@ 똑같이, 마찬가지로

He always talks about baseball and expects everyone else to do **likewise**.

그는 항상 야구에 관해 이야기하고, 다른 모든 이가 똑같이 그러기를 기대한다.

= **similarly** ad. 비슷하게; 마찬가지로

☐ 1500 ★★★

neglect
[niglékt]

Ⓥ 경시하다, 등한시하다; 방치하다

We should not **neglect** the importance of grammar.

우리는 문법의 중요성을 경시해서는 안 된다.

negligence n. 부주의, 무시, 태만

Ⓩoom-in | **neg: not (부정의 의미)**

neglect = neg(not) + lect(choose) 고르지 않고 내버려두다 → 방치하다, 무시하다
negative = neg(not) + ative(형용사형 접미사) 반응이 없는 → 부정적인; 음성 반응의
negotiate = neg(not) + oti(leisure) + ate(동사형 접미사) 놀지 않다 → 협상하다

☐ 1501 ★★★

objective
[əbdʒéktiv]

ⓝ 목적, 목표 ⓐ 객관적인

The **objective** of the study is to predict the future course of the economy.

그 연구의 목적은 경제의 미래 흐름을 예측하는 것이다.

= **purpose** n. 목적 ↔ **subjective** a. 주관적인

☐ 1502 ★★
signature
[sígnətʃər]

ⓝ 서명

Students cannot participate without their parents' **signature**.

학생들은 부모의 서명이 없으면 참가할 수 없다.

☐ 1503 ★★
loan
[lóun]

ⓝ 대출, 융자 Ⓥ 빌려주다, 융자하다

He got a $70,000 **loan** from a bank to start his own business.

그는 자기 사업을 시작하기 위해 은행에서 7만 달러의 대출을 받았다.

Yum!
Yum!

• 이번 협상의 objective는 그의 signature를 받아서 계약을 체결하는 거야.
• 저축의 중요성을 neglect하던 그녀는 결국 돈을 loan받을 수 밖에 없었다.

☐ 1504 ★★★
magnify
[mǽgnəfài]

ⓥ 확대하다

When **magnified**, our skin is full of bumps and holes.
확대되었을 때, 우리의 피부는 돌기와 구멍으로 가득하다.

☐ 1505 ★
neutrality
[nju:trǽləti]

ⓝ 중립

The Swiss Confederation has a long history of **neutrality**.
스위스 연방은 오랜 중립의 역사를 갖고 있다.

neutral a. 중립적인

☐ 1506 ★★★

spectator
[spéktèitər]

ⓝ 관중

The **spectators** are singing "We Will Rock You" now.
관중들이 지금 *We Will Rock You*를 부르고 있다.

☐ 1507 ★★★

rapidly
[rǽpidli]

⒜ 급속도로, 신속하게

Following World War II, many U.S. cities began to **rapidly** lose population.
2차 세계 대전에 뒤이어 미국의 많은 도시들은 급속도로 인구가 줄기 시작했다.

rapid a. 신속한   **rapidity** n. 신속, 민첩함

☐ 1508 ★★★

deliberately
[dilíbərətli]

⒜ 고의적으로, 일부러

I think she **deliberately** pretended not to recognize me.
나는 그녀가 고의적으로 나를 알아보지 못한 척했다고 생각한다.

deliberate a. 고의의, 의도적인; 신중한

☐ 1509 ★★
panic
[pǽnik]

ⓥ 크게 당황하다, 당황하게 하다   ⓝ 공포; (경제) 공황

The passengers **panicked** while trying to board the lifeboats.
승객들은 구명보트에 타려고 하는 동안 크게 당황했다.

Yum! Yum!
• 경기장에 화재가 나자 *spectator*들은 질서있고 *rapidly*하게 대피했다.
• 그 선수가 우리 팀에 *deliberately*하게 파울을 범하자 모두들 *panic*하였다.

□ 1510 ★★★

 manufacture ⓥ 제조하다, 생산하다　ⓝ 제조, 생산
[mænjufǽktʃər]

The research showed nearly 6 million **manufacturing** jobs
have disappeared since 1998.
그 조사에 따르면 1998년 이후 거의 6백만 개의 제조업 일자리가 사라졌다.

manufacturer n. 제조업자, 제조업체

□ 1511 ★★★

 manipulate ⓥ 조작하다, 다루다
[mənípjulèit]

She knows well how to **manipulate** an electric powered
wheelchair.
그녀는 전동 휠체어를 어떻게 조작하는지 잘 알고 있다.

manipulation n. 조작　　**manipulative** a. 조작의

Zoom-in ┃ **mani, manu : hand (손)**

manipulate = mani(hand) + pul(fill) + ate(동사형 접미사)　손으로 채우다 → 다루다
manual = manu(hand) + al(형용사형 접미사)　손으로 하는
manufacture = manu(hand) + fact(make) + ure(명사형 접미사)　제조(하다)

□ 1512 ★★★

 radiate ⓥ 방사시키다, 내뿜다, 빛을 발하다
[réidièit]

The whole atmosphere **radiates** heat to the earth and
makes it warm.
대기 전체가 열을 지구로 방사시켜 지구를 따뜻하게 만든다.

radiation n. 방사, 복사

□ 1513 ★★★

 scatter ⓥ 분산시키다, 흩뿌리다
[skǽtər]

The sunlight is **scattered** by the dust particles in the air.
햇빛은 공기 중의 먼지 입자들에 의해 분산된다.

□ 1514 ★★★

 stimulate ⓥ 자극하다, 활발하게 하다, 고무하다
[stímjulèit]

The new policy will **stimulate** investment in the rural areas.
그 새로운 정책은 농촌 지역에 대한 투자를 고무시킬 것이다.

stimulation n. 자극, 고무

Yum!
Yum!

• manufacture 업계의 호황은 경제 발전을 stimulate하였다.
• 난로에서 radiate된 열기가 실내 구석구석으로 scatter되어 따뜻하다.

□ 1515 ★★★

academic
[æ̀kədémik]

ⓐ 학업의, 학문의

In most cases, physical health improves academic performance.
대부분의 경우, 신체 건강은 학업 성취를 증진시킨다.

□ 1516 ★

tickle
[tíkl]

ⓥ 간지럼을 태우다, 간질이다   ⓝ 간지럼

The teacher asked us why we can't tickle ourselves.
선생님께서 왜 우리는 자신을 간지럼 태우지 못하는지 물으셨다.

□ 1517 ★★★

overwhelming
[òuvərhwélmiŋ]

ⓐ 압도적인, 짓누르는

A poll found an overwhelming majority of Koreans are against the policy.
한 여론 조사는 압도적인 다수의 한국인들이 그 정책에 반대하는 것을 발견했다.

overwhelm v. 압도하다, 짓누르다

□ 1518 ★★

fascinate
[fǽsənèit]

ⓥ 매혹시키다

As a child, the author was fascinated by monster movies.
어렸을 때 그 작가는 괴물 영화에 매혹되었다.

fascination n. 매혹

□ 1519 ★★★

luxury
[lʌ́kʃəri]

ⓝ 사치, 호화로움

Exercise is not a luxury but a necessary part of our life and health.
운동은 사치가 아니라 우리의 삶과 건강의 필수적인 부분이다.

luxurious a. 사치스런

□ 1520 ★★

evolve
[iválv]

ⓥ 진화하다; 발달하다

Mammals evolved from primitive reptiles.
포유류들은 원시 파충류들로부터 진화하였다.

evolution n. 진화, 발달

Yum!
Yum!

• 그는 동물이 evolve한 과정을 설명한 이론에 fascinate되었다.
• 생명공학 분야에서 그의 academic 업적은 가히 overwhelming하다.

A 빈칸에 해당하는 영어 단어 또는 우리말을 쓰시오.

1. 중립 _____
2. 목적, 목표; 객관적인 _____
3. 엄청난, 깊은, 심오한 _____
4. 본능적인, 본능에 따른 _____
5. 자유, 해방 _____
6. 사치, 호화로움 _____
7. 흡수하다 _____
8. 대출, 융자; 빌려주다 _____
9. 위치 _____
10. 출판하다, 발행하다 _____

11. magnify _____
12. journey _____
13. procedure _____
14. manufacture _____
15. fascinate _____
16. grind _____
17. strategy _____
18. abandon _____
19. deliberately _____
20. spectator _____

B 빈칸에 알맞은 단어를 〈보기〉에서 골라 쓰시오.

| magnificent | manipulate | neglect | organization |
| perception | radiate | ridiculous | signature |

1. There are numerous nonprofit _____s in the U.S.
2. One's mother tongue affects their _____ of the world.
3. She knows well how to _____ an electric powered wheelchair.
4. We should not _____ the importance of grammar.
5. He looked so _____ that everyone burst out laughing.
6. The whole atmosphere _____s heat to the earth and makes it warm.
7. Students cannot participate without their parents' _____.
8. The Statue of Liberty provides a _____ view of Manhattan.

Answer Keys

A 1. neutrality 2. objective 3. profound 4. instinctive 5. liberty 6. luxury 7. absorb 8. loan 9. location
10. publish 11. 확대하다 12. 여행, 여정 13. 절차, 방법, 순서 14. 제조하다, 제조 15. 매혹시키다 16. 갈다, 빻다
17. 전략, 계획 18. 버리다, 유기하다, 포기하다 19. 고의적으로, 일부러 20. 관중 **B** 1. organization 2. perception
3. manipulate 4. neglect 5. ridiculous 6. radiate 7. signature 8. magnificent

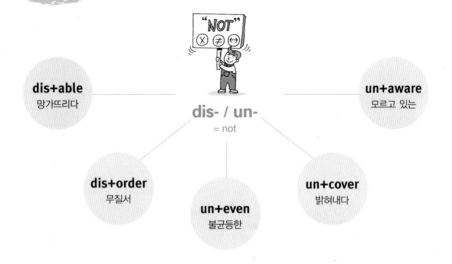

disable
dis(not) + able
→ 능력이 없게 만들다

(동) 망가뜨리다; 장애를 입히다
The machine was disabled due to overload.
그 기계는 과부하로 망가졌다.

disorder
dis(not) + order
→ 질서가 없음

(명) 무질서; 장애
The crowd fell into disorder.
군중들은 무질서에 빠졌다.

uneven
un(not) + even
→ 균등하지 않은

(형) 불균등한, 평탄치 않은
The surface of this rock is very uneven.
이 암석의 표면은 매우 울퉁불퉁하다.

uncover
un(not) + cover
→ 덮은 것을 벗기다

(동) 밝혀내다, 폭로하다
He uncovered the mystery of the moon.
그는 달의 신비를 밝혀냈다.

unaware
un(not) + aware
→ 알지 못하는

(형) 모르고 있는
He is unaware of the potential danger of this.
그는 이것의 잠재적 위험을 모르고 있다.

DAY 39

어휘 더하기 : 어원 co- / com-

01	02	03	04	05	06	07	08	09	10
11	12	13	14	15	16	17	18	19	20
21	22	23	24	25	26	27	28	29	30
31	32	33	34	35	36	37	38	39	40
41	42	43	44	45					

Day 38 | Review

앞에서 학습한 단어를 얼마나 기억하는지 체크해 보세요.
기억이 나지 않는 단어는 다시 한 번 학습하세요.

- ☐ simplify
- ☐ grind
- ☐ absorb
- ☐ procedure
- ☐ instinctive
- ☐ abandon
- ☐ magnificent
- ☐ summit
- ☐ perception
- ☐ profound
- ☐ ridiculous
- ☐ publish
- ☐ strategy
- ☐ neglect
- ☐ objective

- ☐ loan
- ☐ magnify
- ☐ neutrality
- ☐ spectator
- ☐ deliberately
- ☐ panic
- ☐ manufacture
- ☐ manipulate
- ☐ radiate
- ☐ scatter
- ☐ stimulate
- ☐ overwhelming
- ☐ fascinate
- ☐ luxury
- ☐ evolve

□ 1521 ★★★

 translate
[trænsléit]

ⓥ 번역하다, 통역하다

His work has been **translated** into thirty-seven languages.

그의 작품은 37개 언어로 번역되었다.

translation n. 번역, 통역

□ 1522 ★

mythical
[míθikəl]

ⓐ 신화(상)의; 가공의

The truth about the **mythical** island of Atlantis will likely never be known.

신화상의 섬 아틀란티스에 대한 진실은 절대로 밝혀질 것 같지 않다.

myth n. 신화 **mythology** n. (집합적) 신화

□ 1523 ★★★

 discard
[diská:rd]

ⓥ 폐기하다, 버리다

The EPA estimates over 12 million laptop computers were **discarded** in 2007.

미 환경보호국(EPA)은 2007년에 1천 2백만 대 이상의 노트북 컴퓨터가 폐기됐다고 추정한다.

= **throw away** 버리다

□ 1524 ★★★

compromise
[kámprəmàiz]

ⓝ 타협 ⓥ 타협하다

They found an acceptable **compromise** for each party.

그들은 양측이 수용할 수 있는 타협점을 찾았다.

□ 1525 ★★★

 philosopher
[filásəfər]

ⓝ 철학자

The ancient Greek **philosophers** gave us the basic principles of philosophy.

고대 그리스의 철학자들이 우리에게 철학의 기본 원리를 마련해 주었다.

philosophy n. 철학 **philosophical** a. 철학적인

□ 1526 ★★★

essence
[ésns]

ⓝ 본질; 기초

The **essence** of politics is communication and compromise.

정치의 본질은 소통과 타협이다.

essential a. 본질적인; 필수적인

Yum!
Yum!

• 서양 philosopher들의 사상을 우리말로 translate하는 것은 어렵다.
• 그는 다른 사람과 compromise할 줄 모르는 태도를 discard해야 한다.

□ 1527 ★★★

pregnant
[prégnənt]

ⓐ 임신한

My wife is pregnant now and is due in a couple weeks.
나의 아내는 지금 임신 중인데, 몇 주 후에 출산 예정이다.

pregnancy n. 임신

□ 1528 ★★

transaction
[trænsǽkʃən]

ⓝ 거래, 매매

Most banks offer online electronic transaction service.
대부분의 은행들이 온라인 전자 거래 서비스를 제공한다.

transact v. 거래하다

□ 1529 ★★★

modify
[mάdəfài]

ⓥ 수정하다, 변경하다

The company has modified its marketing plan to meet its customers' needs.
그 회사는 고객들의 요구를 충족시키기 위해 마케팅 계획을 수정했다.

modification n. 수정, 변경   = **change** v. 변경하다, 바꾸다

Ⓩoom-in ㅣ **mod : fit (맞추다), restrain (절제하다)**

modify = mod(fit)i + fy(make) 용도에 맞게 바꾸다 → 수정하다

commodity = com(with) + mod(fit) + ity(명사형 접미사)

　　　　　모든 것이 적절하게 맞춰진 것 → 상품, 필수품

modest = mod(restrain) + (e)st(형용사형 접미사) 과하지 않게 절제하는 → 적당한

moderate = mod(restrain)er + ate(형용사형 접미사) 절제하는 → 보통의; 온건한

□ 1530 ★★★

diagnose
[dάiəgnòus]

ⓥ 진단하다

Even teenagers can be diagnosed with diabetes.
심지어 십대도 당뇨병 진단을 받을 수 있다.

diagnosis n. 진단

□ 1531 ★

apparatus
[æpərǽtəs]

ⓝ 장치, 기구

Divers use self-contained underwater breathing apparatus.
잠수부들은 자가 수중 호흡장치(= scuba)를 사용한다.

= **device** n. 장치

Yum!
Yum!

• 의사는 diagnose한 결과 그녀가 pregnant한 것을 확인했다.
• 이 새로운 apparatus는 인터넷상의 transaction 속도를 높여준다.

□ 1532 ★★★

exceed
[iksí:d]

ⓥ 초과하다, 넘다

When demand **exceeds** supply, prices go up.
수요가 공급을 초과할 때 가격은 상승한다.

excess n. 초과, 과도   **excessive** a. 과도한

□ 1533 ★★★

trait
[tréit]

ⓝ 특성, 특징

Eye color is an inherited **trait** influenced by more than one gene.
눈 색깔은 한 개 이상의 유전자에 의해 영향을 받는 유전적 특성이다.

= **characteristic** n. 특징

□ 1534 ★★★

thorough
[θɔ́:rou]

ⓐ 면밀한, 철저한

She made a **thorough** study of Korean traditional dishes.
그녀는 한국 전통요리에 대해 면밀한 연구를 했다.

thoroughness n. 철저함   **thoroughly** ad. 철저히

□ 1535 ★★★

mutual
[mjú:tʃuəl]

ⓐ 상호의; 공동의

A real partnership is based on **mutual** trust and respect.
진정한 파트너십은 상호 신뢰와 존중을 기반으로 한다.

= **reciprocal** a. 상호의   **common** a. 공동의

□ 1536 ★★★

precede
[prisí:d]

ⓥ 선행하다

Strong convictions **precede** great actions.
강한 신념은 위대한 행동에 선행한다.

precedence n. 선행, 우선

□ 1537 ★★

skeptical
[sképtikəl]

ⓐ 회의적인

Most players were **skeptical** of the manager's plan.
대부분의 선수들은 그 감독의 계획에 대해 회의적이었다.

Yum!
Yum!

• 이 협정을 맺기 위해서는 mutual한 이해와 용서가 precede되어야 한다.
• thorough한 계획으로 지출이 예산을 exceed하는 것을 막아야 한다.

□ 1538 ★★★
elaborate
[ilǽbərèt]

ⓐ 정성들인; 정교한   ⓥ 정교하게 만들다; 자세히 설명하다

She made **elaborate** preparations for her party.
그녀는 파티를 위해 정성들여 준비했다.

elaborately ad. 공들여; 정교하게

Zoom-in ┃ **labor : work (일하다)**
   laboratory = labor(work)a + tory(place) 실험실
   col**labor**ate = col(with) + labor(work) + ate(형용사형 접미사) 협력하다, 합작하다
   e**labor**ate = e(out) + labor(work) + ate(형용사형 접미사) 수고를 기울여 만든 → 정성들인

□ 1539 ★★
monotonous
[mənάtənəs]

ⓐ 단조로운, 지루한

I'm getting tired of the same **monotonous** routine.
나는 똑같은 단조로운 일상에 싫증이 나기 시작한다.

monotony n. 단조로움

□ 1540 ★★
irrigation
[ìrəgéiʃən]

ⓝ 관개, 물 대기

Irrigation is a very important part of growing crops.
관개는 농작물을 기르는 데 있어 매우 중요한 부분이다.

irrigate v. 관개하다, 물을 대다

□ 1541 ★★★
고2필
attribute
[ətríbjuːt]

ⓥ …의 탓(덕분)으로 돌리다   ⓝ 속성, 특질

He **attributed** his long life to his vegetarian diet.
그는 자신이 장수하는 것을 채식 덕분이라고 했다.

attribution n. 귀속; 속성

□ 1542 ★★★
고필
eliminate
[ilímənèit]

ⓥ 제거하다, 삭제하다

They've **eliminated** every unnecessary expense.
그들은 모든 불필요한 경비를 제거했다.

elimination n. 제거, 배제   = get rid of …을 제거하다

Yum!
Yum!

• 새로운 **irrigation** 시설은 가뭄으로 인한 농작물 피해를 **eliminate** 했다.
• 그녀는 **monotonous** 한 삶의 원인을 주변 환경에 **attribute** 했다.

□1543 ★★★

고빈 **significant**
[signífikənt]

ⓐ 중요한, 커다란; 의미 있는

An aging population will have a significant impact on Korean society.

고령화되고 있는 인구는 한국 사회에 중요한 영향을 끼칠 것이다.

significance n. 중요성; 의미

□1544 ★★★

고2빈 **emerge**
[imə́:rdʒ]

ⓥ 나타나다, 출현하다

The sun suddenly emerged from behind grey clouds.

갑자기 태양이 잿빛 구름 뒤에서 나타났다.

emergence n. 출현; 발생

□1545 ★

itchy
[ítʃi]

ⓐ 가려운

I woke up in the middle of the night feeling itchy all over my skin.

나는 온 피부가 가려워 한밤중에 깨어났다.

itch v. 가렵다; 가렵게 하다 n. 가려움

□1546 ★★★

고빈 **monitor**
[mɑ́nətər]

ⓥ 관찰하다, 감시하다 ⓝ 감시 장치

Diabetes patients should constantly monitor their glucose levels.

당뇨병 환자들은 포도당 수치를 끊임없이 관찰해야 한다.

□1547 ★★★

고빈 **scarce**
[skɛərs]

ⓐ 부족한, 모자라는

Food was scarce and clothing even more scarce.

식량은 부족했고 의복은 더욱 부족했다.

scarcity n. 부족, 결핍 = **insufficient** a. 부족한, 불충분한

□1548 ★★★

고2빈 **trustworthy**
[trʌ́stwə̀:rði]

ⓐ 신뢰할 수 있는, 믿을 수 있는

Being trustworthy is an admirable character trait.

신뢰할 수 있다는 것은 칭송할 만한 인격 특성이다.

= **reliable** a. 신뢰할 수 있는

Yum! Yum!

• 그 관리자는 trustworthy하지 못한 직원들을 계속 monitor했다.
• 어제부터 itchy하더니 오늘 얼굴에 붉은 반점이 emerge했다.

□ 1549 ★★★

represent
[rèprizént]

ⓥ 대표하다, 대신하다; 나타내다

He was selected to **represent** the school in the interschool athletics tournament.
그는 학교 대항 육상경기 토너먼트에 학교 대표로 선발되었다.

representation n. 대표; 표현
representative a. 대표하는; 표현하는 n. 대표자

□ 1550 ★★
companion
[kəmpǽnjən]

ⓝ 동반자; 친구, 동료

A good **companion** makes the journey pleasant.
좋은 동반자는 여행을 즐겁게 한다.

cf. **company** n. 함께 있음, 동행; 회사, 단체

□ 1551 ★★★

corporation
[kɔ̀:rpəréiʃən]

ⓝ 기업; 법인

Some large **corporations** have more than 100 patents.
일부 대기업들은 100개가 넘는 특허를 보유하고 있다.

corporate a. 기업의; 공동의

□ 1552 ★★★

reference
[réfərəns]

ⓝ 참고, 참조; 언급

Please retain this document for future **reference**.
다음에 참고할 수 있도록 이 서류를 보관해 두세요.

refer v. 참고하다; 언급하다

□ 1553 ★★
irritate
[írətèit]

ⓥ 짜증 나게 하다; 염증을 일으키다

Nothing seems to **irritate** Internet users more than receiving junk e-mail.
정크메일을 받는 것보다 인터넷 사용자들을 더 짜증 나게 하는 것은 없는 듯하다.

irritated a. 짜증 난 **irritation** n. 짜증 (나는 것)

□ 1554 ★★★
attach
[ətǽtʃ]

ⓥ 첨부하다, 붙이다

Please install the **attached** file to start the scan.
스캔을 시작하려면 첨부된 파일을 설치하시오.

attachment n. 부착, 첨부 ↔ **detach** v. 떼다

Yum! Yum!
• 그 철도 corporation은 잦은 파업으로 고객들을 irritate했다.
• reference 도서 목록을 담은 파일을 메일에 attach했다.

□ 1555 ★★
extinct
[ikstíŋkt]

ⓐ 멸종된; 사라진

Dinosaurs are surely the most famous example of an **extinct** species.
공룡은 분명 멸종된 종의 가장 대표적인 사례이다.

extinction n. 멸종; 소멸

□ 1556 ★★★

motivate
[móutəvèit]

ⓥ 동기를 부여하다; 자극하다

Managers must be able to **motivate** their employees to work harder.
관리자들은 자신의 직원들이 더 열심히 일하도록 동기를 부여할 수 있어야 한다.

motivation n. 동기 부여; 자극   **motive** n. 동기

□ 1557 ★★★

slavery
[sléivəri]

ⓝ 노예 제도

Slavery still remains in some African countries.
노예 제도는 일부 아프리카 국가에 아직도 남아 있다.

slave n. 노예   **enslave** v. 노예로 만들다

□ 1558 ★★★
entire
[intáiər]

ⓐ 전체의, 온

I spent an **entire** week preparing for this interview.
나는 이 면접을 준비하면서 꼬박 한 주일을 보냈다.

□ 1559 ★★★

estate
[istéit]

ⓝ 사유지, 토지; 재산

Hire a real **estate** broker to sell your home.
당신의 주택을 팔기 위해 부동산 거래인을 고용하시오.

cf. real estate 부동산

□ 1560 ★★★
fame
[féim]

ⓝ 명성

The painter's **fame** only grew after his death.
그 화가의 명성은 그가 죽은 뒤에야 높아졌다.

famous a. 유명한

Yum! Yum!

• 그는 slavery 폐지 운동으로 fame을 얻었다.
• extinct 종으로 알려졌던 새가 그의 estate에서 발견됐어.

A 빈칸에 해당하는 영어 단어 또는 우리말을 쓰시오.

1. 본질; 기초   _____
2. 사유지; 재산   _____
3. 노예 제도   _____
4. 특성, 특징   _____
5. 멸종된; 사라진   _____
6. 번역하다, 통역하다   _____
7. 상호의; 공동의   _____
8. 수정하다, 변경하다   _____
9. 면밀한, 철저한   _____
10. 동반자; 친구, 동료   _____

11. significant   _____
12. eliminate   _____
13. diagnose   _____
14. elaborate   _____
15. philosopher   _____
16. irritate   _____
17. discard   _____
18. exceed   _____
19. corporation   _____
20. scarce   _____

B 빈칸에 알맞은 단어를 〈보기〉에서 골라 쓰시오.

apparatus	irrigation	monotonous	pregnant
attribute	skeptical	stimulate	transaction

1. He _____ his long life to his vegetarian diet.
2. My wife is _____ now and is due in a couple weeks.
3. Most players were _____ of the manager's plan.
4. The new policy will _____ investment in the rural areas.
5. Most banks offer online electronic _____ service.
6. Divers use self-contained underwater breathing _____.
7. I'm getting tired of the same _____ routine.
8. _____ is a very important part of growing crops.

Answer Keys

A 1. essence 2. estate 3. slavery 4. trait 5. extinct 6. translate 7. mutual 8. modify 9. thorough
10. companion 11. 중요한, 의미 있는 12. 제거하다 13. 진단하다 14. 정성들인; 정교한, 정교하게 만들다 15. 철학자
16. 짜증 나게 하다; 염증을 일으키다 17. 폐기하다 18. 초과하다 19. 기업; 법인 20. 부족한, 모자라는 B 1. attribute
2. pregnant 3. skeptical 4. stimulate 5. transaction 6. apparatus 7. monotonous 8. Irrigation

어원 co- / com-

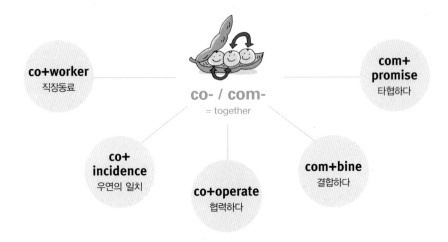

co+worker
직장동료

com+ promise
타협하다

co- / com-
= together

co+ incidence
우연의 일치

co+operate
협력하다

com+bine
결합하다

---

coworker
co(together) + worker
→ 함께 일하는 사람

(명) 직장동료
Ask for help from your **coworkers**.
당신의 직장동료에게 도움을 청하라.

---

coincidence
co(together) + incidence
→ 함께 일어난 두 사건

(명) 우연의 일치
What a **coincidence**!
정말 우연의 일치로군!

---

cooperate
co(together) + operate
→ 함께 운영하다

(동) 협력하다, 협동하다
He agreed to **cooperate** with the police.
그는 경찰에 협력하는 데 동의했다.

---

combine
com(together) + bine(join)
→ 함께 합치다

(동) 결합하다
Combine your talent with your passion.
당신의 재능과 열정을 결합하시오.

---

compromise
com(together) + promise
→ 함께 약속하다

(동) 타협하다 (명) 타협
They are ready to **compromise** on terms.
그들은 계약 조건에 타협할 준비가 되었다.

DAY 40

어휘 더하기 : 어원 col- / cor-

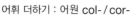

01	02	03	04	05	06	07	08	09	10
11	12	13	14	15	16	17	18	19	20
21	22	23	24	25	26	27	28	29	30
31	32	33	34	35	36	37	38	39	40
41	42	43	44	45					

Day 39 | Review

앞에서 학습한 단어를 얼마나 기억하는지 체크해 보세요.
기억이 나지 않는 단어는 다시 한 번 학습하세요.

□ translate　　　　　　□ monotonous
□ mythical　　　　　　□ irrigation
□ discard　　　　　　　□ attribute
□ compromise　　　　 □ eliminate
□ essence　　　　　　 □ significant
□ transaction　　　　　□ emerge
□ diagnose　　　　　　□ itchy
□ apparatus　　　　　 □ scarce
□ exceed　　　　　　　□ represent
□ trait　　　　　　　　 □ companion
□ thorough　　　　　　□ corporation
□ mutual　　　　　　　□ reference
□ precede　　　　　　 □ irritate
□ skeptical　　　　　　□ extinct
□ elaborate　　　　　　□ motivate

Wow!!

□ 1561 ★★★
고2필 **expand**
[ikspǽnd]

ⓥ 팽창하다, 확장시키다
Metal usually **expands** when heated.
금속은 보통 열이 가해지면 팽창한다.

expansion n. 팽창, 확장

□ 1562 ★
molecule
[málǝkjùːl]

ⓝ 분자
Scientists have discovered water **molecules** in the polar regions of the moon.
과학자들은 달의 극 지대에서 물 분자를 발견했다.

molecular a. 분자의, 분자로 된

□ 1563 ★
situate
[sítʃuèit]

ⓥ 위치시키다
The city of Cairo is **situated** on the coast of the Red Sea.
카이로시는 홍해의 해안가에 위치하고 있다.

= **locate** v. 위치시키다

□ 1564 ★★★
고2필 **abundant**
[ǝbʌ́ndǝnt]

ⓐ 풍부한
In most regions of China rainfall is **abundant**.
중국 대부분의 지역에서는 강우량이 풍부하다.

abundance n. 풍부 = **plentiful** a. 풍부한 ↔ **scarce** a. 부족한

□ 1565 ★★★
고2필 **civilization**
[sìvǝlizéiʃǝn]

ⓝ 문명
Why did early **civilizations** develop in Mesopotamia?
초기 문명이 메소포타미아에서 발달한 이유는 무엇일까?

civilize v. 개화하다, 문명화하다

□ 1566 ★★★
고1필 **marine**
[mǝríːn]

ⓐ 바다의, 해양의 ⓝ 해병(대)
Most people think of sharks when they imagine frightening **marine** animals.
대부분의 사람들이 무시무시한 해양 동물을 생각할 때 상어를 떠올린다.

Yum!
Yum!

• 물체를 가열하면 molecule들의 활동성이 증가해서 부피가 expand한다.
• 비옥한 토양에서 나는 abundant한 식량은 고대 civilization의 토대였다.

□ 1567 ★★★

 고1필

embarrass
[imbǽrəs]

ⓥ 당혹스럽게 하다

He was so embarrassed that he did not know what to do.
그는 너무나 당혹스러워서 어찌할 바를 몰랐다.

embarrassment n. 당황, 당혹

□ 1568 ★★★

 고1필

conserve
[kənsə́ːrv]

ⓥ 보존하다, 보호하다

We should conserve natural habitats for the wildlife.
우리는 야생생물을 위해 자연 서식지를 보존해야 한다.

conservation n. 보존, 보호   **conservative** a. 보수적인

oom-in ┃ **serve : keep safe (안전하게 보관하다)**

conserve = con(completely) + serve(keep) 보존하다
reserve = re(back) + serve(keep) 비축하다
preserve = pre(before) + serve(keep) 보관하다

□ 1569 ★★★

고2필

monument
[mánjumənt]

ⓝ 기념물, 기념비; 유적

The monument was erected in memory of war veterans.
그 기념물은 참전 용사들을 기리기 위해 세워졌다.

monumental a. 기념비적인

□ 1570 ★★

narration
[næréiʃən]

ⓝ 이야기, 이야기 서술; 내레이션

I managed to record the narration for the whole presentation.
나는 발표 전 과정의 이야기 내용을 용케 녹음할 수 있었다.

narrate v. 이야기하다   **narrator** n. 서술자, 내레이터

□ 1571 ★★

straightforward
[strèitfɔ́ːrwərd]

ⓐ 간단한, 쉬운; 솔직한

His answer was straightforward, "No, I won't."
그의 답변은 간단명료했다. "아니오, 하지 않겠습니다."

= simple a. 간단한

 Yum!
Yum!

• 우리는 고대 monument를 잘 conserve하여 후대에 전할 의무가 있다.
• 그 다큐멘터리 영화의 narration은 정말 straightforward하다.

□ 1572 ★★
landlord
[lǽndlɔ̀ːrd]

ⓝ 집주인, 임대주

The renter pays the landlord a fixed monthly rent.
세입자는 집주인에게 매월 고정된 임대료를 지불한다.

□ 1573 ★★★

deserve
[dizə́ːrv]

ⓥ …할 자격이 있다, …할 가치가 있다

He has been at the top for years and he deserves it.
그는 수년 간 최고의 위치에 머무르고 있으며 그럴 자격이 있다.

□ 1574 ★★
vegetation
[vèdʒətéiʃən]

ⓝ 식물, 초목

Black pines make up a third of the vegetation in this area.
검은 소나무는 이 지역 식물의 3분의 1을 차지한다.

□ 1575 ★★★

estimate
[éstəmèit]

ⓥ 추정하다, 견적하다   ⓝ 추정(치)

Conservationists estimate that about 5,000 tigers remain in the wild.
환경 보호가들은 호랑이가 야생에 약 5,000마리 정도 남아있다고 추정한다.

□ 1576 ★★
immigrant
[ímigrənt]

ⓝ (다른 나라로 온) 이민자

In 1903, the first Korean immigrants set foot in Hawaii.
1903년에 최초의 한국 이민자들이 하와이에 발을 들여놓았다.

immigration n. 이민, 이주   **immigrate** v. 이주하다
cf. emigrant n. (다른 나라로 가는) 이민자

□ 1577 ★★★

ethical
[éθikəl]

ⓐ 윤리적인, 도덕적인

Ethical issues often have no clear-cut answer.
윤리적인 쟁점들은 흔히 명확한 해답이 없다.

ethics n. 도덕; 윤리학

□ 1578 ★★
prosperous
[prάspərəs]

ⓐ 번영하는, 번창하는

Pompeii was a prosperous seaport city in the first century.
폼페이는 1세기에 번영한 항구 도시였다.

prosper v. 번영하다, 번창하다   **prosperity** n. 번영, 번창

Yum!
Yum!
• 그 도시는 산업화로 **vegetation**의 1/5이 감소했다고 **estimate** 된다.
• 미국의 일부 한국 **immigrant**들은 **prosperous**한 사업체를 운영하고 있다.

□ 1579 ★★★

고2필

classify
[klǽsəfài]

ⓥ 분류하다, 구분하다

Scientists **classify** animals into two main groups, vertebrates and invertebrates.
과학자들은 동물을 크게 두 그룹, 즉 척추동물과 무척추동물로 분류한다.

classification n. 분류

□ 1580 ★★

minimize
[mínəmàiz]

ⓥ 최소화하다

We strive to **minimize** our consumption of resources and emission of waste.
우리는 자원의 소비와 폐기물의 배출을 최소화하기 위해 애쓴다.

↔ **maximize** v. 극대화하다

 oom-in ǀ mini, min : small (작은)

minimize = mini(small) + mize(동사형 접미사) 최소화하다
diminish = di(completely) + min(small) + ish(동사형 접미사) 축소하다
minute = min(small) + ute(형용사형 접미사) 미세한; 분(分)

□ 1581 ★★★

overlook
[òuvərlúk]

ⓥ 내려다보다; 못 보고 넘어가다; 못 본 체하다

The luxury hotel **overlooks** the famous Bhopal Lake.
그 호화 호텔은 유명한 Bhopal 호수를 내려다보고 있다.

□ 1582 ★★

elevation
[èləvéiʃən]

ⓝ 고도, 해발; 고지

Temperature decreases as **elevation** increases.
기온은 고도가 올라감에 따라 내려간다.

elevate v. (들어)올리다, 높이다 = **altitude** n. 고도

□ 1583 ★★★

고2필

temperament
[témpərəmənt]

ⓝ 기질, 성질

Dirk was endowed with an artistic **temperament**.
Dirk는 예술가적 기질을 타고났다.

= **nature** n. 성질, 기질

 Yum! Yum!

• elevation 1,350m인 이 산의 정상에서는 도시를 한눈에 **overlook** 할 수 있다.
• 매사 꼼꼼한 그의 **temperament** 덕분에 비 피해를 **minimize**하게 되었다.

□ 1584 ★

radical
[rǽdikəl]

ⓐ 급진적인, 과격한; 근본적인 ⓝ 급진주의자

He has strong opinions about everything as is a radical politician.

그는 매사에 강한 의견을 가지고 있는데, 급진적인 정치인의 모습 그대로다.

□ 1585 ★★★

고필

minister
[mínəstər]

ⓝ 장관; 성직자

The Minister of Foreign Affairs visited eight African countries last month.

외무부 장관이 지난 달에 아프리카 8개국을 순방했다.

□ 1586 ★

tribal
[tráibəl]

ⓐ 부족의, 종족의

There are many tribal communities in India, known as "Adivasis."

인도에는 '아디바시스' 라고 알려진 많은 부족사회가 있다.

tribe n. 부족

□ 1587 ★★★

superstition
[sùːpərstíʃən]

ⓝ 미신

According to superstition, breaking a mirror leads to seven years of bad luck.

미신에 따르면, 거울을 깨는 것은 7년간의 불운으로 이어진다.

superstitious a. 미신을 믿는

□ 1588 ★★★

고2필

passenger
[pǽsəndʒər]

ⓝ 승객

The policeman asked her how many passengers were on the boat.

경찰은 그녀에게 그 배에 얼마나 많은 승객이 타고 있었는지 물었다.

□ 1589 ★★★

고필

instruction
[instrʌ́kʃən]

ⓝ 지시, 명령; 설명

Click "Continue" and follow the instructions.

'Continue' 버튼을 클릭하고 지시를 따르시오.

instruct v. 지시하다; 가르치다   instructive a. 교훈적인, 유익한

Yum!
Yum!

• 아직도 아프리카 오지에는 superstition을 굳게 믿는 원시 tribe들이 많다.

• 비상시 passenger들은 승무원의 instruction에 따라 대피해야한다.

□ 1590 ★★★

uniform
[jú:nəfɔ:rm]

ⓐ 똑같은, 획일적인   ⓝ 제복, 유니폼

Fastfood restaurants offer a **uniform** menu everywhere in the city.
패스트푸드 식당들은 도시 어디에서나 똑같은 메뉴를 제공한다.

uniformity n. 획일성

□ 1591 ★★★

inquire
[inkwáiər]

ⓥ 묻다, 문의하다

She **inquired** quietly where we came from.
그녀는 우리가 어디에서 왔는지 조용히 물었다.

inquiry n. 질문, 문의; 조사, 연구   = **ask** v. 묻다

 oom-in ㅣ quire, quest : ask, seek (요청하다, 추구하다)
in**quire** = in(into) + quire(ask) 속속들이 캐묻다 → 문의하다
re**quire** = re(again) + quire(seek) 자꾸 물어 알고자 하다 → 요구하다
re**quest** = re(again) + quest(ask) 요구, 요청하다

□ 1592 ★★

deficient
[difíʃənt]

ⓐ 결핍된, 부족한

The expert said a lot of U.S. teens are **deficient** in vitamin D.
그 전문가는 많은 미국 십대들이 비타민D 결핍이라고 말했다.

deficiency n. 결핍(증)   = **lack** a. 부족한   ↔ **abundant** a. 풍부한

□ 1593 ★★

coherent
[kouhíərənt]

ⓐ 일관성 있는, 논리 정연한

We need a **coherent** approach to energy policy.
우리는 에너지 정책에 있어 일관성 있는 접근이 필요하다.

coherence n. 일관성   = **consistent** a. 일관된

□ 1594 ★★

integral
[íntigrəl]

ⓐ 필수의, 없어서는 안 될; 완전한

IT has become an **integral** part of business.
IT(정보 과학기술)는 기업 활동에서 없어서는 안 될 부분이 되었다.

integrality n. 완전, 불가결성

Yum!
Yum!

• 그 프리젠테이션은 **coherent**하기는 커녕 **integral**한 부분이 빠져 있었다.
• 그녀는 어떤 영양소가 **deficient**한 상태인지 의사에게 **inquire**했다.

□ 1595 ★★★

 composer
[kəmpóuzər]

ⓝ 작곡가

I think the three greatest composers are Bach, Beethoven, and Mozart.
나는 가장 위대한 3대 작곡가가 바흐, 베토벤, 모차르트라고 생각한다.

compose v. 작곡하다; 구성하다　　**composition** n. 작곡; 구성

□ 1596 ★

categorize
[kǽtəgəràiz]

ⓥ 분류하다, 범주화하다

Hindu society has traditionally been categorized into four classes.
힌두교 사회는 전통적으로 4개의 계층으로 분류되어 왔다.

category n. 범주　　**categorization** n. 범주화

□ 1597 ★★

overtake
[òuvərtéik]

ⓥ 추월하다, 앞지르다

The Internet has overtaken television and newspapers to become the biggest information medium.
인터넷은 텔레비전과 신문을 추월하여 가장 큰 정보 매체가 되었다.

□ 1598 ★★★

 privilege
[prívəlidʒ]

ⓝ 특권, 특전　ⓥ 특권을 주다

It is our duty and our privilege to keep our country moving forward.
조국을 번영하게 하는 것은 우리의 의무이자 특권이다.

□ 1599 ★★★

 messenger
[mésəndʒər]

ⓝ 전달자, 배달원

The king's messenger brought news of the army's defeat.
왕의 전달자가 군대의 패배 소식을 가지고 왔다.

□ 1600 ★★★

 ethnic
[éθnik]

ⓐ 민족의, 종족의

Singapore is a country composed of diverse ethnic groups.
싱가포르는 다양한 민족 집단으로 구성된 국가이다.

Yum!
Yum!

• 그 composer는 스승을 overtake하여 수많은 수작을 만들었다.
• 인도에서 상위 category에 해당하는 사람들은 사회적 privilege를 누린다.

A 빈칸에 해당하는 영어 단어 또는 우리말을 쓰시오.

1. 팽창하다, 확장시키다 _____
2. 민족의, 종족의 _____
3. 급진적인, 과격한 _____
4. 똑같은, 획일적인 _____
5. 분류하다, 구분하다 _____
6. 바다의, 해양의 _____
7. 작곡가 _____
8. 보존하다, 보호하다 _____
9. 장관; 성직자 _____
10. 묻다, 문의하다 _____

11. coherent _____
12. tribal _____
13. passenger _____
14. monument _____
15. integral _____
16. immigrant _____
17. civilization _____
18. privilege _____
19. estimate _____
20. embarrass _____

B 빈칸에 알맞은 단어를 〈보기〉에서 골라 쓰시오.

abundant	deficient	elevation	instruction
ethical	deserve	prosperous	superstition

1. He has been at the top for years and he _____ s it.
2. In most regions of China rainfall is _____.
3. Click "Continue" and follow the _____ s.
4. According to _____, breaking a mirror leads to 7 years of bad luck.
5. Temperature decreases as _____ increases.
6. Pompeii was a _____ seaport city in the first century.
7. The expert said a lot of U.S. teens are _____ in vitamin D.
8. _____ issues often have no clear-cut answer.

Answer Keys

A 1. expand 2. ethnic 3. radical 4. uniform 5. classify 6. marine 7. composer 8. conserve 9. minister 10. inquire 11. 일관성 있는 12. 부족의, 종족의 13. 승객 14. 기념물 15. 필수의, 완전한 16. (다른 나라로 온) 이민자 17. 문명 18. 특권; 특권을 주다 19. 추정하다; 추정(치) 20. 당혹스럽게 하다 **B** 1. deserve 2. abundant 3. instruction 4. superstition 5. elevation 6. prosperous 7. deficient 8. ethical

col+lect
모으다

cor+respond
일치하다

col+lide
충돌하다

col- / cor-
= together

col+lapse
붕괴되다

cor+rect
수정하다

---

collect
col(together) + lect(choose)
→ 골라서 함께 모아두다

동 모으다, 수집하다
He **collects** old and rare coins as a hobby.
그는 취미로 오래된 희귀 동전을 수집한다.

---

collide
col(together) + lide(strike)
→ 서로 때리다

동 충돌하다
The tugboat **collided** with an iceberg.
그 예인선은 빙산과 충돌했다.

---

collapse
col(together) + lapse(fall)
→ 한꺼번에 모두 쓰러지다

동 붕괴되다, 쓰러지다   명 붕괴
More than 200 huts **collapsed** due to heavy rain.
200채 이상의 오두막이 폭우로 인해 붕괴됐다.

---

correct
cor(together) + rect(right)
→ 모두 올바르게 만들다

동 수정하다   형 올바른
Correct errors, if any.
잘못이 있으면 고쳐라.

---

correspond
cor(together) + respond
→ 서로 답하다

동 일치하다; 서신을 주고받다
Words and actions should **correspond**.
말과 행동은 일치해야 한다.

숙어 꿀꺽 | Day 36 - Day 40

☐ **equip A with B** A에 B를 갖추다, 장착하다 → 1404

It's been two decades since Volvo **equipped** its car **with** air bags.
볼보(스위스 자동차회사)가 자사 차량에 에어백을 장착한지 20년이 지났다.

☐ **separate A from B** A와 B를 구별하다 → 1409

It is often very hard to **separate** fact **from** fiction.
종종 사실과 허구를 구별하기란 매우 어렵다.

☐ **burst into tears/laughter** 울음(웃음)을 터뜨리다 → 1417

She was about to **burst into tears** at any moment.
그녀는 금방이라도 울음을 터뜨릴 것 같았다.

☐ **come into a person's possession** …의 손에 들어가다 → 1431

After all, the mansion **came into** the billionaire's **possession**.
결국 그 저택은 그 억만장자의 손에 들어갔다.

☐ **be destined to do** …할 운명이다 → 1433

Many of these children **are destined to become** professional musicians.
이 아이들의 상당수가 전문 음악가가 될 운명이다.

☐ **starve to death** 굶어죽다 → 1434

Millions of birds **starve to death** during winter months.
수백만 마리의 새들이 겨울철에 굶어죽는다.

☐ **be likely (unlikely) to do** …할 것 같다 (같지 않다) → 1440

Greece **is likely to need** far more financial aid than earlier estimates.
그리스는 초기의 추정보다 훨씬 많은 재정적 원조를 필요로 할 것 같다.

☐ **in captivity** 사로잡히어, 우리에 갇혀 → 1445

The whale shark has been kept **in captivity** for 13 years.
그 고래상어는 13년간 사로잡혀 있었다.

☐ **object to** …에 반대하다 → 1461

Colonists **objected to** the Tea Act for a variety of reasons.
식민개척자들은 다양한 이유로 차 조례를 반대했다.

☐ **be absorbed in** …에 열중하다〔몰두하다〕 → 1484

Freud **was absorbed in** thinking about psychoanalysis.
프로이드는 정신분석에 대한 생각에 몰두했다.

☐ **in a panic** 허겁지겁, 당황하여 → 1509

I jumped out of my seat **in a panic**.
나는 허겁지겁 나의 좌석에서 벌떡 일어났다.

☐ **be overwhelmed with** …에 압도되다, …에 당혹하다 → 1517

Doctors **were overwhelmed with** the flood of patients.
의사들은 환자들이 물밀 듯 몰려오자 당혹해 했다.

☐ **attribute A to B** A를 B의 탓〔공〕으로 돌리다 → 1541

He **attributed** his survival **to** the affectionate care of his grandmother.
그는 자신이 살 수 있었던 것을 할머니의 애정 어린 보살핌 덕분으로 돌렸다.

☐ **be composed of** …로 구성되다 → 1595

Hydrogen **is composed of** one proton and one electron.
수소는 하나의 양성자와 하나의 전자로 구성되어 있다.

1. apologize	사과하다	26. spectator	관중
2. steep	가파른	27. rapidly	급속도로
3. detect	발견하다	28. deliberately	고의적으로
4. separate	분리하다	29. essence	본질; 기초
5. forbidden	금지된	30. stimulate	자극하다
6. suppress	억누르다, 참다	31. immigrant	이민자
7. accurate	정확한; 정밀한	32. philosopher	철학자
8. estate	사유지; 재산	33. translate	번역하다
9. starve	굶주리다	34. manufacture	제조하다
10. architecture	건축, 건축물	35. evolve	진화하다
11. sensitive	민감한, 예민한	36. scatter	분산시키다
12. reputation	명성, 평판	37. fascinate	매혹시키다
13. possession	소지품, 소유물	38. composer	작곡가
14. supreme	최고의, 최대의	39. pregnant	임신한
15. perspective	관점, 시각	40. luxury	사치, 호화로움
16. identical	똑같은, 동일한	41. manipulate	조작하다
17. prevail	유행하다	42. mutual	상호의; 공동의
18. intellectual	지적인, 지능의	43. diagnose	진단하다
19. temporary	일시적인	44. modify	수정하다
20. deposit	퇴적시키다	45. exceed	초과하다, 넘다
21. definition	정의	46. monotonous	단조로운
22. capture	포획하다	47. thorough	면밀한, 철저한
23. persistence	끈기, 지속	48. eliminate	제거하다
24. numerous	수많은	49. skeptical	회의적인
25. sculpture	조각, 조각품	50. elaborate	정성들인

51. supervise	감독하다	76. scarce	부족한
52. objection	이의, 반대	77. emerge	나타나다
53. reproduction	번식, 생식	78. significant	중요한, 커다란
54. restrict	제한하다	79. motivate	동기를 부여하다
55. density	밀도, 농도	80. irritate	짜증 나게 하다
56. reveal	밝히다	81. extinct	멸종된; 사라진
57. nutrition	영양	82. expand	팽창하다
58. entire	전체의, 온	83. represent	대표하다
59. specific	구체적인	84. corporation	기업; 법인
60. infant	갓난아기, 영아	85. estimate	추정하다
61. neglect	경시하다	86. embarrass	당혹스럽게 하다
62. magnificent	정말 멋진	87. civilization	문명
63. strategy	전략, 계획	88. classify	분류하다
64. organization	단체, 조직	89. deserve	…할 자격이 있다
65. liberty	자유, 해방	90. abundant	풍부한
66. location	위치	91. passenger	탑승객
67. instinctive	본능적인	92. molecule	분자
68. objective	목적, 목표	93. conserve	보존하다
69. procedure	절차, 방법	94. superstition	미신
70. profound	엄청난, 깊은	95. marine	바다의, 해양의
71. absorb	흡수하다	96. elevation	고도, 해발
72. perception	인식, 인지	97. ethnic	민족의, 종족의
73. academic	학업의, 학문의	98. prosperous	번영하는
74. publish	출판하다	99. privilege	특권, 특전
75. abandon	버리다	100. radical	급진적인

DAY 41

어휘 더하기 : 어원 con-

01	02	03	04	05	06	07	08	09	10
○	○	○	○	○	○	○	○	○	○

11	12	13	14	15	16	17	18	19	20
○	○	○	○	○	○	○	○	○	○

21	22	23	24	25	26	27	28	29	30
○	○	○	○	○	○	○	○	○	○

31	32	33	34	35	36	37	38	39	40
○	○	○	○	○	○	○	○	○	○

41	42	43	44	45
○				

Day 40 | Review

앞에서 학습한 단어를 얼마나 기억하는지 체크해 보세요.
기억이 나지 않는 단어는 다시 한 번 학습하세요.

- □ abundant
- □ embarrass
- □ conserve
- □ monument
- □ landlord
- □ deserve
- □ vegetation
- □ estimate
- □ immigrant
- □ ethical
- □ prosperous
- □ classify
- □ minimize
- □ overlook
- □ elevation

- □ temperament
- □ radical
- □ minister
- □ tribal
- □ superstition
- □ instruction
- □ uniform
- □ inquire
- □ deficient
- □ coherent
- □ integral
- □ composer
- □ overtake
- □ privilege
- □ ethnic

□ 1601 ★★★

interfere
[ìntərfíər]

ⓥ 간섭하다, 개입하다; 방해하다

Interfering in other's relationships is never a good idea.
다른 사람들의 관계에 간섭하는 것은 절대 좋은 생각이 아니다.

interference n. 간섭, 개입; 방해

□ 1602 ★

alternately
[ɔ́ːltərnətli]

ⓐⓓ 번갈아, 교대로

To climb a tree, you embrace it with your arms and legs **alternately**.
나무에 오르기 위해서는 나무를 팔과 다리로 번갈아 감싸야 한다.

□ 1603 ★★

reconcile
[rékənsàil]

ⓥ 화해시키다, 조정하다; 일치〔조화〕시키다

They were finally **reconciled** and became friends again.
그들은 마침내 화해해서 다시 친구가 되었다.

□ 1604 ★★★

priority
[praiɔ́ːrəti]

ⓝ 우선 (사항)

We consider your child's safety to be our first **priority**!
우리는 여러분 자녀의 안전을 최우선으로 생각합니다.

prior a. 사전의; 우선하는

□ 1605 ★★★

complicated
[kámpləkèitid]

ⓐ 복잡한

Global warming is a **complicated** problem that needs international cooperation.
지구온난화 현상은 국제적 협조가 필요한 복잡한 문제이다.

complicate v. 복잡하게 하다　　**complication** n. 복잡(한 문제); 합병증
= **complex** a. 복잡한

□ 1606 ★★★

adolescence
[ӕdəlésns]

ⓝ 청소년기

The process of rapid physical changes in **adolescence** is called puberty.
청소년기에 일어나는 급격한 신체 변화 과정을 사춘기라 한다.

adolescent n. 청소년　　**cf. puberty** n. 사춘기

Yum! Yum!

• 해야할 일들이 complicated하게 얽혀 있을 때는 priority를 정하라.
• adolescence에는 누구나 interference 받는 것을 싫어하지.

□ 1607 ★★
innovate
[ínəvèit]

ⓥ 혁신하다, 쇄신하다

If companies fail to innovate, they decline and fade away.
기업이 혁신하는 것에 실패하면, 쇠락하여 사라지게 된다.

innovation n. 혁신　　**innovative** a. 혁신적인

 oom-in ┃ **nov : new (새로운)**

innovate = in(in) + nov(new) + ate(동사형 접미사)　내부를 새롭게 하다 → 혁신하다
renovate = re(again) + nov(new) + ate(동사형 접미사)　다시 새롭게 하다 → 개조하다
novice = nov(new) + ice　경험이 없는 사람 → 초보자

□ 1608 ★★★
 session
[séʃən]

ⓝ 기간; (의회의) 회기

The basketball player injured his left ankle in a training session.
그 농구선수는 훈련 기간에 왼쪽 발목 부상을 입었다.

□ 1609 ★★★
 competitive
[kəmpétətiv]

ⓐ 경쟁의, 경쟁적인; 경쟁력이 있는

Korea has competitive power in the automobile industry.
한국은 자동차 산업에서 경쟁력을 갖추고 있다.

competitiveness n. 경쟁력

□ 1610 ★★★
exhaust
[igzɔ́:st]

ⓥ 기진맥진하게 하다; 고갈시키다　ⓝ 배기가스

He was absolutely exhausted after the race.
그는 경주를 마친 후에 완전히 기진맥진했다.

exhaustion n. 기진맥진; 고갈
= **wear out** 지치게 하다

□ 1611 ★★★
 shelter
[ʃéltər]

ⓝ 피난처; 보호 시설　ⓥ 보호하다

They opened shelters for the victims of the earthquake.
그들은 지진 재해민들을 위한 보호 시설을 열었다.

= **refuge** n. 피난, 피난처

Yum!
Yum!

• 이곳은 추위와 허기로 exhaust 된 노숙자들을 위한 shelter이다.
• 급변하는 IT시장에서 기업이 competitive하려면 기술을 innovate해야해.

□ 1612 ★★★
roar
[rɔːr]

ⓥ 굉음을 내다; 포효하다   ⓝ 굉음; 포효

We heard the distant **roaring** of the great falls.
우리는 멀리서 거대한 폭포가 내는 굉음을 들었다.

□ 1613 ★★★
compliment
[kámpləmənt]

ⓥ 칭찬하다   ⓝ 칭찬

Parents should **compliment** a child when he or she does a good job.
부모는 자녀가 잘했을 때 아이를 칭찬해 주어야 한다.

complimentary a. 칭찬의

□ 1614 ★★★

humidity
[hjuːmídəti]

ⓝ 습기, 습도

Considerable amount of **humidity** is generated during the cooking process.
요리를 하는 동안 상당한 양의 습기가 발생하게 된다.

humid a. 습한

□ 1615 ★★★

breathtaking
[bréθtèikiŋ]

ⓐ 숨이 멎는 듯한, 깜짝 놀랄 만한

The view from the top of the mountain was **breathtaking**.
산 정상에서 바라보는 전망은 숨이 멎을 듯했다.

□ 1616 ★★★

preserve
[prizə́ːrv]

ⓥ 보존하다, 보관하다

Drying food is one of the oldest ways to **preserve** them.
식품을 건조하는 것은 그것을 보존하는 가장 오래된 방식 중 하나이다.

preservation n. 보존

□ 1617 ★★★

circulate
[sə́ːrkjulèit]

ⓥ 순환하다

The heart makes blood **circulate** throughout the body.
심장은 혈액이 온몸을 순환하게 한다.

circulation n. 순환

Yum!
Yum!

• 덥고 **humidity**가 높은 여름날에는 음식을 **preserve**하는 데 주의해야한다.
• **roar**하며 떨어져 내리는 그 폭포는 정말 **breathtaking**한 장관이야!

□ 1618 ★★★

illustrate
[íləstrèit]

ⓥ (실례·도해 등을 이용해) 설명하다; 삽화[도해]를 넣다

This chart **illustrates** how the body works.
이 도표는 신체가 어떻게 기능하는지를 설명한다.

illustration n. 삽화, 도해　　**illustrator** n. 삽화가

□ 1619 ★★
numerical
[nju:mérikəl]

ⓐ 수의, 숫자로 나타낸

Arrange the files in **numerical** order.
서류를 번호순으로 정리해라.

□ 1620 ★★★

prejudice
[prédʒudis]

ⓝ 편견　ⓥ 편견을 갖게 하다

The hatred comes from **prejudice** and stereotypes.
증오는 편견과 고정관념으로부터 생겨난다.

□ 1621 ★★★
justify
[dʒʌ́stəfài]

ⓥ 정당화하다

Quick benefits can't **justify** cutting down forests.
당장의 이득이 숲을 베어내는 것을 정당화할 수는 없다.

justification n. 정당화

Ⓩoom-in ┃ **just : right (올바른)**

justice = just(right) + ice(명사형 접미사) 정의, 공정성
ad**just** = ad(toward) + just(right) 알맞게 조절하다; 적응하다
justify = just(right) + ify(make) 정당화하다

□ 1622 ★★★
utility
[ju:tíləti]

ⓝ 쓸모 있음, 유용; 공공 설비

Passion without action is of no **utility**.
행동이 없는 열정은 무용지물이다.

□ 1623 ★★

certificate
[sərtífikət]

ⓝ 증명서; 자격증

You must submit your birth **certificate** when you apply for a passport.
여권을 신청할 때 출생 증명서를 제출해야만 한다.

Yum!
Yum!

• 어떤 이유에서든 인종적 prejudice와 차별을 justify할 수는 없다.
• 그가 어렵게 취득한 certificate는 더 이상 utility가 없게 되었다.

□ 1624 ★★
glimpse
[glimps]

ⓝ 힐끗 보기, 일별   ⓥ 힐끗 보다

He caught a **glimpse** of her standing next to the window.
그는 창문 옆에 서 있는 그녀를 힐끗 보았다.

= glance n. 힐끗 보기 v. 힐끗 보다
㉾ catch a glimpse of …을 힐끗 보다

□ 1625 ★★★

inevitable
[inévətəbl]

ⓐ 불가피한, 필연적인

Language is a living organism and so change is **inevitable**.
언어는 살아 있는 유기체이므로 변화는 불가피하다.

inevitably ad. 불가피하게, 필연적으로   = unavoidable a. 불가피한

□ 1626 ★★★

celebrity
[səlébrəti]

ⓝ 유명 인사

It is difficult for **celebrities** to preserve their privacy.
유명인들이 사생활을 지키는 것은 힘들다.

□ 1627 ★★★

emphasize
[émfəsàiz]

ⓥ 강조하다, 중시하다

One cannot **emphasize** too much the importance of welfare.
복지의 중요성은 아무리 강조해도 지나치지 않다.

emphasis n. 강조

□ 1628 ★★★
frustrate
[frÁstreit]

ⓥ 좌절시키다

Learning to play musical instruments is a **frustrating** experience for some people.
악기 연주를 배우는 것은 어떤 이들에게는 좌절감을 주는 경험이다.

frustration n. 불만, 좌절감

□ 1629 ★★★
modesty
[mádisti]

ⓝ 겸손; 얌전함, 단정함

The actor accepted the award with characteristic **modesty**.
그 배우는 특유의 겸손한 태도로 상을 수락했다.

modest a. 겸손한; 얌전한
= humility n. 겸손

Yum!
Yum!

• 그는 그 어떤 것도 우리를 frustrate 할 수 없다고 emphasize 했어.
• celebrity가 될수록 modesty의 중요성을 알아야 한다.

□ 1630 ★★★
emergency
[imə́:rdʒənsi]

ⓝ 비상 (사태)

The small hammer on the wall should only be used in an emergency .

벽에 있는 작은 망치는 비상시에만 사용되어야 한다.

□ 1631 ★★★
engage
[engéidʒ]

ⓥ 참여시키다, 관련시키다; 약혼시키다

The engineer has been engaged in some public projects.

그 기술자는 몇몇 공공 프로젝트에 참여해 왔다.

engagement n. 약속; 계약; 약혼

□ 1632 ★
preoccupy
[pri:ákjupài]

ⓥ 마음을 빼앗다, 몰두하게 하다; 선취하다

He was so preoccupied with music that he couldn't notice my presence.

그는 음악에 너무나 빠진 나머지 내가 있는 것도 알아채지 못했다.

preoccupation n. 사로잡힘, 몰두

□ 1633 ★★★

intensive
[inténsiv]

ⓐ 집중적인, 철저한

This task requires two weeks of intensive training.

이번 임무는 2주간의 집중 훈련을 요한다.

= **concentrated** a. 집중적인

Zoom-in | tens : stretch (늘이다)

tense = tens(stretch)e 팽팽하게 늘린 → 팽팽한
intense = in(toward) + tens(stretch)e …쪽으로 팽팽하게 늘린 → 강렬한
extensive = ex(out) + tens(stretch) + ive(형용사형 접미사) 바깥으로 늘린 → 광범위한

□ 1634 ★★
ingredient
[ingríːdiənt]

ⓝ 성분, 요소; (요리) 재료

The law requires cosmetics makers to list full ingredients on labels.

법은 화장품 제조업체가 라벨에 모든 성분을 표기하도록 하고 있다.

Yum!
Yum!

• 나는 intensive한 영어 스터디에 engage 했다.
• 그는 읽고 있는 책에 preoccupy 되어 emergency 벨이 울리는 것도 몰랐다.

□ 1635 ★★★

embassy
[émbəsi]

ⓝ 대사관

The Korean **Embassy** in the United States is located in Washington, D.C.
주미 한국 대사관은 워싱턴 D.C.에 위치해 있다.

ambassador n. 대사, 사절

□ 1636 ★★★

고1필

correspondence
[kɔ̀ːrəspándəns]

ⓝ 서신 (왕래), 통신; 일치, 유사

This is my new address for **correspondence**.
이것은 서신 왕래를 위한 저의 새 주소입니다.

correspond v. 서신을 주고받다; 일치하다

□ 1637 ★★★

고2필

register
[rédʒistər]

ⓥ 등록하다 ⓝ 등록부

She **registered** for a liberal arts course as an English major.
그녀는 영어 전공자로서 인문 교양 과정에 등록했다.

registration n. 등록   = **enroll** v. 등록하다

□ 1638 ★★

prestigious
[prestídʒəs]

ⓐ 명망 있는; 일류의

He is a **prestigious** researcher having published more than 250 papers in his field.
그는 자기 분야에서 250건 이상의 논문을 출간한 명망 있는 연구원이다.

□ 1639 ★

illuminate
[ilúːmənèit]

ⓥ 밝게 비추다, 조명하다

Ten bronze chandeliers are **illuminating** the hall.
10개의 청동 샹들리에가 그 홀을 밝게 비추고 있다.

illumination n. (불)빛, 조명

□ 1640 ★★★

고1필

exaggerate
[igzǽdʒərèit]

ⓥ 과장하다

His success was largely **exaggerated** by the media.
그의 성공은 대중매체에 의해 크게 과장되었다.

exaggeration n. 과장   **exaggerative** a. 과장적인

Yum!
Yum!

• 그 prestigious한 박사의 업적은 사실 exaggerate된 면이 많다.
• 호주 embassy에서 주최하는 유학 박람회에 참가 register를 했다.

T E S T

A 빈칸에 해당하는 영어 단어 또는 우리말을 쓰시오.

1. 칭찬하다; 칭찬 _____
2. 편견 _____
3. 습기, 습도 _____
4. 비상 (사태) _____
5. 보존하다, 보관하다 _____
6. 피난처; 보호 시설 _____
7. 정당화하다 _____
8. 유명 인사 _____
9. 겸손; 안전함, 단정함 _____
10. 등록하다; 등록부 _____

11. exaggerate _____
12. frustrate _____
13. correspondence _____
14. embassy _____
15. illuminate _____
16. ingredient _____
17. exhaust _____
18. complicated _____
19. certificate _____
20. innovate _____

B 빈칸에 알맞은 단어를 〈보기〉에서 골라 쓰시오.

| adolescence | circulate | competitive | emphasize |
| illustrate | inevitable | intensive | priority |

1. This chart _____s how the body works.
2. Korea has _____ power in automobile industry.
3. This task requires two weeks of _____ training.
4. The process of rapid physical changes in _____ is called puberty.
5. One cannot _____ too much the importance of welfare.
6. We consider your child's safety to be our first _____!
7. Language is a living organism and so change is _____.
8. The heart makes blood _____ throughout the body.

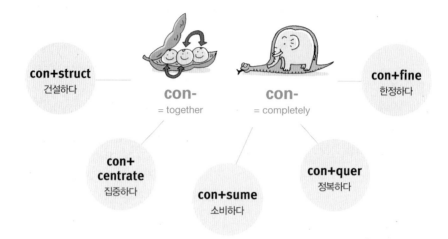

con+struct
건설하다

con-
= together

con-
= completely

con+fine
한정하다

con+
centrate
집중하다

con+sume
소비하다

con+quer
정복하다

---

construct
con(together) + struct(build)
→ 함께 조립해 만들다

동 건설하다
A new bridge is being **constructed** over the river.
새로운 다리가 강 위로 건설되고 있다.

---

concentrate
con(together) + centr(center)
+ ate(동사형 접미사)
→ 함께 모든 것을 중심에 모으다

동 집중하다
Students should **concentrate** on their studies.
학생은 자신의 공부에 집중해야 한다.

---

consume
con(completely) + sume(take)
→ 완전히 취하다(갖다)

동 소비하다
Street signs **consume** large amount of energy.
거리 간판들은 많은 양의 에너지를 소비한다.

---

conquer
con(completely) + quer(seek)
→ 추구하는 바를 완전히 얻다

동 정복하다
The company **conquered** the world market with its disposable blades.
그 회사는 일회용 면도날로 세계 시장을 정복했다.

---

confine
con(completely) + fin(end)e
→ 완전히 끝을 정하다

동 한정하다
The harvest is **confined** to a few weeks.
수확은 몇 주에 한정된다.

DAY 42

어휘 더하기 : 어원 de-

01	02	03	04	05	06	07	08	09	10
●	●	●	●	●	●	●	●	●	●

11	12	13	14	15	16	17	18	19	20
●	●	●	●	●	●	●	●	●	●

21	22	23	24	25	26	27	28	29	30
●	●	●	●	●	●	●	●	●	●

31	32	33	34	35	36	37	38	39	40
●	●	●	●	●	●	●	●	●	●

41	42	43	44	45
●	●			

Day 41 | Review

앞에서 학습한 단어를 얼마나 기억하는지 체크해 보세요.
기억이 나지 않는 단어는 다시 한 번 학습하세요.

- □ interfere
- □ reconcile
- □ complicated
- □ adolescence
- □ innovate
- □ competitive
- □ exhaust
- □ shelter
- □ compliment
- □ humidity
- □ preserve
- □ circulate
- □ breathtaking
- □ numerical
- □ prejudice

- □ justify
- □ certificate
- □ glimpse
- □ inevitable
- □ emphasize
- □ frustrate
- □ modesty
- □ emergency
- □ preoccupy
- □ intensive
- □ ingredient
- □ correspondence
- □ prestigious
- □ illuminate
- □ exaggerate

□ 1641 ★★★

 misleading
[mislíːdiŋ]

ⓐ 오해를 불러일으키는

Some ads contain highly **misleading** or inaccurate information.

어떤 광고들은 오해를 불러일으키기 쉽거나 부정확한 정보를 포함하고 있다.

mislead v. 잘못 이끌다; 오해하게 하다

□ 1642 ★★

stubborn
[stʌ́bərn]

ⓐ 완고한, 고집 센

He is pretty **stubborn** about his political beliefs.

그는 자신의 정치적 신념에 대해 상당히 완고하다.

= **obstinate** a. 완고한, 고집 센

□ 1643 ★★★

 flavor
[fléivər]

ⓝ 풍미, 맛; 향신료   ⓥ 맛을 내다, 맛을 더하다

Fresh herbs add wonderful **flavor** to many dishes.

신선한 허브는 많은 요리에 훌륭한 풍미를 더한다.

flavorous a. 풍미 있는

□ 1644 ★★

reluctant
[rilʌ́ktənt]

ⓐ 꺼리는, 마지못해 하는

Don't be **reluctant** to ask other people for help.

다른 사람에게 도움을 청하는 것을 꺼리지 마라.

reluctance n. 마지못해 함

□ 1645 ★★★

 errand
[érənd]

ⓝ 심부름; 용무

He spent the weekend running an **errand** for his mother.

그는 어머니 심부름을 하며 주말을 보냈다.

㉑ **run an errand** 심부름하다

□ 1646 ★★★

 genuine
[dʒénjuin]

ⓐ 진짜의; 진실한

He boasted of his **genuine** leather shoes from Italy.

그는 이탈리아에서 만든 진짜 가죽 구두를 뽐냈다.

= **authentic** a. 진짜의

• stubborn 한 그 노인은 새로운 변화를 reluctant해 한다.
• 엄마는 내게 요리에 flavor를 더할 허브를 사오라고 errand를 시켰다.

□ 1647 ★★
acquaint
[əkwéint]

ⓥ 알려주다, 전하다; 잘 알게 하다; 소개하다

David **acquainted** me that he would arrive at 3 p.m.
David은 내게 그가 오후 3시에 도착할 것이라고 알려줬다.

acquaintance n. 아는 사이, 면식, 교제; 잘 알고 있음
㊗ **be acquainted with** …을 알다, …와 아는 사이가 되다

□ 1648 ★★★

auditory
[ɔ́ːditɔ̀ːri]

ⓐ 청각의

Auditory system transmits signals to the brain for sound processing.
청각 기관은 소리의 처리를 위해 뇌로 신호를 전달한다.

Ⓩoom-in ǀ aud : hear (듣다)
audible = aud(hear) + ible(형용사형 접미사) 들리는
audience = aud(hear)i + ence(명사형 접미사) 듣는 사람들의 집단 → 청중
auditorium = aud(hear)i + torium(room) 강당

□ 1649 ★★★

eternal
[itə́ːrnl]

ⓐ 영원한, 불멸의

It's an **eternal** truth God helps those who help themselves.
하늘은 스스로 돕는 자를 돕는다는 것은 영원한 진리이다.

eternity n. 영원, 불멸   **eternally** ad. 영원히

□ 1650 ★★★

internal
[intə́ːrnl]

ⓐ 내부의

Bones protect **internal** organs and give support for them.
뼈는 내장을 보호하고 그것들을 지탱해 준다.

↔ **external** a. 외부의

□ 1651 ★★★
generate
[dʒénərèit]

ⓥ 발생시키다, 만들어내다

Most electricity is **generated** by burning fossil fuels.
대부분의 전기가 화석 연료를 태움으로써 발생된다.

generation n. 발생, 생성; 세대

Yum!
Yum!

• 에너지를 generate하는 데 쓸 화석 연료가 eternal한 것은 아니다.
• 귀의 internal part에는 섬세한 auditory 기관들이 있다.

□ 1652 ★★★
furnished
[fə́ːrniʃt]

ⓐ 가구가 비치된
Furnished apartments are perfect for short-term stays.
가구가 비치된 아파트는 단기 체류에 안성맞춤이다.

□ 1653 ★★★
 고2필
rehearse
[rihə́ːrs]

ⓥ 리허설[예행 연습]을 하다
Actors **rehearse** their scripts in advance.
배우들은 그들의 대본을 미리 리허설한다.

□ 1654 ★★★
 고1필
transfer
[trænsfə́ːr] ⓥ
[trǽnsfəːr] ⓝ

ⓥ 옮기다, 이동하다 ⓝ 이동
USB drives are used to **transfer** data between computers.
USB 드라이브는 컴퓨터 사이에서 데이터를 옮기는 데 사용된다.

□ 1655 ★★
orphan
[ɔ́ːrfən]

ⓝ 고아 ⓥ 고아로 만들다
Natural disasters often make **orphans** of children.
자연재해는 종종 아이들을 고아로 만든다.

orphanage n. 고아원

□ 1656 ★★★
innocent
[ínəsnt]

ⓐ 무죄인, 결백한; 순진한
The jury will decide if he is **innocent** or guilty.
배심원단이 그가 무죄인지 유죄인지를 결정할 것이다.

innocence n. 무죄; 순진   ↔ **guilty** a. 유죄의

□ 1657 ★
extracurricular
[èkstrəkəríkjulər]

ⓐ 과외의, 교과과정 이외의
Students take part in various **extracurricular** activities
after school.
학생들은 방과 후에 다양한 과외 활동에 참여한다.

↔ **curricular** a. 교과과정의   cf. **curriculum** n. 교과과정

□ 1658 ★★★
 고2필
capacity
[kəpǽsəti]

ⓝ 수용력; 용량
The stadium's seating **capacity** will increase to over 40,000.
그 경기장의 좌석 수용력이 4만 석 이상으로 증축될 것이다.

capacious a. 용량이 큰

Yum!
Yum!

• 전쟁이 일어나면 innocent한 많은 아이들이 orphan이 되는 경우가 생겨요.
• 다른 도시의 지사로 transfer하면 furnished된 아파트를 빌릴거야.

□ 1659 ★
bumpy
[bʌ́mpi]

ⓐ 울퉁불퉁한, 융기된

You should drive at slow speeds on bumpy roads.
울퉁불퉁한 길에서는 저속으로 운전해야 한다.

bump n. 융기 v. 부딪히다

□ 1660 ★★★
inhabit

[inhǽbit]

ⓥ 거주하다, 살다

Man has never inhabited this remote region.
인간이 이 외진 지역에 거주한 적이 없다.

inhabitant n. 거주민, 서식 동식물

□ 1661 ★★★
favorable
[féivərəbl]

ⓐ 호의적인, 우호적인

His new novel received favorable reviews from critics.
그의 새 소설은 비평가들로부터 호평을 받았다.

favor n. 호의 v. 호의를 보이다, 찬성하다 ↔ hostile 적대적인

□ 1662 ★★
assignment
[əsáinmənt]

ⓝ 과제, 임무

Students have too much assignment in a limited amount of time.
학생들은 한정된 시간에 (처리하기에는) 너무 많은 과제를 받는다.

assign v. 부과하다, 배정하다

Ⓩoom-in ǀ sign : mark (표시, 신호)

assign = as(to) + sign(mark) 각각에게 표시하여 나눠주다 → 부과하다

signal = sign(mark) + al(형용사형 접미사) 표시하여 알려주는 → 신호의

designate = de(out) + sign(mark) + ate(동사형 접미사) 표시하여 꺼내 보이다 → 지명하다

□ 1663 ★★★
expense
[ikspéns]

ⓝ 비용, 경비

Living expenses depend on a person's standard of living.
생활비는 개인의 생활 수준에 따라 결정된다.

expend v. 쓰다, 지출하다

Yum!
Yum!

• assignment를 완수한 직원에게는 favorable 한 평가가 이뤄져야 한다.

• 그 지역에 inhabit 하려면 expense가 많이 든다.

□ 1664 ★★★

 ritual
[rítʃuəl]

ⓝ 의식, 의례   ⓐ 의식(상)의

A prayer is a religious ritual done in many religions.
기도는 많은 종교에서 행해지는 종교적 의식이다.

□ 1665 ★★★

 occasion
[əkéiʒən]

ⓝ 경우, 때; 행사

His speech was inappropriate to the occasion.
그의 연설은 그 행사에 어울리지 않았다.

occasional a. 때때로의, 가끔의

□ 1666 ★★

interpret
[intə́:rprit]

ⓥ 해석하다, 이해하다; 통역하다

Don't interpret my silence as an agreement.
나의 침묵을 동의로 해석하지 마라.

□ 1667 ★★★

 opponent
[əpóunənt]

ⓝ 상대, 적수; 반대자

The young player dominated his opponent in every aspect.
그 어린 선수는 모든 면에서 상대를 압도했다.

opposite a. 반대편의

□ 1668 ★★★

mature
[mətʃúər]

ⓐ 성숙한, 다 자란; 어른스러운   ⓥ 성숙해지다

Time flies, and the little girl has grown up into a mature woman.
세월은 쏜살같이 흘러 그 어린 소녀가 성숙한 여인으로 성장했다.

maturity n. 성숙, 원숙   ↔ **immature** a. 미숙한

□ 1669 ★★★

journal
[dʒə́:rnəl]

ⓝ 잡지, 신문, 정기 간행물

There are over 1,000 free online journals available to the public.
대중이 이용할 수 있는 1천 개가 넘는 무료 온라인 잡지들이 있다.

journalism n. 저널리즘   **journalist** n. 저널리스트, 기자

 Yum! Yum!

- 나는 영어로 출간되는 그 journal의 내용 대부분을 interpret할 수 있어.
- opponent 팀의 승리를 축하해 주는 mature한 자세가 중요해.

□ 1670 ★★★
tumble
[tʌ́mbl]
ⓥ 굴러 떨어지다　ⓝ 굴러 떨어짐
The woman riding a bicycle lost balance and **tumbled** over.
자전거를 타고 가던 한 여성이 균형을 잃고 굴러 떨어졌다.

□ 1671 ★★★
eventually
[ivéntʃuəli]
ⓐⓓ 결국, 최후에는
No storm lasts forever, **eventually** the sun does come
out again.
어떤 폭풍도 영원히 지속되지 않으며, 결국 태양은 다시 비춘다.

eventual a. 최종적인, 궁극적인
= **finally** ad. 결국

oom-in ㅣ **vent, ventil : come, occur (오다, 생겨나다)**
　　　event**ual** = e(out) + vent(come) + ual(형용사형 접미사) 도래한 일의 결과에 관한 → 최종적인
　　　ad**vent** = ad(to) + vent(come) 중요한 것이 도착함 → 도래, 등장
　　　ventilate = ventil(occur) + lat(carry)e 공기가 생겨서 옮기다 → 환기하다

□ 1672 ★★★
indifferent
[indífərənt]
ⓐ 무관심한
There are very few people who are **indifferent** to music.
음악에 무관심한 사람은 거의 없다.

indifference n. 무관심

□ 1673 ★★
flattery
[flǽtəri]
ⓝ 아첨, 아부
Flattery is honeyed poison.
아첨은 달콤한 독약이다.

flatter v. 아첨하다

□ 1674 ★★★
arrogance
[ǽrəgəns]
ⓝ 오만, 거만
People often confuse confidence with **arrogance**.
사람들은 종종 자신감과 오만함을 혼동한다.

arrogant a. 오만한, 거만한

 Yum!
Yum!
• 시설물 안전에 대한 indifference가 eventually 대형 사고로 이어졌다.
• arrogant한 사람은 flattery에 현혹되기 쉽다.

□1675 ★★
enforce
[infɔ́ːrs]

ⓥ (법률 등을) 집행하다, 시행하다; 강요하다
It is the police force that enforces the law.
법을 집행하는 것은 바로 경찰력이다.

enforcement n. 시행; 강제

□1676 ★★
federal
[fédərəl]

ⓐ 연방의
Close coordination is needed for the investigation
between state and federal governments.
조사를 위해 주 정부와 연방 정부의 긴밀한 공조가 요구된다.

federation n. 연방 국가; 연합(체)

□1677 ★★★
therapy
[θérəpi]

ⓝ 치료, 요법
Music therapy is useful in relieving stress and other
conditions.
음악 치료는 스트레스 및 다른 질환을 완화하는 데 도움이 된다.

therapist n. 치료사

□1678 ★★★

warranty
[wɔ́ːrənti]

ⓝ 보증(서)
The warranty covers all parts and labor costs.
(수리 시의) 모든 부속과 작업 비용이 보증에 의해 충당된다.

□1679 ★★★

peninsula
[pənínʃulə]

ⓝ 반도
The Korean Peninsula is surrounded
by water on three sides.
한반도는 삼면이 바다로 둘러싸여 있다.

peninsular a. 반도의

□1680 ★★★

occupy
[ákjupài]

ⓥ 차지하다; 점령하다
Tourism occupies a dominant position in the economy
of the island.
관광업은 그 섬의 경제에 있어 주요한 위치를 차지한다.

occupancy n. 점유; 점령   occupant n. 점유자

Yum!
Yum!

• 이 peninsula는 오래 전부터 여러 부족의 원주민이 occupy하고 있다.
• federal government는 그 회사에 법원의 사업정지 명령을 enforce했다.

TEST

A 빈칸에 해당하는 영어 단어 또는 우리말을 쓰시오.

1. 과제, 임무 _____
2. 연방의 _____
3. 비용, 경비 _____
4. 옮기다; 이동 _____
5. 의식; 의례 _____
6. 치료, 요법 _____
7. 호의적인 _____
8. 발생시키다 _____
9. 풍미, 맛 _____
10. 결국, 최후에는 _____

11. indifferent _____
12. internal _____
13. warranty _____
14. ritual _____
15. inhabit _____
16. auditory _____
17. eternal _____
18. flattery _____
19. furnished _____
20. arrogance _____

B 빈칸에 알맞은 단어를 〈보기〉에서 골라 쓰시오.

capacity	enforce	genuine	innocent
interpret	mature	opponent	reluctant

1. It is the police force that _____s the law.

2. The jury will decide if he is _____ or guilty.

3. Don't be _____ to ask other people for help.

4. The stadium's seating _____ will increase to over 40,000.

5. He boasted of his _____ leather shoes from Italy.

6. The young player dominated his _____ in every aspect.

7. Time flies, and the little girl has grown up into a _____ woman.

8. Don't _____ my silence as an agreement.

Answer Keys

A 1. assignment 2. federal 3. expense 4. transfer 5. ritual 6. therapy 7. favorable 8. generate
9. flavor 10. eventually 11. 무관심한 12. 내부의 13. 보증(서) 14. 의식; 의식(상)의 15. 거주하다, 살다 16. 청각의
17. 영원한, 불멸의 18. 아첨, 아부 19. 가구가 비치된 20. 오만, 거만 B 1. enforce 2. innocent 3. reluctant
4. capacity 5. genuine 6. opponent 7. mature 8. interpret

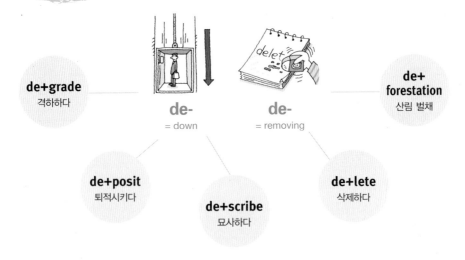

de+grade
격하하다

de-
= down

de-
= removing

de+ forestation
산림 벌채

de+posit
퇴적시키다

de+scribe
묘사하다

de+lete
삭제하다

---

degrade
de(down) + grade
→ 등급을 내리다

동 격하하다, 질을 떨어뜨리다
He **degraded** himself by acting childish.
그는 어린애처럼 행동해서 자신의 격을 떨어뜨렸다.

---

deposit
de(down) + posit(place)
→ 아래에 내려놓다

동 퇴적시키다; 예금〔예치〕하다   명 퇴적물; 예금
A layer of fine soil was **deposited** by winds carrying desert dust.
사막의 먼지를 실어나르는 바람에 의해 세립토층이 퇴적되었다.

---

describe
de(down) + scribe(write)
→ 내리적다

동 묘사하다
This book **describes** the process in detail.
이 책은 그 공정을 상세하게 묘사하고 있다.

---

delete
de(removing) + lete(wipe)
→ 닦아 없애다

동 삭제하다, 지우다
Delete unused programs on your computer.
컴퓨터에서 쓰지 않는 프로그램들을 삭제하라.

---

deforestation
de(removing) + forest
+ ation(명사형 접미사)
→ 숲을 제거함

명 산림 벌채〔파괴〕
Deforestation is one of the major contributors to global warming.
산림 벌채는 지구온난화 현상의 주요 원인 중 하나이다.

DAY 43

어휘 더하기 : 어원 re-

01	02	03	04	05	06	07	08	09	10
●	●	●	●	●	●	●	●	●	●

11	12	13	14	15	16	17	18	19	20
●	●	●	●	●	●	●	●	●	●

21	22	23	24	25	26	27	28	29	30
●	●	●	●	●	●	●	●	●	●

31	32	33	34	35	36	37	38	39	40
●	●	●	●	●	●	●	●	●	●

41	42	43	44	45
●	●	●		

Day 42 | Review

앞에서 학습한 단어를 얼마나 기억하는지 체크해 보세요.
기억이 나지 않는 단어는 다시 한 번 학습하세요.

☐ stubborn   ☐ assignment
☐ ritual   ☐ expense
☐ errand   ☐ occasion
☐ genuine   ☐ interpret
☐ reluctant   ☐ mature
☐ generate   ☐ tumble
☐ eternal   ☐ eventually
☐ internal   ☐ indifferent
☐ auditory   ☐ flattery
☐ furnished   ☐ arrogance
☐ orphan   ☐ enforce
☐ innocent   ☐ federal
☐ capacity   ☐ therapy
☐ bumpy   ☐ peninsula
☐ inhabit   ☐ occupy

□ 1681 ★

abruptly
[əbrʎptli]

ⓐⒹ 갑자기, 뜻밖에

The traffic light was green, but the driver **abruptly** stopped.
교통 신호는 녹색이었는데 운전자가 갑자기 멈춰섰다.

= **suddenly** ad. 갑자기

□ 1682 ★★★

acknowledge
[æknɑ́lidʒ]

ⓥ 인정하다

Miller **acknowledged** he broke the law but said it was
"unintentional."
Miller는 법을 어겼음을 인정했지만 '고의는 아니었다'고 말했다.

acknowledgement n. 인정

□ 1683 ★★★

attendant
[ət120ndənt]

ⓝ 종업원, 수행원; 참석자   ⓐ 수반하는; 참석한

The plane was carrying 81 passengers, 9 flight **attendants**
and 2 pilots.
그 비행기는 81명의 승객과 9명의 승무원, 2명의 조종사를 태우고 있었다.

attendance n. 출석, 참석; 수행   **attend** v. 참석하다; 수행하다

□ 1684 ★★★

demonstrate
[démənstrèit]

ⓥ 입증하다; 시범을 보이다

He **demonstrated** that the vaccine was safe and effective.
그는 백신이 안전하고 효과적임을 입증했다.

demonstration n. 입증; 시범

□ 1685 ★★

pollutant
[pəlúːtənt]

ⓝ 오염 물질, 오염원

A wide variety of air **pollutants** affect the natural
functioning of the ecosystem.
매우 다양한 공해 물질들이 생태계의 자연적인 기능에 영향을 미친다.

pollute v. 오염시키다   **pollution** n. 오염

□ 1686 ★★

pesticide
[péstəsàid]

ⓝ 살충제, 농약

We need to reduce the use of hazardous **pesticides**.
우리는 해로운 살충제 사용을 줄일 필요가 있다.

pest n. 해충

**Yum!
Yum!**

• 내가 너의 오류를 demonstrate하면 너는 실수를 acknowledge해야해.
• 농작물에 살포되는 pesticide는 심각한 pollutant가 되기도 한다.

□ 1687 ★★★

고1필 **particularly**
[pərtíkjulərli]

ⓐ 특히, 특별히

We're **particularly** interested in financial markets.
우리는 특히 금융 시장에 관심이 있다.

particular a. 특별한; 특정한
= **especially** ad. 특히

 oom-in l **part : cut, divide (분할하다, 나누다)**
de**part**ure = de(from) + part(cut) + ure(명사형 접미사) …에서 떨어져 나감; 출발
partition = part(cut)i + tion(명사형 접미사) 분할; 칸막이
particle = part(divide)i + cle(명사형 접미사) 입자
com**part**ment = com(completely) + part(divide) + ment(명사형 접미사) 객실; 칸

□ 1688 ★★★

고1필 **considerate**
[kənsídərət]

ⓐ 사려 깊은

It is very **considerate** of you to give up your place for your friend.
친구를 위해 자리를 포기하다니 참 사려 깊구나.

consider v. 고려하다, 사려하다   **consideration** n. 고려, 숙고

□ 1689 ★★

pedestrian
[pədéstriən]

ⓝ 보행자 ⓐ 보행자의

Pedestrians must use a crosswalk when crossing streets.
보행자는 도로를 건널 때 반드시 횡단보도를 이용해야 한다.

□ 1690 ★★

administration
[ædmìnəstréiʃən]

ⓝ 행정〔관리〕 (기관)

The **administration** hopes Congress will approve the bill.
행정부는 의회가 그 법률안을 승인해 주기를 바란다.

administer v. 관리하다   **administrative** a. 행정〔관리〕상의

□ 1691 ★★★

고1필 **diversity**
[divə́:rsəti]

ⓝ 다양(성)

An ecosystem that is low on **diversity** is in danger.
다양성이 부족한 생태계는 위험에 처하게 된다.

diverse a. 다양한   **diversify** v. 다양화하다

 Yum!
Yum!

• 국제화시대에 문화의 **diversity**를 인정하는 것은 **particularly** 중요해.
• 그 **considerate**한 기사는 **pedestrians**를 배려하며 천천히 운전했다.

□ 1692 ★

perseverance
[pə̀:rsəvírəns]

ⓝ 인내(심)

Great works are performed not by strength, but by **perseverance**.
위대한 일은 힘이 아니라 인내로 성취된다.

persevere v. 참다, 인내하다

□ 1693 ★★

comprehension
[kàmprihénʃən]

ⓝ 이해(력)

With a few techniques you can increase your reading **comprehension**.
몇 가지 기법으로 당신은 독해 이해력을 증진시킬 수 있다.

comprehend v. 이해하다　　**comprehensive** a. 이해의; 총체적인

□ 1694 ★★★

desperate
[déspərət]

ⓐ 절망적인; 필사적인

Food was in **desperate** shortage, and production fell dramatically.
식량은 절망적일 만큼 부족했고, 생산은 극적으로 감소했다.

desperation n. 절망; 필사적임　　**desperately** ad. 절망적으로

□ 1695 ★★★

 고1필

summarize
[sʌ́məràiz]

ⓥ 요약하다

Summarize the article below in a short paragraph.
아래 기사를 짧은 한 단락으로 요약하시오.

summary n. 요약, 개요　a. 요약한; 간략한

□ 1696 ★★★

 고2필

republican
[ripʌ́blikən]

ⓐ 공화당의　ⓝ 공화당원

The **Republican** candidate was expected to win by a landslide.
공화당 후보가 압도적인 득표로 이길 것으로 예상되었다.

republic n. 공화국

□ 1697 ★★

regardless
[rigá:rdlis]

ⓐⓓ 개의치〔상관하지〕 않고

A rule is a rule **regardless** of the situation.
상황에 관계없이 규칙은 규칙이다.

Yum! Yum!
- comprehension이 안 되면 summarize하는 것은 당연히 불가능해요.
- 그는 desperate한 상황을 불굴의 투지와 perseverance로 극복해 나갔다.

□ 1698 ★★★

survey
[sə́ːrvei] ⓝ
[səːrvéi] ⓥ

ⓝ (설문) 조사   ⓥ 조사하다; 측량하다

A recent **survey** indicates housing costs continue to rise.
최근의 한 조사는 주택비용이 계속 오르고 있음을 나타낸다.

□ 1699 ★★
medication
[mèdəkéiʃən]

ⓝ 약물 (치료)

Exercise and a healthy diet can replace **medication** to relieve insomnia.
운동과 건강한 식단은 불면증을 완화하는 약물 치료를 대신할 수 있다.

oom-in ┃ **medy(medi), medic: heal, cure (치료하다)**
remedy = re(completely) + medy(cure) 치료
medication = medic(healing) + ation(명사형 접미사) 약물 (치료)
medicine = medic(healing) + ine(명사형 접미사) 의학, 약

□ 1700 ★★★
chore
[tʃɔːr]

ⓝ 잡일, 허드렛일

Husbands must share house **chores** with wives.
남편은 아내와 가사일을 분담해야 한다.

□ 1701 ★★
conscience
[kánʃəns]

ⓝ 양심

Never do anything against your **conscience** even if the state demands it.
심지어 국가가 요구할지라도 절대로 너의 양심에 어긋나는 일을 하지 마라.

□ 1702 ★★★
stability
[stəbíləti]

ⓝ 안정(성)

Our software helps improve your system's **stability**.
저희 소프트웨어는 당신의 시스템의 안정성 향상을 돕습니다.

stable a. 안정된, 안정적인

□ 1703 ★★
invisible
[invízəbl]

ⓐ 보이지 않는, 볼 수 없는

Electromagnetic fields are **invisible**, but exist everywhere on Earth.
전자자기장은 우리 눈에 보이지 않지만, 지구상 어디든지 존재한다.

Yum!
Yum!

• 인간의 conscience는 invisible 하지만 실제로 우리 사회를 유지시켜 준다.
• 이 medication을 복용하고 당분간 household chores는 잊으세요.

□ 1704 ★
enlighten
[inláitn]

ⓥ 계몽하다, 교화하다
Literature **enlightens** the human mind and spirit.
문학은 인간의 마음과 정신을 계몽한다.

enlightenment n. 계몽, 교화

□ 1705 ★★★

circumstance
[sə́:rkəmstæns]

ⓝ 상황, 정황
A hasty decision should be avoided under any **circumstances**.
어떤 상황에서도 성급한 결정은 피해야 한다.

□ 1706 ★★★

document
[dάkjumənt]

ⓝ 서류, 문서   ⓥ 문서화하다
You need to ask for copies of relevant **documents**.
당신은 관련 서류의 사본을 요구해야 한다.

documentary a. 서류의, 문서의 n. 기록 영화

□ 1707 ★★
submission
[səbmíʃən]

ⓝ 제출; 항복, 굴복
Your electronic **submission** is due on August 25th.
(인터넷을 이용한) 전자 제출은 8월 25일까지가 기한이다.

submit v. 제출하다; 굴복하다

□ 1708 ★★★
insight
[ínsàit]

ⓝ 통찰력
His new film offers **insights** into the very nature of American society.
그의 새로운 영화는 미국 사회의 진정한 본질에 대한 통찰력을 제공한다.

= **perception** n. 통찰력; 지각

□ 1709 ★★
clarity
[klǽrəti]

ⓝ 명료함, 명확성
If you are vague in your mind, your writing will lack **clarity**.
만일 당신의 생각이 애매하다면 당신의 글은 명료함이 부족할 것이다.

clarify v. 명료하게 하다
↔ **obscurity** n. 모호함

Yum! Yum!
• 필요한 document를 정해진 기한까지 submit하시오.
• clarity를 갖춘 글은 우리에게 그 소재 및 주제에 대한 insight를 준다.

□ 1710 ★★★

fertile
[fɔ́ːrtl]

ⓐ 비옥한; 생식력 있는

Organic matter makes the soil very **fertile**.
유기물은 토양을 매우 비옥하게 만들어 준다.

fertility n. 비옥함; 생식력　　**fertilize** v. 비옥하게 하다
↔ **sterile** a. 메마른; 불임의

□ 1711 ★★★

vivid
[vívid]

ⓐ 생생한

Vivid and clear descriptions make stories come alive.
생생하고 명확한 묘사는 이야기를 살아 숨쉬게 한다.

oom-in ┃ viv, vita: life, alive (생명, 생기 넘치는)
　　vivid = viv(alive)id　생명력이 넘치는 → 생생한
　　revive = re(again) + viv(life)e　부활하다
　　vital = vita(life) + al(형용사형 접미사)　생명에 중요한

□ 1712 ★★★
enhance
[enhǽns]

ⓥ 강화하다, 향상시키다

China is trying to **enhance** its influence in East Asia.
중국은 동아시아에서의 영향력을 강화하려 애쓰고 있다.

enhancement n. 강화, 증진

□ 1713 ★★★
discipline
[dísəplin]

ⓝ 규율; 훈련　　ⓥ 훈육하다

If children aren't learning **discipline** at school, they'll never learn it.
아이들이 학교에서 규율을 배우지 않는다면 그것을 절대 배울 수 없을 것이다.

□ 1714 ★
superficial
[sùːpərfíʃəl]

ⓐ 피상적인, 겉만의; 표면상의

His analysis of the market is too **superficial**.
그의 시장 분석은 너무 피상적이다.

↔ **detailed** a. 상세한

Yum!
Yum!

• **discipline**이 잘 지켜지면 생산성과 효율성을 **enhance** 할 수 있다.
• 그런 **superficial**한 관찰로는 **vivid** 한 묘사가 불가능해.

□ 1715 ★★★

appropriate
[əpróuprièit]

ⓐ 적절한

Tell your children that you appreciate their **appropriate** behavior.
자녀들에게 당신이 그들의 적절한 행동을 높이 평가한다는 것을 말하시오.

□ 1716 ★★★
contrary
[kántreri]

ⓐ 반대의　ⓝ 반대(되는 것)

Contrary to popular belief, cats and dogs can be playmates.
대중적인 믿음과는 반대로 고양이와 개는 놀이 친구가 될 수 있다.

□ 1717 ★★
relieve
[rilíːv]

ⓥ 덜어주다, 완화하다; 구하다

Yoga helps **relieve** physical pain.
요가는 신체적 통증을 완화하는 데 도움이 된다.

relief n. 경감, 완화; 구호

□ 1718 ★★
disturb
[distə́ːrb]

ⓥ 방해하다; 불안하게 하다

Please, don't **disturb** me while I'm studying.
내가 공부하는 동안에는 방해하지 말아주세요.

disturbance n. 방해; 불안
= **interrupt** v. 방해하다

□ 1719 ★★★

verbal
[və́ːrbəl]

ⓐ 언어의, 말의, 구두의

Communication is achieved through **verbal** or nonverbal means.
의사소통은 언어적 또는 비언어적 수단을 통해 이루어진다.

□ 1720 ★★★

visualize
[víʒuəlàiz]

ⓥ 시각화하다

We can **visualize** virtual landscapes using hologram technology.
우리는 홀로그램 기술을 이용해 가상 풍경을 시각화할 수 있다.

visualization n. 시각화, 구상화

Yum!
Yum!

• 그는 그 계획을 disturb 하기 위해 contrary 되는 의견을 제시했다.
• appropriate한 양의 카페인은 피로감을 relieve하는 데 도움이 된다.

TEST

A 빈칸에 해당하는 영어 단어 또는 우리말을 쓰시오.

1. 요약하다 _____
2. 오염 물질, 오염원 _____
3. 보이지 않는 _____
4. 비옥한; 생식력 있는 _____
5. (설문)조사; 조사하다 _____
6. 생생한 _____
7. 서류; 문서화하다 _____
8. 다양(성) _____
9. 반대의; 반대 _____
10. 통찰력 _____

11. considerate _____
12. particularly _____
13. acknowledge _____
14. comprehension _____
15. conscience _____
16. republican _____
17. pedestrian _____
18. superficial _____
19. circumstance _____
20. discipline _____

B 빈칸에 알맞은 단어를 〈보기〉에서 골라 쓰시오.

| administration | appropriate | desperate | enhance |
| perseverance | relieve | stability | submission |

1. The _____ hopes Congress will approve the bill.

2. Food was in _____ shortage, and production fell dramatically.

3. China is trying to _____ its influence in East Asia.

4. Great works are performed not by strength, but by _____.

5. Tell your children that you appreciate their _____ behavior.

6. Your electronic _____ is due on August 25th.

7. Our software helps improve your system's _____.

8. Yoga helps _____ physical pain.

Answer Keys

A 1. summarize 2. pollutant 3. invisible 4. fertile 5. survey 6. vivid 7. document 8.diversity
9. contrary 10. insight 11. 사려 깊은 12. 특히, 특별히 13. 인정하다 14. 이해(력) 15. 양심 16. 공화당의; 공화당원
17. 보행자; 보행자의 18. 피상적인; 표면상의 19. 상황, 정황 20. 규율; 훈육하다　**B** 1. administration
2. desperate 3. enhance 4. perseverance 5. appropriate 6. submission 7. stability 8. relieve

어휘＋ 더하기 어원 re-

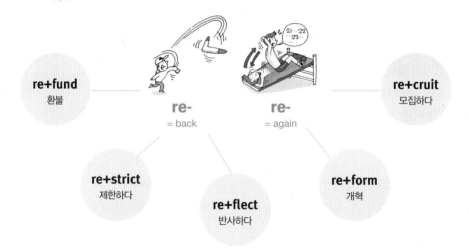

re+fund
환불

re-
= back

re-
= again

re+cruit
모집하다

re+strict
제한하다

re+flect
반사하다

re+form
개혁

---

refund
re(back) + fund(pour)
→ 되돌려 쏟아 붓다

(명) 환불　(동) 환불하다

You can get a **refund** if you are not satisfied with the service.
서비스에 만족하지 못할 시 환불 받으실 수 있습니다.

---

restrict
re(back) + strict(press)
→ 제자리로 가도록 누르다

(동) 제한하다

For security reasons, access to the building is **restricted** at night.
보안상의 이유로 밤에는 건물 출입이 제한된다.

---

reflect
re(back) + flect(turn)
→ 제자리로 되돌아가다

(동) 반사하다

A mirror **reflects** light.
거울은 빛을 반사한다.

---

reform
re(again) + form
→ 모양을 다시 만들다

(명) 개혁　(동) 개혁하다

Many people are afraid of changes and **reform**.
많은 사람들이 변화와 개혁을 두려워한다.

---

recruit
re(again) + cruit(grow)
→ (인원을) 다시 늘리다

(동) 모집하다, 선발하다　(명) 신입 사원, 신입 회원

They **recruited** new members to the club.
그들은 클럽에 새로운 회원을 모집했다.

DAY
44

어휘 더하기 : 어원 sub- / sup-

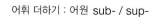

01	02	03	04	05	06	07	08	09	10
11	12	13	14	15	16	17	18	19	20
21	22	23	24	25	26	27	28	29	30
31	32	33	34	35	36	37	38	39	40
41	42	43	44	45					

Day 43 | Review

앞에서 학습한 단어를 얼마나 기억하는지 체크해 보세요.
기억이 나지 않는 단어는 다시 한 번 학습하세요.

- ☐ abruptly
- ☐ acknowledge
- ☐ attendant
- ☐ pollutant
- ☐ pesticide
- ☐ considerate
- ☐ diversity
- ☐ perseverance
- ☐ comprehension
- ☐ desperate
- ☐ regardless
- ☐ pedestrian
- ☐ medication
- ☐ chore
- ☐ conscience

- ☐ stability
- ☐ invisible
- ☐ enlighten
- ☐ circumstance
- ☐ submission
- ☐ insight
- ☐ fertile
- ☐ superficial
- ☐ enhance
- ☐ discipline
- ☐ vivid
- ☐ appropriate
- ☐ contrary
- ☐ relieve
- ☐ disturb

wow!!

□ 1721 ★★
consistency
[kənsístənsi]

ⓝ 일관성, 한결같음

Consistency is very important to succeed in any aspect of life.

일관성은 삶의 어떤 측면에서든지 성공하는 데 가장 중요하다.

□ 1722 ★
intensify
[inténsəfài]

ⓥ 강화하다; 심해지다

South and North Korea should intensify their talk of peace gradually.

남한과 북한은 평화 회담을 점차적으로 강화해야 한다.

□ 1723 ★★★
specialize
[spéʃəlàiz]

ⓥ 전문화하다

These members are specialized in emergency assistance.

이 단원들은 긴급 지원을 전문으로 한다.

specialist n. 전문가 **specialization** n. 전문화

□ 1724 ★★★

 고2필
relevant
[réləvənt]

ⓐ 관련 있는; 적절한

Education should be relevant to tomorrow's job market.

교육은 미래의 구직 시장과 관련이 있어야 한다.

relevance n. 관련성; 타당성, 적절

□ 1725 ★★★
rectangular
[rektǽŋgjulər]

ⓐ 직사각형의

The "shield kite," a Korean traditional kite, has a rectangular shape.

한국의 전통 연인 '방패연'은 직사각형 모양이다.

rectangle n. 직사각형

□ 1726 ★★★
browse
[brauz]

ⓥ 둘러보다; 대강 읽다

We now can browse online shops using our mobile phones at any time.

이제 우리는 휴대전화를 이용하여 언제나 온라인 상점들을 둘러볼 수 있다.

Yum! Yum!

• 논리에 consistency가 없다면 relevant한 주장을 펼 수 없어요.
• 한 분야에만 specialize해도 경쟁력을 크게 intensify할 수 있어요.

□ 1727 ★★★

characteristic
[kæ̀riktərístik]

ⓝ 특징

Viruses have some **characteristics** of living things.
바이러스는 살아 있는 생명체의 몇몇 특징을 갖고 있다.

□ 1728 ★★

paralyze
[pǽrəlàiz]

ⓥ 마비시키다

His whole body was **paralyzed** in the freezing water.
얼어붙는 듯한 물속에서 그의 온몸은 마비되었다.

paralysis n. 마비

□ 1729 ★★★

encounter
[inkáuntər]

ⓥ 맞닥뜨리다, 마주치다; 우연히 만나다   ⓝ 만남, 조우

It was the worst storm I have ever **encountered**.
그것은 내가 지금까지 맞닥뜨린 것 중 최악의 폭풍이었다.

□ 1730 ★

erosion
[iróuʒən]

ⓝ 침식

Retaining walls are built to prevent soil from being lost
due to **erosion**.
축대 벽은 침식으로 인한 토양 손실을 막기 위해 세워진다.

erode v. 침식시키다

□ 1731 ★

invariably
[invɛ́əriəbli]

ⓐⓓ 예외없이, 변함없이, 언제나

Human beings are **invariably** linked together in a social
context.
인간은 사회적 맥락 속에서 예외없이 서로 연결되어 있다.

invariable a. 불변의

□ 1732 ★★★

crucial
[krúːʃəl]

ⓐ 중대한, 결정적인

It is very **crucial** that you protect your personal
information online.
당신이 온라인상에서 개인 정보를 보호하는 것은 매우 중대한 일이다.

= **important** a. 중요한   **vital** a. 필수적인

Yum!
Yum!

- 일을 마무리하다가 crucial한 문제와 encounter하게 되었다.
- 밑에 물이 흐르는 땅에서는 invariably하게 erosion이 일어난다.

□ 1733 ★

harness [hɑ́:rnis]

ⓥ (자연력을) 이용하다; 마구(馬具)를 달다 ⓝ 마구

This coastal town **harnesses** wave power to produce electricity.

이 해안 도시는 전기를 생산하기 위해 풍력을 이용한다.

□ 1734 ★★★ 고2필

sustainable [səsteinəbl]

ⓐ 지속 가능한, 오랫동안 유지 가능한

They announced a global plan for promoting **sustainable** development.

그들은 지속 가능한〔환경친화적〕 개발에 대한 세계적인 계획을 발표했다.

sustain v. 떠받치다, 지탱하다 **sustainability** n. 지속 가능함

Zoom-in | **tain : hold (담다, 갖고 있다)**

sustain = sus(sub) + tain(hold) 밑에서 붙잡아 받쳐주다 → 지탱하다

contain = con(together) + tain(hold) 함께 모아 쥐고〔담고〕 있다 → 담다, 함유하다

maintain = main(hand) + tain(hold) 손에 늘 쥐고 있다 → 유지하다

retain = re(back) + tain(hold) 뒤쪽에 잘 보관해 두다 → 보유하다

□ 1735 ★★★ 고1필

extensive [iksténsiv]

ⓐ 광범위한, 아주 넓은, 대규모의

The film received **extensive** coverage in the global media.

그 영화는 전 세계 매체들에 의해 광범위하게 보도되었다.

extend v. 늘리다, 확장하다 **extension** n. 연장, 확장

□ 1736 ★★★ 고1필

component [kəmpóunənt]

ⓝ 구성 요소, 부품

This factory manufactures computer **components**.

이 공장은 컴퓨터 부품을 제조한다.

□ 1737 ★★

facilitate [fəsílətèit]

ⓥ 용이하게 하다, 촉진하다

The Internet **facilitates** our life in a number of ways.

인터넷은 여러 가지 면에서 우리의 삶을 용이하게 해준다.

Yum! Yum!

- 그들은 신소재를 사용하여 보다 sustainable한 component를 개발했다.
- 우리 인간은 extensive한 천연 자원을 harness해 삶을 영위한다.

□ 1738 ★★★
aggressive
[əgrésiv]
ⓐ 공격적인; 적극적인

I think **aggressive** drivers should lose their license.
나는 공격적인 운전자들은 면허를 상실해야 한다고 생각한다.

aggress v. 공격하다
↔ **submissive** a. 순종적인, 고분고분한

□ 1739 ★★
enrollment
[inróulmənt]
ⓝ 입학

The graph shows that the university's **enrollment** rate has steadily increased.
그 그래프는 대학교 입학률이 꾸준히 증가하여 왔음을 보여준다.

enroll v. 입학시키다

□ 1740 ★★★

derive
[diráiv]
ⓥ …에서 유래하다; 얻다

The name "India" is **derived** from the River Indus.
'인도' 라는 이름은 인더스 강에서 유래된 것이다.

㊂ **derive A from B** B에서 A를 얻다

□ 1741 ★★★

intent
[intént]
ⓐ 몰두하는, 열중하는; 꾀하는, 작정한

I was so **intent** on catching the bus that I didn't notice the truck coming.
나는 버스를 잡는 데 너무 몰두해서 트럭이 오고 있는 것을 알아채지 못했다.

□ 1742 ★★★

edible
[édəbl]
ⓐ 식용의, 먹을 수 있는

Some plants are **edible** during certain seasons but toxic during others.
어떤 식물은 특정 계절에만 먹을 수 있고, 다른 계절 동안에는 독성이 있다.

□ 1743 ★★★
competent
[kámpətənt]
ⓐ 유능한, 실력 있는

We are looking for a young **competent** graphic designer.
우리는 젊고 유능한 그래픽 디자이너를 구하고 있다.

competence n. 능력

Yum!
Yum!

• 그녀는 edible한 버섯을 찾는 데 너무 intent하여 내 말을 듣지 못했다.
• 그 거리 이름은 어느 competent한 음악가의 이름에서 derive됐다.

□1744 ★★★

 convenient ⓐ 편리한, 간편한
[kənvíːnjənt]

Please reply at your **convenient** time.
편리한 때에 답장을 보내 주십시오.

convenience n. 편리, 편의

□1745 ★★★

 institute ⓝ (교육·전문 직종과 관련된) 기관, 협회
[ínstətjùːt]

There are over 6,700 English language **institutes**
throughout Korea according to the news.
뉴스에 따르면 한국 전역에 6천 7백 개가 넘는 영어학원이 있다.

□1746 ★★★

 detergent ⓝ 세제
[ditə́ːrdʒənt]

Buying eco-friendly **detergents** keeps your family safe and
the environment as well.
환경친화적인 세제를 사는 것은 가족과 환경 모두를 안전하게 지켜준다.

□1747 ★★★

enthusiastic ⓐ 열성적인, 열광적인
[inθuːziǽstik]

Have a positive, **enthusiastic** attitude toward whatever
you must do.
당신이 해야 할 일이 무엇이든지 긍정적이고 열성적인 자세를 가져라.

enthusiasm n. 열성, 열광

□1748 ★★★

 audition ⓝ 오디션 ⓥ 오디션을 보다
[ɔːdíʃən]

The theater launched an open **audition** to find an actress
for the leading role.
그 극단은 주인공 역을 맡을 여배우를 찾기 위해 공개 오디션에 착수했다.

□1749 ★★

resent ⓥ 분개하다
[rizént]

People deeply **resented** new taxes placed on consumer
goods like salt.
사람들은 소금과 같은 소비재에 부과되는 새로운 세금에 대해 몹시 분개했다.

resentful a. 분개한   **resentment** n. 분개

Yum!
Yum!

• 연기에 정말 enthusiastic한 내 친구는 결국 audition에 합격했어.
• 나는 화학 detergent를 친환경 제품으로 속인 회사에 대해 resent했다.

□ 1750 ★★
duration
[djuréiʃən]

ⓝ 지속 기간; 지속, 내구

The **duration** of the contract was increased from 5 to 15 years.

계약 지속 기간이 5년에서 15년으로 늘어났다.

= **period** n. 기간

□ 1751 ★★★
jealous

[dʒéləs]

ⓐ 시기하는, 질투하는

The villagers were **jealous** of him because of his wealth.

마을 사람들은 그의 부 때문에 그를 시기했다.

jealousy n. 시기, 질투

□ 1752 ★★★
medieval

[mè:díí:vəl]

ⓐ 중세의

This cathedral has a huge **medieval** stained glass window.

이 성당에는 거대한 중세의 스테인드글라스 창이 있다.

□ 1753 ★★★
landmark

[lǽndmà:rk]

ⓝ 획기적 사건; 주요 지형지물

The discovery of electricity was a **landmark** in human history.

전기의 발명은 인류 역사의 한 획기적 사건이었다.

□ 1754 ★★★
spectacular

[spektǽkjulər]

ⓐ 장관을 이루는; 극적인

The movie has many **spectacular** scenes of Africa.

그 영화에는 아프리카의 장관을 이루는 장면들이 많이 담겨 있다.

spectacle n. 구경거리, 장관

□ 1755 ★★★
contemporary

[kəntémpərèri]

ⓐ 현대의, 당대의; 동시대의 ⓝ 동시대인

This brochure offers a detailed account of **contemporary** literature.

이 소책자는 현대 문학에 대한 자세한 설명을 제공한다.

Yum! Yum!

• 그 contemporary art는 spectacular한 풍경을 그리고 있다.

• 이 지역의 landmark는 medieval 시대에 지어진 성당이다.

□ 1756 ★★
passionate
[pǽʃənət]

ⓐ 열정적인

His passionate speech inspired people to renew their faith in their country.
그의 열정적인 연설은 조국에 대한 신념을 새롭게 하도록 사람들을 고취시켰다.

passion n. 열정

□ 1757 ★★
vendor
[véndər]

ⓝ 행상

Street vendors were waiting for the tourists with souvenirs of all kinds.
거리의 행상들이 온갖 종류의 기념품들을 가지고 관광객들을 기다리고 있었다.

cf. vending machine 자동 판매기

□ 1758 ★★★
elementary
[èləméntəri]

ⓐ 기본적인, 근본적인; 초보의, 초급의

Lying is an elementary means of self-defense.
거짓말은 자기 방어의 기본적인 수단이다.

= primary 기본적인; 초등 교육의

□ 1759 ★★★

intuition
[ìntʃuíʃən]

ⓝ 직관

Sometimes intuition speaks louder than logic.
때때로 직관이 논리보다 더 크게 말한다(= 작용한다).

intuitive a. 직관[직감]에 의한

□ 1760 ★★★

sequence
[síːkwəns]

ⓝ 순서, 차례; 연속적인 사건들

The missiles were fired in regular sequence.
미사일들이 순서대로 발사되었다.

= order 순서 **succession** 연속, 잇따름
ⓢ **in regular sequence** 순서대로, 차례대로

Yum!
Yum!

• intuition이 사건의 elementary한 실마리를 알려줄 때가 있다.
• 이 도시는 항상 여러 vendor들과 passionate한 거리의 음악가들로 붐빈다.

A 빈칸에 해당하는 영어 단어 또는 우리말을 쓰시오.

1. 분개하다 _____
2. 열정적인 _____
3. 몰두하는; 꾀하는 _____
4. 맞닥뜨리다; 만남 _____
5. 기본적인; 초보의 _____
6. 둘러보다; 대강 읽다 _____
7. 마비시키다 _____
8. 침식 _____
9. 시기하는, 질투하는 _____
10. 공격적인; 적극적인 _____

11. characteristic _____
12. duration _____
13. consistency _____
14. institute _____
15. contemporary _____
16. detergent _____
17. enthusiastic _____
18. convenient _____
19. component _____
20. enrollment _____

B 빈칸에 알맞은 단어를 〈보기〉에서 골라 쓰시오.

competent	crucial	extensive	intensify
rectangular	relevant	sequence	sustainable

1. The missiles were fired in regular _____.
2. We are looking for a young _____ graphic designer.
3. South and North Korea should _____ their talk of peace gradually.
4. The "shield kite," a Korean traditional kite, has a _____ shape.
5. Education should be _____ to tomorrow's job market.
6. They announced a global plan for promoting _____ development.
7. It is very _____ that you protect your personal information online.
8. The film received _____ coverage in the global media.

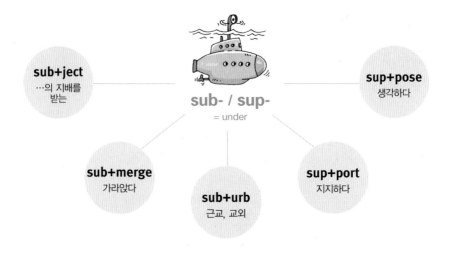

subject
sub(under) + ject(throw)
→ 발아래 몸을 던지는

⑱ …의 지배를 받는; …하기 쉬운   ⑲ 신하, 백성; 과목
The two states were subject to the tyrant.
두 나라는 그 폭군의 지배를 받았다.

---

submerge
sub(under) + merge(sink)
→ (물) 아래로 가라앉다

⑧ 가라앉다, 잠수하다
The submarine began to submerge.
그 잠수함이 가라앉기 시작했다.

---

suburb
sub(under) + urb(city)
→ 도시의 영향력 아래 있음

⑧ 근교 , 교외
She lives in the suburbs of Seoul.
그녀는 서울 근교에 산다.

---

support
sup(under) + port(bear)
→ 밑에서 받쳐주며 버티다

⑧ 지지하다; 부양하다   ⑲ 지지
He did many things to support the governor.
그는 그 주지사를 지지하기 위해 많은 일을 했다.

---

suppose
sup(under) + pose(put)
→ 어떤 전제 하에 두다

⑧ 생각하다, 추측하다
We suppose the sun will rise again tomorrow.
우리는 내일도 태양이 뜰 것이라고 생각한다.

DAY 45

어휘 더하기 : 어원 ob- / op-

01	02	03	04	05	06	07	08	09	10
●	●	●	●	●	●	●	●	●	●

11	12	13	14	15	16	17	18	19	20
●	●	●	●	●	●	●	●	●	●

21	22	23	24	25	26	27	28	29	30
●	●	●	●	●	●	●	●	●	●

31	32	33	34	35	36	37	38	39	40
●	●	●	●	●	●	●	●	●	●

41	42	43	44	45
●	●	●	●	●

Day 44 | Review

앞에서 학습한 단어를 얼마나 기억하는지 체크해 보세요.
기억이 나지 않는 단어는 다시 한 번 학습하세요.

- □ intensify
- □ relevant
- □ paralyze
- □ encounter
- □ invariably
- □ crucial
- □ harness
- □ facilitate
- □ extensive
- □ component
- □ sustainable
- □ aggressive
- □ enrollment
- □ derive
- □ intent

- □ edible
- □ competent
- □ convenient
- □ institute
- □ detergent
- □ enthusiastic
- □ resent
- □ landmark
- □ spectacular
- □ contemporary
- □ passionate
- □ vendor
- □ elementary
- □ intuition
- □ sequence

Wow!!

□1761 ★★★

abuse
[əbjúːz]

ⓝ 남용; 학대   ⓥ 남용하다; 학대하다

Drug **abuse** leads to violence and feelings of hopelessness.
약물 남용은 폭력과 무기력감으로 이어진다.

□1762 ★★★

고1필 **willingness**
[wíliŋnis]

ⓝ 의지, 기꺼이 하는 마음

You should show **willingness** to try new things.
너는 새로운 것을 시도하려는 의지를 보여주어야 한다.

willing a. 기꺼이 …하는   **willingly** ad. 자진해서, 기꺼이

□1763 ★

quotation
[kwoutéiʃən]

ⓝ 인용구; 인용

If you use direct **quotations**, set them off with **quotation** marks.
인용구를 직접적으로 사용할 때는 인용 부호로 그 인용문을 두드러지게 하시오.

quote v. 인용하다 n. 인용구

□1764 ★★★

vapor
[véipər]

ⓝ 증기

Water turns into **vapor** through evaporation.
물은 증발을 통해 증기로 변한다.

evaporate v. 증발하다   **evaporation** n. 증발

□1765 ★★★

obligation
[àbləgéiʃən]

ⓝ (법적) 의무

It is our **obligation** as human beings not to hurt others and to protect their rights.
다른 이를 해하지 않고 그들의 권리를 보호하는 것은 인간으로서 우리의 의무다.

oblige v. 의무를 지우다; 은혜를 베풀다

□1766 ★★★

refreshing
[rifréʃiŋ]

ⓐ 기분을 상쾌하게 하는; 신선한

There is nothing more **refreshing** on a hot day than a cold shower.
더운 날 찬물로 샤워하는 것보다 더 기분을 상쾌하게 하는 것은 없다.

refresh v. 상쾌하게 하다

Yum! Yum!

- **refreshing**한 바람이 얼굴에 맺힌 땀방울들을 모두 **evaporate**했다.
- 국민으로서 **obligation**을 다하려는 **willingness**를 갖는 것은 당연하다.

□ 1767 ★★★
voyage
[vɔ́iidʒ]
고2필

ⓝ 항해, 운항
Columbus made his first **voyage** to America in 1492.
콜럼버스는 1492년에 미대륙으로의 첫 항해를 했다.

□ 1768 ★★
vessel
[vésəl]

ⓝ 관(管); 그릇, 용기; 선박
Smoking narrows your blood **vessels**.
흡연은 당신의 혈관을 좁게 만든다.

□ 1769 ★
utterly
[ʌ́tərli]

ⓐⓓ 전혀, 완전히
The soldier was **utterly** fearless under enemy fire.
그 군인은 적군의 포화 속에서도 전혀 두려움이 없었다.

utter a. 완전한, 단호한 v. (소리를) 내다, (말을) 하다

□ 1770 ★★
surpass
[sərpǽs]

ⓥ 뛰어넘다, 능가하다
Both swimmers **surpassed** the previous world record.
두 수영 선수 모두 종전의 세계기록을 뛰어넘었다.

Ⓩoom-in | **pass : pass (통과하다)**
passage = pass(pass) + age(명사형 접미사) 어느 장소를 통과해 지나감 → 통로
passenger = pass(pass) + eng(age가 변함) + er(명사형 접미사) 통과하는 사람 → 승객
sur**pass** = sur(above, beyond) + pass(pass) 위로 통과하다 → 능가하다

□ 1771 ★★★
migrate
[máigreit]

ⓥ 이동하다, 이주하다
Many species of birds **migrate** south for the winter.
많은 종의 조류가 겨울을 나기 위해 남쪽으로 이동한다.

migration n. 이동, 이주

□ 1772 ★★★
rotate
[róuteit]

ⓥ 회전하다, 돌다
The wheels began to **rotate** gradually.
바퀴가 서서히 회전하기 시작했다.

rotation n. 회전

Yum! Yum!

• 그녀가 세계기록을 surpass한 것은 utterly 예상 밖의 일이었다.
• 배의 스크루가 rotate함과 동시에 우리의 voyage는 시작됐다.

□ 1773 ★★
subsequent
[sʌ́bsikwənt]

ⓐ 그 다음의, 차후의

Subsequent to our departure, lightning struck the huge tree behind us.

우리가 출발한 다음에 번개가 우리 뒤의 거대한 나무에 내리쳤다.

subsequence n. 뒤이어 일어남; 결과

□ 1774 ★★
contradictory
[kɑ̀ntrədíktəri]

ⓐ 모순된, 양립하지 않는

New evidence seems **contradictory** to established beliefs.

새로운 증거는 이미 확립된 믿음에 모순되는 듯하다.

contradict v. 모순되다   **contradiction** n. 모순

□ 1775 ★★★
crisis
[kráisis]

ⓝ 위기 (pl. crises)

Economists mostly failed to predict major economic **crises** since the 1930s.

경제학자들은 1930년대 이후의 주요 경제 위기를 예측하는 데 대부분 실패했다.

□ 1776 ★★★

indicate
[índikèit]

ⓥ 나타내다; 가리키다

Silence often **indicates** a lack of understanding or disagreement.

침묵은 종종 이해의 부족이나 이견을 나타낸다.

indication n. 지시, 표시; 암시   **indicator** n. 지표, 표시기

□ 1777 ★★★

weary
[wíəri]

ⓐ 피로한, 지친   ⓥ 지치게 하다

He was so **weary** from the hiking that he couldn't say a word.

그는 도보 여행으로 너무 지쳐서 한마디도 할 수가 없었다.

wearisome a. 싫증나는, 지겨운

□ 1778 ★★★
plumber
[plʌ́mər]

ⓝ 배관공

I called a **plumber** to fix my broken toilet.

나는 고장난 변기를 고치려고 배관공을 불렀다.

plumbing n. 배관공사; 배관

Yum!
Yum!

• 양측의 조사가 **indicate**하는 결과는 완전히 **contradictory**했다.

• 나는 장시간의 연주로 **weary**했지만 짧은 휴식 후 연습을 **resume**했다.

□1779 ★★★

rebel
[ribél] ⓥ
[rébəl] ⓝ

ⓥ 저항하다, 반항하다; 모반하다　ⓝ 반역자, 반항하는 사람

We did not lose hope and **rebelled** against the foreign troops.
우리는 희망을 잃지 않고 외국 군대에 저항했다.

rebellion n. 반란, 폭동

□1780 ★

pastoral
[pǽstərəl]

ⓐ 목축의; 목가적인, 전원의

The Maasai still maintains their **pastoral** economy.
마사이족은 여전히 그들의 목축 경제를 유지하고 있다.

□1781 ★★★

regulate
[régjulèit]

ⓥ 규제하다, 단속하다; 조절하다

I think there should be laws to **regulate** phishing e-mails.
나는 피싱 이메일을 규제하는 법이 있어야 한다고 생각한다.

regulation n. 단속; 규정

□1782 ★★

oppress
[əprés]

ⓥ 탄압하다, 억압하다

The king **oppressed** his people with terrible taxes and punishments.
그 왕은 엄청난 세금과 형벌로 백성을 탄압했다.

oppression n. 탄압, 억압　　**oppressive** a. 억압적인

Ｚoom-in | **press : press (누르다)**

pressure = press(press) + ure(명사형 접미사) 압력

de**press** = de(down) + press(press) 아래로 누르다 → 우울하게 하다

op**press** = op(against) + press(press) …에 대해 누르다 → 탄압하다

□1783 ★★★

outfit
[áutfit]

ⓝ 의상; (한 벌의) 장비

You need a professional-looking **outfit** for job interviews.
당신은 구직 면접을 위해 프로처럼 보이는 의상이 필요하다.

Yum!
Yum!

• oppression이 계속되면 결국 rebellion이 일어나는 법이다.

• 엄마가 내 outfit을 심하게 regulate해서 짧은 치마를 입을 수 없어.

□ 1784 ★★
outweigh
[àutwéi]

ⓥ …보다 더 가치가 있다; …보다 더 무겁다
Wisdom **outweighs** any wealth.
지혜는 어떤 부보다 더 가치가 있다.

□ 1785 ★★★

coordination
[kouɔ́:rdənéiʃən]

ⓝ 합동; 조직(화); 조화, 일치
Tsunami warning system needs **coordination** between countries.
쓰나미 경보 시스템은 국가 간의 합동을 필요로 한다.

coordinate v. 조직화하다; 조화시키다

□ 1786 ★★★

widespread
[wàidspréd]

ⓐ 널리 퍼진
Environmental pollution is **widespread**, posing a serious hazard to health.
환경오염이 널리 퍼져 건강에 심각한 위험이 되고 있다.

□ 1787 ★★★

incorporate
[inkɔ́:rpərèit]

ⓥ 합병하다, 포함하다; 법인회사를 설립하다
Tibet was officially **incorporated** into China's territory in the 13th century.
티베트는 13세기에 공식적으로 중국의 영토에 합병되었다.

incorporation n. 법인단체, 회사

□ 1788 ★★
enterprise
[éntərpràiz]

ⓝ 기업, 회사; 대규모 사업
When looking for jobs, people will prefer large **enterprises**.
일자리를 찾을 때 사람들은 대기업을 선호할 것이다.

□ 1789 ★★★

disposable
[dispóuzəbl]

ⓐ 일회용의, 쓰고 버릴 수 있는
The use of **disposable** products has led to a marked increase in trash.
일회용품의 사용이 쓰레기의 뚜렷한 증가를 초래했다.

Yum! Yum!

• 우리 enterprise가 다른 회사에 incorporate될 것이라는 소문이 퍼졌어.
• disposable 용품 선호 경향이 widespread해서 환경 오염이 심각해지고 있어.

□ 1790 ★★★
envelope
[énvəlòup]

ⓝ 봉투

Please collect the documents in the envelope and mail them to us.
그 서류들을 모아 봉투에 넣어 우리에게 우편으로 보내주십시오.

envelop v. 감싸다

□ 1791 ★★★
고필
discriminate
[diskrímənèit]

ⓥ 차별하다

Over the years, laws that discriminated against women have been abolished.
세월이 지남에 따라 여성을 차별하는 법들이 폐지되었다.

discrimination n. 차별

□ 1792 ★★★
고필
warehouse
[wέərhàus]

ⓝ 창고, 창고형 매장

We store these products in our warehouse in London.
우리는 이 상품들을 런던에 있는 창고에 저장한다.

oom-in ㅣ **ware : goods (상품)**

warehouse = ware(goods) + house 상품을 보관하는 집 → 창고
silverware = silver + ware(goods) 은으로 된 상품 → 은제품
tableware = table + ware(goods) 식탁에서 사용하는 상품 → 식기

□ 1793 ★★★
고2필
investigate
[invéstəgèit]

ⓥ 조사하다, 수사하다

The police investigated the cause of the plane crash.
경찰은 그 비행기 추락사고의 원인을 조사했다.

investigation n. 조사, 수사

□ 1794 ★★★
고2필
sensible
[sénsəbl]

ⓐ 현명한, 분별력 있는; …을 의식하고 있는

It is not a sensible idea to wear clothes without sleeves in this weather.
이런 날씨에 소매 없는 옷을 입는 것은 현명한 생각이 아니다.

= wise a. 현명한

Yum!
Yum!

• 한 warehouse에서 큰 화재가 나서 경찰이 investigate하기 시작했다.
• 현대사회는 discrimination을 반대하는 sensible한 사고를 요한다.

□ 1795 ★★
elegant
[éləgənt]

ⓐ 우아한, 고결한

This Korean traditional dance has elegant movements and clothing.
이 한국 전통 무용에는 우아한 동작과 의상이 사용된다.

elegance n. 우아, 고결

□ 1796 ★★★
capability
[kèipəbíləti]

ⓝ 능력, 역량

I was assigned to a job which was beyond my capability.
나는 내 능력 밖의 일에 파견되었다.

capable a. …의 능력이 있는

□ 1797 ★★
cultivate
[kʌ́ltəvèit]

ⓥ 경작하다, 재배하다

In the greenhouse, we cultivate herbs, cucumber and tomatoes.
온실에서 우리는 허브, 오이, 토마토를 재배한다.

cultivation n. 경작

□ 1798 ★★★

revenue
[révənjùː]

ⓝ (국가) 세입, (기업) 수입

Income taxes provide most of the government's revenue.
정부 세입의 대부분은 소득세에서 나온다.

□ 1799 ★
outlet
[áutlet]

ⓝ 배출구; 배출 수단; 할인점, 아울렛

Chatting is a great emotional outlet for some people.
수다는 어떤 사람들에게 있어 커다란 감정적 배출구이다.

□ 1800 ★★★

plague
[pleig]

ⓝ 전염병, 역병

A plague sweeping across the West killed millions of people.
서구 전역을 휩쓴 전염병으로 수백만 명의 사람들이 사망했다.

= **epidemic** n. 유행병, 전염병

Yum! Yum!

- 영농기계화는 토지의 *cultivation capability*를 향상시킨다.
- *plague*의 창궐로 인한 급격한 인구 감소는 국가 revenue에 영향을 미쳤다.

TEST

A 빈칸에 해당하는 영어 단어 또는 우리말을 쓰시오.

1. 조사하다, 수사하다 _____
2. 항해, 운항 _____
3. 창고, 창고형 매장 _____
4. 이동하다, 이주하다 _____
5. 일회용의 _____
6. 회전하다, 돌다 _____
7. 경작하다, 재배하다 _____
8. 나타내다; 가리키다 _____
9. 널리 퍼진 _____
10. 현명한, 분별력 있는 _____

11. obligation _____
12. envelope _____
13. plumber _____
14. vapor _____
15. utterly _____
16. surpass _____
17. rebel _____
18. revenue _____
19. discriminate _____
20. oppress _____

B 빈칸에 알맞은 단어를 〈보기〉에서 골라 쓰시오.

capability	coordination	contradictory	enterprise
pastoral	refreshing	regulate	rotate

1. Tsunami warning system needs _____ between countries.
2. The Maasai still maintains their _____ economy.
3. There's nothing more _____ on a hot day than a cold shower.
4. I think there should be laws to _____ phishing e-mails.
5. I was assigned to a job which was beyond my _____.
6. When looking for jobs, people will prefer large _____s.
7. The wheels began to _____ gradually.
8. New evidence seems _____ to established beliefs.

Answer Keys

A 1. investigate 2. voyage 3. warehouse 4. migrate 5. disposable 6. rotate 7. cultivate 8. indicate
9. widespread 10. sensible 11. (법적) 의무 12. 봉투 13. 배관공 14. 증기 15. 전혀, 완전히 16. 뛰어넘다, 능가하다
17. 저항하다; 모반하다; 반역자 18. (국가) 세입, (기업) 수입 19. 차별하다 20. 탄압하다, 억압하다   B 1. coordination
2. pastoral 3. refreshing 4. regulate 5. capability 6. enterprise 7. rotate 8. contradictory

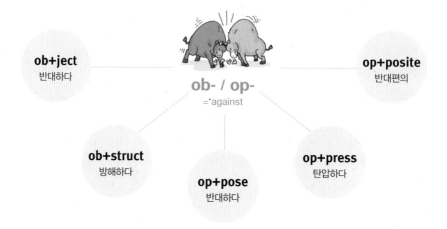

object
ob(against) + ject(throw)
→ 반대 의견을 던지다

(동) 반대하다

He strongly **objected** to the proposed policy.
그는 제안된 정책에 강하게 반대했다.

obstruct
ob(against) + struct(build)
→ 방해하며 서 있다

(동) 방해하다, 가로막다

A fallen tree **obstructed** the road.
쓰러진 나무가 도로를 가로막았다.

oppose
op(against) + pose(place)
→ 방해물을 놓아두다

(동) 반대하다

I **oppose** the newly founded union.
나는 새롭게 설립된 조합에 반대한다.

oppress
op(against) + press
→ 의지에 반하여 누르다

(동) 탄압하다

A tyrant is a ruler who **oppresses** his people.
폭군은 백성을 탄압하는 지배자이다.

opposite
op(against) + posite(place)
→ 반대편에 놓아둔

(형) 반대편의   (명) 정반대

The kid was playing in the **opposite** side of the river.
그 아이는 강의 반대편에서 놀고 있었다.

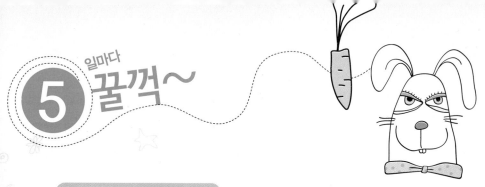

숙어 꿀꺽 | Day 41 - Day 45

☐ **interfere with** 교란하다 → 1601

Working the night shift **interferes with** sleep.
야간 근무조에서 일하는 것은 수면을 교란한다.

☐ **take shelter** 대피하다 → 1611

30,000 Louisiana residents **took shelter** from 145 mph winds and heavy rains.
3만 명의 루이지애나 주민들이 시속 145마일의 바람과 폭우로부터 대피했다.

☐ **be reluctant to do** …하는 것을 꺼리다, 기피하다 → 1644

I **was reluctant to visit** a dentist until it was absolutely necessary.
나는 내가 정말 필요할 때까지 치과의사를 찾는 것을 꺼렸다.

☐ **furnish A with B** A에 B를 구비하다 → 1652

She **furnished** her house **with** original artwork of professional artists.
그녀는 그녀의 집에 전문 예술가들의 진품 작품을 구비했다.

☐ **bump into** …와 우연히 마주치다 → 1659

I was walking down main street when I **bumped into** an old friend.
나는 시내 중심가를 걷다가 옛 친구와 우연히 마주쳤다.

☐ **at any expense** 어떤 희생을 치르고라도 → 1663

Violence must be avoided **at any expense**.
어떤 희생을 치르고라도 폭력사태는 피해야 한다.

☐ **on occasions** 이따금, 때에 따라서 → 1665

On occasions, we may supply statistics about our customers to third-parties.
때에 따라서 우리는 우리 고객에 대한 통계를 제 3자 측에 제공할 수도 있습니다.

☐ **be indifferent to** …에 무관심하다 → 1672

I **am** completely **indifferent to** college basketball.
나는 대학 농구에 전혀 관심이 없다.

☐ **occupy oneself by** …에 빠져 있다, 여념이 없다 → 1680

The boy **occupied himself by** reading comic books.
그 소년은 만화책을 보는 데 빠져 있었다.

☐ **in particular** 특히 → 1687

Which university are you talking **in particular**?
특히 너는 어떤 대학교를 말하는 거니?

☐ **regardless of** …와 관계없이 → 1697

Regardless of age, you can learn how to play the piano.
나이와 관계없이 당신은 피아노 연주를 배울 수 있다.

☐ **under no circumstances** 어떤 일이 있어도 …가 아니다 → 1705

Under no circumstances should you sell teens alcohol.
어떤 일이 있어도 10대에게 주류를 팔아서는 안 된다.

☐ **relieve A of B** A에게 B를 덜어주다, 경감시키다 → 1717

Regular practice of yoga will **relieve** you **of** physical pain.
규칙적으로 요가를 하면 당신은 신체적 고통을 경감시킬 수 있다.

☐ **on the contrary** 반대로 → 1716

She did not complain; **on the contrary,** she praised her new home.
그녀는 투덜거리지 않았다. 반대로 그녀는 자신의 새 집을 극찬했다.

1. interfere	간섭, 개입하다		26. comprehension	이해(력)
2. priority	우선 (사항)		27. desperate	절망적인
3. adolescence	청소년기		28. summarize	요약하다
4. competitive	경쟁의		29. medication	약물 (치료)
5. exhaust	기진맥진하게 하다		30. conscience	양심
6. compliment	칭찬하다, 칭찬		31. stability	안정(성)
7. humidity	습기, 습도		32. circumstance	상황, 정황
8. preserve	보존하다		33. insight	통찰력
9. circulate	순환하다		34. relieve	덜어주다
10. inevitable	불가피한		35. fertile	비옥한
11. emphasize	강조하다		36. document	서류
12. certificate	증명서; 자격증		37. appropriate	적절한
13. justify	정당화하다		38. enhance	강화하다
14. celebrity	유명 인사		39. contrary	반대의, 반대
15. prejudice	편견		40. intensify	강화하다
16. utility	쓸모 있음, 유용		41. consistency	일관성
17. exaggerate	과장하다		42. disturb	방해하다
18. modesty	겸손; 얌전함		43. relevant	관련 있는
19. emergency	비상 (사태)		44. invisible	보이지 않는
20. correspondence	서신 (왕래)		45. discipline	규율; 훈련
21. illuminate	밝게 비추다		46. vivid	생생한
22. frustrate	좌절시키다		47. rectangular	직사각형의
23. register	등록하다		48. paralyze	마비시키다
24. sensible	현명한		49. duration	지속 기간; 지속
25. intensive	집중적인		50. encounter	맞닥뜨리다

51. capacity	수용력; 용량	76. crucial	중대한
52. flavor	풍미, 맛	77. extensive	광범위한
53. elegant	우아한	78. aggressive	공격적인
54. innocent	무죄인, 결백한	79. enrollment	입학
55. eternal	영원한, 불멸의	80. convenient	편리한, 간편한
56. internal	내부의	81. contemporary	현대의, 당대의
57. auditory	청각의	82. passionate	열정적인
58. reluctant	꺼리는	83. competent	유능한
59. mature	성숙한, 다 자란	84. elementary	기본적인
60. acquaint	알려주다	85. enthusiastic	열성적인
61. federal	연방의	86. cultivate	경작하다
62. genuine	진짜의; 진실한	87. resent	분개하다
63. opponent	상대, 적수	88. jealous	시기하는
64. enforce	집행하다	89. investigate	조사하다
65. favorable	호의적인	90. spectacular	장관을 이루는
66. inhabit	거주하다, 살다	91. irritation	짜증, 노여움
67. interpret	해석하다	92. quotation	인용구; 인용
68. expense	비용, 경비	93. obligation	(법적) 의무
69. warranty	보증(서)	94. contradictory	모순된
70. indifferent	무관심한	95. indicate	나타내다
71. flattery	아첨, 아부	96. coordination	합동; 조직(화)
72. considerate	사려 깊은	97. regulate	규제하다
73. acknowledge	인정하다	98. oppress	탄압하다
74. administration	행정(기관)	99. disposable	일회용의
75. diversity	다양(성)	100. discriminate	차별하다

45일.. 1800개 단어
완전정복 !!!

WORD POT
INDEX

A

abandon	407	actually	157	alliance	254
abbreviate	214	acute	290	allotment	266
aboard	127	adapt	067	allow	146
abolish	211	addict	377	alter	183
abortion	225	addition	024	alternately	440
abroad	028	adequate	375	alternative	362
abruptly	460	adhere	257	altitude	230
absence	174	adjective	034	amaze	072
absolute	150	adjust	104	ambiguous	335
absorb	406	administration	461	ambitious	074
abstract	020	admire	029	amend	192
absurd	014	admission	076	amount	032
abundant	426	adolescence	440	amuse	085
abuse	480	adopt	247	analyze	332
academic	412	adulthood	028	anatomy	255
accelerate	196	advance	098	ancestor	073
accept	013	advent	206	anchor	259
access	068	adversity	374	angle	136
accommodation	336	advocate	181	animated	236
accompany	119	affair	087	anniversary	020
accomplish	093	affect	018	annoyance	366
accord	162	affection	092	annual	183
accountant	372	affirm	279	anonymous	226
accumulate	366	afford	087	Antarctic	283
accurate	388	agency	323	antibiotic	246
accuse	181	agenda	308	anticipate	333
accustomed	117	aggressive	473	antique	077
achieve	020	agreement	024	anxiety	170
acknowledge	460	agriculture	128	apologize	388
acquaint	451	aid	077	appall	248
acquire	054	alarming	078	apparatus	417
active	051	alert	319	apparent	338
		alienation	399	appeal	031
		allergic	171	appearance	032

bleed	065	brutal	239	certificate	443
blend	206	budget	332	challenging	076
blessing	206	bulletin	281	chaos	121
blink	245	bumpy	453	characteristic	471
bloom	245	bunch	203	charge	212
blossom	358	burden	210	charity	210
blur	300	bureau	353	charming	106
boast	182	burglar	269	chase	182
boil	158	burst	388	chat	137
boost	259	bury	066	cheat	088
border	195			cheer	201
boredom	390			chemical	063
borrow	088			cherish	346
bother	192	**C**		chew	024
bottom	023			chief	248
bounce	320	cancel	184	chill	264
bound	234	candidate	074	choke	313
boundary	352	capability	486	chop	152
branch	230	capacity	452	chore	463
brand-new	200	capture	396	circulate	442
bravery	201	carbon	011	circumstance	464
breakdown	358	career	023	civil	236
breathe	052	cartoon	290	civilization	426
breathtaking	442	carve	200	claim	234
breeze	345	casual	194	clarity	464
bride	238	casualty	301	classical	193
brief	194	catastrophe	290	classify	429
brilliant	323	categorize	432	clear	173
broadcasting	372	cattle	043	client	157
broaden	102	caution	103	cling	181
brochure	289	cease	151	clinical	240
broke	158	celebrate	022	clue	236
bronze	176	celebrity	444	clumsy	303
browse	470	ceremony	161	coast	238
		certainty	075		

license	401	manipulate	411	minimize	429
likely	392	manners	203	minister	430
likewise	409	manual	215	minute	304
liquid	095	manufacture	411	miracle	250
literacy	228	marble	309	mirage	244
literal	098	margin	314	misconception	246
literary	375	marine	426	miserable	086
lively	117	marvelous	258	misleading	450
loan	409	massive	347	mission	180
local	020	masterpiece	346	mixture	267
location	408	material	104	mobile	105
logical	136	maternal	216	moderate	269
long	076	matter	012	modesty	444
loose	215	mature	454	modify	417
lower	041	measure	088	moisture	116
loyalty	122	mechanic	201	molecule	426
lunar	128	mechanical	122	monitor	420
luxury	412	medication	463	monopoly	193
lyric	284	medieval	475	monotonous	419
		meditation	102	monument	427
		memorial	289	moral	148
		memorize	225	mortality	270
		mental	152	motivate	422

M

magnificent	407	mention	116	motto	289
magnify	410	merchant	352	mount	230
magnitude	336	mercy	235	multiply	334
maintain	034	messenger	432	murder	193
majesty	132	mighty	239	mutual	418
major	183	migrate	481	mystery	118
majority	106	military	160	mythical	416
mammal	146	mimic	173		
manage	094	mine	159		
mandatory	245	mineral	107		
manifest	294	minimal	343		

spontaneous	321	string	142	surgery	024
spot	264	strive	366	surpass	481
spray	282	structure	011	surrender	256
spread	246	struggle	161	surround	097
square	293	stubborn	450	survey	463
squeeze	270	stuff	043	survival	157
stability	463	stumble	298	susceptible	301
stack	157	submerge	313	suspect	353
staff	281	submission	464	suspend	283
stain	318	subscription	314	sustainable	472
standard	008	subsequent	482	swallow	334
staple	308	substance	095	swear	138
stare	009	substantial	192	sweat	053
starve	391	substitute	150	sweep	051
static	347	subtle	108	swell	260
statue	093	subtract	162	swift	333
status	097	suburb	342	swirl	288
steady	191	sufficient	161	sympathetic	343
steep	386	suicide	312	symptom	335
stem	321	summarize	462	synthetic	258
stereotype	182	summit	407		
stern	291	summon	310		
sticky	048	superb	283		
stiff	368	superficial	465		
stimulate	411	superior	126	taboo	322
storage	332	supernatural	391	tackle	244
straightforward	427	superstition	430	tactics	245
strain	281	supervise	401	talkative	128
strait	291	supply	019	taste	009
strategy	408	support	011	tear	151
stream	288	suppose	043	tease	337
strength	038	suppress	388	temperament	429
stretch	191	supreme	392	temperature	063
strict	049	surface	040	temple	044

T